Michael Meisner

MARTIN LUTHER
Heiliger oder Rebell

Michael Meisner

MARTIN LUTHER

Heiliger oder Rebell

Mit 33 Abbildungen

SCHMIDT RÖMHILD
DEUTSCHLANDS ÄLTESTES VERLAGS-UND DRUCKHAUS SEIT 1579

Druck: Schmidt-Römhild, Einband: Ladstetter, Hamburg
ISBN 3-7950-2401-3

Für meine Frau Rose

„Diese Luther-Biographie zeichnet ein sehr persönlich geprägtes Bild des Reformators. Darum habe ich sie so gern gelesen. Man spürt auf jeder Seite die innere Anteilnahme des Autors an seinem *„Helden"*. Und es hat mir imponiert, wie sehr der Autor auch seinen Glauben, seine Frömmigkeit und deren Quellengrund verstanden und wiedergegeben hat."

Professor Dr. Martin Elze
Dekan zu Würzburg

„Martin Luther hat einen leidenschaftlichen Erzähler gefunden: Michael Meisner. Von Haus aus Jurist und Schriftsteller, dann Jounalist, zeitweise wider Willen Politiker und Verwaltungsmann, Würzburger, katholisch, scheint er alle Voraussetzungen mitzubringen, um gerade nicht über Martin Luther zu schreiben. Aber seit er die Wege Tilman Riemenschneiders verfolgte (‚Die zerbrochenen Hände'), ließ ihn die Gestalt Martin Luthers nicht mehr los. So hat er nach den bekannten und weniger bekannten Quellen Luthers Geschichte erzählt. Dies ist ein Weg, Geschichte zu verstehen und sich anzueignen: in der plastischen, bildhaften, farbigen Erzählung das Geschehen wieder aufleben zu lassen, auf daß es gegenwärtig werde und wirke."

Hans-Joachim Tetzlaff
Propst zu Alt-Hamburg

Dank des Autors

Es drängt mich, all denen zu danken, die mich unterstützt haben, dieses nicht einfache Werk zu vollenden, in welchem ich mich bemühte, bei gewissenhafter Ausschöpfung aller erreichbaren Quellen ein lebensnahes, begreifbares und eindrucksvolles Bild dieses einmaligen Mannes Martin Luther zu zeichnen. Mein besonderer Dank gilt der Witwe meines leider viel zu früh verstorbenen Freundes, des Oberkirchenrats Wilhelm Schwinn, dem evangelischen Propst zu Alt-Hamburg Hans-Joachim Tetzlaff, dem Dekan Prof. Dr. Martin Elze, Würzburg, Frau Maria Günther, Diplom-Bibliothekarin der Universität Würzburg, Dr. A. Miller, Stuttgart, Vernon Baxter, London, Frau G. Fotr, Oberkirchenrat Ackermann †, und vor allem meiner lieben Frau Rose, nicht zuletzt aber dem Verlag Schmidt-Römhild, der sich in vorbildlicher Weise für dieses Buch eingesetzt hat.

Würzburg, im März 1981

Michael Meisner

Inhalt

Erstes Kapitel
1505—1507

Ein Gelübde zwingt zum Eintritt ins Kloster — Körperliche Konfrontation mit Gott — Der zorntrunkene Vater

Kaum ist es zumutbar, von jemandem zu verlangen, in eine längst vergangene Zeit einzutauchen, und es bedarf eines gewaltigen Aufwandes an Phantasie, soll dieses Unterfangen gelingen. Will man aber einen so bedeutenden Menschen des sechzehnten Jahrhunderts in seiner ganzen historischen Mission begreifen, muß man diese Transmission wagen. Die Erde zu dieser Zeit ist nicht kleiner und nicht größer als heute. Sie hat auch ihre Struktur nicht verändert: Berge, Täler, Flüsse, Wälder sind geblieben. Die Sonne geht am Morgen genau so auf wie bei uns und sinkt am Abend unter den Horizont. Es gibt wie heute Regen, Schnee, Überschwemmungen, Feuersbrünste. Allein die Technik hat die Erde noch nicht unterjocht, und wenn man sich alle von ihr hinterlassenen Spuren wegdenkt, enthüllt sich ein gänzlich anderes Bild. Es ist nach unseren Vorstellungen vom Malerischen her schöner und reizvoller anzusehen, was nicht darauf schließen lassen sollte, daß das Leben einfacher und verlockender war als für die Menschen des zwanzigsten Jahrhunderts.

Ist dieser kaum vorstellbare Sprung in die Vergangenheit geglückt, dann ist heute der 5. Juli 1505. Die Sonne hat ihre ganze Kraft zusammengenommen, um die Erde zu rösten. Auf der staubigen Straße marschiert ein Wanderer wacker seinem Ziel entgegen. Er trägt die Kluft der Studenten. Die Felder erstrecken sich in goldgrüner Färbung weithin über das leicht wellige Land. Vor ihm taucht jetzt ein Kirchtum auf, der von Stotternheim, einem Dorf, wo er schon öfter eingekehrt ist.

Es plagt ihn eine seltsame Unruhe, die er sich nicht erklären kann. Er kommt von zuhause, hat mit seinem Vater eine Auseinandersetzung gehabt, nichts besonderes, wie sie eben zwischen Vater und Sohn vorkommt. Der Vater ist streng gegen sich und seine drei Söhne. Er entstammt einem in Mansfeld eingesessenen Bauerngeschlecht, hat sich aber, weil es ihm gewinnbringender schien, als Bergmann in die Mansfeldische Kupferzeche verdingt. Sparsam und fleißig wie er ist, konnte er inzwischen einen kleinen Schacht erwerben, in dem er mühsam das nur in geringer Mächtigkeit vorhandene, aber sehr begehrte Metall abbaut.

Von den drei Söhnen ist Martinus, der einsame Wanderer, bei weitem der begabteste. Er soll nach dem Willen des Vaters Jurist werden, um dann auch später seine Eltern unterstützen zu können. Bereits mit 19 Jahren ist er Bakkalaureus artium und im Januar dieses Jahres (1505) hat er es zum Magister gebracht. Seitdem redet ihn selbst sein Vater, der ihn in der Jugend häufig geschlagen hat, mit 'Ihr' an wie einen Herrn. Dabei ist er alles andere als ein Streber. Im Gegenteil. Er gilt allgemein als gesellig und besitzt die gar nicht so häufige Eigenschaft, die Menschen auf Anhieb für sich einzunehmen. Auch die Mädchen. Also warum macht er sich an diesem Julitag solche Gedanken und woher kommt diese quälende Unruhe? Daß er mehr Phantasie als die meisten seiner Kommilitonen besitzt, merkt er selbst auf Schritt und Tritt. Und die Angst, die das ganze Mittelalter beherrscht, wo man neben dem unvorstellbaren Leichtsinn, der Sinnenfreude, der Geschlechtslust, sich ständig von der ewigen Höllenstrafe und einem Heer von Teufeln bedroht fühlt, erhebt in Martin viel abschreckender, viel grausiger, viel gewaltiger ihr Gorgonenhaupt als bei anderen. Vermutlich hat er jetzt, wo er im Begriff ist, sich zu einer etwas leichtfertigen Gesellschaft junger Leute beiderlei Geschlechts zu begeben, eine solche Anwandlung. Sicherlich, er hätte sie überwunden, würde nicht dieses schreckliche Ereignis eintreten, dessen Annäherung er in all seinen Nerven spürt. Jetzt rückt vor dem wandernden Martin am Himmel eine schwarze Wand heran, die er zunächst nicht fürchten zu müssen glaubt. Aber plötzlich bäumt sie sich, wie von magischer Gewalt getrieben, empor, schießt in den Himmel hinein, trifft die Sonne und gibt dem Licht einen strohgelben Schein. Die Welt hat sich in Sekundenschnelle in etwas Unheimliches verwandelt. Längst sind die Vögel verstummt und es ist, als halte das ganze Universum den Atem an.

Nun geschieht es, der Student fühlt es, er weiß, es gibt kein Ausweichen. Er ist allein, bleibt stehen, spürt bis in die Fußsohlen die Einsamkeit. Und dann ist es so weit. Im selben Augenblick, wo die schwarze Truhe über ihm zerbirst und das Wasser ungehemmt niederbricht, trifft ihn die Keule eines Blitzes. Wahrhaftig, es ist eine Keule, die aus dem Himmel gegen ihn geschleudert wird. Sie wirft ihn zu Boden, er riecht den gelöschten Staub, der ihn an irgendetwas längst Vergangenes erinnert. So bleibt er einen Augenblick benommen liegen, während die Wolke sich entleert. Was sollte es anders sein, von dieser Frage wird sein Inneres aufgerissen, als eine Strafe des Himmels, die ihn hier geschlagen hat? Mühsam richtet er sich mit den Händen auf, noch steht er nicht fest auf den Beinen, er schwankt, aber mit dem Blitz scheint ein Licht in ihm aufgeflammt zu sein, ein Licht der Erkenntnis, das alle anderen Gedanken auslöscht. Und plötzlich bricht dieser Entschluß, eingegeben in Todesfurcht, aus ihm heraus. Und er ruft in die nun wieder nach dem einzigen Donnerschlag eingetretene Stille hinein, fast erschreckt von der eigenen Stimme: „*Hilf du, heilige Anna. Ich will*

ein Mönch werden!" Genau das sind die Worte, die ihn bis zu seinem Tod nicht mehr im Stich lassen: *„Hilf du, heilige Anna. Ich will ein Mönch werden."* Die heilige Anna ist die Schutzpatronin der Bergleute.
In dieser von Teufeln jeder Art durchsetzten Welt, denen nur der furchterregende, auf dem Regenbogen göttlicher Macht thronende Gott gebieten kann, ist ein Gelübde ein Schwur auf diesen zürnenden Gott, vor dem die Erde erzittert. Da gibt es kein Ausweichen. Noch vor Augenblicken hatte der Student Martin Luther seine Schritte mit dem Gedanken angetrieben, den Abend heiter mit Freunden und Freundinnen verbringen zu können. Jetzt ist er in einem Eisen gefangen, aus dem es kein Entrinnen gibt. In einer einzigen Sekunde hat er allen Freuden des Daseins, allem, was leuchtet, lockt, verheißt, abgeschworen und sich zum Mönch gemacht, was in seinen Augen die äußerste Askese bedeutet.
Für sich weiß er es, daß es kein Entkommen mehr gibt. Aber er ist verzweifelt darüber, wie er diesen furchtbaren Entschluß seinem Vater, den Freundinnen, den Freunden und seinen Bekannten beibringen soll. Dem Vater es zu sagen, hat er nicht den Mut. Er braucht sich nur an dessen Äußerung aus allerletzter Zeit zu erinnern: *„Wenn Ihr erst ein großer Herr seid, dann braucht Eure Mutter nicht immer nur Zwiebelsuppe zu kochen und das Holz selber im Wald zu holen."* Und die Mittelsmänner, die er ansetzt, melden ihm, daß keine Aussicht auf Versöhnung besteht. *„Er soll sich nie mehr im Leben unter meine Augen getrauen!"* hat er neben den schlimmsten Verwünschungen wegen seiner Undankbarkeit geschrieen. *„Wie hab' ich mich für den Hund geschunden und geplagt und jetzt weicht er dem Leben aus und zieht sich ins Kloster zurück, damit er sich nicht zu schinden braucht, wie ich mich für ihn geschunden hab'."* Es ist nicht ganz ohne Tragikomik, daß Martin Luther nach vielen vielen Jahren, wie wir sehen werden, fast mit den selben Worten über die Mönche das gleiche äußert. Auch alle, die Martin zugetan sind, und deren gibt es nicht wenige, finden, es sei der schiere Irrsinn, daß ein so fröhlicher junger Mensch, dem die Herzen zufliegen, wo immer er auftaucht, sich hinter Klostermauern begraben lassen will. Man kennt ihn als Spaßvogel, der gewagte Reden führt und alle, besonders die Mädchen, durch seine Neckereien zum Lachen bringt. Überdies spielt er wie kein anderer die Laute und singt dazu aus voller Brust weltliche Lieder. Besonders ein alter Lehrer mit Namen Trebonius, der unserem Martin ebenso zugeneigt ist wie jener ihm, kann es nicht begreifen, schüttelt den Kopf und fragt: *„Hast du dir's auch wirklich wohl überlegt, Martin?"* Es fällt Martin besonders schwer, den hochverehrten Lehrer, der sich von ihm eine außergewöhnliche Laufbahn erhofft hatte, zu verdrießen. Trebonius muß man schon wegen seiner skurrilen Eigenheit lieben, wie etwa der, daß er jedesmal beim Betreten des Klassenzimmers tief

sein Barett zieht, indem er todernst sagt: „*Man muß doch den Herren, die ihr werdet, Bürgermeister, Kanzelare, Doktores, Rektores und sonstige Standespersonen größte Reverenz erweisen.*"
Vom 2. Juli, wo ihn der Blitzstrahl zu Boden geschleudert hat, bis zum Eintritt ins Kloster bleiben ihm noch vierzehn Tage, um sich von seinen Freunden und Bekannten, eben von der Welt, in der er bisher gelebt hat, zu verabschieden. Es sind Tage, in denen er nicht zu sich selbst kommt. Man muß sie ansehen wie eine Zeit außer Verantwortung: Das alte Leben ist abgeschlossen, das neue hat noch nicht begonnen. So ähnlich, wie man sich ‚*zwischen den Jahren*' fühlt, wo das alte Jahr zu Ende ist, das neue aber noch nicht angefangen hat. Allenthalben wird er eingeladen, und während er noch aus voller Brust Minnelieder singt, schließt man heimlich Wetten ab: Geht er oder geht er nicht?
So kommt der Abend des 16. Juli (1505) heran, der letzte, den er noch in Freiheit verbringen kann. Sie sitzen in ihrer alten Stammkneipe an dem von der Abendsonne rötlich erleuchteten Marktplatz. Da ist ein Mädchen — der Name ist nicht überliefert —, das ein Auge auf ihn geworfen hat. Manche vermuten, es sei die Wirtstochter, aber auch das ist nicht zu belegen. Es hat die hohen Wangenknochen der dortigen Rasse und ist offenbar auch sonst nicht sonderlich hübsch zu nennen. Aber es besitzt „eine Schnelligkeit in den Augen, den Händen und den Bewegungen", daß man den Blick nicht von ihm wenden kann. Die Augen der jungen Frau lachen ihn auch heute abend an. Sie glaubt einfach nicht, daß er Ernst machen wird. Wenn über sie zutreffend berichtet wird, dann ist sie weitgehend frei von dem Aberglauben, der das Land in seinem Bann hält. Trotz der strengen christlichen Religiosität der Menschen haben sich die heidnischen Spukgestalten wie Gnomen, Nixen, Wassermänner, Feen, Gespenster und Hexen in die neue Zeit herübergerettet. Sie entfesseln Stürme, Überschwemmungen, Dürre, und was es sonst an Unbilden auf dieser Erde gibt. Und diese verflixten Gespenster tun auch — und darüber hört Martin seine Mutter oft jammern — allerlei häuslichen Schabernak wie Butter stehlen, Milch sauer werden lassen, Eier auf den Boden knallen und dergleichen mehr. Daß auch Martinus wie alle Welt daran glaubt, gibt er zu. Nicht so die junge Frau. Sie ist älter als Martin, um wieviel ist nicht bekannt. Aber er hat sie öfter sagen hören: „Glaub doch den Unsinn nicht!" Ob er will oder nicht und obschon selbst abergläubisch, bewundert er sie wegen dieser Freiheit des Geistes.
Als er an diesem letzten Abend einmal hinausgeht, stellt sie ihn im Gang. Sie hält ihn an beiden Armen fest, uneingedenk dessen, ob sich das schicke oder nicht. Und indem sie ihr klares Gesicht ihm so nahe entgegenhält, daß er den Duft ihres Leibes einatmen kann, geht sie ihn an: „Sag Marti-

nus, daß es nicht wahr ist. Du verläßt uns nicht und gehst nicht in die Einöde des schauerlichen Klosters!"
Er wurde von ihr, ihrem Antlitz, ihrer Gestalt mit Brüsten, Hüften, Schenkeln und allem anderen ergriffen wie noch nie. Und er — wie er bekennt — war nahe daran, sie an sich zu reißen und ihr zu sagen: „Nie im Leben gehe ich. Ich bleibe bei dir, den Freunden und in der Welt." Aber diese Worte zu formen, war sein Mund unfähig. Stattdessen sagte er: *„Ich muß, ich kann nicht anders, Gott hat's mir befohlen."*
Da läßt sie ihn los und wendet sich ab, damit er der Tränen nicht gewahr werde, die unaufhaltsam aus ihren Augen schießen. Man fragt sich — und niemand fragt sich so eindringlich wie Luther sich selbst — was bewegt den so fröhlichen, lebenslustigen, den Schönheiten der Welt aufgeschlossenen jungen Mann, gegen den Willen seines Vaters und seiner Freunde ins Kloster zu gehen. Diese Frage stellen, heißt, sich in die damalige Zeit hinabsinken lassen. Und wenn behauptet wird, die Menschen änderten sich nicht in ihren guten und schlechten Eigenschaften, so mag das richtig sein; sie bleiben gewinnsüchtig, neidisch, schadenfroh, grausam, zuweilen auch mitleidig und aufopfernd. Doch was sich ändert, sind die Vorstellungen, unter denen sie leben. Und hier ist es zu dieser Zeit eine unausweichliche Realität, die das tägliche Leben beherrscht, daß es eine Hölle gibt, deren Teufel überall auf der Erde nach Beute unterwegs sind, die uns in menschlicher, tierischer oder von der Phantasie erfundener Gestalt überall und allenthalben auflauern. *Sie reißen die ‚Ungerechten' aus ihren Gräbern und schleppen sie in die Hölle,* wo ihnen Qualen bevorstehen, gegen die alle Qualen, zu denen die weltlichen Gerichte verurteilen, wie Hände abhacken, Zungen herausreißen, Augen ausstechen, Vierteilen, Ersäufen, mit dem Rad zerstampfen, lebendig begraben usw. als reine Kinderspiele angesehen werden müssen. Und das Ganze währt ewig, so wird's jedenfalls verkündet, auch wenn das außerhalb jeder Vorstellungsmöglichkeit liegt.
Trotzdem ist es ein Mehr, eine aus der Tiefe seines Innern dringende Stimme, eigentlich ein aus der Zeit geborener Befehl, was ihn veranlaßt, sich unbehütet und schutzlos dem Angesicht Gottes zu stellen, so furchterregend dies auch für einen Sterblichen sein mochte. Bisher und in den zurückliegenden Jahrhunderten hat man an die Einheit der Welt geglaubt, jedenfalls diese Universalität herbeigesehnt. Da war der Papst der Exponent auf religiöser Ebene, der Kaiser der weltliche Einiger, das Römische Reich deutscher Nation die Klammer, die alles zusammenhalten sollte. Diese Universalität spiegelte sich schon in der Lehre des Thomas von Aquin wider. Und in dieser Universalität hatte der Idee nach alles seinen zugeordneten Platz und sollte dadurch gebändigt, heil und befriedet sein.
Doch dieses ideale Denkgebäude zerbrach an der Realität, das heißt an

menschlicher Unzulänglichkeit. Da stellte sich in einer geradezu unabwendbaren, ja zwangsläufigen Rivalität der Kaiser gegen den Papst und der Papst gegen den Kaiser. Das war nicht nur ein einfacher Machtkampf, hier ging es um die geschichtliche Kontinuität, um die Legalität und letztlich um den Willen Gottes: *Durch wen will Er die Welt regiert sehen?*
Erst als dieser Wille zur Einheit und damit zur Ordnung nachließ, sich verflüchtigte, nicht mehr als kategorischer Zwang anerkannt, und schließlich sogar bestritten und bekämpft wurde, begann das, was man die mittelalterliche Finsternis nennt. Erst da begannen die Glaubenskämpfe. Erst da wurde die „Gesellschaft Jesu" gegründet. Erst da schuf man die Inquisition. Das waren die Dämme, die man gegen die heranbrausende Zeit errichtete, ohne daß sie ihr standzuhalten vermochten. Die Auflösung von Moralität und Ordnung schuf beklemmende Zustände. Der aufkommende Nationalismus fraß am Reich, die ehrwürdige Mutter Kirche gab sich nicht nur in Rom, sondern bis in die Klöster hinein dem Laster und der Hurerei hin. Die Kinder der Kirche flüchteten vielfach in Sekten, wie die der Waldenser, des Wyclif, des Hus. Die Ritter verfielen auf den Straßenraub und verarmten. Die Bauern verkamen wirtschaftlich und moralisch. Die Städte lösten sich mit eigener Kultur und eigenem Reichtum aus dem allgemeinen Verbund. Selbst die Erde schien auseinanderzustreben und sich zu vergrößern durch die Entdeckungen eines Kolumbus und anderer Seefahrer.
Und all das rumorte im Kopf und in der Seele Martins. Er spricht es — wenn auch viel später — 1522 in den ersten Sätzen der sogenannten Invokavitpredigten mit einer erschütternden Klarheit aus:

„Wir sind allesamt zum Tode gefordert,
und wird keiner für den anderen sterben,
sondern ein jeglicher in eigener Person muß geharnischt und gerüstet sein
für sich selbst,
mit dem Teufel und Tode zu kämpfen.
In die Ohren können wir wohl einer dem andern schreien,
ihn trösten und vermahnen ...
aber für ihn können wir nicht kämpfen und streiten ...
Ich werde dann nicht bei dir sein noch du bei mir.
Deshalb muß jedermann selbst gerüstet sein".

Der Blitzstrahl hat in Martins Bewußtsein eine mitleidlose Helligkeit geschaffen. Jetzt weiß er, daß es für ihn keinen Ausweg, kein Alibi, keine Ausrede, kein Bemänteln, keine Beschönigung mehr gibt. Der Rückweg ist ein für alle Mal abgeschnitten. Heraus aus der bürgerlicher Welt und ihren Annehmlichkeiten! Es gibt nur noch ihn, Martinus und Gott — sonst nichts. Das Wort des Thomas von Aquin hat die letzten Fesseln gesprengt: *„Wenn der Mensch tut, was irgend in ihm ist, dann wird Gott ihm gewiß*

Gnade geben." Dieser Satz von Thomas ist für einen ernsten Menschen, der sich wörtlich und unausweichlich an ihn hält, die denkbar schrecklichste Grausamkeit. Er muß also das Letzte, das Allerletzte, was an Kräften, Fähigkeiten, Gefühlen, Gedanken usw. in ihm ist, erbarmungslos aus sich herausholen. So grausam sehen die Menschen dieser Zeit Gott. Immer mehr tun, immer erbarmungsloser kasteien, immer verbissener bis zur Selbstaufgabe beten. Es ist auf religiösem Gebiet das Leistungsprinzip, dem wir in unserem heutigen Wirtschaftsleben etwa mit der gleichen Grausamkeit huldigen.
Das Mönchtum gilt immer noch — mag es auch in einzelnen Klöstern liederlich zugehen — als von Gott besonders begnadet und ein Mönch braucht nur Reue über seine Sünden zu empfinden, dann ist er wieder im Zustand der Gnade.

Es ist soweit. Patres und Fratres sind im Chor versammelt. Der Prior steht auf der obersten Stufe des Altars. Martinus wirft sich vor ihm auf den Boden.
„Was begehrst du?" fragt der Prior.
„Gottes Gnade und dein Erbarmen," erwidert Martinus.
Jetzt schreitet der Prior die Stufen hinunter, hebt Martinus zu sich empor, so daß sie sich Auge in Auge gegenüberstehen.
„Bist du einem Weibe angetraut?"
„Nein."
„Bist du mit einer heimlichen Krankheit behaftet?"
„Nein"
„Dann schildere ich dir die Härte deines zukünftigen Lebens."
Und das tut er, indem er von der spärlichen Nahrung, der groben Kleidung, dem Wachen bei Nacht, der Arbeit bei Tag, der Abtötung des Fleisches spricht.
„Bist du bereit, diese Bürden auf dich zu nehmen?"
„Ja, mit Gottes Hilfe und soweit menschliche Gebrechlichkeit es erlaubt."
Nun beginnen die Mönche mit kräftigen Stimmen das Tedeum (das Martinus später ins Deutsche übersetzt) zu singen, man schneidet ihm zum Zeichen seines Gehorsams gegenüber Gott und seinen Oberen die Tonsur und kleidet ihn in die Kutte der Augustiner. Damit ist Martin Luther Mönch unter Mönchen.
Es liegt nahe, anzunehmen, daß er das Kasteien, das er bis zum Übermaß betreibt (später führt er seine zahlreichen Krankheiten darauf zurück), als eine schwere Last empfindet. Im Gegenteil. Eine geradezu schöpferische Lust scheint ihn zu beflügeln, um sich selbst, der Umwelt und vor allem Gott zu beweisen, wie weit man gehen kann, den Leib zu schinden, um da-

durch die Seele gereinigt erglänzen zu lassen. Er beruft sich dabei mit den ihm eigenen bildkräftigen Worten auf den Fürsten von Anhalt, der sein Schloß verlassen hatte, um Mönch zu werden: „*Ich hab' ihn gesehen mit diesen Augen ... Er trug den Sack wie ein Esel. Er hatte sich so zerfastet, zerwacht, zerkasteit, daß er aussah wie ein Totenbild, eitel Bein und Haut. Wer ihn ansah, der schmatzte vor Andacht und mußte sich seines weltlichen Standes schämen.*"

Am 2. Mai 1507, einem milden rosigen Frühlingstag, nachdem Martin fast zwei Jahre im Kloster der Augustiner zu Erfurt zugebracht hat, naht die Stunde heran, die für jeden Priester weit höher zu bewerten ist als die Hochzeit für einen Laien. Er wird für würdig befunden, das erste Meßopfer darzubringen. Für einen Gläubigen in der Tat einer der erhabensten und zugleich furchtbarsten Augenblicke seines Daseins. Ist doch in der Messe dem Priester die unerhörte, kaum begreifliche Macht gegeben, Gott selbst in eigener Person vom Thron des Himmels in Gestalt von Brot und Wein auf den Altar zu zwingen. Damit ist ihm eine Macht überantwortet, die kein Kaiser, kein König, geschweige denn sonst ein Sterblicher je im Leben besitzt.

Es ist nicht verwunderlich, daß Martinus, der intensiv bis in jede Faser seines Körpers und seines Seins mit Gläubigkeit angefüllt ist und sich der gigantischen Machtprobe, die er zu vollziehen hat, voll und rückhaltlos bewußt ist, vor diesem Augenblick zittert. Ist er würdig, Gott selbst in eigener Person zu beschwören? Hat er die Bilder von wollüstigen Weibern, die häßliche Teufel in seinen Träumen an seinen Augen vorübertragen, rechtzeitig beim ersten Klang der Glocke, die um 1/2 2 Uhr des Nachts die Mönche zur Matutin in die Klosterkirche ruft, mit einem Gebet verdrängt? Kein Wunder, daß er danach kein Auge mehr schließt. Ehe das Sonnenlicht in den Hof einfällt, hört Martin das Schlagen von Pferdehufen auf dem Pflaster. Das muß der Vater sein. Tatsächlich ist Hans Luther mit zwanzig Reitern gekommen, um, wie es der Brauch ist, das Fest des ersten Meßopfers seines Sohnes mitzuerleben. Offenbar hat er sich vorgenommen, diesem wegen seines Eintritts ins Kloster nicht länger zu zürnen, wobei es sicher eine Rolle spielt, daß ihm inzwischen die Pest seine beiden anderen Söhne entrissen hat.

Der Prior ehrt unseren Primizianten, indem er ihn in höchst eigener Person von seiner Zelle abholt. In der Sakristei helfen die Brüder, ihn in die prunkvollen Gewänder einzukleiden. Denn so einfach und karg sich das Kloster darstellt: In der Kirche zur Ehre und zum Lobe Gottes entfaltet es alle Pracht und Herrlichkeit.

Als Martin mit den Ministranten aus der Sakristei in das Gotteshaus hinaustritt, ist dieses bis auf den letzten Platz gefüllt. Martin spürt, auch wenn er niemanden, selbst seinen Vater nicht sieht, die ungeheuere Spannung der Gläubigen, die sich von einer Primiz ein besonders gottgefälliges Erlebnis erwarten. Er fühlt sich zunächst ganz im Einklang mit seiner großen Aufgabe. Die Zeremonien beherrscht er in allen Einzelheiten und die suggestive Kraft seiner Andacht trägt ihn empor. Es geht auch alles so, wie er es einstudiert hat. Bis er zu den Worten kommt: „*Wir opfern Dir, dem lebendigen, dem wahren, dem ewigen Gott!*" Das durchfährt ihn wie ein scharf geschliffenes Schwert vom Kopf bis in die Fußsohlen. Er berichtet ausführlich darüber, wie ihm plötzlich die Existenz Gottes bewußt wurde. Wahrscheinlich sind wir heute unfähig, dieses Gefühl nachzuempfinden. Solche Worte greifen nicht mehr, sie vermögen nicht mehr das gewaltige Erleben Gottes einzufangen. Auch wenn jemand im Sinn des Christentums gläubig ist, so zielt doch seine Verehrung Gottes mehr ins Abstrakte, losgelöst von der eigenen Körperlichkeit. Aber für Martin ist es, als stehe der Gewaltige neben ihm und rage empor wie ein leuchtender Fels in die unendlichen Höhen des Himmels. Die Naivität der Gefühle zur damaligen Zeit im Verhältnis zu Gott und dem Teufel entzieht sich unserer Vorstellungsmöglichkeit.

Unter Aufbietung seiner ganzen Kraft vollendet er die Zeremonien der Messe. Die Brüder in der Sakristei beglückwünschen ihn, ihm fällt es schwer, die Tränen zurückzuhalten. Im Refektorium haben sich die Gäste, unter ihnen zahlreiche Magister und gelehrte Herren, aber auch sein Vater mit den zwanzig Reitern, die ihm das Geleit gaben, an der Festtafel eingefunden. Als Martin, nun wieder in seine Kutte gekleidet, eintritt, geht ihm der Prior entgegen, entbietet ihm den Friedenskuß und geleitet ihn zu seinem mit Blumen geschmückten Platz. Ihm gegenüber sitzt sein Vater. Er sieht ihn seit seinem Erlebnis auf der Landstraße bei Stotternheim zum ersten Mal wieder. Jetzt, unter dem Eindruck dieses einmaligen Erlebnisses, glaubt Martin den Zeitpunkt gekommen, um sich mit ihm auszusöhnen. Und so sagt er in der Stille, die nun in dem Gewölbe eintritt: „*Vater, darf ich in dieser meiner großen heiligen Stunde hoffen, daß Ihr jetzt nachträglich meinen Entschluß, ins Kloster einzutreten, billigt? Eure Billigung würde ich als die Krönung dieses meines Festtages ansehen.*" Alle, die gespannt die Szene verfolgen, erwarten, daß der Vater aufspringt und tränenden Auges den Sohn an sein Herz drückt. Nichts dergleichen geschieht. Es scheint, der Vater hat, solange Martin in der Sakristei weilte, ein wenig zu schnell dem Wein zugesprochen. Denn zum Entsetzen der Versammelten springt er mit wutverzerrtem Gesicht auf und schreit, von einer plötzlichen Zorneswelle erfaßt: „*Du zehnmal Hochgelehrter, hast du nie in der Bibel gelesen, daß du deinen Vater und deine Mutter ehren sollst, mehr als alles andere auf Erden? Und was hast du getan? Du hast uns beide verlassen, so daß wir in unserem Alter für uns selber sorgen müssen! Schämen solltest du dich und nicht frohlocken!"*

Es ist verständlich, daß Martin über und über rot wird. Er sucht nach Worten und schließlich stammelt er: *„Ich kann doch durch Gebete und Gottgefälligkeit mehr für Euch tun, als wenn ich in der Welt geblieben wäre. Und denkt doch daran, lieber Vater, daß ich durch ein göttliches Zeichen vom Himmel dazu veranlaßt wurde, der Welt den Rücken zu kehren."*

Ungeachtet der aufs höchste aufgebrachten, wenn auch schweigenden Gesellschaft schreit der nicht zu bändigende Vater Luther: *„Gott gebe, daß es nicht ein Blendwerk des Satans gewesen ist!"*

Nun werden in der Runde Unmutsäußerungen laut, die der Prior nur dadurch zum Verstummen bringt, daß er das Kreuzzeichen schlägt *„Im Namen des Vaters, des Sohnes und des Heiligen Geistes, Amen"* und mit dem Sprechen des Tischgebetes beginnt.

Zweites Kapitel
1510—1517

Romwanderung — Die Zweifel an Gott arten in Haß aus — Erlösung durch Paulus

Jetzt ist Luther schon fünf Jahre im Augustiner-Kloster zu Erfurt. Er hat mehr gehungert, mehr gewacht und mehr gefroren als seine Mitbrüder. Für ihn gibt es in dieser Epoche seines Lebens keine andere Möglichkeit als die, sich dem furchterregenden, strahlenden, überwältigenden Gott zu nähern, und alles Fleischliche, Triebhafte und Natürliche in sich selbst abzutöten. Nach eigenem Bekenntnis haßt er zu dieser Zeit Gott mehr, als daß er ihn liebt. Wenn er später sagt, daß es nicht der männliche Urtrieb war, der ihn zu harten Bußübungen veranlaßte, so müssen wir es glauben. Um so mehr als er ja ausdrücklich Jungfräulichkeit als „*wertloses Ideal*" verwirft und den Satz niederschreibt: „*Geschlechtlicher Umgang ist so notwendig und unvermeidlich wie Essen und Trinken.*"
Im übrigen hat sich Martin wie allenthalben und überall auch im Kloster bei seinen Brüdern beliebt gemacht. Vor allem schätzt man seinen scharfen Verstand und seine Wachheit in allen Fragen des Lebens und der Religion. Es bedeutet sicherlich eine Auszeichnung, daß man ihn als Begleiter einem Pater mitgibt, der eine Angelegenheit des Klosters in Rom regeln soll.
Es ist November 1510, als sich die beiden in ihrer schwarzen Kutte mit dem Zingulum, dem Ledergürtel um die Lenden und dem weißen Skapulier auf den Weg machen. Im allgemeinen gehen sie hintereinander, die Hände in die Ärmel gesteckt, wie es den Mönchen vorgeschrieben ist. Eine andere Fortbewegungsart als 'per pedes' steht ihnen nicht zur Verfügung. Die Straße, die meist nur aus Fahrspuren besteht, deren Wasserlöcher man mit Steinen zugeschüttet hat, ist eine Quelle des Erlebens. Auf ihr ziehen alle dahin, wie Gaukler, Landsknechte, Verfolgte auf der Flucht, Dirnen, die einem Jahrmarkt zustreben, echte Mönche und Nonnen, aber auch Weltmönche und Weltnonnen, reitende Boten, Handwerker, Kaufleute mit ihren von Waren angefüllten Wagen, vornehme Herren mit ihrem Tross, geistliche Würdenträger, Hochzeitspaare, Sbirren, und was man sich nur denken kann. Weil zum Weg auch die Rast gehört, gibt es jede Gelegenheit, miteinander zu reden, andere Ausdrücke zu erfahren, fremde Sprachen und fremde Dialekte in sich aufzunehmen, zuweilen gewählte Sprechweise, aber bei weitem noch häufiger derbe Ausdrücke, eben nicht nur in Kleidung und Tracht die Buntheit der verschiedenen Herkunft zu

erfahren, sondern auch im Wesen und in der Art der Darstellung. Wer mit offenen Augen und Ohren die Straßen entlangpilgert, dem tut sich die Welt auf wie ein großes Theater. Und gerade darauf hat es Martin Luther abgesehen. Er schaut, wie er sich ausdrückt, *den Leuten aufs Maul.* Und dadurch wird nicht allein seine Sprache so vielgestaltig, daß sie zuschlagen kann wie ein Hammer, in einen anderen einzudringen vermag wie ein Bohrer, den Dingen den falschen Schein abzuschleifen imstande ist wie eine Feile, und die auch, wenn's drauf ankommt, zupackt wie Zangen. Nein, dadurch weitet sich auch sein Gesichtskreis und seine Menschenkenntnis. Wenn ihn auch zeitgenössische Gegner tadeln, weil er wenig oder Wichtiges nicht gelesen habe, so werden die von ihrer Gelehrsamkeit angekränkelten Kritiker durch seine Bibelübersetzung Lügen gestraft, in der er nicht nur die Erde, sondern das gesamte Weltall einfangen wird.
Die beiden Augustiner kämpfen gegen den Regen, den Nebel, die Entfernung, sie übernachten in Augustiner-Klöstern, auch einmal bei einem Gastwirt oder einem Bauern, die das Quartier für Gottes Lohn zur Verfügung stellen. Auch wenn es gilt, die Schuhe zu besohlen, was bei den weiten Wegen öfters notwendig wird, ist es für den Schuster eine gute Tat.
Die Alpen bedeuten ein schreckliches Hindernis. Dort muß man auch im November mit Gießbächen, Schneeverwehungen und Herbstgewittern rechnen. Sie haben den Septuner, den Hochgebirgspaß in Graubünden, zu überschreiten. Das ist ein echtes Abenteuer. Als sie die halbe Höhe erklommen haben, bricht die Sonne aus den Wolken hervor. Da öffnet sich ihnen vom einen zum anderen Augenblick in den stummen, scheinbar in die Ewigkeit hinausstarrenden Firnen ein Schauspiel, das ebenso furchterregend wie aufjauchzend zu verkünden scheint: Solltet ihr je gezweifelt haben, so seht, daß wir steinernes Zeugnis ablegen für den ewigen allmächtigen Gott, der allein imstande war, uns zu erschaffen.
„Ehre sei Gott in der Höhe und Friede den Menschen auf Erden," murmelt Martin.
„— die guten Willens sind," respondiert ergriffen sein Begleiter.
„Amen," sagt Martin und sie gehen weiter, während Wolken sich vor die Sonne schieben, diese verdunkelnd.

Sie kommen nach Rom, da ist das Jahr zu Ende. Martin wirft sich, als die Silhouette der Stadt aus der Ebene in den blassen Winterhimmel tritt, auf den Boden, küßt ihn und ruft aus: *„Sei mir gegrüßt, heiliges Rom, du ewige Stadt!"* Durch die Porta del Popolo halten sie ihren Einzug, um im Augustiner-Kloster Santa Maria, gleich in der Nähe dieses Tores, Quartier zu nehmen.
Rom befindet sich im Aufbau. Es wirkt wie ein einziger Bauplatz. Die Völ-

kerstürme waren über die Ewige Stadt hinweggebraust und von den Millionen Einwohnern seiner klassischen Zeit sind noch nicht einmal vierzigtausend geblieben. Papst Julius II., der 1503 den päpstlichen Thron bestiegen hatte, bringt seine ganze dynamische Kraft in die Kirche, vor allem aber in diese Stadt ein. Er ist Feldherr, Städtebauer, Künstler, und ihm hat die Kirche zu verdanken, daß sie jetzt einen eigenen Staat besitzt, in dem Julius als wirklicher Souverän regieren kann. Er hat eine Unzahl von Künstlern in die Stadt geholt oder gibt ihnen neue Aufträge und fördert sie, unter ihnen keine geringeren als Michelangelo und Raffael. Man braucht nur auf dem Petersplatz zu stehen und mitzuerleben, woher die Delegationen mit Klerikern und Diplomaten aus aller Herren Länder hier eintreffen, um dem Oberhirten der Kirche ihre Reverenz zu erweisen. Kaufmannszüge, mit vier oder sechs Pferden bespannt, kommen vollbeladen mit Geschenken stündlich in der päpstlichen Residenz an. Reiter sprengen über den Platz, um die Befehle des Papstes in die Länder der Erde zu bringen. Martin bekommt den Papst nicht zu Gesicht. Ihm, einem kleinen Bettelmönch, genügt es, dessen Macht zu spüren, die er wie einen irdischen Stern empfindet, der sein Licht in alle Welt hinaussendet. In dem Gedanken, daß, wenn Rom wieder stark und mächtig geworden ist, es auch mit der Kirche wieder aufwärts geht, findet er tiefe Befriedigung. Wahrhaft, ein erhebendes Gefühl, das einen mit dem Bewußtsein durchrieselt, wenn auch als kleines Partikel, diesem mächtigen Organismus anzugehören. Luther bringt die Wallfahrt zur Erlangung des Großen Ablasses hinter sich, die bei der damals größten Kirche der Christenheit ‚*San Paolo fuori le mure*' beginnt und die am Lateran endet, wo man knieend die achtundzwanzig Stufen zum Palast des Pilatus hinaufgerutscht war, die Stufen, die von einer Schar Engel in Jerusalem abgeholt und unversehrt hier abgeliefert worden waren.

Der Januar hat seinen Einzug gehalten, ein blauer Himmel wölbt sich über der Stadt. Die Sonnenstrahlen haben bereits die Kraft zu wärmen und Martin mischt sich unter die Müssiggänger, die den Abschied vom Winter am Tiber feiern. Später erzählt er: Man hatte das Gefühl, die Hand heben zu können, um den Himmel zu berühren oder in ihn einzutauchen. In einer kleinen Taverne trinkt er einen Becher Wein, denn es ist für einen Kleriker jeder Art alles andere als auffällig, dieser Gottesgabe zuzusprechen. Jetzt weicht wieder einmal die innere Zerrissenheit von ihm, unter der er zuweilen leidet, wo es ihn zwischen Gott und dem Teufel hin- und herstößt. Er fühlt sich im großen Zelt der Kirche wohl, glaubt insgesamt die Anfechtungen überwinden zu können und hofft darüber hinaus, daß sich auch die zwischen seinem Vater und ihm bestehenden Spannungen lösen könnten. Da spricht ihn ein Mönch an. Er vermutet, daß es ein Prämonstratenser ist, ein Orden, der damals in dreißig Provinzen über ganz Europa bis nach Syrien Verbreitung gefunden hatte. Der Mönch hat einen guten Kopf, wenn auch sein Gesicht durch Blatternnarben entstellt ist. Erst spricht er übers Wetter, wie es bei derlei Anknüpfungen geschieht. Dann fragt er: „Woher kommst du, Bruder?"

„Aus dem Augustiner-Konvent in Erfurt, wenn Euch diese Stadt in Sachsen bekannt ist."

„Und was ist der Grund, daß du die Ewige Stadt besuchst?"

„Man hat mich, weil wir Mönche ja nicht allein gehen sollen, als Begleiter einem Pater mitgeschickt, der mit dem Ordensgeneral eine Angelegenheit des sächsischen Konvents zu regeln hat."

„Und bist du enttäuscht?"

„Enttäuscht? Wieso enttäuscht? Es wird viel gebaut. Man merkt, die Kirche Gottes ist wieder im Aufblühen."

„Sollst recht haben, Bruder. Papst Julius II. tut viel für die äußere Macht der Kirche."

„Davon profitieren wir alle."

„Schon. Aber ich fürchte, er ist mehr Staatsmann und Feldherr als Seelsorger."

„Davon versteh' ich als kleiner Mönch aus der Provinz zu wenig."

„Warst du schon einmal im Vatikan?"

„Ja. Soweit man ihn betreten darf."

„Und ist dir da nicht der Prunk aufgefallen, mit dem die Herren sich kleiden?"

„Sind hohe Kirchenherren."

„Nicht nur in ihrer Kleidung verleugnen sie das Wort des Herrn: *‚Mein Reich ist nicht von dieser Welt'*. Nirgends gibt es so üppige Gastmähler und Festgelage wie im Vatikan, das schlimmste Übel aber ist der Nepotismus."

„Was ist das, wenn ich fragen darf?"

„Daß die Neffen und unehelichen Söhne des Papstes und der Kardinäle die höchsten Stellungen innehaben, obschon die meisten nicht die Voraussetzungen dazu mitbringen. Und übrigens: Du wirst doch sicher, und wenn auch nur aus Neugierde, ins Dirnenviertel hineingeschaut haben? Was sich da an Geistlichen jeden Ranges schamlos und öffentlich mit den Buhldirnen vergnügt, überschreitet jedes vorstellbare Maß."

„Bisher habe ich solche Orte gemieden," erwidert Luther und verabschiedet sich, weil ihn die Klosterregel zum Gebete rufe.

Es ist unwahrscheinlich, daß Martin persönlich im Dirnenviertel war. Zwar kennt man seine Wißbegier, die ihn veranlaßt, sich nach allem, was das Leben anbietet, umzutun. Während er für die Kunst der Renaissance, die unter Julius II. ihrem Höhepunkt zustrebt, nicht viel übrig hat, weiß man, daß er den Menschen in jedweder Verfassung sein außerordentliches Interesse zuwendet, ja ihr Verhalten, ihre Ansichten und ihre Reaktionen geradezu studiert. Insofern ist es denkbar, daß er sich auch im Dirnenviertel umgesehen hat, denn wie wir aus anderen Berichten wissen, gibt es zu dieser Zeit nichts dergleichen auf der Welt. Die einen schätzen die Zahl der ‚Freudenmädchen' auf mindestens tausend, andere vermuten sogar, es müßten dreitausend gewesen sein. Dabei gilt dieser Beruf um jene Zeit keineswegs als etwas Verwerfliches. In allem das klassische Altertum nachahmend — man kennt Inschriften, auf denen Gott um diese Zeit schlechthin mit Jupiter bezeichnet wird — ist die Hetäre, besonders wenn sie gebildet ist, angesehener als die Kinder gebärende und die Hauswirtschaft besorgende Ehefrau.

Zur Zeit Julius II. trägt die gefeiertste Hetäre den Namen Imperia. „*Sie glänzt als ein Stern, von dessen Strahlen die ganze Monsignorenwelt trunken ist.*" In ihrem Salon drängen sich die geistreichsten Männer der Zeit. Es geht von ihr folgende Geschichte um: Ihr Haus ist so mit Teppichen, Gemälden, Vasen, auserlesenen Büchern, schönen Renaissancemöbeln usw. ausgestattet, daß der „*edle spanische Botschafter einem Bedienten ins Gesicht speit, weil er keine andere Stelle für dieses Bedürfnis entdecken kann.*" Imperia singt zur Laute die Verse ihrer Anbeter oder eigene. Man spricht davon, daß sie hunderte von Poeten besingen und unendlich viele verehren, darunter sogar der ernste Sadoleto. So findet der frivole Ausspruch Beccadellis „*Freudenmädchen seien der Welt nützlicher als die frömmsten Nonnen*" im Rom von damals allgemeine Anerkennung. Pietro Bembo, der spätere Kardinal, lebt ungescheut mit der schönen Venetianerin Morosina zusammen. Und der Nachfolger Julius II., der Papst Leo X., hat nicht die geringsten Bedenken, „*unter festlichem Gepränge die Trauung Agostinos Chigi mit seiner Konkubine, der schönen Venetianerin Francesca, zu vollziehen.*" Das alles und noch viel mehr ist bekannt. Und Martin hat es erfahren, wenn nicht mit eigenen Augen gesehen. So äußert er sich später: „*Welch ein greulich Volk ist das gewesen. Ich hätte nicht geglaubt, daß das Papsttum so ein großer Greuel sei, wenn ich den römischen Hof nicht selbst gesehen hätt'. Ist eine Hölle, so ist Rom darauf gebaut, hab ich selbst in Rom gehört.*"

Der erwähnte Agostino Chigi macht von sich reden, als er zur Taufe eines Bastardkindes den Papst in seiner Villa bewirtet. Man verzehrt Zungen von Papageien, Fische, die lebend von Byzanz herbeigeschafft sind, aber nicht genug, daß geschlemmt wird, Prunksucht und Übermaß steigern sich so, daß man die goldenen Teller und Schüsseln, auf denen getafelt wird, in den Tiber wirft, wobei die Gäste nicht ahnen, daß sie von versteckten Netzen wieder aufgefangen werden. Martin selbst berichtet später, wobei dahingestellt bleiben mag, ob man ihm einen Bären aufgebunden hat: *„Tiberius, der heidnische Kaiser, obwohl er ein Unflat war, wie Suetonius schreibt, ist noch ein Engel gegen das jetzige Wesen des römischen Hofs, derselbige hat zum Nachtmahl für den Tisch zwölf nackichter Mägdlein stehen."*

Trotz allem wehrt sich alles in Martin zu glauben, daß der Papst persönlich, den zu verehren ihm zur zweiten Natur geworden war, für diese jedes Maß und jeden Anstand durchbrechenden Ausschweifungen verantwortlich ist. Er redet sich ein, daß ihn nur seine Umgebung, ein Teil der im Wohlleben versunkenen Kardinäle oder lasterhafte Künstler, die er aus irgendwelchen Gründen bisher nicht loswerden konnte, ihn zu diesem gottlosen Leben zwingen, das er jedoch bald überwinden wird.

Als er im April aus Rom zurückkommt, steht es nicht besser um ihn. Einmal bohrt sich der Kummer über die Verschwendungssucht und das unzüchtige Treiben am Hof des Papstes wie ein Stachel immer tiefer in sein empfindsames Gemüt. Er fühlt sich auch bei den im Gegensatz zu den geistvollen und mehr Lebensart ausstrahlenden Augustinern von Santa Maria bei den Erfurter Mönchen im Augenblick gar nicht mehr wohl. Vermutlich wäre das Leben des in diesem Stadium zu Ungeduld und Zornesausbrüchen neigenden Martin anders verlaufen, hätte sich seiner nicht Johannes von Staupitz angenommen. Dieser, im Innern und Äußern ein Edelmann, wurde im Jahre 1502 Professor und der eigentliche Organisator der neugegründeten Universität zu Wittenberg. Schon im folgenden Jahr (1503) hatte man ihn seiner bestechenden Eigenschaften wegen zum Generalvikar der sächsischen Kongregation des Augustiner-Ordens gewählt. In dieser Eigenschaft stößt er auf Luther. Er braucht nicht lange, um festzustellen, welche gewaltigen Kräfte in dem Pulverfaß Luther um jene Zeit brodeln.

Es ist kein leichtes Stück Arbeit, das sich Staupitz da vorgenommen hat. Depressionen waren und sind die Menschen zu allen Zeiten ausgesetzt. Aber Luther hat sich, wie damals viele, in den eigenen Sündenkomplex verrannt. Er sieht in den primitivsten Lebensäußerungen und in fast jedem von Gott abschweifenden Gedanken eine Sünde und wird damit nicht fertig. Um einen Augenblick bei diesem für Martin so schwerwiegenden und ihn immer wieder quälenden Komplex, der sich zeitenweise zu einer ausgesprochenen Dysphrenie — einer krankhaften Seelenstörung — steigert, zu verweilen: Bei Paulus und Luther ist „Sünde" im Gegensatz zum „Laster" nicht ein Tun, sondern ein Verweilen in einem Zustand, gewissermaßen ein „Gefangensein". Ein moderner Theologe will diesen Zusammenhang mit dem Begriff „Sucht" klarmachen. Er sagt: *„Sünde heißt süchtig gegen*

Gott stehen, süchtig sich selbst suchen, süchtig sich selbst sichern." In der Conf. Augustana ist die „*Sünde*" im „*Sündersein*" so definiert: „*Ohne Gottesfurcht, ohne Vertrauen Gott gegenüber, statt dessen voller Begehren.*"

Der Gedankengang Luthers ist klar, wenn auch manches, was darüber geschrieben wurde, ihn eher zu vernebeln scheint. Er sagt: Gott hat mich so geschaffen wie ich bin. Ich wende mit strengstem Kasteien usw. usw. eine geradezu herkuleische Kraft auf, um Gott gerecht zu werden und „*ein gottgefälliges Leben zu führen*". Und obschon ich mich gleich Simson mühe, falle ich immer wieder in mein Ich zurück und bin diesem ausgeliefert. Da ich aber nicht mehr aus mir herauszuholen vermag, liegt es bei Ihm, dem Schöpfer, der mich so geschaffen hat. Man sage mir: Wie kann ich Ihn da lieben? Da bleibt in dieser zwischen Szylla und Charybdis liegenden Verzweiflung nur noch der Haß.

Ergreifend sagt er das gleiche in dem Lied: „*Mein' guten Werk, die galten nicht, / es war mit ihn' verdorben; / der ‚frei Will' — haßte Gotts Gericht, / er war zum Gut'n erstorben; / die Angst mich zu verzweifeln trieb ...*"

Da ist kein anderer so geeignet, Martin zu helfen, wie Staupitz, der aus der Schule der Mystiker kommt, die mehr in der Versenkung und dem Sichergeben in den Willen Gottes das Heil sehen als in Kämpfen und dem Aufreißen der eigenen Brust. Bei diesen Disputen zwischen den beiden geht es ziemlich wild her, denn die Äußerungen der Leidenschaften sind in jener Zeit viel ungeschminkter und dramatischer als heute.

So schreit, wie wir wissen, Luther seinen Vorgesetzten an: „*Oh meine Sünde, meine gottverfluchte entsetzliche Sünde. Oh meine Sünde, Sünde, Sünde!*"

Worauf ihn Staupitz auf den Boden zurückholt und sagt: „*Du hast ja gar keine rechte Sünde!*"

„*Aber ich weiß es doch besser!*" schreit der sich in der Zange fühlende Luther.

„*Was weißt du schon!*" antwortet Staupitz schmunzelnd. „*Eine rechtschaffene Sünde ist, seine Eltern ermorden, öffentlich lästern, Gott verachten oder Ehebruch!*"

„*Aber ich fühle doch die Sünden, ich ersticke an ihnen!*" beharrt Luther.

„*Du mußt ein Register haben, darin rechtschaffene Sünden stehen, soll Christus dir helfen, mußt nicht mit solchem Humpelwerk und Puppensünden umgehen und aus jeglichem Furz eine Sünde machen!*" Da hat er's.

Der Landesherr Kurfürst Friedrich der Weise (diesen Beinamen erhält er erst später, wir wollen ihn aber der besseren Unterscheidung halber verwenden) hat Wittenberg als Universität für das Kurfürstentum Sachsen rein zum Tort gegen seinen Vetter, den Herzog Georg gegründet, der die alte

Universität Leipzig zur Landesuniversität für das herzogliche Sachsen ernannt hatte. Und so war der Zwietracht der beiden Vettern, die Luther noch zu spüren bekommen sollte, ein neuer Stein des Anstoßes hinzugefügt.

Die Gründung war ein kühnes Unterfangen. Im Gegensatz zu Erfurt, das als eine der größten und glanzvollsten Städte Deutschlands galt und dessen Universität als erste Europas alle vier Fakultäten mit den Sieben freien Künsten: Grammatik, Logik, Rhetorik, Mathematik, Geometrie, Astronomie und Musik in sich vereinigte, war Wittenberg ein entlegenes, gottverlassenes Nest. Errichtet war es in einer Sandwüste, die Luther einmal bissig besingt. Zweiundzwanzig Professoren, zum Teil nicht überragend gebildet, unterrichten die zweihundert Studenten, von denen viele dem Knabenalter nicht entwachsen sind.

Trotzdem: Als Luther erfährt, daß er hier das Doktorexamen ablegen und als Professor unterrichten solle, gerät er in Panik. Er hatte bisher keine Gelegenheit gehabt, seine Kräfte zu erproben; die Folge ist, daß er sich nichts zutraut. So bietet er seinen ganzen Einfallsreichtum auf, um Dr. von Staupitz zu überzeugen, daß jeder andere besser geeignet sei als er. Er scheut sich dabei nicht einmal, Krankheit und Tod ins Feld zu führen, indem er behauptet, er müsse ohnedies bald sterben. Staupitz amüsiert sich köstlich über diese bravouröse schauspielerische Leistung, bedauert jedoch aufrichtig, an dieser Entscheidung nichts mehr ändern zu können, habe doch der Kurfürst Friedrich der Weise in eigener Person verfügt, daß so verfahren werde.

Das ist also im Spätsommer des Jahres 1511 geschehen. Staupitz und Luther sitzen im Klostergarten unter dem Birnbaum, der, von Luther oft erwähnt, ihm ein treuer Begleiter durchs ganze Leben bleiben wird.

„*Ordensvikar,*" sagt Luther, als er merkt, daß der Fall entschieden ist, „*ich werde gehorchen, weil ich Gehorsam gelobt habe. Aber glaubt mir, dieses Mandat wird mich umbringen.*"

„*In Gottes Namen,*" erwider Staupitz gutgelaunt „*auch unser Herrgott hat große Geschäfte, er bedarf droben auch so kluger Köpfe wie du einer bist.*"

Damit sind die Würfel gefallen. Und wie es oft im Leben geschieht, findet sich Luther damit ab und ist sich klar, daß er jetzt zeigen muß, was er wert ist.

Man hatte Luther im Verbindungsbau zwischen dem eigentlichen Kloster und dem Brauhaus in einer Art Türmchen eine Stube zugewiesen. Sie ist nicht groß und spartanisch möbliert. Aber Luther liebt diesen Raum, in dem er erstmals in seinem Leben das empfindet, was man mit Gedankenfreiheit bezeichnet. Hier kann all das, was den Durchschnitt, das Landläu-

fige, das Mittelmaß durchbricht, gedacht, niedergeschrieben und verkündet werden. Diese kleine Kammer sollte die Kommandobrücke darstellen, von der aus er die Welt aus den Angeln hebt.
Ein Jahr später, am 19. Oktober 1512, ist der Zeitpunkt gekommen — Martin hat seine Studien abgeschlossen — um zum Doktor zu promovieren. Ganz Wittenberg ist auf den Beinen. Der Kurfürst hat seine Musikkapelle, die als beste in Deutschland gilt, zu dem Fest beordert. Und von überallher sind Professoren, Magister und Studenten angerückt, die sich mit dem Volk vermischen, so daß sich eine Ausgelassenheit verbreitet, wie man sie bisher in Wittenberg nicht kannte.
Wenn sich auch der Kurfürst zurückhält und der Promotionsfeier fernbleibt, so besteht doch kein Zweifel, daß er Luther aus tiefstem Herzen zugetan ist. Sein Bruder und Mitregent Herzog Johann — der Kurfürst bezeichnet diesen als seinen besten Freund — hat Luther gegenüber immer wieder das außerordentliche Wohlwollen des Kurfürsten bestätigt. Die Historiker führen diplomatische, politische und in der zaudernden Natur Friedrichs liegende Gründe an, warum er den Befehlen Roms einen hinhaltenden Widerstand entgegensetzt. Mag das mit seiner zurückhaltenden Natur stimmen, aber weit gewichtiger ist der Antrieb seiner persönlichen Zuneigung. Gewiß, er meidet das Zusammensein mit Luther, aber doch nur, um sagen zu können, was er wiederholt tut: *„Ich habe mit diesem Menschen keine drei Worte gewechselt."* Die Rücksicht auf Martin dürfte auch daran schuld sein, daß er erst auf seinem Sterbebett zum evangelischen Glauben übertritt. Denn, was wir noch sehen werden: Der Kurfürst Friedrich der Weise ist, wenn er schützend seine Hand über den Ketzer Martin Luther hält, immer in höchst persönlicher Gefahr. Und der päpstliche Nuntius Hieronymus Aleander hat wiederholt und dringend verlangt, man möge, weil der die Vollstreckung des päpstlichen Interdikts gegen Luther verhindere, ihn selbst in den Bann tun. Mit Rücksicht auf Martin meidet dieser den persönlichen Verkehr und bleibt der alten Kirche, jedenfalls äußerlich, treu, denn im anderen Fall wäre er mit Sicherheit gebannt und Martin seines Schutzes beraubt worden.
Es ist ergreifend, wie jetzt Martin Luther niederkniet, den feierlichen Schwur ablegt und Karlstadt (alias Andreas Rudolph Bodenstein, der sich den Namen des fränkischen Dörfchens Karlstadt, aus dem er stammt, zugelegt hat) ihm den Doktorhut aufs Haupt setzt. Weder er noch Luther wissen in diesem Augenblick, daß Luther in wenigen Jahren ein neues Bekenntnis ablegen und verkünden, daß Karlstadt dem anhängen, daß Luther für Mäßigung eintreten, daß Karlstadt die Radikalisierung betreiben, daß ihre Freundschaft in Feindschaft umschlagen und erst sehr viel später zu einer Versöhnung führen wird.

Kein Zweifel, daß der gegenüber Äußerlichkeiten bisher so bescheidene Luther sowohl auf den Doktorhut, den er sich nun anstelle der Mönchskapuze aufs Haupt setzt, wie auch auf den Doktorring, mit dem der Kurfürst ihn auszeichnet, stolz ist.

Am 16. August 1513 um sieben Uhr des Morgens begibt sich Luther ins Kolleg, zu dem zwölf Hörer erschienen sind. Sie erheben sich zu seiner Begrüßung. Gemessenen Schrittes, ohne nach rechts oder links zu blicken, strebt er zum Katheder, öffnet sein Heft und beginnt seine Vorlesung über die Psalmen. Seine Stimme ist klar und wohltönend, als er beginnt: „*Wohl dem, der nicht wandelt im Rate der Gottlosen, noch tritt auf den Weg der Sünde, noch sitzt, da die Spötter sitzen ...*"

Schon bei diesem ersten Kolleg packt er seine Zuhörer und beweist seine didaktische Begabung. Die Zahl der Hörer nimmt von Vorlesung zu Vorlesung zu. Der kämpferische Geist dieses „*wütenden deutschen Keilers*" entwickelt sich immer gewaltiger. Die Zeit reift apokalyptisch für ihn heran. Er ist nicht der einzige, der die Erneuerung der Kirche an Haupt und Gliedern fordert. Darüber sind sich zu dieser Zeit die meisten Kirchenmänner, die ihr Christentum ernst nehmen, einig. Aber Luther reißt die Argumente mit seiner messerscharfen Logik und seiner unbändigen Konsequenz aus ihrer jahrhundertealten Verkrustung heraus und hämmert sie den Menschen in die andächtig geöffneten Ohren. So bewirkt er, daß der Funke der Reformation sich entfacht und schließlich als gewaltiges Lauffeuer über die deutschen Lande hinwegbraust. Das Kolleg über den Römerbrief gibt ihm Gelegenheit, die ganze Vielfalt seiner Gedanken und seiner Sprache zu entfalten.

Luther schreibt über diese gewaltige Permutation, diesen Wendepunkt, diesen Erdrutsch in seinem Innern: „*Tag und Nacht verlangte es mich, Paulus im Römerbrief zu erkennen ... Tag und Nacht sann ich nach, bis ich den Zusammenhang einsah zwischen der Gerechtigkeit Gottes und dem Satz, daß der Gerechte ‚seines Glaubens leben' solle. Dann erfaßte ich es, daß die Gerechtigkeit Gottes die ist, durch die Gott in Gnade und bloßem Erbarmen uns rechtfertigt. Da fühlte ich mich völlig neugeboren und durch die offenen Türen in das Paradies eintreten. Die ganze Schrift gewann ein neues Aussehen, und wenn vorher die ‚Gerechtigkeit Gottes' mich mit Haß erfüllt hatte, so wurde sie mir jetzt unaussprechlich süß und liebenswert. Dieser Satz des Paulus wurde mir zu einer Paradiespforte.*"

Und damit hat er auch den Leuchtturm in die finsteren Strudel seiner eigenen Zweifel gestellt: Die Lehre von der Vergebung aller Sünden durch die völlig unverdiente Gnade, wie sie durch Christus herbeigeführt wird. Der Glaube an ihn vertreibt die Teufelsgeister, triumphiert über den Tod und befähigt durch seine Auferstehung den Menschen, die ihm von Natur an-

haftenden Sünden abzustreifen, um in die ewige Glückseligkeit einzugehen.
Die Befriedigung, zu der Martin nach schweren inneren Kämpfen gelangt ist, kann sich nur am Opfertod Christi orientieren. Der Mensch allein, das hat er durchexerziert und erkannt, ist außerstande, sich durch eigene Heilsmittel — mögen sie noch so strapaziös, ja mörderisch sein — vom eigenen Ich mit seinen niederziehenden Bedürfnissen zu Gott zu erheben. Damit sind die guten Werke — und das ist eine der erschreckend logischen Thesen des Reformators Martin Luther — keine Mittel, den Menschen zu erlösen. Die Gerechtigkeit Gottes nimmt ihn vielmehr so, wie er ist, denn so hat Er ihn ja erschaffen. Christus, der einzige Mittler zu Gott, hat durch seine Leiden und seinen Tod den Menschen erlöst. Dieses Geschenk der Erlösung gläubig entgegenzunehmen, ist die freudige und unbeirrbare Pflicht des Christen.
Und nachdem Luther auf diese These eingeschworen ist und sie zeitlebens nicht mehr aufgibt, trotzdem sogar ein Melanchthon sie in Zweifel zieht, erfüllt sich sein Wesen mit der Sicherheit dessen, der sich auf dem rechten Weg weiß. Jetzt kann er in das Geschehen der Zeit eingreifen. Da gibt es keinerlei Autorität mehr, vor der er zurückweichen müßte. Er leitet aus seiner Erkenntnis das Recht her, jeden zu tadeln, der im Glauben und im Bekenntnis Schwäche zeigt, und sei es der Kaiser oder der Papst. Luther drischt auf die Großen dieser Erde ein und alle, die sein Kolleg besuchen, sind mitgerissen und schon jetzt bereit, für diesen mutigen Erneuerer durchs Feuer zu gehen. Wenn auch das Volk noch nicht angesprochen ist, wird die gebildete Welt langsam auf den Mönchsprofessor Martin Luther in Wittenberg aufmerksam. Leider nicht nur diejenigen, welche ähnliche Gedanken vertreten wie die Humanisten. Diese bilden, ohne organisiert zu sein, eine geheime geistige Gemeinschaft, die über ganz Deutschland verbreitet ist. Man kennt sich zumindest dem Namen nach und tauscht mündlich oder brieflich seine Gedanken aus. Man will weg vom Mönchslatein mit all seinen Zöpfen und zu den Klassikern, unbeschwert durch die Scholastik, zurückkehren. Man verlangt nach einer kritischen, vorurteilsfreien Naturbetrachtung und strebt insgesamt an, die Knebelung des freien Geistes zu beseitigen.
Nein, auch die Dominikaner als Vertreter der Inquisition spitzen die Ohren. Sie haben beim Kaiser Maximilian (vermutlich indem sie dessen Gleichgültigkeit in religiösen Fragen ausnützten) einen Befehl erwirkt, alle hebräischen Bücher mit Ausnahme der Bibel zu vernichten. So wird der Kampf gegen den Geist seit Erfindung der Buchdruckerkunst permanent geführt. Ein fanatischer jüdischer Konvertit, der auf den feurigen Namen Pfefferkorn hört, schickt sich an, mit der Bücherverbrennung zu beginnen.

Dem tritt Johannes Reuchlin entgegen. Die Humanisten in Deutschland halten den Atem an. Johann Reuchlin mit seiner hohen edlen Gestalt, seinem vornehmen Wesen und seiner Liberalität ist das Idol der Humanisten. Pfefferkorn, der Eiferer, gibt sich nicht geschlagen. Er macht die Sache beim Inquisitor, dem Dominikaner Jakob von Hoogstraten, anhängig, der einen förmlichen Inquisitionsprozess einleitet und soweit geht, schon den Scheiterhaufen aufrichten zu lassen, um die Schriften Reuchlins zu verbrennen. Die Anklage vertritt der berüchtigte Sylvester Prierias. Luther hat, vom Hofprediger Spalatin veranlaßt, für Friedrich den Weisen ein Gutachten abgegeben, in dem er sich voll und ganz hinter Reuchlin stellt und darauf verweist, daß die Bekehrung der Juden ganz allein Gott überlassen bleiben müsse. Leider hat er diese Ansicht im Alter revidiert.
Der Prozeß gegen Reuchlin geht dem gegen Luther unmittelbar voraus, und wenn dieser auch damals noch nicht im entferntesten ahnt, was sich gegen ihn zusammenbraut, hätte er an der Art, wie der Prozeß geführt wird, mit allen Verdrehungen, Verleumdungen und Gemeinheiten ablesen können, was ihm bevorsteht. Aber lehrend, predigend und mit Hingabe, ja Besessenheit an seinem Lehrgebäude arbeitend, das er in Thesen am Abend vor Allerheiligen der gelehrten Welt bekanntzumachen beabsichtigt, erkennt er die Gefahr nicht, die ihr drohendes Haupt gegen ihn erhebt. In diese Thesen fügt er alles ein, was er in seinen Vorlesungen über die Psalmen (begonnen am 16. August 1513), den Römerbrief des Paulus (Ostern 1515), den Galaterbrief (27. Oktober 1516), die Hebräerbriefauslegung (Ostern 1517), und in sonstigen Schriften an Erkenntnissen gewonnen hat. Es soll ein Weltbild darstellen, geschöpft aus den Lehren der Heiligen Schrift. Und in dieses gewaltige Werk vertieft, sieht er nicht, wie er selbst gerade durch die Thesen den Feuerschein des Scheiterhaufens am Himmel heraufbeschwört.

Drittes Kapitel

1517

Die Thesen bewegen das Volk — Johannes Tetzel, Ablaßhändler en gros — Martin gegen die Scholastiker

Etwas bisher völlig Ungeahntes geht durchs Land. Zunächst kann es niemand begreifen. Vielleicht ist es nur ein Gerücht, um die Menschen in die Irre zu führen? Aber langsam überzeugen sie sich: Es ist die Wahrheit. Immer mehr zuverlässige Männer bestätigen es. Doch was dabei die Menschen am meisten verblüfft: Daß niemand Furcht zeigt, es weiterzuerzählen. Ganz ungehemmt weiterzuerzählen. Nein, wahrhaftig, man hat keine Furcht vor den Ketzerrichtern, den Dominikanern, die auf alles Jagd machen, was vom Teufel kommt. Und vom Teufel kommt doch alles, was sich gegen die Heilige Kirche und das ‚Heilige Geschäft' ihrer Ablaßprediger richtet. Man achtet ihrer gar nicht, so stark und alles andere über den Haufen werfend ist die Botschaft, die von Ort zu Ort fliegt. Nur die Ohren braucht man aufzumachen, dann hört man es an den Rastplätzen der Landstraßen, den Anlagestellen der Elbkähne, in den Badestuben, während einem die halbnackte Dirne einen Schröpfkopf ansetzt, man diskutiert es in allen Gassen, auf den Marktplätzen, an den Verkaufsständen, in den Werkstätten der Handwerker und vor allem in den Wirtshäusern. Auch vor den Kirchen kann man es erleben. Es gehört nicht viel Phantasie dazu, sich eine solche Szene vorzustellen. Da stehen die Menschen gedrängt, Männlein und Weiblein, Handwerksmeister, aber auch Lehrbuben, Barbiere, Krämer, Landsknechte, Zöllner, Scharwächter, Boten, Dirnen und auch einige Bauern darunter. Und vor ihnen eine im Jahre 1434 vollendete Kathedrale. Diese ist mit einem schweren eisernen Gitter eingezäunt, das von vergoldeten Spangen gehalten wird.

Und der ihnen gegenüber steht, man sieht's an seiner Tracht, der dunkelgrünen, vom Regen und der Sonne gebleichten Schaube und dem Barett, unter dem sein blondes Haar auf die Schultern fällt — ist ein Student. Sein Gesicht — in beiden Wangen hat er je ein Grübchen — strahlt verklärt. Zunächst haben nur einzelne ihn angesprochen und er hat geantwortet. Aber wie von einem Magnet angezogen, werden es immer mehr. Jetzt kommen sie auch aus den Marktständen, alles liegen und stehen lassend, herüber. Inzwischen mögen's hundert sein und mehr.

„Ist er ein gewöhnlicher Mönch?" fragt jetzt einer den Studenten.

„Ein Mönch aus dem Augustiner-Kloster," antwortet dieser lachend und die Grübchen in seinen Backen werden sichtbar.
„Sonst nichts?" will der enttäuschte Frager wissen.
„Doch. Er ist Magister und Doktor der Theologie dazu."
„Dann muß er's wissen."
„Und," fährt der Student wie einer, der seinen Schatz nur langsam auspackt, fort: „Er ist sogar Professor der Theologie an der Universität Wittenberg."
„Ich hab's doch gleich gesagt, das kann nur ein Gelehrter sein."
„Wie Erasmus von Rotterdam?" fragt ein anderer. Den kennen sie alle, er ist um jene Zeit berühmter als alle Bischöfe und Könige zusammen.
„Und mit 95 Thesen hat er zugeschlagen?" fragt einer, bei dem man seiner Kleidung nach eine etwas gehobenere Stellung vermuten kann.
„Richtig, in 95 Thesen."
„Was ist denn das 'Thesen'?"
„Thesen? Das sind Lehr- und Leitsätze. So verbreitet ein Gelehrter seine Meinungen und Lehren."
„Und die kann jeder lesen?" will einer wissen.
„Der Latein versteht. Sie sind in lateinischer Sprache verfaßt."
„Dann ist's nichts für uns."
„Doch. Ihr braucht ja nur die zu lesen, die ich drüben an der Kirchentür angeschlagen habe."
„Ja, sind das auch die echten?"
„Freilich, er hat sie am 31. Oktober (1517) — oder war's der 1. November? — an der Stiftskirche zu Wittenberg angeschlagen und wir, seine Studenten, haben sie noch in der Nacht übersetzt."
„Das habt ihr genau dem Wortlaut nach gemacht?"
„Da kannst du dich drauf verlassen oder meinst du, wir hätten unseren eigenen Käse fabriziert?"
Allgemeines Gelächter.

„Und dann haben wir sie in Handzetteln und Plakaten in verschiedenen Größen — ihr seht drüben eines an der Kirchentür — über ganz Deutschland verbreiten lassen. Jeder Fahrende oder reisende Bote, oder wer immer durchs Land zog, bekam einen Packen mit. Und selbst Luther hat sich gewundert, daß sie schon in vierzehn Tagen ganz Deutschland überschwemmt haben."
„Er heißt Luther, das wissen wir!"
„Doktor Martinus Luther."
„Doktor Martinus Luther!" wiederholt ein Mädchen mit einer hellen klingenden Stimme. Und es mutet die Umstehenden schon fast wie ein Wunder an, daß sie ohne Verabredung im Chor diesen Namen andächtig nach-

sprechen, als müßten sie ihn ihrem Gedächtnis für alle Zeiten einprägen: „Doktor Martinus Luther."
Eine Zeitlang herrscht Stille.
Dann fragt ein alter Handwerksmeister: „Und was hältst du für das wichtigste?"
„Das wichtigste? Doktor Martinus Luther wendet sich zornbebend gegen das ganze Geldgeschäft. Er leugnet, daß man mit Geld Sündenstrafen ablösen kann. Der Papst sei auch nur ein gewöhnlicher Mensch und habe keine Vollmacht, Seelen aus dem Fegefeuer zu entlassen."
„Er hält also nichts von dem Römer?" fragt einer.
„Der uns nur das Geld aus der Tasche zieht!" ruft ein anderer mit hellem Hohn in der Stimme.
„Nein," sagt der Student „er hält nichts vom römischen Papst."
„Und was sagt er weiter?"
„Jeder Sünder kann sein Heil nur in der Reue finden!"
„Und wie steht's damit, daß man mit dem Ablaß die von den Heiligen nicht verbrauchten Verdienste kaufen kann?"
„Die Heiligen haben keine überschüssigen Verdienste, sagt Doktor Martinus Luther. Sie sind gehalten, Gott von ganzem Herzen zu lieben. Freilich hat Christus große Verdienste, aber Luther bestreitet, daß es sich um Ablässe handle."
„Und hat er recht?" ruft das Mädchen mit der glockenhellen Stimme.
„Freilich hat er recht, er hat es aus der Bibel, keiner kennt die Bibel so wie er."
Man sieht es ihnen an: Diese Worte, die sie noch nie gehört haben, durchrieseln sie wie flüssiges Feuer.
„Und fürchtet er nicht, daß die Inquisition ihn packt?"
„Er spricht die Wahrheit," ruft der Student bekennerisch, „und gegen die Wahrheit ist die Inquisition machtlos!"
Der Gedanke ergreift sie, daß es ein einzelner wagt, mit nichts anderem als mit dem Wort der mächtigsten Institution, die es auf der Welt gibt, entgegenzutreten und ohne Furcht vor den Folgen ihr ins Gesicht zu schleudern, daß sie unrecht hat. Die Menge ist angewachsen, es können jetzt schon mehrere hundert Menschen sein, die dem Studenten gebannt lauschen.
„Sprich lauter!" ruft einer, der am äußersten Rand steht.
Da klettert der Student gewandt das Gitter, welches das Münster einzäunt, hinauf und er ist ganz oben, und für viele sieht er mit seinem langen blonden Haar, das ihm unter dem Barett auf die Schultern fällt, wie ein Engel aus.
„Martin Luther sagt," ruft er jetzt so laut, daß es über den Marktplatz hallt, *„wenn der Papst schon die Macht besitzt, irgendeinen aus dem Fege-*

feuer zu erlösen, warum im Namen der Liebe schafft er das Fegefeuer nicht ab, indem er jedermann herausläßt? Wenn er um des elenden Geldes ungezählte Seelen befreit hat, warum soll er nicht um der heiligsten Liebe willen den ganzen Platz leeren?"

Einen Augenblick ist unten Ruhe. Dann zündet der Funke. Und wie das einleuchtet! Sie klatschen Beifall: Wahrhaftig, das ist der beste Witz des Jahrhunderts. Wenn er einen Einzelnen herausschnappen kann, dann soll er doch um des Himmels willen alle, die sich im Fegefeuer befinden, herausschnappen!

„Aber die Hauptsache," ruft jetzt der Student und hebt oben, indem er sich mit den Füßen und mit der Linken festklammert, die rechte Hand „die Hauptsache: Martin Luther wendet sich scharf gegen die Ausbeutung der Armen! Das erste Mal, daß einer so offen und, die Großen und Reichen nicht fürchtend, für die Armen eintritt." *„Nützlicher und gottgefälliger,"* sagt er, *„ist es, den Armen und Hungernden das Geld zu geben, als es in die Ablaßtruhen zu werfen. Hat etwa Christus,"* fragt er, *„gelehrt, man solle seinen Mantel verkaufen, um dafür Ablaß einzukaufen?"*

Das ist wieder ein Grund, in ein dröhnendes Gelächter auszubrechen. Natürlich hat Christus Derartiges nie gelehrt. Soweit haben sich also die mit ihrem Ablaß von ihm entfernt!

„Und hört!" unterbricht der Student ihr Lachen und ihr Geschnattere: „Er hat gesagt: *Die Ersten werden die Letzten und die Letzten die Ersten sein!"* Genau das wollen sie hören: Die Ersten werden die Letzten und die Letzten die Ersten sein! Da ist endlich ihr Schicksal angesprochen. Denn werden sie nicht täglich in der schäbigsten Weise geschunden und gepreßt, nur damit die Herren mit ihren Huren immer maßloser, immer ungehemmter und immer übermütiger schlemmen und prassen können! Endlich sagt's einer, spricht es aus, wagt es, dreinzuhauen. Und nach Rom, in diese Hurenstadt, wo sie's schlimmer treiben als irgendwo, kommt kein Pfennig, geschweige denn ein Gulden mehr! Endlich geht ein Licht in dieser Welt auf und das heißt Gerechtigkeit. Da kann man frei atmen und die stickige Luft, die von den im Staub Kriechenden, den gebeugten Rücken, den Speichelleckereien, dem Duckmäusertum und dem In-sich-hineinfressen verbreitet wird, ist wie weggeblasen.

Und jetzt hat er oben sein Barett gezogen und ein Sonnenstrahl trifft die goldene Spange neben seinem Haupt, so daß wahrhaftig ein neues Licht aufzugehen scheint. Und der Engel ruft: „Mit Doktor Martinus Luther in die Freiheit!" Und während er schnell heruntersteigt, rufen sie mit hocherhobenen Armen: „Mit Doktor Martinus Luther in die Freiheit!" Und fallen sich weinend in die Arme: Luther ist für sie die Fackel, die sie aus dem

Dunkel ins Licht führt. Da beginnen die Glocken des Münsters den Mittag einzuläuten.
Es ist der Spätherbst 1517, wo sich überall in Deutschland solche und ähnliche Szenen abspielen. Und wenn vielfach behauptet wird, daß Luther sich mit seinen Thesen ausschließlich als Disputationsgrundlage an die Gelehrten der Zeit wenden wollte und selbst erstaunt gewesen sei, welchen Aufruhr er damit erregte, der weiß über Luther nicht Bescheid. Luther kennt das Volk, schaut ihm aufs Maul, kennt die Wirkung seiner Kollegs auf die Studenten, die ja auch nicht als Gelehrte vom Himmel fallen, kennt die Faszination, von der die Zuhörer seiner Predigten ergriffen werden, kennt genau die Stimmung des Volkes und weiß von den Sorgen und Nöten jedes einzelnen Standes. Auch hätte er, wenn er nicht selbst dabei mitwirkte, die Übersetzung verhindert, falls er die Thesen unter dem Ausschluß der Öffentlichkeit wollte erscheinen lassen. Nein, er hat sich ans Volk gewandt, nachdem die nicht nur von ihm erhobenen Appelle, Christus wieder in die Kirche aufzunehmen, von Rom und der Geistlichkeit ignoriert worden waren.
Seine Zeit ist gekommen. Sie ist reif für den Reformator. Die Menschen sind gierig auf das Leben. Die Welle der Lust ist aus dem Süden gekommen, aus Italien, wo man in der Renaissance das pralle Lebensgefühl der Antike wieder heraufbeschwört. Diese Welle hat die Alpen überschritten und ist im äußersten Norden noch spürbar, wie etwa in Wittenberg, das bisher als finsterste Provinz gegolten hat. Auch hier verlangt es nun die Menschen, unbehindert ihren körperlichen Trieben frönen zu können. So hat man erst zu Ostern dieses Jahres (1517) eine vierte öffentliche Badestube eingerichtet, ist doch das Baden, von den Ärzten empfohlen, wieder in Mode gekommen. Wer etwas auf sich hält, geht wöchentlich mindestens einmal ins Bad. Selbst Nonnen und Mönche, so ihre Klöster keine solchen Einrichtungen besitzen, besuchen die öffentlichen Bäder. Zwar sind Frauen und Männer getrennt, aber das wird so genau nicht genommen, es gibt Vorhänge aus Linnen und gegen einen Obolus schließt der Bader die Vorhänge und die Augen. Die ‚Badefrauen' — häufig junge Mädchen — tragen, bei der dämpfigen Hitze verständlich, nur das Nötigste an Kleidung. Aus den Kreuzzügen hat man die Kenntnisse mitgebracht, wie man mit körperlichen Manipulationen wie kneten, massieren, schampunieren, möglichst unter Verwendung duftender Kräuter, die Sinnlichkeit zu steigern vermag.

Aber abgesehen von den Badestuben, wo auch die Lustdirnen oder ‚fahrenden Weiber' ihrem Geschäft nachgehen, haben sich die Sitten in allen Gesellschaftsschichten gelockert und viele der um diese Zeit erschienenen Druckschriften — die meisten mit erläuternden Stichen versehen — können sich in Klagen über die ‚sodomische Verderbnis' nicht genugtun. Gegen die *‚aufreizende und unzüchtige Kleidung'* der Frauen ist auch ein Erlaß des Kurfürsten Friedrich des Weisen ergangen, ohne daß sich, wie er selbst seinem Hofprediger Spalatin gegenüber klagt, Wesentliches ändert. Außerdem ist Wittenberg dafür bekannt, daß dort *‚barbarisch gesoffen'* wird und gegen den übermäßigen Biergenuß namentlich der Studenten zieht der Professor an der Universität Wittenberg, der Augustiner-Pater Dr. Martinus Luther, wiederholt zu Felde. In den Flugschriften sind die peccata irremissibilia aufgezählt, wie ‚Totschlag, Blutschande, Ehebruch, Sodomie', und was sich die Phantasie an schlimmen Dingen nur ausdenken kann. Auch von Hexern und Hexen ist die Rede, denn seit Heinrich Institor und Jakob Sprenger, veranlaßt durch eine Bulle Papst Innozenz VIII., im Jahre 1489 ihren *‚Hexenhammer'* veröffentlicht haben, sind die Hexenprozesse zu schauerlicher Blüte gediehen. Die veröffentlichten Traktate können sich nicht genugtun, die Walpurgisnacht am 1. Mai zu schildern, wo die Hexen ihre Wohnungen verlassen, um auf Besen, Mistgabeln, Stöcken, Böcken und Hunden auf den Brocken zu reiten, wo sie Satan in höchst eigener Person empfängt, dessen Hintern sie küssen müssen, um dann mit ihrem Spezialteufel Buhlschaft zu treiben. In der Morgendämmerung geht es auf ihren grotesken Reittieren wieder zurück, wobei sie ihre Salben und sonstiges teuflisches Gerät nachhause schleppen. Um eine Hexe als solche zu entlarven, genügt es, daß die alte Frau rotentzündete Augen hat, wie es in diesem Jahr (1517) in Jüterbog geschehen ist, wo man die Arme ohne weitere Beweise verurteilte und verbrannte. Daß Teufel, Hexen, Inkubusse, wie die männlichen Buhlteufel und Sukkubusse, wie die weiblichen heißen, einen ständig verfolgen, daran zweifelt im Volk niemand. Und es ist eine Gewohnheit der Zeit, sich zuweilen rasch umzudrehen, weil man das Gefühl hat, irgendein Satansbraten sei hinter einem her.

So mag man es ansehen, wie man will: Das Leben insgesamt stinkt — und nicht nur körperlich aus dem auf die Gassen geworfenen Unrat, in dem man bis zu den Knöcheln versinkt, aus den dampfenden Misthaufen, die vor jedem Haus liegen und den Fäkalien — jeder verrichtet seine Notdurft, wo es ihm gefällt — das ganze Leben stinkt nach dem Urteil der Tugendsamen zum Himmel. Und das weiß niemand so gut wie diejenigen, die den Gestank erzeugen, vor allem die in Sünde und Unsittlichkeit Lebenden. Doch hautnah neben der Lust an den leiblichen diesseitigen Freuden wohnt die Angst vor den jenseitigen Strafen. Wie der Süchtige, der von der Sucht nicht lassen kann, aber gleichzeitig davor zittert, was aus ihm wird, wenn er der Sucht nicht widersteht, so leben die Menschen dahin.

Welche Wohltat bedeutet es für die von ihrem Gewissen Gequälten, vorausgesetzt sie sind vermögend, daß es den Ablaß gibt. Das ist eine ganz propere dogmatische Angelegenheit: Sämtliche Heiligen, die Jungfrau Maria und insbesondere Christus selbst haben während ihres Erdendaseins mehr gute Werke verrichtet als sie für ihr eigenes Seelenheil benötigen. Diese guten Werke stehen also ungenutzt vor dem Eingang zum Himmel herum. Was ist vernünftiger, als sie auf andere zu übertragen, die ihrer dringend bedürfen? Und dieser Übertrag ist der Ablaß. Wurde er zunächst nur dazu benützt, die von der Kirche verhängten Strafen zu tilgen, ging man später dazu über, auch die von Gott verhängten zeitlichen Strafen, also das Fegefeuer, ratenweise oder auch im ganzen zu erlassen. Zu letzterem ist allerdings nur der Papst als Stellvertreter Gottes auf Erden befugt. Papst Innozenz III. hatte im Jahre 1215 diesen Pioniergedanken, den vollkommenen Ablaß zu verkünden, mit dem also das gesamte Fegefeuer erlassen werden konnte. Papst Bonifazius VIII. wollte ihm Seltenheitswert geben und verfügte, daß er als Jubiläumsablaß nur alle hundert Jahre verliehen werden durfte. Daran hielten sich die Päpste in der Folgezeit jedoch nicht, sondern verkündeten Jubeljahre nach Gutdünken. Einen ungeheuren Auftrieb erhielt der Ablaß dadurch, daß man seit nicht allzu langer Zeit ihn auch für Verstorbene nützen konnte, die dann für die Zeit, für die der Ablaß galt, weniger brennen mußten oder, wenn man ihnen den vollkommenen Ablaß zuwandte, schnurstracks aus dem Fegefeuer in den Himmel fahren konnten.

Im Jahre 1517 tritt nun ein Dominikaner-Mönch namens Johann Tetzel in dieser Gegend auf, der zwar in Innsbruck wegen Ehebruchs zum Tode durch Ersäufen verurteilt worden war, aber durch den Einsatz des Erzbischofs Albrecht von Mainz wieder auf freien Fuß gesetzt, sich in Rom zum Apostolischen Kommissar für das Ablaßwesen ernennen ließ. Wie sich bald herausstellte, hatte Rom mit dieser Ernennung keinen Fehlgriff getan. Tetzel hat eine gewaltige Stimme, ist redegewandt und dazu das, was man heute als Verkaufskanone bezeichnen würde.

Bei seiner anerkannten Tüchtigkeit im Eintreiben von Ablaßgeld ist Tetzel gewiß nicht der einzige, der sich auf diese Weise für Rom verdient macht. Ganze Rudel solcher Ablaßhändler ziehen jeweils mit einem Riesengefolge durch die Lande. Meist treten sie unter großem Prunk und zuweilen sogar in Begleitung eines Kardinals auf. Die Kreuzzüge haben den Ablaß geboren, denn es war nicht mehr als recht und billig, daß die Streiter für Christus von ihren Sünden, an denen bei den meisten Haudegen kein Mangel war, freigestellt wurden. Später kam man einem Bedürfnis der mittelalterlichen Menschen entgegen, die ungern Steuern zahlen, schon weil sie keine Gegenleistung erwarten können, während man beim Ablaß gewissermaßen eine Versicherungspolice aufs Jenseits erwirbt. Da die Taxen festgelegt sind, (so kostet z.B. Ehebruch vier Gulden, findet er unter Verheirateten statt, muß man sechs Gulden ausspucken, während Unzucht mit einer Nonne nur mit zehn Gulden aus der Welt zu schaffen ist!) schien das Ganze, bevor es ins Maßlose ausuferte, ein solides Geschäft zu sein. Die volkswirtschaftliche Bedeutung des Ablasses kann man nicht hoch genug einschätzen. Die Historiker weisen nach, daß kein großes Bauwerk wie etwa der Petersdom und nahezu alle Kirchenbauten bis zu Brücken- und Deichbauten in jener Zeit ohne die Ablaßgelder hätten finanziert werden können. Das Bankhaus Fugger in Augsburg, das den Kauf der Wählerstimmen bei der Wahl von Bischöfen, Herzögen, Königen und dem Kaiser vorfinanziert, hat auch den komplizierten Ablaßhandel und die Transaktionen der eingegangenen Gelder fest in der Hand.

Sicher hat es schon früher aufrechte Männer gegeben, die jedenfalls gegen die Ausuferung des Ablaßhandels ihre Stimme erhoben haben. So hat zum Beispiel der Böhme Hus gegen den Mißbrauch gewettert und war unter anderem auch deswegen auf dem Konstanzer Konzil (1415) verbrannt worden.

Aber nun tritt Dr. Martin Luther auf den Plan. Sein Souverän, der Kurfürst Friedrich der Weise, hat selbst eine Reliquiensammlung in der von ihm erbauten Schloßkirche zu Wittenberg angelegt. Das Glanzstück ist ein Dorn aus der Dornenkrone Christi. Um dieses wertvolle Stück hat der Kurfürst seine Sammlung aufgebaut, die ein von seinem Hofmaler Lukas Cranach illustrierter Katalog mit nicht weniger als *„5.005 Stücken"* registriert. Da gibt es unter vielen anderen *einen Zahn des Hl. Hieronymus, vier Stückchen vom Leib des Hl. Chrysostomus, vier Haare der Jungfrau Maria, ein Windelstückchen aus Bethlehem, eine Strähne vom Barte Christi und einen Nagel, mit dem seine Hände am Kreuz durchbohrt worden waren.*

Da das fromme Betrachten dieser Reliquien ablaßträchtig ist, läßt der Kurfürst den Ablaßhändler Tetzel, dessen Konkurrenz befürchtend, nicht nach Wittenberg herein, was diesen veranlaßt, seinen Laden ganz in der Nähe, nämlich in Jüterbog, aufzuschlagen. Es ist für Beichtkinder Luthers ein Leichtes, nach Jüterbog hinüberzuwechseln und die nötigen Ablaßbriefe zu erstehen. Ein Mann, der wegen Blutschande dran ist, legt Luther siegessicher den Ablaßbrief Tetzels vor, durch den er nicht nur von der Strafe des Fegefeuers, sondern auch von der Sünde gereinigt wurde. Das bringt Luther in Harnisch. Wenn selbst — wie Luther überzeugt ist — die guten Werke allein den Sünder nicht zu retten vermögen, wie soll es dann eine schnöde Geldzahlung bewirken? Diese seine seelsorgerische Entscheidung kommt schon in den ersten seiner 95 Thesen zum Ausdruck, wo es heißt: *„Da unser Herr und Meister Jesus Christus spricht: Tut Buße, das Himmelreich ist nahe herbeigekommen (Math. 4, 17), hat er gewollt, daß alles Le-*

ben der Gläubigen Buße sein soll." Und Buße heißt bei Luther „*Umkehr, Bekehrung*", also ein tief innerlicher Vorgang.
Kein Wunder also, daß er die Absolution verweigert, was den Blutschänder veranlaßt, flugs zu Tetzel zu laufen und sich wegen des teuren, aber offensichtlich wertlosen Papiers zu beschweren. Damit ist der Streit zwischen Tetzel und Luther so angeheizt, daß er in kurzem lichterloh aufflammt.
Luther ist bei den Dominikanern schon deswegen aufgefallen, weil er die scholastische Theologie schroff ablehnt. Er will nichts mit den ewigen Disputationen und dem törichten Spiel wie ‚*Quidditäten und Häcceitäten*' zu tun haben und bekämpft insgesamt die von den Schriften aus dem Altertum, nämlich des Boethius, des Dyonysios Areopagita und vor allem des Aristoteles hergeleitete Philosophie mit aller Schärfe. Doch nach dem Erscheinen Tetzels ist für Luther kein Halten mehr. Der ‚*zum Himmel schreiende Pomp*', mit dem Tetzel auftritt, das riesige rote Kreuz, das er, flankiert von den Papstfahnen, in der Kirche aufrichtet mit dem Verbot, daß in anderen Kirchen gepredigt wird, und schließlich die Lästerungen, die Luther aus dessen Predigten zu Ohren kommen, übersteigen das ihm als tragbar erscheinende Maß. Danach soll Tetzel verkündet haben: „*Selbst wenn du die Mutter Gottes mißbraucht hättest, kann ich dir durch die Gnade des Papstes vergeben, sobald du in den Kasten legst, was dir ansteht.*" Und neben anderen Ungeheuerlichkeiten fehlte nicht der Satz: „*Wenn das Geld im Kasten klingt, die Seele aus dem Fegfeuer springt.*" Kurzum, für Martin Luther ist es zu viel. Und wenn er sich später auch darauf beruft, er habe nur eine theologische Auseinandersetzung, wie sie zu jener Zeit üblich waren, heraufbeschwören wollen, und habe dieserhalb die Schrift an den Erzbischof von Mainz in lateinischer Sprache gesandt, so beweisen doch die zahlreichen Übersetzungen, die teils auf Plakaten, teils auf Handzetteln in alle Welt gehen und die sicherlich nicht gegen seinen Willen hätten angefertigt werden können, daß ihm diese Publizität durchaus zupaß kommt. Und seine Verwunderung darüber, daß diese Thesen ganz Deutschland innerhalb vierzehn Tagen in Aufruhr gebracht haben, klingt wie ein durchaus verständlicher Triumph.
Jedenfalls: *Martin Luther, Augustiner, berufener Doktor der Theologie* (wie er in seinem Brief an Erzbischof Albrecht unterschreibt), tritt nunmehr in das grelle Licht der Weltöffentlichkeit.

Viertes Kapitel
1518—1519

Heidelberger Disputation — Prierias greift Luther an — Verhör durch Cajetan in Augsburg — Leipziger Disputation

Es braut sich zusammen. Luther ist zu bekannt und zu berühmt geworden. Wo immer er auch erscheint, jubelt ihm das Volk zu. In dem Satz „*Die Ersten werden die Letzten und die Letzten werden die Ersten sein*" glauben die Menschen, den Strom der Befreiung zu hören. Andere jubeln nicht, im Gegenteil, sie drehen und wenden die Thesen, um ihnen einen kirchenfeindlichen Sinn zu geben. Von Deutschland nach Rom und von Rom nach Deutschland geht das Geraune der Dominikaner: Die Kirche ist in Gefahr! Schließlich sind sie es ja, die mit der Inquisition für die Reinheit der Lehre die Verantwortung tragen. Und zum ersten Mal fällt auch schon das Wort *Ketzer.* Erst flüsternd im engsten Kreis und unter vorgehaltener Hand, aber dann immer lauter und bösartiger. Während Luther die 95 Thesen gegen den Ablaß noch in lateinischer Sprache abfaßte (die zwar alsbald übersetzt wurden), hat er jetzt mit den zwanzig Artikeln seines Sermons „*Über den Ablaß und Gnade*" in unverfälschtem Deutsch auf die Ablaßverkünder eingeschlagen. Und da besteht kein Zweifel, — auch wenn er das an den Bischof Schulze von Brandenburg gesandte Exemplar mit jeder nur erdenklichen Höflichkeit verbrämte — daß dieser aufsässige und überhebliche Mönch aufs Ganze geht. Was bleibt da anderes übrig als der Ketzerprozeß?
Doch die Dominikaner sind, Gott sei Dank, nicht auf sich allein gestellt. Es gibt noch glaubensstarke Männer, die ihnen jede, aber auch jede Unterstützung leisten. Und hier tut sich ein Universitätsprofessor aus Ingolstadt mit dem ursprünglichen Namen Johann Mayer, der sich aber nach seiner geographischen Herkunft (er wurde 1486 zu Eck in Schwaben geboren) Johann Eck nennt, in hingebungsvollster und gehässigster Weise hervor. Er ist, obschon er sich früher freundschaftlich Luther genähert hatte, dessen verbissenster Gegner ein Leben lang geblieben.
Man muß ihn sehen, wenn nicht in Wirklichkeit, so doch auf Bildern, um sich von ihm eine ungefähre Vorstellung machen zu können. Die massige Gestalt trägt halslos einen Riesenkopf mit groben Gesichtszügen, starr blickenden Augen und einem heruntergezogenen Maul. Und wehe, wenn sich dieses Maul öffnet: Die Stimme ist so gewaltig, daß sie jeden andern

niederschmettert und sich in der lärmendsten Versammlung Gehör zu verschaffen vermag.
Eck ist ein Bündel von Widersprüchen. Auf der einen Seite bombardiert er Rom mit Traktaten, was geschehen müsse, damit die Kirche von den Ketzern und allen in Sünde Lebenden befreit werde. Auf der anderen Seite führt er selbst ein ausschweifendes Leben, denn nicht umsonst werfen ihm seine Gegner vor, er sei einer der *„größten Hurenböcke"* und dazu noch *„ein Kapitalsäufer"*, wie man dergleichen selten finde. Dabei fehlt es ihm keinen Augenblick an Fleiß zum Stänkern, Intrigieren, Sich-wichtigmachen. Im Lauf seines Lebens hat er eine ganze Bibliothek zusammengeschrieben, aber die Sprache in seinen Büchern ist so vertrackt und holprig, daß vermutlich kein Mensch auch nur eines von vorne bis hinten gelesen hat.
Seine Stärke liegt in der offenen Feldschlacht. Da steht ihm nicht nur seine gewaltige Stimme zur Seite, sondern auch ein nicht minder gewaltiges Gedächtnis. Er hat von frühester Jugend an alles Einschlägige gelesen und in seinem Riesenschädel gespeichert, so daß ihm in Sekundenschnelle das passende Zitat zwischen die Zähne fällt. Das verschafft ihm die Achtung der Wissenschaftler und Politiker. Und man kann sagen, daß gegen Luther kaum ein gefährlicherer Gegner aufstehen konnte als Dr. Johannes Eck.
Er sorgt dafür, daß sich die Dinge rasch zuspitzen. Luther hat seine Thesen mit einem untertänigen Schreiben an den Erzbischof Albrecht von Mainz gesandt. Dieser, nicht wissend, wie er darauf reagieren solle, hatte sie an den Papst weitergeleitet. Leo X., ein Medici, der 1513 den päpstlichen Thron bestiegen hat, fördert Künste und Wissenschaften, liebt den Prunk und schöne Frauen und interessiert sich für alles auf der Welt, nur nicht für die wahre Religion. Luthers Thesen gibt er dem neuernannten Ordensgeneral der Augustiner mit der Weisung, er möge ein Mönchlein seines Ordens mit Namen Martin Luther beschwichtigen und *„das Feuer, das dieser anzündet, dämpfen, ehe ein Brand daraus werde"*. Die Gelegenheit dazu bietet sich beim nächsten Ordenskapitel der Augustiner an, das diesmal in Heidelberg stattfinden soll. Man lädt Luther vor. Seine Freunde warnen ihn, und seine Feinde prophezeien, daß keine drei Wochen vergehen, bis er brenne. Auch droht man ihm, er werde auf dem Weg nach Heidelberg ermordet. So angeheizt ist die Situation. Auch Luther verspricht sich nichts Gutes von dem durch den Ordensgeneral geimpften Kapitel. Aber er macht sich zu Fuß auf den Weg. Für einen Mönch geht der Gehorsam über alles. In Würzburg unterbricht er seine Wanderung, wo er von dem Fürstbischof Lorenz von Bibra, einem Humanisten, auf dem Schloß Unserer Frauen Berg wie ein Souverän empfangen wird. Der Bischof kennt die Thesen, weiß von Luthers Kampf und versichert ihm, daß er aus voller Über-

zeugung hinter ihm stehe. Der ganze Hof des Fürstbischofs ist angetan von dem Einfallsreichtum, dem Humor und der Sprachgewalt Martin Luthers. Bei dieser Gelegenheit besucht er den bekannten Würzburger Bildschnitzer Tilman Riemenschneider.

Mit etwas mehr Mut setzt er seinen Weg über den Odenwald nach Heidelberg fort. Als aber die Silhouette des Heidelberger Schlosses vor ihm auftaucht, wird ihm wieder bänglich ums Herz: Was wird man mit ihm anstellen?

Doch oh Wunder: Er wird von dem versammelten Kapitel als Ehrengast empfangen. Kein Zweifel, die Augustiner sind stolz auf ihn. Der Pfalzgraf läßt es sich nicht nehmen, er lädt Martin zusammen mit Staupitz und noch einigen herausragenden Augustinern zur Tafel.

Das Kapitel überträgt ihm das große theologische Referat. Es ist im Aufbau, in der Disposition und im Vortrag so glänzend, daß die Zuhörer — darunter sogar der Dominikaner Martin Bucer — begeistert sind. Auch einige der Älteren, denen die Gedanken doch etwas zu revolutionär scheinen, erheben keine Einwände. Luther hat die augustinische Ansicht vertreten, daß auch äußerlich untadelige Handlungen in den Augen Gottes Todsünden sein können. Am Schluß gibt Luther der Hoffnung Ausdruck, daß genau wie Christus zu den Heiden ging, als er von den Juden verworfen wurde, auch seine, Luthers wahre Theologie, die von den Alten verworfen werde, zur Jugend übergehe.

Es ist ein Sieg Luthers, was eine Niederlage hätte werden sollen. Man bleibt zusammen, genießt die derbe, anschauliche und stets zum Lebensgenuß hinneigende Unterhaltungsgabe Luthers und spricht auch dem Wein zu, wobei die Becher nach mönchischer Sitte mit beiden Händen zum Mund geführt werden. Auf der Heimreise nimmt man Luther im Wagen mit, so daß er abschließend seinen Triumph in den Satz kleidet: *„Ich ging aus zu Fuß und kam im Wagen zurück."*

Das war im Frühjahr (1518), aber schon im Sommer kommt ein neuer Angriff. Leo X., der von allen Seiten angezapft wird, gegen den aufwieglerischen Mönch etwas zu unternehmen, fühlt sich von den Augustinern im Stich gelassen und wendet sich an die Dominikaner. Sylvester Prierias, Magister Palatii zu Rom, wird beauftragt, eine Schrift gegen Luther zu verfassen. In kürzester Frist ist sie fertiggestellt.

Prierias verlagert den Schwerpunkt vom Ablaß auf den Bann, den Luther inzwischen auch angegriffen hat.

Wer nun denkt, Luther werde einlenken, sieht sich getäuscht. Luther schlägt mit harten Bandagen zurück: *„Ich bin traurig, daß ich Tetzel verachtete. Lächerlich wie er war, war er doch scharfsinniger als Du. Du führst keine Schriftsteller an. Du gibst keine Gründe an. Wie ein tückischer Teu-*

fel verkehrst Du die Schrift. Du sagst, die Kirche verwirkliche sich im Papst. Welche Scheußlichkeiten wirst Du dann nicht als Taten der Kirche anzusehen haben? Blick auf das grausige Blutvergießen durch Julius II. Sieh auf die schändliche Tyrannei Bonifatius' VIII., der nach dem Sprichwort lebte ,Kam wie ein Wolf, regierte wie ein Löwe, starb wie ein Hund.'"
Man sieht, zimperlich tritt dieser Luther nicht auf. Es ist aber nicht nur bloßes Mönchsgezänk, wie manche sagen, denn dahinter steht der Ketzerprozeß. Und wie diese enden, kann man jederzeit erleben.
Am 7. August (1518) ist es dann soweit: Der Papst zitiert Luther nach Rom. Das geschieht auf Veranlassung des Kaisers Maximilian, der vorauszuahnen scheint, was für eine Lawine dieser theologische Streit ins Rollen bringen kann. Sechzig Tage werden Luther Zeit gegeben, innerhalb deren er sich in Rom zu stellen hat. Die Sache ist deswegen so gefährlich, weil die weltliche Macht, also hier der Kurfürst Friedrich, die Befehle Roms zu erfüllen hat. Er ist gehalten, so Luther nicht freiwillig geht, diesen gefesselt in Rom zu überstellen.
Luther weiß, jetzt geht es um Leben und Tod. Er schreibt an den Kurfürsten Friedrich, um ihn an sein Versprechen zu erinnern, die Sache dürfe nicht in Rom anhängig gemacht werden. Spalatin, Friedrichs Hofprediger und Luthers Freund, setzt sich wärmstens für diesen ein und bestimmt Friedrich, Verhandlungen mit dem päpstlichen Legaten Kardinal Cajetan einzuleiten. Friedrich regt an, daß Cajetan, wenn jetzt der Reichstag in Augsburg zusammentrete, Martin Luther ins Verhör nehmen solle. Das müsse aber außerhalb des Reichstags *„und zwar väterlich und nicht richterlich"* geschehen.
Kardinal Cajetan akzeptiert.
Schweren Herzens verläßt Luther zu Fuß mit einem Mönch seines Ordens als Begleiter im September (1518) Wittenberg, um sich nach Augsburg zu begeben. Er muß mit dem schlimmsten rechnen. Ergreifend berichtet er: *„Zu dieser Zeit besaß ich nicht einmal einen Pfennig. Als ich nach Augsburg aufbrach, borgte ich die Mönchskutte des Dr. Link."* Drei Meilen von Augsburg entfernt holt die beiden wandernden Mönche ein Wagen ein. Der Fuhrknecht erbarmt sich ihrer und nimmt sie mit. Luther schreibt weiter: *„Als ich in Augsburg angekommen war, ging ich zu den Augustinern. Sobald der Kardinal (Cajetan) davon Kunde hatte, schickte er einen Gesandten zu Pferd zu mir und forderte mich zu sich."* Im Kloster gibt es darüber leidenschaftliche Auseinandersetzungen. Während Luther gehen will, lassen dies die Augustiner nicht zu. Sie beschwören ihn, den Italienern nicht zu trauen, man wisse doch, wie unzuverlässig sie seien. Die ließen die Gelegenheit nicht vorübergehen, ihn zu fesseln und nach Rom zu schaffen, wie es der Papst befohlen habe, auf den sie sich bestimmt berufen würden.

Am nächsten Tag schickt der Kardinal einen Orator, und zwar ein Genie der Überredungskunst, in der Person des Urban von Serralonga, der Luther die größten Versprechungen macht. Wieder ist er willig zu gehen und wieder halten ihn seine Beschützer davon ab. Und noch ein drittes Mal schickt Cajetan einen Gesandten, aber auch dieser muß unverrichteter Dinge abziehen. Inzwischen haben die Augustiner bei den kaiserlichen Räten darauf gedrungen, daß Luther ein öffentliches Geleit erhält, was ihm schließlich auch zugestanden wird.
Daraufhin geht Luther zum Kardinal. Er weiß, daß er den Papst und den Kaiser gegen sich hat und daß der Kardinal mit der ganzen Autorität dieser höchsten geistlichen und weltlichen Mächte ihm entgegentritt. Und er weiß weiter, daß er als armer Bettelmönch mit einer gepumpten Kutte so gut wie verloren ist. Was soll ihn noch vor dem Scheiterhaufen retten?
Der auf Reputation bedachte, große schlanke Cajetan, in die vornehmsten Gewänder, nämlich die Cappa magna und das Rochett gekleidet, und dem edelsteinblitzenden Kreuz, dem Pectorale, auf der Brust, ist schon rein äußerlich eine imponierende Erscheinung. Wie man es ihm geraten hat, wirft sich Luther vor ihm auf das Gesicht: „*Er befahl, ich sollte aufstehen. Ich kniete. Da befahl er mir und ich stand ganz auf. Darauf trieb mich der Kardinal mit Schmeicheleien in die Enge: ‚Man sagt, du hast durch deine Disputation über den Ablaß Deutschland beunruhigt? Denn die übrigen Artikel über Christus und die Rechtfertigung hat niemand angegriffen. Deshalb, wenn du ein gehorsames Glied der Kirche sein und die päpstliche Gunst erlangen willst, widerrufe! So wird für dich keine Gefahr bestehen. Denn ich höre, daß du gelehrt und sachkundig bist und viele Schüler hast.*'"

Wir fragen uns: Wie kann ein Mensch, den schmerzhaftesten Tod vor Augen, bei lebendigem Leib verbrannt zu werden, die so liebenswürdige und väterlich gebotene Hand ausschlagen? Welche innere Kraft und welche Stärke des Glaubens an seine Berufung muß den Menschen beseelen, der wie Luther diese Hand zurückweist?
Dreimal kommen sie zusammen und wir kennen den Inhalt der Gespräche bis ins einzelne, sowohl aus der Schilderung Luthers als auch der des Kardinals Cajetan. Vielleicht sind sie jedoch zu theologisch im Sinn der damaligen Zeit, um sie hier wiederzugeben. Der Hofmann Cajetan bewahrt fast bis zum Schluß die überlegene Liebenswürdigkeit. Aber doch nur ‚fast', denn am Schluß reißt ihm der Geduldsfaden und er beginnt zu brüllen. Und man möchte es kaum für möglich halten: Luther brüllt zurück. Und so ergibt sich das Schauspiel, daß der große Kardinal und der kleine Bettelmönch mitten in der Gesellschaft der Räte und Augustiner-Mönche sich anschreien wie zwei Bauern, die einen Grenzstreit miteinander ausfechten.

Als man danach noch einmal eine Zusammenkunft anzuregen versucht, winkt der Kardinal ab und sagt zu Herrn von Staupitz: „*Ich will nicht länger mit diesem Biest reden, denn er hat unergründliche Augen und wundersame Spekulationen in seinem Kopf.*"
Damit war der erste ernstlich gemeinte Aussöhnungsversuch zwischen der Kirche und Luther gescheitert. Welche Suggestivkraft muß Luther ausstrahlen, daß weder Dr. von Staupitz noch sonst einer der sächsischen Räte oder der Augustiner ihm einen Vorwurf machen, weil er sich so hartnäckig zeigte. Inzwischen aber haben die sächsischen Räte Wind bekommen, daß man jetzt der Person Luthers mit Gewalt habhaft zu werden versuche. In der Nacht vom 20. auf den 21. Oktober (1518) läßt ihn der Chronist Matthäus Langemantel auf einem alten Klepper durch ein Pförtchen der Stadtmauer entkommen.
Mitten in dieser beängstigend aufregenden Zeit ist Martin Luther ein großes Glück widerfahren. Er hat in der Person des Philippus Melanchthon (gräzisiert aus ‚Schwarzerd') einen Freund und Kampfgenossen fürs Leben gefunden. Dieser herzlich geistigen und menschlichen Beziehung tut es keinen Abbruch, daß Philippus vierzehn Jahre jünger ist als Martin. Im Gegenteil. Dadurch wird Luther, der ja immer die Jugend sucht und sich auf sie stützt, noch näher an diese herangeführt. In einem einzigen Jahr (1507) sind dem armen Philippus Vater und Großvater durch den Tod genommen worden, worauf er zu seiner Großmutter, einer Schwester Reuchlins, nach Pforzheim kam. Das Verhältnis zwischen ihr und dem aufgeweckten und blitzgescheiten Knaben war ausgezeichnet. Mit zwölf Jahren kam er bereits an die Universität Heidelberg, mit vierzehn erwarb er sich das Bakkalaureat, mit fünfzehn ging er nach Tübingen und mit siebzehn war er dort wohlbestallter Magister. Allem zum Trotz ist er ein in der Wolle gefärbter Humanist geblieben, der schon mit siebzehn Jahren Vorlesungen über Terenz, Cicero und die griechische Grammatik hielt. Zum eingehenden Studium der Bibel veranlaßte ihn erst das von Erasmus in griechischer Sprache herausgegebene Neue Testament. Sein Großonkel Reuchlin, der ja mit Luther befreundet ist, vermittelt ihm die Übersiedlung nach Wittenberg als Lehrer der griechischen Sprache, wo er am 29. August (1518) seine Antrittsvorlesung hält. Luther und er erkennen, jeder im andern, das Genialische — ein Beweis mehr, wie Humanismus und Reformation einander anziehen —, die beiden sprechen die gleiche Sprache, verachten die Scholastik und sind im Geistigen modern und jeder neuen Strömung aufgeschlossen. Nicht etwa, daß sie immer gleicher Meinung sind, nein, gerade im Dialog schärfen sich die Begriffe. Auch ist Melanchthon nicht nur systematischer, weniger intuitiv als Luther, er ist auch kompromißbereiter, zum Nachgeben und Vermitteln geeigneter als jener. Der Sturmbock, der ohne

Rücksicht auf die eigene Gefährdung die Mauern der Konvention und des Vorurteils einrennt, bleibt Martin Luther. Die tiefe Männerfreundschaft hat bis zum Tod gehalten. Äußerlich nimmt Melanchthon, jedenfalls im ersten Augenblick, nicht für sich ein, er hat eine etwas schwere Zunge und beim Gehen ein leichtes Schulterzucken. Als man Luther fragt, wie er sich denn den Apostel Paulus vorstelle, sagt er mit einem liebevollen Lächeln: *„Ach, ich denke, er war ein armes dürres Männlein wie unser Philippus."* Sein feines Antlitz, in dem eine Frage zu stehen scheint, mit den großen Augen tritt einem auf dem Porträt von Lukas Cranach sprechend entgegen. Nun wendet sich der Kardinal Thomas de Vio von Gaeta, ‚Cajetan', wie er sich nennt, an Friedrich den Weisen. Die Erwartungen an sein eigenes diplomatisches Geschick waren zu hoch gespannt gewesen, sagen wir ruhig, er hat auch gegenüber der Kurie den Mund zu voll genommen. Jetzt will er retten, was zu retten ist. Und dabei verlangt er von Friedrich nicht nur die Auslieferung Luthers, sondern er droht ganz offen, man könne auch Reichsfürsten wie Friedrich mit dem Bann belegen. Dieser möchte sich nicht entscheiden, wie er insgesamt aus der Rolle des Kunktators, des Zauderers, nur selten herauszuschlüpfen vermag. Er schickt den Brief zur Äußerung an Luther. Und in dem Antwortschreiben Luthers an seinen Fürsten spüren wir zum ersten Mal den prickelnd spritzigen Einfluß Melanchthons. Dieser feindosierte Pfeffer hat ihm bisher noch gefehlt. Luther schreibt ganz klar: *„Ich erkläre untertänigst, daß ich Euer Land verlasse, um mich dorthin zu begeben, wohin mich der barmherzige Gott führt."* Aber dann setzt er zu einer so scharf geschliffenen Philippika an, wie man sie bei ihm vorher noch nicht gekannt hat. Man muß sich dabei immer bewußt sein, daß inzwischen die Zeit der Disputationen angebrochen ist und der Anreiz zu dem Hin- und Hergerede wächst dadurch, daß man das gesprochene Wort drucken und verbreiten kann, um neue Disputationen auszulösen. Mit einem treffsicher geführten Florettstich fixiert Luther den gegnerischen Angriff: Noch gibt es keine authentische Lehrmeinung über den Ablaß. Wer regt sich also auf, wenn durch Disputationen diese Lehrmeinung vorbereitet wird? Immer wieder verlangt er, man solle ihn doch endlich aus der Schrift belehren und nicht mit Dekratalen den Mund stopfen wollen, die gewillkürt und ohne Schriftbeleg zu irgendeiner Zeit unbegründet in die Welt gesetzt wurden.

Längere Zeit läßt Friedrich nichts von sich hören, schließlich erklärt er, er sei einverstanden, daß Luther ziehe. Dieser lädt seine Freunde zu einer Abschiedsfeier ins Kloster. Und in diese Abschiedsfeier platzt die Gegenorder Friedrichs: Luther solle unter allen Umständen bleiben. Ein neuer Nuntius des Papstes habe sich angekündigt, ausgestattet mit neuen Vollmachten. Es ist Karl von Miltitz, der Kanonikus in Mainz, Trier und Meißen gewesen war und sich jetzt unter dem Titel eines Kammerjunkers seiner Heiligkeit als eine Art Vergnügungskommissar bei Leo X. betätigt. Es wird von groben burlesken Scherzen berichtet, die Miltitz veranstalten läßt, Komödien von Ariost, Tänzern, Prügelszenen, wobei der nackte Hintern nicht geschont wird und dergleichen mehr, denn der Medici-Papst liebt es, auf Kosten anderer zu lachen und sich zu amüsieren. Miltitz, der auf irgendeine Weise zu Ansehen und Geld kommen will, ist rasch bei der Hand, Cajetan an dem Scheitern des Ausgleichs mit Luther die Schuld zu geben. Ein Italiener, und halte er sich auch für einen noch so vornehmen und gewiegten Diplomaten, könne bei den Deutschen nichts ausrichten. Und im übrigen sei Tetzel ein plumper Geselle, der durch seine üble Marktschreierei den ganzen Handel erst angerichtet habe. Wie ein Zauberkünstler empfiehlt sich Miltitz, für die Mission den Streit beizulegen. Tetzel müsse man moralisch erledigen, Friedrich den Weisen durch die Verleihung der Goldenen Rose (der höchste Orden, den der Papst zu vergeben hat) gefügig machen und mit Luther komme er schon zurecht, man müsse ihn nur zu nehmen wissen.

So ausstaffiert, begibt sich Miltitz, mit dem Segen Leos X. versehen, auf die Reise. Er macht, wo er auftaucht, viel von sich her, denn an Auftrumpfen, Renommieren und Spiegelfechterei ist er allen überlegen. Was ihm von seiner ganzen Maulaufreisserei wirklich gelingt, ist die Vernichtung Tetzels. Ihm wirft er neben allen nur möglichen Schandtaten Unterschlagung von Ablaßgeldern vor, was er durch einen Abgesandten der Fugger-Bank bestätigen läßt. Der inzwischen alt gewordene Mann ist durch die Drohungen der Anhänger Luthers, sie würden ihn umbringen, schon zu Tode gehetzt und vermag sich nicht mehr zu rechtfertigen. Er wird von Miltitz zu der damals üblichen Strafe, mit der man Unliebsame verschwinden läßt, verurteilt: Lebenslängliche Klosterhaft.

Hier meldet sich wieder das gute Herz Luthers, das sich in allen Lebenslagen bewährt. Er schreibt dem ehemaligen Gegner in die Zelle, er möge sich nicht allzu sehr bekümmern, *„das Kind hat einen ganz anderen Vater."* Aber auch dieser Brief kann dem einst so forsch auftretenden Mann, der eine Weltlawine losgetreten hat, nicht mehr helfen. Schwermütig geworden stirbt er bald danach.

Am 12. Januar 1519, kurz nach den vergeblichen Versuchen des Schaumschlägers Karl von Miltitz, den Doktor Martinus Luther auf seine Seite zu ziehen, stirbt Kaiser Maximilian, der ‚letzte Ritter'. Luther hat nicht den geringsten Grund, um ihn zu trauern, denn einmal hat er ihm keinerlei Huld gezeigt, zum andern lenkt der nun entstehende Nachfolgestreit von seinem Fall ab. Die Stellung Friedrich des Weisen wird in einem kaum vorstellbaren Maß aufgewertet, denn als Kurfürst ist er ja eine der entscheidenden Figuren in diesem aufregenden Spiel. Leo X. favorisiert Franz I. von Frankreich und für ihn jagen Boten und Nuntien von Rom mit immer neuen Vorstellungen und Empfehlungen nach Frankfurt, wo sich ja die Kurfürsten (drei geistliche und vier weltliche) bereits versammelt haben. In dieser hektischen Epoche setzt sich das politische Kalkül der Kurie über alle kirchlichen und religiösen Bedenken hinweg. Sie läßt am 21. Juli 1519 Friedrich dem Weisen mitteilen, daß sie bereit ist, einen seiner Freunde, den er, Friedrich, selbst vorschlagen könne, zum Kardinal zu erheben. Daß damit niemand anders als Martin Luther gemeint sein kann, steht außer Frage. Hier verwandelt sich die Tragödie, deren Finale Luther auf dem Scheiterhaufen sehen soll, in eine Komödie, in der sich am Schluß derselbe Luther im Kardinalspurpur verbeugt.

Ein Feilschen ohnegleichen beginnt, bei dem auch das Haus Fugger eine entscheidende Rolle spielt. Immer mehr neigt sich die Waage zu dem Habsburger Karl von Gent, der auch am 28. Juli 1519 als Karl V. zum Kaiser gewählt wird. Bis zum Ende seiner Regierung 1556 wird er ein verbissener Gegner Luthers sein.

Nachdem die Wahl vollzogen ist und die Kurie, obschon sie ihn vorher bekämpft hatte, in dem neuen Kaiser einen starken Bundesgenossen gegen Luther gewonnen hat, braucht sie Friedrich den Weisen nicht mehr zu umwerben und ihm in der Sache Luthers entgegenzukommen. Jetzt kann Dr. Eck wieder ungebrochen mit seiner Donnerstimme und seinem ungeheueren Wissen gegen Martin Luther zu Felde ziehen. Er mobilisiert erneut die Kurie. Und diese, des lästigen Streiters Luther müde, geht nun daran, die Waffe zu schmieden, um diesen Ketzer ein für allemal zu erledigen. Es ist vornehmlich Cajetan, der nicht vergessen hat, daß *‚das Biest'* es gewagt hat, ihn, den großen Kardinal, anzubrüllen, der dafür sorgt, daß das von ihm verfaßte Ablaßrecht in einem Dekret veröffentlicht wird. Jetzt kann sich jener nicht mehr darauf berufen, daß keine autorisierte Lehrmeinung über den Ablaß vorläge.

Kein Wunder, daß sich Luther darüber erregt, daß man nun, auf die Macht des Papstes gestützt, dem Evangelium, wie er meint, ins Gesicht schlägt. Ob erst zu diesem Zeitpunkt — wir schreiben Anfang 1519 — in ihm der Gedanke aufgekommen ist, der fürchterliche blasphemische Gedanke, daß der Papst der Antichrist sei, oder ob er schon früher in ihm Wurzel geschlagen hat, läßt sich nicht mehr sagen. Jedenfalls hat er diese schreckenerregende Überzeugung um jene Zeit in Briefen an seine Freunde — unter anderem an den Hofprediger Spalatin — geäußert. Er nennt ihn meist den Endchrist und beruft sich auf den zweiten Brief des Paulus an die Thessalonicher (2, 3-4) und auf die Offenbarung des Johannes (13, 14).

Im Zusammenhang damit führt er mit Philippus um diese Zeit Gespräche

voller Sprengstoff, die seine Seele bis auf den Grund aufwühlen. War er früher überzeugt oder hat jedenfalls so getan, als sei er überzeugt, der Papst sei unantastbar und werde nur von lasterhaften, bestochenen oder vom Teufel besessenen Hofschranzen belogen und betrogen, so läßt sich nun seine juristische Logik — und die besitzt er zweifellos — damit nicht länger abspeisen. Darüber, daß die päpstlichen Dekretalen, Bullen und Bannflüche vielfach mit den Evangelien nicht vereinbar sind, ja teilweise gröblich gegen sie verstoßen, hat er keinen Zweifel. An Gott kann das nicht liegen. Aber Gott läßt es zu. Warum läßt er es zu? Doch nur, damit sich die Offenbarung erfülle, daß bevor Christus selbst wiederkehrt, der Antichrist erscheint. Der Antichrist „*der da ist der Widersacher und sich erhebet über alles, das Gott oder Gottesdienst heißt, also daß er sich setzt in den Tempel Gottes als ein Gott, und gibt sich aus, er sei Gott*". Haben sie nicht gesagt, auch wenn du die Jungfrau Maria geschwängert hast, kann ich auf Grund der Macht, die der Papst mir gegeben hat, der als der Stellvertreter Christi dieselbe Macht hat wie dieser, Entlastung erteilen? Trifft das alles nicht haarscharf auf den Antichrist zu?
Nun, ganz so erschaudern läßt uns, in den damaligen Zeitgeist eintauchend, dieser Gedankengang nicht. Denn vom Antichrist ist immer und überall die Rede. Und Wyclif hat ebenso wie die Hussiten in dem Papst den Antichrist gesehen, wie ja das Ansehen des Papsttums — wir müssen nur an die Päpste und Gegenpäpste denken — keineswegs so hoch im Kurs stand wie später oder jetzt.
Aber Eck setzt noch an anderer Stelle an. Durch Luther, Karlstadt und Melanchthon ist das Ansehen der kursächsischen Universität Wittenberg so gewachsen und hat sich ihre Hörerzahl so vermehrt, daß sie die Landesuniversität Leipzig zu überflügeln droht. Das ist für Eck Grund genug, Wittenberg und damit Luther und Karlstadt herauszufordern. Er verlangt eine Disputation. Der zuständige Bischof untersagt sie, jedenfalls soweit Luther beteiligt ist, denn dieser wurde vom Papst ein „*Sohn der Bosheit*" genannt und es schwebt der Ketzerprozeß. Doch Herzog Georg, der später einer der schärfsten Bekämpfer Luthers werden soll, möchte auf das Spektakel nicht verzichten. Er erklärt: „*Wozu ist ein Soldat nütze, wenn er nicht fechten, ein Schäferhund, wenn er nicht bellen und ein Theologe, wenn er nicht diskutieren darf?*" Die Leipziger Disputation ist genehmigt.

Sie wird auf den 4. Juli (1519) angesetzt und entwickelt sich zu einem Volksfest. Die Spannung ist ungeheuer. Zwar hat man Luther freies Geleit zugesichert, aber in einer Zeit, in der die Leidenschaften nur schwer zu bändigen sind, kann es passieren, daß solche Zusicherungen von irgendwelchen Kampfhähnen mißachtet werden. Eck erscheint im priesterlichen Festgewand, ein Birett auf seinem riesigen Schädel. Er schreitet unter dem

Himmel in der Corpus Christi-Prozession. Die Glocken läuten, andächtig steht die Menge vor den Häusern. Die Wittenberger treffen einige Tage später ein. An ihrer Spitze Luther, Karlstadt, Melanchthon und eine ganze Reihe von Professores und Doktores. Eskortiert werden sie von zweihundert Studenten, die geschultert Streitäxte tragen. Dr. Eck erhält vom Leipziger Stadtrat eine Leibwache von sechsundsiebzig Mann, die ihn nicht aus den Augen lassen darf.

Herzog Georg hat den Festsaal seiner Pleißenburg mit Wandteppichen, Fahnen und Birkengrün prunkvoll herrichten lassen. Für Dr. Eck, auf den sich die herzogliche Sympathie konzentriert, ist eine Kanzel aufgestellt, die mit dem Bild des Drachentöters St. Georg geschmückt ist, während die Kanzel für die Wittenberger, ein Akt der Höflichkeit, Luthers Namensheiligen St. Martin zeigt.

Um 6 Uhr des Morgens besucht die Versammlung unter Voranschreiten des Herzogs mit seinem Hofstaat die Thomaskirche, wo der Thomanerchor eine eigens zu diesem Zweck vom Kantor Georg Rhau komponierte zwölfstimmige Messe singt.

Von der Kirche begibt sich die Versammlung unter Vorantritt der Bürgergarde mit Harnisch und Pfeifercorps ins Schloß, wo der Sekretär des Herzogs, der gleichzeitig Professor für Poetik ist, eine zweistündige Rede über die Kunst des Disputierens hält.

Jetzt hat der Herzog genug und findet, es sei Zeit zu tafeln, worauf er immer den größten Wert legt. Übrigens läßt er sich nicht lumpen, sondern sorgt dafür, daß alle ausgiebig mit Wein versorgt werden und spendiert für Eck einen Hirsch, für Karlstadt ein Reh.

Äußerst lebendig beschreibt ein Augenzeuge die drei Hauptkämpfer.

„*Martin,*" so berichtet er über Luther „*ist von mittlerer Größe, abgezehrt durch Sorge und Studium. In kraftvollem Mannesalter stehend, hat er eine klare, vernehmliche Stimme. Ein wahrer Wald von Worten und Ideen steht ihm zur Verfügung. In Gesellschaft ist er lebhaft, scherzend, immer fröhlich und munter, wie hart seine Gegner ihn auch bedrängen. Jeder aber tadelt an ihm, daß er in seinen Entgegnungen etwas trotzig und bissiger sei, als für einen Erneuerer in der Religion gut ist.*"

Weit schlechter kommt Karlstadt weg. „*Er ist kleiner als Luther, mit einer Gesichtsfarbe wie ein geräucherter Hering. Er ist langsamer von Gedächtnis und rascher im Ärger. Seine Stimme ist dumpf und ohne Wohllaut.*"

An Eck läßt der Augenzeuge kein gutes Haar: „*Er ist ein schwerer, vierschrötiger Mann mit einer vollen, durch einen mächtigen Brustkorb verstärkten, deutschen Stimme. Er wird einen Schauspieler oder Ausrufer abgeben. Seine Augen und Mund und sein ganzes Gesicht erinnern mehr an einen Schlachter als an einen Theologen.*"

Doch als am nächsten Tag das eigentliche Streitgespräch beginnt, erweist sich der gescholtene Eck als der klügere Taktiker. Zunächst weiß er den Lokalpatriotismus der Leipziger geschickt für sich auszunützen. Sodann hat er sich den zwar sehr gelehrten, aber im freien Kampfstil unerfahrenen und ungewandten Karlstadt als ersten Gegner ausgesucht, der von der Stimme her schon schwer verständlich ist und zudem bei der geringsten Kleinigkeit aus der Fassung gerät. Er klammert sich ängstlich an die Kanzel, blättert ständig in den Folianten und langweilt die Zuhörer derart, daß sie zum größten Teil gar nicht mehr hinhören.
Dagegen ist Eck aus anderem Holz geschnitzt. Um sich frisch zu halten, macht er jeden Morgen auf einem ihm vom Stadtrat gestellten Pferd einen Ritt in die Landschaft. So kommt er, lässig die Reitpeitsche schwingend, den Herzog ehrerbietig, die anderen kumpelhaft begrüßend, in den Saal. Er fühlt sich auch keineswegs an die Kanzel gebunden, sondern beweist, wenn es ihm beliebt, auf und ab schreitend, daß die freie Rede seine ureigenste Domäne ist.

Wie auch noch heute unter Theologen, geht es um den freien Willen des Menschen, ein Thema, über das schon ungezählte Bücherregale vollgeschrieben wurden. Ein englischer Mönch namens Pelagius kam Anfang des fünften Jahrhunderts nach Rom und begründete die Lehre vom freien Willen des Menschen, die Erbsünde leugnend. Er wurde deshalb, wie alle Pelagianer, von der Kirche, aber auch von Luther, auf das schärfste bekämpft. Weil es aber schließlich nicht ganz ohne freien Willen geht — denn wie anders sollte man Sünden bestrafen? — hakt Karlstadt bei einer diesbezüglichen Bemerkung Ecks ein und nennt ihn einen Halb-Pelagianer, was diesen zu einem Wirbel von geistlichen Hieben veranlaßt, unter denen Karlstadt, obschon er vermutlich recht hat, immer kleiner wird. Niemand hat einen Zweifel, daß die Runde dieser Woche an Eck gegangen ist, der nicht nur von der Stimme her verstanden wird, sondern sich auch müht, dem Sinn nach allgemeinverständlich zu bleiben.
Doch jetzt kommt erst die große Schau: Das Duell zwischen Eck und Luther. Kein Zweifel, daß es Eck darauf ankommt, Luther als Ketzer zu überführen. Und wenn es auch undienlich ist, wegen des uns ziemlich ferngerückten Gegenstandes das Streitgespräch in Einzelheiten anzuführen, so ist es doch interessant zu verfolgen, mit welchem Geschick Eck seinen Gegner dorthin dirigiert, wohin er ihn haben will. Das erreicht er, indem er Luther, der lange Zeit die Ruhe bewahrt hat, mit Nadelstichen immer mehr reizt, bis dieser explodiert und Dinge sagt, die er bei ruhiger Überlegung nicht von sich gegeben hätte. Als Eck auf Hus und die Hussiten zu sprechen kommt — in Sachsen ein glühend heißes Eisen, denn der brennende und mordende Einfall der Hussiten ist noch nicht vergessen — läßt sich

Luther zu der Behauptung hinreißen, auch der Papst und selbst ein Konzil könne irren, was man mit aller Klarheit am Beispiel des Konzils zu Konstanz erkennen könne, wo man am 6. Juli 1415 den Johan Hus unschuldigerweise auf den Scheiterhaufen geworfen habe. Diese Äußerung löst einen Sturm der Entrüstung aus, der nur dadurch abebbt, weil man sich zum Mittagsmahl vertagt.
Nun benutzt der unglückselige Martin die Mittagspause, um in der Universitätsbibliothek die Akten des Konzils von Konstanz zu studieren. Und da findet er, was ihn in ungeheuere Erregung versetzt, eine Äußerung von Hus, die unwiderleglich unmittelbar vom Hl. Augustinus hergeleitet ist. Für ihn ist das eine Sensation und niemand kann ihn daran hindern, diese so gewichtige Entdeckung zu verkünden.
Damit aber rennt er zu Beginn der Nachmittagssitzung völlig ungeschützt in das offene Messer des Dr. Eck. In der atemlosen Stille, die nun eingetreten ist, verkündet Luther mit seiner sonoren, klangvollen Stimme: *„Unter den Artikeln von Johan Hus finde ich mehrere, die völlig christlich und evangelisch sind, die die allgemeine Kirche nicht verdammen kann."* Würde er einen Sprengkopf in den Saal geschleudert haben, die Wirkung hätte nicht furchtbarer sein können. Es reißt die Menschen von ihren Sitzen, sie schreien, das Wort ‚Ketzer' fällt, einige schicken sich an, gegen Luther vorzugehen, die Bürgerwehr schützt ihn. Als sich der erste Tumult gelegt hat, stemmt Herzog Georg, der gleichfalls von seinem Thronsessel aufgesprungen ist, die Hände in die Seiten und brüllt mit verzerrtem Gesicht Luther an: *„Das walte die Sucht!"* Die Sucht ist die Pest und die Ansteckung durch den Ketzer ist schlimmer als die durch die Pest. Von diesem Augenblick an haßt der Herzog den Mönch und wird ihn verfolgen, so lange er lebt.
Trotzdem: Es wird weiter diskutiert. Und daß man auch ganz von den Themen abweichende Dinge zerredet, zeigt sich daran, daß Eck, der sich über den einäugigen Hofnarren des Herzogs geärgert hat, erklärt, daß dieser nie des heiligen Sakramentes der Ehe würdig sei. Selbstverständlich widerspricht dem Luther und verkündet, jeder Zeit könne der Narr heiraten. Das geht eine Zeitlang resultatlos hin und her. Und fortan, wenn Eck die Halle betritt, dreht ihm der Narr die schauerlichsten Grimassen hin, was Eck mit dem Zukneifen des einen Auges quittiert. Dies wiederum veranlaßt den Narren, ihm die unverschämtesten Schimpfwörter nachzuschreien, die von Sackaffe, Arschloch, Biest bis Satansbraten reichen. Für die Versammlung einschließlich des Herzogs eine nicht versiegende Quelle des Gaudiums.
Wahrscheinlich wäre die Diskussion weitergegangen — Eck sagt, sich brüstend, seinetwegen könne sie sechs Wochen dauern — hätte sich nicht ein fürstlicher Besuch aus Brandenburg angesagt. Der ist dem Herzog, der von

dem langen, ergebnislosen Palaver überdies genug hat, Grund genug, die Disputation zu beenden. Eck kann sich als Sieger fühlen und wird als solcher gefeiert. Die Wittenberger Scholaren, denen der Aufenthalt in Leipzig zu kostspielig wurde, sind schon längst nachhause gezogen. Luther ist verständlicherweise unbefriedigt, Melanchthon tröstet ihn, aber als sie nach Wittenberg kommen, werden sie als Sieger geehrt. Und so ist auch die öffentliche Meinung in Deutschland: Luther hat es den Papisten wieder einmal gegeben. Die Welle der Sympathie trägt ihn weiter.

Fünftes Kapitel

1519—1520

Luther und Erasmus von Rotterdam — Albrecht Dürer bekennt sich zur Reformation — Verbreitung der päpstlichen Bannbulle durch Aleander und Eck — Verbrennung der Bulle durch Luther

Der Kampf wird immer hitziger, so daß Luther, wie von Furien gepeitscht, schreibt und immerzu schreibt. Sein Baseler Drucker Johann Froben hat die 95 Thesen, die Resolutionen, die Antwort an Prierias, den Sermon über die Buße und den über das Abendmahl in einem einzigen Band erscheinen lassen. Im Februar 1519 meldet er Luther, daß nur noch zehn Exemplare vorhanden seien und daß bisher noch kein Produkt seiner Presse so schnell vergriffen war. Die Bände werden nicht nur in Deutschland verschlungen, sondern gehen auch in andere Länder, so werden sechshundert nach Frankreich und Spanien geliefert, andere gehen nach Brabant und England. Zwingli, der Schweizer Reformator, bestellt mehrere hundert, die er durch berittene Kolporteure vertreiben läßt. Aus Rom erhält Luther von einem früheren Studiengenossen den Bericht, daß Schüler unter Lebensgefahr im Schatten des Vatikans seine Bücher verbreiten.

Es ist nur allzu verständlich, daß der *‚uomo universale'*, der universelle Mann, als der er nun gilt, den einmal eingeschlagenen Weg weitergehen muß. Selbst wenn er wollte, kann er nicht mehr stehenbleiben oder sich zurückziehen. Immer klarer und unabdingbarer schält sich bei ihm die Erkenntnis heraus, daß der Mensch in seinem christlichen Befinden keines Mittlers in Form eines Stellvertreters auf Erden bedürfe, sondern daß er unmittelbar seinem Gott in der Gestalt Christi gegenübertreten müsse. Das mag in letzter Konsequenz furchtbar sein, weil ihm jetzt jede Möglichkeit genommen ist, sich etwa durch einen Ablaß oder eine Absolution zu salvieren. An Christus vorbei gibt es keinen Ausweg. Die Konfrontation findet täglich, ja stündlich statt. Das macht aber Luther keineswegs zu einem Asketen, auch wenn er für sich selbst darbt, aber das nur aus dem Grund, weil er einfach keine Zeit hat, sich den Genüssen des Lebens, die er durchaus bejaht, hinzugeben.

Renaissance und Humanismus verschlingen sich immer mehr ineinander, und von den Männern der Renaissance steht keiner Luther so nahe wie der große Erasmus von Rotterdam. Das liegt zunächst daran, daß Luther überzeugt davon ist, Erasmus sei in seinem Innern von tiefer christlicher Gläubigkeit durchdrungen. Ein großer Teil seiner Studien befaßt sich mit dem Neuen Testament. Aus der Frobenschen Presse geht dieses in seiner griechischen Urfassung hervor, eine Tat, die, wenn es möglich wäre, die Berühmtheit des Erasmus noch steigern würde. Auch er glaubt wie Luther daran, daß jenseits allen Ballastes von Auslegung, Ergänzung oder willkürlichem Hinzufügen von Vorschriften das reine Wort des Evangeliums eine Erneuerung des Menschengeschlechts herbeiführen werde. Auch er streitet, genau wie Luther, gegen den Papst. In den „Anmerkungen zum Neuen Testament" (Ausgabe 1519) heißt es: *„Durch wieviel menschliche Anordnungen ist das Sakrament der Buße und Beichte gehindert. Der Donnerkeil der Exkommunikation liegt stets bereit. Die geheiligte Autorität des Römischen Papstes ist durch Absolutionen, Dispensationen und dergleichen mißbraucht, daß die Frommen es nicht ohne Seufzen sehen können. Aristoteles ist so sehr im Schwang, daß in den Kirchen keine Zeit ist, das Evangelium auszulegen."*

Erasmus ist, das wird von niemandem geleugnet, von der Sagazitas, der Schärfe des Geistes her, seinen Zeitgenossen, Luther eingeschlossen, überlegen. Aber sicherlich hat er eine Charakterschwäche, von der wir alle nicht frei sind: Er tritt nicht mit der äußersten Konsequenz für seine Thesen ein. Solange noch diskutiert wird, gut. Aber wenn es ans Handeln, ans Bekennen oder gar ans Opferbringen geht, zieht er sich zurück. So tritt er zwar für Luther ein und verlangt, ihm müsse ein einwandfreies Verfahren gemacht werden. Aber gleichzeitig behauptet er, er kenne die meisten Schriften Luthers nicht. Daß er sie genau kennt, ergibt sich aus einer Reihe seiner schriftlich niedergelegten Äußerungen. Bei anderer Gelegenheit beruft er sich darauf, daß er die deutschen Abhandlungen Luthers nicht lesen könne, weil er der deutschen Sprache nicht mächtig sei. Dem gegenüber liegen noch heute zwei von seiner Hand in deutsch geschriebene Briefe vor. Am wenigsten erfreulich wird sich dieser Charakterzug gegenüber seinem Freund Ulrich von Hutten erweisen. Möglich, daß etwas, das mit seiner Geburt zusammenhängt, diese allzu menschliche Regung in sein Inneres gepflanzt hat. Denn an seinem äußeren Ansehen kann's nicht liegen. Alle hochgestellten Persönlichkeiten der Zeit bemühen sich um ihn. So schreibt Heinrich VIII. mit eigener Hand eine dringende Einladung an ihn, Franz I. fordert ihn auf, nach Paris zu kommen, der spätere Kaiser Karl V. ernennt ihn zum kaiserlichen Rat und bewilligt ihm ein Jahresgeld. Margarete, die Regentin der Niederlande, entzieht ihm dieses Jahresgeld, um ihn zur Rückkehr in die Niederlande zu zwingen. Der König von Ungarn, der Erzbischof von Canterbury, der Kardinalsprimas von Spanien, alle reißen sich um ihn. Die Päpste Leo X. und Hadrian versuchen, ihn an den Vatikan zu fesseln. Auch die berühmten Universitäten Cambridge, Oxford, Löwen, Basel setzen alles daran, ihn als Lehrer zu gewinnen. Es gibt noch mehr Beispiele, die zeigen, wie angesehen die Humanisten und an ihrer Spitze Erasmus sind. Aber vielleicht vermag er innerlich den Makel seiner Geburt nicht gänzlich zu überwinden: Er ist der uneheliche Sohn eines Priesters.

Jetzt — es ist der Beginn des Jahres 1520 — bietet sich Luther Hilfe an von einer Seite, von der er sie nicht erwartet hat. Es sind die Ritter Ulrich von Hutten und Franz von Sickingen. Ulrich von Hutten besitzt, wie einer sich ausdrückte, *„das deutscheste Herz, das je geschlagen hat."* Er ist ein Feuerkopf, der schon in der frühesten Jugend gegen jeden Zwang und jede geistige Bevormundung aufbegehrt, indem er aus dem Kloster zu Fulda flieht, in das ihn seine Eltern gesteckt hatten, damit er Geistlicher werde. Und wo er später auch nur einen Hauch von Unrecht vermutet, geht er los, mit dem Schwert, wenn es sein muß, aber viel wirksamer mit dem Wort. Zunächst lateinisch, aber in diesem Jahr (1520) beginnt er, damit ihn das ganze Volk versteht, in deutscher Sprache zu schreiben und zu dichten, und die Gewalt seiner Sprache ist so mächtig, daß sie nicht nur imstande ist, die Menschen und insbesondere die Jugend zu begeistern, sondern auch einzelne Übeltäter in der öffentlichen Meinung zu ächten. Franz von Sickingen, der, wenn man so will, ein Kondottiere ganz großen Stils ist — er befehligt zeitweise Heere bis zu 15.000 Mann — wird von Ulrich von Hutten dem humanistischen Geist zugeführt und für die Sache Luthers gewonnen. Und jetzt sind sie in Wittenberg, um Luther, der in immer größere Bedrängnis gerät, ihre Hilfe und derer Gleichgesinnter anzubieten.
Voller Hohn ist Huttens Gedicht, das sich gegen Rom richtet und das in Tausenden von Exemplaren verbreitet wird: *„Drei Dinge werden verkauft in Rom: Christus, Priestertum, Frauen. Drei Dinge sind verhaßt in Rom: ein allgemeines Konzil, eine Reformation der Kirche und daß den Deutschen die Augen geöffnet werden. Drei Übel erbitte ich für Rom: Pestilenz, Hunger und Krieg. Das sei meine Trinität."*
Schon früher wurde die Freundschaft zwischen Luther und Albrecht Dürer begründet. In den Jahren 1507 und 1508 arbeitete Dürer im Auftrag Friedrichs des Weisen an dem für die Kollegiatkirche in Wittenberg bestimmten Kolossalgemälde ‚Die Marter der zehntausend Christen unter dem Perserkönig Sapor'. Kein Wunder, daß diese beiden Männer, die aus starker seelischer Potenz gestaltend auf ihre Umwelt einwirken, zueinander finden und sich wie zwei Brüder verstehen. Immer wieder sendet Friedrich der Weise an Albrecht Dürer Schriften Luthers, wodurch sich die Achtung, die er für beide Männer empfindet, manifestiert. Dürer bedankt sich dafür in einem an Spalatin gerichteten Brief vom Anfang des Jahres 1520, in dem es

heißt, „*daß er ihm den löblichen Dr. Martin Luther befohlen laß sein, von christlicher Wahrheit wegen, daran uns mehr liegt, denn an allem Reichtum und Gewalt dieser Welt.*"

Wie sehr sich aber um diese Zeit die Lehre Luthers zunehmend festigt, geht aus dem Schreiben hervor, das Friedrich der Weise an Dr. Valentin von Tetleben (er ist Martins Geschäftsträger in Rom) als Antwort auf dessen Warnung vor Luther sendet. Dort heißt es: „*Luthers Lehre in Deutschland ist, wo wissenschaftliche Kenntnisse sich immer mehr verbreiten, und wo auch die Laien schon anfangen, weise zu werden und begierig, die Heilige Schrift zu studieren, so weit verbreitet, daß sie durch bloße kirchliche Gewaltmittel nicht mehr unterdrückt werden kann: Gewalt wird nur schreckliche Empörung hervorrufen.*" Man vermutet sicherlich zu Recht, daß Luther diesen Brief selbst verfaßt hat.

Nachdem die Kurie Ende 1519 noch einmal vergeblich versucht hatte, Friedrich den Weisen zur Auslieferung Luthers zu bewegen, wird Anfang Januar 1520 der Prozess gegen Luther wieder aufgenommen. Am 2. Mai (1520) legt ‚unser Freund' Eck dem Papst Leo, der sich auf seinem Lustschloß Magliana der Saujagd wegen aufhält, die Bannandrohungsbulle vor. Am 15. Juni 1520 wird sie unter dem Stichwort „*Exsurge Domine*" publiziert.

Allgemein stößt sie wegen ihres unpräzisen, pathetischen Schwulstes auf Kritik. Unter anderem heißt es in der kein Ende nehmenden Bulle: „*Obendrein, weil die genannten Irrtümer und viele andere in den Büchlein und Schriften eines gewissen Martin Luther enthalten sind, verdammen, verwerfen und verstoßen wir zugleich die genannten Bücher und alle Schriften und Predigten, ob sie in lateinischer oder deutscher Sprache geschrieben sind, in denen die genannten Irrtümer oder einer von ihnen enthalten sind und wir begehren, daß sie für verdammt, verworfen und verstoßen gehalten werden.*"

Am 17. Juli (1520) erhalten Hieronymus Aleander, der zu dieser Zeit Bibliothekar Leos X. ist und Dr. Eck den Befehl, die Bulle, die beide verfaßt haben, in Deutschland zu veröffentlichen. Das ist, wie wir sehen werden, leichter gesagt als getan.

Luther läßt die Zeit, die ihm nach dem Gespräch mit Cajetan geblieben ist, nicht nutzlos verstreichen. Er arbeitet wie ein Besessener, offenbar in der Überzeugung, daß je klarer er seine Gedanken unter Zuhilfenahme der Schrift formuliert, desto schwerer es für seine Gegner werde, ihn zu Fall zu bringen. Im Mai (1520) erscheint der ‚*Sermon von den guten Werken*', im Juni ‚*Das Papsttum in Rom*', im August ‚*An den christlichen Adel deutscher Nation*', im September die ‚*Babylonische Gefangenschaft*', im November ‚*Die Freiheit eines Christenmenschen*'.

Schon rein äußerlich ist das, was er mit kleiner, wie gestochen wirkender Schrift zu Papier bringt, das Werk eines Giganten. Er besitzt keinen Sekretär oder sonstige Hilfe und häufig drängen sich die Druckerlehrbuben, um die Manuskripte zu holen oder Druckfahnen zu bringen, in seiner kleinen Turmstube. Seine Angriffe gegen die Kirche nehmen an Schärfe in einem Maße zu, daß selbst seine Freunde erschrecken. So tritt jetzt sogar Reuchlin öffentlich gegen Luther auf, was ihm einen Fehdebrief von Ulrich von Hutten einbringt. Auch Erasmus ruft, als er die 'Babylonische Gefangenschaft' in die Hand bekommt, betroffen aus: *„Der Bruch ist unheilbar!"*

Luther selbst genießt offenbar den Wirbel, den die Flut seiner Schriften aufreißt. Die Zeit ist längst vorüber, in der sich nur die Welt der Gebildeten mit seinen Thesen und Lehren befaßt. Nein, das Volk in seiner Gesamtheit ist alarmiert. Wir können uns heute eine solche Bewegung nicht mehr vorstellen. Vielleicht, daß ein Kriegsausbruch die Menschen noch so elektrisiert, aber sonst kann man sich kein Ereignis denken, das solche Kreise zieht. Luther scheint es ähnlich zu empfinden. Er fühlt sich als der Mensch, der aus dem Mittelalter heraustritt und die göttliche Sendung hat, den Menschen die reine Wahrheit, ausgewiesen durch das Neue Testament, zu verkünden. Sein nachhaltigster Vorwurf richtet sich gegen die Verfälschung der Sakramente, wie man sie zu dieser Zeit auffaßt, nämlich geradezu als Geschenke, die der Mensch Gott darbringt. Weil n u r die Priester in der Lage und berechtigt sind, die Sakramente zu spenden, haben sie sich nach seiner Ansicht eine Gewalt angemaßt, die ihnen nicht zusteht und durch welche die Gläubigen nicht zu Gott hingeführt, sondern von ihm weggedrängt werden. Er behauptet, für Firmung, Ehe, Priesterweihe, Buße und Letzte Ölung gibt es keine Belege im Neuen Testament. Also sind sie abzuschaffen. Übrig bleiben dabei nur Abendmahl und Taufe, denn nur diese beiden Sakramente sind unbestritten von Christus eingesetzt. Die Beichte entkleidet er ihres sakramentalen Charakters, hält sie aber für nützlich, wie er ja auch an der Reue festhält.

Weil er beim Empfang eines Sakramentes das Vorhandensein des Glaubens als unverzichtbar erklärt, kommt er bei der Kindestaufe, an der er im Gegensatz zu den Wiedertäufern festhält, in eine theologische Bedrängnis. Man kann es drehen, wie man will: das Kind ist unfähig, zu glauben. Luther hilft sich zunächst damit, daß er einen keimhaften Kinderglauben, *„ähnlich wie bei dem eines Schlafenden"* unterstellt, woran er aber selbst nicht glaubt, um dann zum Glauben des Paten hinüberzuwechseln, der als Mittler und Fürsprecher den Glauben des Kindes zu ersetzen hat.

Die Spannung, von der nicht nur die Beteiligten, sondern das ganze Volk in Deutschland in zunehmendem Maße ergriffen wird, ist unvorstellbar. Die Bulle *Exsurge domine* ist unterwegs. Die Macht, die sich als die höchste in der Welt bezeichnet, indem sie sich noch über den Kaiser stellt, hat ihr Urteil gesprochen. Die Büttel, die das Urteil an Luther vollstrecken sollen, nähern sich Deutschland. Dieser aber, wie von einem heißen Wüstenwind berauscht, kämpft immer wilder und maßloser gegen die Gewalt an. Kein Zweifel, in ihm ist der Wille zur Revolution ausgebrochen. Er besitzt die Waffe, mit der er den Angriff wagen kann. Es ist das Wort. Das Wort, wie es vor ihm noch niemandem zur Verfügung stand. Er schöpft die deutsche Sprache in ihrer ungeheueren Vielfältigkeit aus wie kein anderer. Und damit trifft er jedes Übel, unter dem die Menschen leiden, hebt es empor, reißt es auf und zeigt, wie es zu beseitigen ist. Anstelle des Ablasses, der Dekretalien, der Absolutionen, des Bannstrahles, der endlosen Kirchenstrafen des kanonischen Rechtes, des Zölibats, verkündet er in Christus die Menschlichkeit, den Individualismus, das Mitleid mit den Armen, die Verdammung der Prunksucht, ein vernünftiges Sexualleben, auch für die Priester usw., mit anderen Worten, eine auf christlicher Grundlage basierende Soziallehre.

Damit wir nicht mißverstanden werden: Die Soziallehre ist nicht das Eigentliche an Luthers neuer Entdeckung, wohl aber eine wesentliche Folge seines Christseins. In den Schriften *„An den christlichen Adel deutscher Nation von des christlichen Standes Besserung"* und *„De captivitate Babylonica ecclesias praeludium"* — *„Babylonische Gefangenschaft"* — hat er in der Tat diese Folgen unzweideutig herausgestellt. Aber die Voraussetzung dazu, nämlich das *„neue Verhältnis zu Gott"* war bereits in den Jahren zuvor erarbeitet worden. *„Von der Freiheit eines Christenmenschen"* (1520) gibt dann eine Zusammenfassung der beiden Seiten des religiösethischen Prinzips: *„Ein Christ ist ein freier Herr aller Dinge"* — da geht es um den Glauben, durch den Christus freimacht von allen Qualen und Gewissensnöten. *„Ein Christ ist ein dienstbarer Knecht aller"* — da geht es um die Liebe, die aus diesem Glauben emporwächst, und aus dem sich die ethischen, sozialen und politischen Konsequenzen unabdingbar und unerbittlich ergeben.

Luthers Rückgriff auf die Bibel, also sein scheinbarer Konservativismus, ist so modern, so zeitnah, daß er den Wünschen aller Stände, von den Bauern angefangen, über die Handwerker, die Händler, den niederen Klerus, Mönche und Nonnen eingeschlossen, bis zu den Rittern entgegenkommt. Deswegen wird sein Wort von allen verstanden, eingesogen, als Erlösung empfunden, bis es an den Privilegierten zerschellt. Zu ihnen gehören größtenteils die Fürsten, viele Bischöfe, der Papst mit seinem Hofstaat und nicht zuletzt die reichen Pfeffersäcke, deren größte die Fuggers sind.

Luther spricht genau das aus, was jeder, der nicht zu den Super-Privilegierten gehört, sich herbeisehnt. So auf dem Strom der allgemeinen

Zustimmung und Zuneigung driftet er dahin und darin liegt ein Teil seiner Stärke begründet. Das wird ihm in tausenden von Äußerungen bestätigt. So schreibt ihm am 4. Juni 1520 Ulrich von Hutten: „*Es heißt, Ihr seiet gebannt. Wenn das wahr ist, wie mächtig seid Ihr! In Euch sind die Worte des Psalms erfüllt: ‚Sie haben unschuldig Blut verdammt, aber der Herr, unser Gott, wird ihnen ihr Unrecht vergelten und sie vernichten in ihrer Bosheit.' Dies ist unsere Hoffnung, sei dies unser Glaube!*"
Und die andere Wurzel seiner Kraft ist seine tiefe Gläubigkeit. Aus dieser Gläubigkeit entspringt für ihn die Überzeugung, daß der Papst der Endchrist oder Antichrist ist. Wenn wir nur für einen Augenblick aus unserer Zeit heraustreten und in die Seele Luthers um das Jahr 1520 hineinzuschlüpfen versuchen, werden wir ihn aus seiner Sicht verstehen. Papst Leo X. kümmert sich um Glaubensfragen keinen Deut, er ist nur mit weltlichen Dingen, der Kunst der Renaissance — die Luther nicht berührt — beschäftigt. Er ist, was sein schwammiges Gesicht ausweist, dem Genuß — und wie wir wissen, dem raffiniertesten — hingegeben. Er preßt unter Zuhilfenahme der infamsten Methoden das Geld, insbesondere aus den Deutschen heraus, einer Reinigung der Kirche an Haupt und Gliedern widersetzt er sich mit allen ihm zu Gebote stehenden Mitteln und umgibt sich mit einem riesigen Hofstaat, der an Prunksucht und Verderbtheit ihm nicht nachsteht.
Muß dieser Leo X. einem Mann wie Luther, der von den Haarwurzeln bis zu den Fußsohlen bedürfnislos, gläubig, hilfsbereit und ehrbar ist, nicht als *‚gegen Christus und seine Lehre gerichtet'*, also als End- oder Antichrist erscheinen? Daß sich die Realität mit der Mystik verschwägert, ist eine Zeiterscheinung. Und wenn Luther, wie er etwa in einem Brief an Spalatin zum Ausdruck bringt, im Papst den Antichrist sieht, was kann dann schon ihm, dem kleinen Mönch, der die Wahrheit und nichts als die evangelische Wahrheit verkündet, geschehen? „*Durch das Wort ist die Welt besiegt und die Kirche gerettet und durchs Wort wird sie auch wieder hergestellt werden. Aber auch der Antichrist wird, wie er ohne Menschenhand seinen Anfang nahm, durchs Wort vernichtet werden.*"

Der Zitate aus dieser Zeit, die dem Reformator zustimmen, sind so viele, daß sie Bibliotheken füllen könnten. Nur eines hier von Heinrich von Kettenbach für Franz von Sickingen, gerichtet an sein Heer, geschrieben: „*Darum sind sie (die Prälaten usw.) wider Christus, das sind Diener des Endchrists (des Antichrists) und geben der ganzen Welt Ärgernis, so daß auch die Ungläubigen sprechen: Unsere Prälaten, Päpste und Bischöfe sind genau so wie die Hurenwirte. Sie nehmen Geld von den Huren der Pfaffen und verbieten den ehelichen Stand. Was Christus erlaubt hat, verbieten sie, was Christus verboten hat, erlauben sie ... Drum, meine frommen Mit-*

brüder, seht, daß ich streite für die Ehre Christi wider seine Feinde und Vertilger der evangelischen Wahrheit!" Das bohrt sich tief in die Gemüter hinein, und auch die Angegriffenen verspüren in ihren Seelen den Schauder, so daß allmählich auch bei denen, die Luther ablehnen, die Reformation Wurzeln schlägt, so daß das gesamte Christentum aus seinem Auftreten eine Erneuerung erfährt.

Eck und Aleander sind in Deutschland. Jetzt kann der Tanz beginnen. In der Bulle wird nach deren Veröffentlichung Martinus eine letzte Frist von sechzig Tagen zum Widerruf gesetzt. Also muß die Bulle veröffentlicht, d.h. angeschlagen werden. Was den Dr. Eck betrifft, so besitzen wir eine anschauliche Schilderung seines Verhaltens aus der Feder von Karl von Miltitz. Miltitz ist nach Leipzig geritten und findet dort einen mächtig saufenden und prahlenden Eck vor. Er brüstet sich damit, daß er die päpstliche Bulle am 21. September (1520) in Meißen, am 25. in Merseburg und am 29. in Brandenburg habe anschlagen lassen. Aber bald vergeht ihm sein protziges Wesen, denn an vierzehn Orten wird eine Kampfschrift gegen die Bulle angeschlagen und nicht nur das, sondern man bedroht ihn körperlich. Er, der sich bei der Leipziger Disputation als Sieger fühlte und nun glaubt, er werde, nachdem er als persönlicher Gesandter Seiner Heiligkeit des Papstes auftritt, vom Volk gefeiert, kann es nicht begreifen, daß sich die Stimmung so gewandelt haben soll. Doch es bleibt ihm nichts anderes übrig, als vor der heranstürmenden Menge ins Kloster der Pauliner zu fliehen. Wenn er aber denkt, daß er jetzt gerettet sei, so täuscht er sich. Täglich erhält er Fehdebriefe ins Kloster, in denen ihm *„der Verlust des Leibes und Gutes"* angedroht wird. Inzwischen sind, wie Miltitz berichtet, auch fünfzig Studenten in Wittenberg eingetroffen, um Eck *„zu dressieren"*. Der Bericht von Miltitz endet: *„Ich habe große Sorge, das freie Geleit wird nicht helfen, er wird erschlagen."*

Aleander, der zweite Gesandte des Papstes, hat mehr Glück. Er glaubt es wenigstens und berichtet darüber dem Papst. In Löwen hat er einen riesigen Scheiterhaufen errichten lassen. Kraft seiner Vollmachten gelingt es ihm, den Rat samt Bürgermeister in Amtstracht aufzubieten, damit durch deren Anwesenheit der Akt einen amtlichen und eindrucksvollen Anstrich bekommt. Natürlich ist auch viel Volk erschienen. Mit größter Befriedigung stellt Aleander fest, daß er dem Scharfrichter noch nicht das Zeichen geben kann, mit der Verbrennung zu beginnen, weil immer neue Folianten herbeigeschleppt werden. Auch darüber berichtet er Seiner Heiligkeit. Erst später stellt sich heraus, daß Studenten der Leipziger Universität Bücher ihrer unbeliebtesten Lehrer und langweilige Schinken der Scholastiker herbeigeschleppt haben, so daß nur ganz wenige Schriften Luthers in dem

Bücherberg zu Asche verbrannt werden. Als die Menschen das in Deutschland erfahren, brechen sie in ein homerisches Gelächter aus.
Aber die eigentliche Überraschung kommt erst am 28. und 29. November (1520). Aleander verbrennt lutherische Bücher in Mainz. Am ersten Tag geschieht nichts. Doch am zweiten. Der Henker, der die Verbrennung tätigen soll, steht in seiner feuerroten Tracht auf der Tribüne. Das Volk drängt sich ringsum auf dem Platz. Eben flüstert Aleander dem Henker zu, er solle mit seinem Werk beginnen. Der Henker betrachtet ihn lange, dann fragt er mit lauter Stimme die Menge: *„Ist denn dieser Luther rechtmäßig verdammt?"*
„Nein," schreit das Volk geschlossen *„er ist nicht rechtmäßig verdammt."*
„Dann," sagt der Henker *„Habe ich hier nichts verloren. Denn ich vernichte nichts, wenn es nicht den Gesetzen gemäß und ordnungsgemäß verdammt ist."* Sagt es und springt schmunzelnd von der Tribüne.
Jetzt läßt sich die Menge nicht mehr halten, sie lacht, schreit, tanzt herum. Sie nennt Aleander einen Juden, Verräter, Windbeutel und alles, was ihr in den Sinn kommt. Es fehlt wenig und sie würde ihn mit Steinen überschütten. Er flieht mit seinen Begleitern in eine Gasse. Ein Stein kracht neben ihm aufs Pflaster, hätte er ihn getroffen, seine Mission wäre beendet. Aleander ist nicht der Mann, nachzugeben. Er setzt alle Hebel in Bewegung und dringt bis zum Kardinal in Mainz vor, dem er erklärt, er müsse jetzt dem Papst berichten, daß Seine Heiligkeit in Mainz öffentlich beleidigt worden sei, ohne daß der Kurfürst irgendetwas unternommen habe, um ihm Satisfaktion zu geben.
Daraufhin ordnet ein Domherr an, daß einige Bücher auf dem Marktplatz durch den Schinder (er ist gleichzeitig Leichenträger) verbrannt werden, da sich der Henker weigert, das zu tun. Außer einigen Marktweibern, die dem Ganzen keine besondere Aufmerksamkeit schenken, ist niemand zugegen. Aleander ist hartnäckig. Er macht weiter. Und schreibt an Seine Heiligkeit: *„Eine solche, aus päpstlicher und kaiserlicher Gewalt geschehene Urteilsvollstreckung macht auf die Laien, die schon angesteckt sind durch die Predigten und Flugschriften dieses Ketzers doch so tiefen Eindruck, daß viele sich von der Schlechtigkeit der verdammten Schriften überzeugen und dieselben immer in Mengen freiwillig den Flammen übergeben."*

Er hat nicht ganz unrecht. Die Vollstreckung eines Urteils, auch wenn es die Menge nicht billigt, verbreitet Schrecken und Angst. Was er nicht bedacht hat, ist, daß er es mit einem Gegner zu tun hat, der einen dicken Bauernschädel und den Wind im Rücken hat.
Am 10. Dezember im Jahre 1520 sind allenthalben Zettel angeschlagen, in denen die gesamte studentische Jugend Wittenbergs aufgerufen wird, *„sich sogleich gegen neun Uhr des Vormittags an der Kirche zum Heiligen*

Kreuz außerhalb der Mauern unserer Stadt" einzufinden, *„wo zugunsten der apostolischen Anordnung die gottlosen Bücher der päpstlichen Konstitutionen und der scholastischen Theologie verbrannt werden, da die Frechheit der Feinde des Evangeliums nun einmal so weit fortgeschritten ist, daß sie die frommen und evangelischen Bücher Luthers verbrannt haben. Mache Dich auf, fromme und gelehrte Jugend, komme zu diesem frommen und heiligen Schauspiel; denn vielleicht ist nun die Zeit gekommen, zu der der Antichrist offenbar gemacht werden muß!"*

Es ist ein kalter trüber Wintertag. Aber die Stimmung der von allen Seiten erscheinenden Trupps studentischer Jugend in ihren verschiedenfarbenen Schauben scheint auf Hochtouren zu sein. Lauter strahlende, lachende Gesichter. Ein Magister, den alle kennen, Johann Agricola, errichtet in höchst eigener Person den Scheiterhaufen. Jetzt sind alle versammelt. Es ist Stille eingetreten. Da steckt Agricola den Scheiterhaufen in Brand. Als das Feuer, das aus Reisig und Schindeln besteht, zur höchsten Flamme gediehen ist, wirft man von der inzwischen errichteten Tribüne die Dekretalen in das Feuer. Sie sind vorher mit einer leicht brennbaren Substanz getränkt worden, so daß sie jetzt gierig von den Flammen ergriffen werden.

Das ist ein Akt Weltgeschichte. Die Dekretalen fassen das gesamte kanonische Recht zusammen, das für viele Jahrhunderte das Römische Recht abgelöst hat und in das Leben jedes einzelnen eingreift. Es regelt die Zinsen, es regelt die Ehe, das Eigentum, die Lehnsherrschaft, es bringt Vorschriften, wie die Abhängigen vom Untertaneneid gelöst werden können, es setzt das kanonische Alter fest, wo ja vielfach schon Knaben zu Bischöfen oder Kardinälen gewählt worden waren, es enthält die gesamten Vorschriften über die Darreichung der Sakramente, mit einem Wort: es trägt das gesamte Gewölbe des Römischen Reiches Deutscher Nation. Auch wenn man schon seit längerer Zeit von seiten der Fürsten, Humanisten und aller Laien dazu übergegangen war, dem weltlichen Römischen Recht größere Geltung zu verschaffen, so hatte bis zu diesem denkwürdigen Augenblick niemand gewagt, die Dekretalen außer Kraft zu setzen oder gar zu verbrennen. Zweifellos ist es der bei weitem mutigere und exemplarische Akt, der jetzt vollzogen wird, als die nachfolgende Verbrennung der Bulle. Aber auch deren Verbrennung, die viele als den gefährlichen Ausbruch aus einer heiligen Ordnung ansehen (auch Luther gesteht später, daß er dabei gezittert habe), wird von Luther mit aller Feierlichkeit vorgenommen. Luther hebt sie empor, sie nach allen Seiten vorzeigend, so daß man das Titelblatt mit dem päpstlichen Wappen und der Aufschrift *„Bulla contra errores Martini Lutheri"* sehen kann. Und dann schleudert er sie in hohem Bogen ins Feuer und ruft mit weithin tragender Stimme: *„Weil du den Heiligen des Herrn betrübt hast, deshalb betrübe dich das ewige Feuer!"* Einen Augenblick

tritt eine bedrückende Stille ein. Wird dieser Frevel auf irgendwelche übernatürliche Weise bestraft werden? Aber dann kommt ein Jubelschrei aus Hunderten von jungen Kehlen, und auch das Volk, das zahlreich erschienen ist, stimmt darin ein.
Jetzt begeben sich die Professoren, Doktoren und Magister, an der Spitze Luther, Melanchthon und Karlstadt, durchs Tor zurück in die Stadt, während die Studenten und das Volk das Lied *„Te Deum laudames" (Herr Gott, Dich loben wir)* anstimmen. Indessen zelebrieren einige Studenten für die Dekretalen und die Bulle das Totenamt, und das mit so feierlichen Mienen und Bewegungen, daß die Umstehenden in frenetisches Lachen ausbrechen.
Werden wir uns einen Augenblick der schicksalhaften Situation bewußt, wie sie ähnlich in dieser von Überraschungen erfüllten Zeit nicht geschehen ist: Der Papst bannt Luther als Ketzer mit der höchsten Kirchenstrafe und ist willens, ihn selbst auf den Scheiterhaufen werfen zu lassen, wenn er erst seiner habhaft wird. Und anstatt sich vogelfrei und geächtet zu fühlen, übergibt dieser in einer vom Hohn durchsetzten feierlichen Veranstaltung, akkordiert von der gesamten Priesterschaft und den Theologieprofessoren und -Studenten Wittenbergs mit einem Fluch das gesamte kanonische Recht und die Bulle Seiner Heiligkeit dem Feuer. Und eine ganze Stadt, nein ein ganzes Land, feiert dieses Ereignis als die große Stunde der Befreiung. Dr. Eck und der spätere Kardinal Aleander können sich weder in Wittenberg noch in Leipzig sehen lassen und müssen froh sein, mit heiler Haut davonzukommen.

Daß die Volksbelustigung am Nachmittag weitergeht, ist nicht verwunderlich. Man holt sich einen riesigen Bauernwagen, besetzt ihn mit maskierten Studenten, vorne sitzen vier Chorknaben, die hebräische Lieder singen. Neben ihnen hält ein Fahnenträger eine viereinhalb Ellen (ca. 3 m) lange Bulle an einer Stange als Banner in die Höhe, die im Winterwind flattert. Auf dem Wagen steht ein Trompeter, der sein Instrument meisterlich beherrscht, aber sich auch nicht scheut, zur Anheizung des allgemeinen Gaudiums ihm Mißtöne zu entlocken. Im Hof des Magisters der Philosophie Balthasar Fabricius aus Vacha wird der Wagen weiter ausstaffiert. Von da geht's in den Hof des Gymnasiums, wo auf ein Trompetensignal eine zahlreiche Menge zusammenströmt. Von überallher werden Bücher des Papstes, Ecks und der Scholastiker zusammengetragen und in ein riesiges Faß gestopft. Unter Geschrei und Gesang setzt sich der Wagen in Bewegung und die Gelehrten, Professoren, Magister (außer Luther, Melanchthon und Karlstadt) lassen es sich nicht nehmen (Naivität der Zeit!), hinter dem Spottwagen in einer langen Prozession herzumarschieren. Man sucht den Richtplatz vom Vormittag auf, wo Studenten das Feuer mit Schindeln

unterhalten haben, und nun steigt der Wagenlenker auf die Tribüne und verliest der immer wieder auflachenden und mit Zurufen nicht kargenden Menge Teile der Bulle, mit witzigen Glossen garniert, dann liest er aus dem Buch des Hieronymus Düngersheim aus Ochsenfurt, sowie aus einem des Eck und noch aus einigen anderen, wobei er mit treffsicheren Bemerkungen den Sinn zum Unsinn macht.
Das Feuer brennt noch in die Nacht hinein, denn die Studenten haben Bierfässer herangerollt, um den Tag würdig zu beschließen.

Sechstes Kapitel

1521

Reise zum Reichstag nach Worms — Glapion, der Beichtvater des Kaisers, versucht zu vermitteln — Ulrich von Pappenheim und Kaspar Sturm führen Luther vor den Reichstag

Am folgenden Tag richtet Martin Luther in seinem Kolleg über den Psalter eine ernste Mahnung an seine Studenten, in der er noch einmal in aller Schärfe gegen den Papst zu Felde zieht. Er sagt, es sei nicht genug mit dieser Verbrennung. „*Wenn ihr euch nicht mit ganzem Herzen von dem Reich des Papstes abwendet, könnt ihr das Heil eurer Seelen nicht erlangen ... Deshalb stehe ich schon längst mit dem römischen Dämon in Widerspruch und verabscheue von ganzem Herzen jene babylonische Pest. Und das werde ich meinen Brüdern anzeigen, solange ich lebe.*"

Der Konflikt hat einen neuen Höhepunkt erreicht. Am 3. Januar des folgenden Jahres (1521) verhängt der Papst in der Bulle „*Decet Romanum Pontificem*" endgültig den Bann über Luther. Jetzt kommt es darauf an, wie sich die weltlichen Obrigkeiten, der Kaiser und das Reich dazu stellen. Schon im August des Vorjahres (1520) hat sich Luther an den Kaiser gewandt. Er bittet nicht nur um Gehör, sondern um eine Entscheidung in seinem Sinn. Ihm selbst sind seine Argumente und sein „*edles Streben*" so sonnenklar, daß er glaubt, auch jeder andere, der nicht voreingenommen sei, müsse ihn unterstützen. Das Schreiben endet mit der Bitte, unter allen Umständen gehört zu werden: „*Drei Jahre habe ich Frieden gesucht. Nun bleibt mir nur eine Zuflucht: ich rufe den Kaiser an. Ich will keinen Schutz, wenn ich gottlos oder häretisch erfunden werde. Nur eines erbitte ich, weder Wahrheit noch Irrtum sollte ungehört und unwiderlegt verdammt werden.*" Es ist anzunehmen, daß Luther sich auf den latent vorhandenen Gegensatz zwischen Kaiser und Papst verläßt, indem er an den Kaiser als der von Gott gesetzten Obrigkeit appelliert und verlangt, daß dieser die Übeltäter in der Kirche, die er im einzelnen bezeichnet, von weltlichen Gerichten bestrafen läßt. Da Luther seine Versuche, die Selbstreinigung der Kirche, insbesondere durch die Einberufung eines Konzils gescheitert sieht, scheint ihm der letzte Ausweg zu sein, dem Kaiser die Verantwortung für die offensichtlichen Mißstände zuzuschieben.

Für den 27. Januar 1521 ist der Reichstag zu Worms einberufen. Schon am 28. November 1520 war Luther zu diesem Reichstag geladen worden. Auf

Betreiben Aleanders, der es als völlig undenkbar bezeichnet, daß die weltliche Behörde in ein kirchlich abgeschlossenes Verfahren eingreift, wurde am 17. Dezember 1520 die Einladung zurückgenommen.

Am 26. März 1521 — der Reichstag hat schon zwei Monate getagt — erhält Luther die erneute Vorladung und den Geleitbrief: „*Karl von Gottes Gnaden, erwählter Römischer Kaiser, zu allen Zeiten Mehrer des Reiches usw. usw. Ehrsamer, Lieber, Andächtiger! Nachdem Wir und des Heiligen Römischen Reiches Stände, die jetzt hier versammelt sind, Uns vorgenommen und entschlossen haben, der Lehren und Bücher halber, die eine Zeit her von Dir ausgegangen sind, Erkundigungen von Dir einzuholen, haben wir Dir herzukommen und von da wiederum bis zu Deiner sicheren Verwahrung Unsere und des Reiches freie, unmittelbare Sicherheit und Geleit gegeben, das Wir Dir hiermit zusenden.*" *usw.*

Dieser Vorladung war ein wüstes Gerangel vorausgegangen, in dem Aleander glaubte, er müsse unter allen Umständen erreichen, daß das römische Urteil in allen Punkten anerkannt und nur noch über die Vollstreckung Beschluß gefaßt werde. Aber die Anhängerschaft Luthers ist inzwischen so angewachsen, daß man, was einzelne Fürsten mit dürren Worten aussprechen, den offenen Aufruhr befürchtet, wenn man nicht mit Behutsamkeit vorgeht. Wie stark die Gefolgschaft Luthers ist, geht auch aus einem Bericht Aleanders hervor, und mag dieser auch übertrieben sein, so stellt er doch ein beredtes Zeugnis eines Luther-Gegners dar: „*Neun Zehntel der Deutschen schreien ‚Luther' und das übrige Zehntel ‚Tod dem Papst'!*"
Dem eifernden Aleander wird auch sonst mächtig zugesetzt. „*Glaubst Du,*" fragt ihn Hutten, „*du seist imstande, mit einem dem Kaiser abgelockten Edikt Deutschland von Freiheit, Glauben, Religion und Wahrheit zu trennen? Denkst du, du könntest uns durch Bücherverbrennen einschüchtern? Diese Frage wird nicht mehr mit der Feder beantwortet sondern mit dem Schwert.*"
Franz von Sickingen beherrscht von seiner Ebernburg aus das Rheintal, dem der Kaiser, der ohne seine spanischen Truppen nach Worms gekommen ist, nichts entgegenzusetzen hat. Der Rückhalt Luthers im Volk ist groß, aber braucht er deswegen keine Angst zu haben, wenn er, der kleine Bettelmönch, der er immer noch ist, in seiner abgewetzten Kutte vor des Reiches höchste Versammlung und das Angesicht des Kaisers von Gottes Gnaden treten muß? Sicherlich hat er Furcht, denn er ist ein Mensch mit all seinen Schwächen. Doch er feuert sich mit allen Kräften seiner Seele, und mit denen ist er reichlich ausgestattet, an, um diese Furcht zu überwinden. Das geht mit einer Deutlichkeit, die einen erschaudern läßt, aus einem

Brief an seinen Mentor Staupitz hervor: „*Jetzt ist nicht die Zeit, sich zu fürchten, sondern laut zu rufen, wo unser Herr Jesus Christus verurteilt, geschmäht, gelästert wird. Mahnst Du mich zur Demut, so ich Dich zum Stolz. Die Sache ist ernst. Wir sehen Christus leiden. Mußten wir bisher schweigen und uns demütigen, müssen wir nicht jetzt — beschwöre ich Dich — wo unser Heiland in der ganzen Welt zum Spott gemacht wird, für ihn kämpfen? Mein Vater, die Gefahr ist größer als viele glauben. Jetzt gilt das Wort: ‚Wer nun mich bekennet vor den Menschen, den will ich bekennen vor meinem himmlischen Vater. Wer mich aber verleugnet vor den Menschen, den will auch ich verleugnen vor meinem himmlischen Vater.*'"

So fährt Martin Luther am Mittwoch, dem 4. April (1521) von Wittenberg nach Worms ab. Lukas Cranach hat den Magistrat von Wittenberg bestimmt, Martin einen Wagen zur Verfügung zu stellen. Sein Freund Professor Nikolaus Amsdorf, der pommersche Edelmann Peter Swaven und der Augustinerbruder Johann Petzensteiner begleiten ihn. Kaspar Sturm, des Reiches Herold, der Luther am 26. März (1521) die Vorladung überbracht hat, reitet voraus. Es sind gemischte Gefühle, die Luther und seine Begleiter in Atem halten. Der Nuntius Aleander hat in letzter Minute erreicht, daß der Kaiser ein Edikt erließ, in dem sowohl die Beschlagnahme sämtlicher Schriften Luthers verfügt, als auch deklariert wird, daß Luther nur zum Widerruf nach Worms geladen sei. Dieses Edikt ist überall angeschlagen. Kein Zweifel, daß Luther, der sich durch die Anrede „*Ehrsamer, Lieber, Andächtiger*" in Sicherheit gewiegt hatte, jetzt von tiefem Schrecken erfüllt ist. Man warnt ihn allenthalben, um Gottes Willen seine Reise nach Worms nicht fortzusetzen. Auf Zusagen der Großen könne man sich nicht verlassen, er möge nur an die Schicksale von Hus und Savonarola denken. Auf der anderen Seite wird Martin in allen Städten und Ortschaften wie ein Souverän empfangen. Man reicht ihm — der Magistrat meist im Ornat — den Fürstenwein. Das Volk jubelt ihm zu. Und immer eindringlicher sind die Zurufe: „Martinus bleibe fest. Bleibe stark. Gib nicht nach. Sickingen, Ulrich von Hutten und alle Ritter sind auf deiner Seite!" Die Bekundungen der Sympathie sind so stark und unmittelbar, daß es dem Freund Amsdorf die Tränen in die Augen treibt. Würde Luther nur einen Augenblick schwanken, die Reise fortzusetzen, diese Bekundungen der Treue und des Glaubens an ihn lassen für Verzagtheit keinen Raum. Der berittene Reichsherold, Kaspar Sturm, der ausgesandt ist, Luther einzuholen, meldet nach Worms, es sei nicht zu verhindern, daß die Bevölkerung Luther entgegeneile und ihn in seiner Haltung bestärke. So wird, was als Sühnezug zur Vorladung eines Ketzers gedacht ist, zum Triumphzug eines Gottbegnadeten. Welche Gefühle müssen Luther bewegen, wenn er erlebt, daß er, ein armer Mönch, der nichts, aber gar nichts sein Eigen nennt, die Welt in gutem Sinn so in Aufruhr versetzt. Das kann nur gottgewollt sein.

An manchen Orten wird Luther aufgefordert, zu predigen und er tut es, auf den Stufen einer Kirche oder auf einem Brunnen stehend. Was sich immer wieder von neuem erweist, ist die starke Ausstrahlung, die von ihm auf die Menschen überspringt und die augenblicklich auch diejenigen ergreift, die ihm das erste Mal gegenübertreten. Nie ist er langweilig, nie salbadernd, Sprichwörter und Wortbilder stehen ihm in ungeahnter Menge zur Verfügung. Sein Wechsel vom Scherz, der ihre Zwerchfelle in Bewegung setzt, zum Ernst, der sie bis ins Innerste trifft, macht auf sie einen Eindruck, den sie nie vergessen. Aus Frankfurt am Main können die Späher Aleanders sogar das Unglaubliche berichten, daß er im Wirtsgarten des Gasthauses ‚Zum Strauß', wo viele Mönche, aber auch viele Laien sitzen, „*die helle Laute schlägt und mit freier Stimme Lieder singt*", in welche die Umstehenden als Chor einfallen. Von dort kündigt er auch den Kurfürsten und seinen Räten an, er werde demnächst in Worms eintreffen. Der Kurfürst ist bestürzt, er hat bis zuletzt gehofft, Luther werde nicht in die schreckliche Falle gehen. Er fürchtet den Bauernschädel Luthers, der nicht widerruft. Man muß die Zeit richtig verstehen: Zu sagen ist alles erlaubt, es muß nur „*salve fide*" geschehen, d.h. unbeschadet der äußeren Unterwerfung unter die Kirche. Das kann man zum Beispiel an Sebastian Brants ‚*Narrenschiff*', das 1494 erschien, ersehen, wo der kaiserliche Rat, der Brant ebenso war wie ein treuer Sohn der Kirche, dichtet: „*Man schätzt die Priesterschaft gering / als ob es sei ein leichtes Ding / Drum gibt es jetzt viel junge Pfaffen / die soviel können wie die Affen / und Seelsorg' sieht man treiben die / die Hüter wären kaum fürs Vieh.*" Und im Jahr vor den Wittenbergschen Thesen (1517) ließ der berühmte Philosoph Pietro Pomponazzi ein kleines Buch erscheinen, in dem er schrieb, daß die Religionsstifter für die große Masse, die Tugend nur übe, wenn's Lohn oder Strafe gebe, die Unsterblichkeit der Seele erfunden hätten, wie ja die Amme immer etwas erdichte, um das Kind zum guten Betragen zu veranlassen. Den Einwand, daß man an die Unsterblichkeit glauben müsse, weil sonst die Religion ein Betrug sei, beantwortet er: „*In der Tat ist sie einer, denn da es drei Gesetze gibt, das mosaische, das christliche und das mohammedanische, so sind entweder alle drei falsch, dann ist die ganze Welt betrogen, oder mindestens zwei, dann ist die Mehrheit betrogen.*" Pietro Pomponazzi verkehrt als ein hochangesehener Philosoph im Vatikan.

Luther muß wegen einiger Krankheitsanfälle auf dem Weg nach Worms pausieren, erholt sich aber immer wieder rasch und benachrichtigt Spalatin, daß er „*allen Pforten der Hölle und allen Mächten der Luft zum*

Trotz" in Worms einziehen werde. Er bittet Spalatin, ihm für Quartier zu sorgen, was dieser auch tut.
Vorher aber gibt es noch eine höchst interessante Intervention, die vom Beichtvater des Kaisers ausgeht. Es ist der Franziskanermönch Glapion, der für sich das Verdienst in Anspruch nehmen möchte, *„das Biest"* gezähmt zu haben. Er will unter allen Umständen Luther von Worms fernhalten, ob Luther zuliebe, oder aus Angst vor den Folgen von Luthers Auftreten in Worms für den Kaiser oder aus reiner Geltungssucht, ist umstritten. Er verhandelt mit dem Kanzler Friedrichs des Weisen namens Brück. Nicht genug kann er sich tun in wohlwollendem Säuseln. So sagt er, die früheren Schriften Luthers hätten sein Herz erwärmt, er stimme völlig seinem Angriff auf die Ablässe zu und erkenne in der ‚Freiheit eines Christenmenschen' eine bewundernswerte christliche Gesinnung. Nur die ‚Babylonische Gefangenschaft' habe ihn erschüttert, das Buch könne Luther nicht oder nur in einer leidenschaftlichen Aufwallung geschrieben haben. In diesem Falle solle er bereit sein, es im kirchlichen Sinn auszulegen.
Glapion geht noch weiter. Er reitet zur Ebernburg, wo er Ulrich von Hutten und Franz von Sickingen umzustimmen hofft. Sie sitzen zu dritt in der Halle beim Wein und einer Atzung.
„Du hast einen weiten Weg zurückgelegt, kaiserlicher Beichtvater und Bettelmönch," sagt Hutten mit leichtem Spott.
„Und das, wie ich meine, völlig für die Katz'," sekundiert Sickingen.
„Das möcht' nicht sein. Wer wüßte nicht gerade von Euch, Herren Rittern, daß Ihr ritterlich denkt, redet und handelt. Ich jedenfalls weiß es. Wenn Ihr mir vergönnt, Euch den Casus vorzutragen, nicht nur wie ich ihn seh', sondern wie er in Wahrheit ist, dann werdet Ihr Euere Meinung ändern. Es ist nie eine Schand', so man wird überzeugt, seine Meinung zu ändern."
„So trag' also deinen Casus vor, Mönch des heiligen Franziskus."
„Vorher hätte ich Empfehlungen Seiner Kaiserlichen Majestät an die hohen Herren Ritter auszurichten und ihnen kaiserliches Wohlwollen und kaiserliche Huld zu übermitteln."
„Potztausend, ist's die Möglichkeit!" zweifelt Hutten.
„So wahr ich hier sitz' und den edlen Becher auf Euer hohes Wohl erhebe."
„Schön. Wir glauben's einem so heiligmäßigen Mann," sagt Hutten zwischen Spott und Ernst „obschon vom kaiserlichen Hof bisher eine andere Trompete geblasen ward."
„Am Hof wird viel und quer geredet."
„Da möcht' ich Euch nicht in die Parade fahren," erwidert Sickingen.
„Zunächst also: Es ist nicht an dem, daß ich, Glapion, des Kaisers Beichtvater und Bewahrer seiner tiefsten Geheimnisse, gegen Martinum Luthe-

rum irgendeinen Groll in der Seel' hätt'. Gegenteilig bin ich angetan und frohgemut über seine evangelische Aufrichtigkeit und seinen evangelischen Mut, den niemand anders als Christus ihm eingegeben hat. Preis ihm und Dank, daß er den elenden Ablaß verflucht und ausgetilgt hat. Preis sei ihm auch, daß er den Übermut so mancher Prälaten, auch solcher am Hof Seiner Heiligkeit geisselt. Und Preis und Dank, daß er den Pfaffen ein eheliches Weib gönnt und sie vor den Huren bewahren will. Über seinen Angriff gegen die Sakramente läßt sich reden."

„Ei, das klingt ja, Mönch, als seist du des Martins Adlatus, der besser als alle, die ihm anhängen, für ihn zu streiten fertigbringt. In dich scheint der Heilige Geist in eigener Person gefahren zu sein. Wie erklärst du dir aber, kaiserliches Mönchsgesicht, daß man in Rom so gänzlich anders über den von Euch Gepriesenen urteilt? Daß man den Hammer des Kirchenbanns nach ihm schleudert und das harzige Holz für den Scheiterhaufen, auf dem er verbrannt werden soll, schon in den Wäldern schlägt?"

„Rom, Ihr Herren, Rom und Babylon. Das ist ein Kapitel, über das zu reden ist."

„Die große Hure von Babylon ...," beginnt Hutten zu zitieren.

„Aber," fällt ihm Glapion ins Wort *„nicht über Rom wollt' ich mich ausbreiten, sondern über den jungen Kaiser, Seine Majestät Karl V., mein Beichtkind, das so jung, so erhaben, so unschuldig ist, daß er im Herzen nur das gleiche wollen kann, was auch Martinus Lutherus auf Erden gefördert und im Sinn Christi und der heiligen Evangelien zu halten gedenkt. Es wird, Ihr hohen Herren, glaubt es mir, eine Versöhnung geben, die alle Welt bejubeln wird, gefeiert in Dankgottesdiensten in jeder Kathedrale und Kirche in Nord und Süd und Ost und West. Eine Versöhnung zwischen Seiner Kaiserlichen Majestät Karl V. und dem Professor Doktor Martinus Lutherus, so wahr ich jetzt den Schluck auf das Wohl dieser erhabenen Burg und seiner hochmögenden Bewohner trinke. Fiducit!"*

Hutten und Sickingen, vom Wein milde gestimmt und von den Worten des kaiserlichen Beichtvaters nicht unberührt, geben diesem Bescheid. Vielleicht kann wirklich alles in Eintracht, vor allem dem deutschen Reich zum Wohl und Nutzen gelöst und geordnet werden. Weitgehende Unabhängigkeit von Rom, Zurückdrängen der Macht der Fürsten und die Zähmung des Klerus könnte ein Reich erstehen lassen, wie es sich das Volk und die Ritter zusammen mit den Humanisten, erträumen.

Inzwischen tritt Martin Bucer in den Saal (es ist der frühere Dominikaner, der bei der Heidelberger Disputation zugegen var) und Glapion, der ihn kennt, läßt sich keinerlei Abneigung gegen den Abtrünnigen anmerken, sondern bringt ihm eigenhändig einen Becher, damit er an diesem, wie er meint, weltbewegenden Ereignis zugegen sein kann.

„Du trägst denselben Namen wie unser großer Martinus, so ist's nicht wunderlich, daß du an dieser historischen Stunde teilnimmst. Ich habe noch was Großes und Einmaliges in petto. Seine Kaiserliche Majestät, die ich kenne und verehre wie keinen anderen, hat Euch, ehrbarer Ritter Ulrich von Hutten, der Ihr der Mund der deutschen Freiheit genannt werdet, ein Jahrgeld ausgesetzt, dessen Urkunde ich jetzt aus meiner auf der Brust hängenden Tasche ziehe. Hier. Sie will nicht? Sie muß. Da ist sie. Höchst eigenhändig unterschrieben von Seiner Kaiserlichen Majestät mit dem unvergleichlichen Schriftzug ‚Charles'. Nehmt sie an als das Zeichen seiner unbeschreiblichen, nicht hoch genug zu schätzenden Huld!"

Die Szene gerät — wir müssen des Weins eingedenk sein — zur Rührung. Hutten nimmt die Urkunde in Empfang, bedankt sich gebührend, läßt Karl V. grüßen und ihn seiner Untertänigkeit versichern und geleitet den kaiserlich mönchischen Beichtvater bis an die Zugbrücken der Ebernburg. Indessen gibt Franz von Sickingen seinem Freund Martin Bucer den Auftrag, Luther entgegenzureiten und ihn über all das soeben Geschehene zu unterrichten.

In Wahrheit ist's eine Seifenblase, die in Luft zerspringt. Hutten gibt nicht nur die Urkunde zurück und verzichtet auf das Jahrgeld, Martin Luther läßt sich durch Bucer nicht beeindrucken und alle Welt stellt die Frage: Hätte Luther den Angriff auf die Sakramente aufgegeben, wäre die Geschichte anders verlaufen? Wäre die Deutsche Nation geeint gewesen, hätte sie die Kraft gehabt, die päpstliche Macht zu beschränken? Hätte der Reichstag den Papst zwingen können, den Deutschen die gleichen Rechte wie den Nationalstaaten England, Spanien und Frankreich einzuräumen? Hätte es weder eine Kirchenspaltung gegeben noch einen Dreißigjährigen Krieg? Eines steht fest: Friedrich der Weise hätte diese Regelung wie Honigseim eingesogen. Auch Erasmus und viele andere hätten Luther freudig zugestimmt. Aber was nützt alles „hätte" und „wäre"?

Martin Luther geht den geraden Weg und zieht in Worms ein. Es ist der 16. April 1521. Er will den Kampf aufnehmen im vollen Bewußtsein, wie gefährlich er für ihn sein wird. An Warnungen hat es nicht gefehlt. Er muß mit dem Schlimmsten rechnen. Wenn der Kaiser ihn dem Papst überantwortet, wird er in Ketten gelegt, nach Rom gebracht und ohne weitere Verhandlung auf den Scheiterhaufen geworfen. Das weiß er. Aber Gott ist mit ihm, soll es so oder anders geschehen.

Der Einzug in die zum Bersten vollgestopfte Stadt Worms wird zum Fanal. Man hat es so eingerichtet, daß Martin zur Zeit des Mittagmahls in Worms einzieht, damit er möglichst wenig Aufsehen erregt. Die Frühaufsteher und, schon wegen der Lichtersparnis, baldigen Zubettgeher pflegen bereits um 10 Uhr vormittags das Mittagessen einzunehmen. Eine Anzahl vornehmer Herren, insbesondere vom Hof Friedrichs des Weisen, ist Martin entgegengeritten. Dieser wird von etwa hundert Reisigen, vermutlich sind es Sickinger, bis an das Stadttor geleitet. Als der Türmer des Staubes vom herannahenden Zug ansichtig wird, bläst er gewaltig in die Trompete. Das Folgende entnehmen wir einem aufgebrachten Bericht Aleanders: „*Die Stadt ist wie aufgestört. Alle rennen vom Essen weg auf die Straße, um zu sehen, wie der „große Ketzeroberst" in die Stadt Worms gelangt. Mit drei Genossen in einem Wagen sitzend, zieht er ein. Er ist von etwa acht Berittenen umgeben. Der Jubel des Volkes kennt keine Grenzen. Er nimmt seine Herberge in der Nähe seines sächsischen Fürsten* (Spalatin hat ihm bei den Johannitern Quartier gemacht). *Beim Verlassen des Wagens schließt ihn ein Priester in seine Arme, faßt dreimal an sein Gewand und tut im Weggehen so, als habe er eine Reliquie berührt.*" Aleander vermutet, es werde bald von ihm heißen, er tue Wunder. „*Dieser Luther, als er vom Wagen stieg, blickte mit seinen dämonischen Augen im Kreise umher und sagte: Gott wird mit mir sein!*"

Danach begeben sich Martin und seine Begleiter zum nahe gelegenen Gasthaus ‚Schwan', wo Friedrich der Weise residiert. An einer festlich geschmückten Tafel ist für sie das Mahl bereitet, an dem auch noch zwölf Herren des Hofes teilnehmen.

Es wird streng nach dem Sittenkodex gegessen, den kein geringerer als Erasmus von Rotterdam herausgegeben hat, der übrigens keine Zeile schreibt, die nicht gedruckt werden würde. Der Gebrauch der Gabel ist unbekannt, dafür hat man die Hände. Sie müssen vorher sorgfältig gewaschen sein und sollten es auch nachher. Das Brot liegt links vom Teller, Trinkglas und Messer rechts von ihm. Das Brot darf, was heute Anstandsregel ist, nicht gebrochen, es muß mit dem Messer geschnitten werden. An Wein wird bei diesem Festmahl nicht gespart, so daß bald eine lebhafte Unterhaltung in Gang kommt, deren Mittelpunkt Martin Luther bildet. Und was Aleander, dem das alles wieder zugetragen wird, am meisten aufregt: Der Ketzer macht grobe Späße, die sich auf seine, Aleanders Person beziehen und dröhnendes Gelächter auslösen.

Am nächsten Tag, dem 17. April (1521) sucht im Auftrag des Kaisers vor dem Mittagessen der Reichserbmarschall Ulrich von Pappenheim Luther auf, um ihm den kaiserlichen Befehl zu überbringen, daß er nachmittags um vier Uhr vor der Kaiserlichen Majestät, den Kurfürsten, Herzögen und den übrigen Ständen des Reiches erscheinen solle, um anzuhören, wozu man ihn vorgeladen hatte. Mit ebenso großer Liebenswürdigkeit wie Gelassenheit nimmt Luther diese Botschaft entgegen und versichert, er werde pünktlich zur Stelle sein. Alles in allem, er benimmt sich nicht wie ein Ge-

bannter oder Angeklagter, sondern wie ein freier, den anderen durchaus ebenbürtiger Mann.
Die Stadt scheint wirklich aus den Nähten zu platzen. Man sieht Fremde aus aller Herren Länder, auch Mohren darunter. Das Wort ‚bunt' kann keinen Begriff von der Vielfarbigkeit geben derer, die sich durch die Straßen wälzen. Lustdirnen in der herausforderndsten Kleidung sind darunter, sie werden von den Männern unsittlich berührt und zanken und kreischen deswegen. Aber niemand kümmert sich darum. Man sieht auch viele, die betrunken sind und gröhlend daherschwanken. Einer gar hält sich einen weingefüllten Saumagen an den Mund und läßt den Inhalt in sich hineinlaufen. Dr. Martinus kehrt von einem kurzen Ausflug bald wieder zurück, um sich für sein Auftreten vor dem Reichstag vorbereiten zu können.
Mit dem Glockenschlag vier Uhr kommen Ulrich von Pappenheim und Kaspar Sturm, der kaiserliche Herold für Deutschland, um Luther abzuholen. Sie führen ihn durch den Garten der Rhodiser in die Herberge des Pfalzgrafen, sodann über einige Treppen auf verstohlene Weise in den Sitzungssaal. Das geschieht angeblich, damit ihn das Volk nicht belästige, in Wahrheit, um keine Ovationen für ihn aufkommen zu lassen. Doch die Menge bemerkt seine Ankunft, schiebt sich in den Sitzungssaal und muß mit Gewalt wieder hinausgedrängt werden. Viele erklettern jetzt die umliegenden Dächer, um einen Blick in den Sitzungssaal des Bischofshofes zu erhaschen.
Draußen vor dem Saal steht ein Landsknechtoberst. Es ist der berühmte Georg von Frundsberg. Er hat alle Achtung vor dem tapferen Mann, der sich allein schutzlos in diese Versammlung von Hyänen begibt. *„Mönchlein, Mönchlein,"* sagt er und klopft ihm auf die Schulter *„Du gehst jetzt einen Gang, den mancher unserer Obersten auch in unserer ernstesten Schlachtordnung nicht gegangen ist. Bist du rechter Meinung und deiner Sache gewiß, so geh in Gottes Namen und sei nur getrost, Gott wird dich nicht verlassen."*
Der Sitzungssaal ist mit Amtsträgern und zugelassenen Zeugen so gefüllt, daß man zwischen ihnen keine Stecknadel zu Boden fallen lassen kann. Luther und seine Begleiter müssen sich einen Weg durch die Menge bahnen, wobei Luther einige Bekannte begrüßt, unter anderem seinen Gastgeber Dr. Peutinger aus Ausgsburg, zu dem er erfreut sagt: *„Doktor, Ihr auch hier?"* Doch da weist ihn in der eingetretenen Stille der Reichsmarschall scharf zurecht: *„Du hast nur zu reden, wenn du gefragt wirst."* Luther läßt sich davon nicht einschüchtern, sondern geht lächelnd und grüßend seinen Weg.
Der Nuntius Aleander ist an diesem Tag aus Gründen, die unbekannt sind, nicht zugegen. Trotzdem gibt er den folgenden gehässigen Bericht an

die Kurie: „*Sein Erscheinen ist von den heilsamsten Folgen gewesen, denn der Kaiser wie fast alle Welt hat in ihm einen törichten, liederlichen, verrückten Menschen erkannt. Ja, der Kaiser äußerte gleich beim ersten Anblick über ihn: ‚Der soll mich nicht zum Ketzer machen!' Und als dann die Bücher vor dem Reichstage genannt wurden, sagte er öffentlich und wiederholte es später mehrfach, er werde nie glauben, daß diese Bücher von Luther verfaßt seien. Die Trunksucht, der Luther sich in hohem Grade ergeben hat, sowie viele Verstöße in Blick, Miene und Gang, in Wort und Tat haben ihn um all das Ansehen gebracht, das er bei der Welt genoß.*"
Diese Verfälschung und Verächtlichmachung zeigt deutlich, wie ein hoher Würdenträger (er wird später Kardinal) die Wahrheit mißhandelt, wobei er nicht der einzige solcher Art ist. Dieses rigorose In-den-Schmutz-ziehen des Gegners ist in jener Zeit allgemein üblich.
Jetzt beginnt das Verhör, und zwar jeweils in lateinischer, dann in deutscher Sprache. Und obschon es im Wortlaut vorliegt, sehe man uns nach, wenn wir es, ohne den Sinn auch nur im geringsten zu ändern, von den Schnörkeln der Zeit befreien, weil anders es nicht nur ermüdend, sondern auch allzu platzraubend wäre. Übrigens versteht der Kaiser nicht viel von diesem Verhör, weil er des Lateinischen kaum, des Deutschen überhaupt nicht mächtig ist; die Sprache, die er als einzige fließend beherrscht, ist französisch.
Mit seiner gewaltigen Stimme, die den ganzen Saal erfüllt, beginnt nun der Orator des Kaisers, gleichfalls ein Johannes von Eck (aber nicht identisch mit dem berühmten Eck der Leipziger Disputation): „*Die Kaiserliche Majestät hat dich, Martin Luther, aus zwei Gründen befohlen. Erstens damit du die Bücher, die unter deinem Namen bekannt sind, hier an dieser Stelle als von Dir geschrieben anerkennst; zum weiteren, ob du etwas aus ihnen widerrufen willst.*"
Jetzt ruft der Verteidiger Luthers, D. Hieronymus Schurff aus St. Gallen: „*Man lese die Titel der Bücher!*"
Der Offizial Eck kommt dieser Aufforderung nach.
Die Antwort Luthers gerät für seine Anhänger viel zu verzagt und als habe ihn plötzlich alle Sicherheit verlassen. Es ist ihm eingetrichtert worden, er müsse vor dem Kaiser das Knie beugen und offenbar hat ihn das verwirrt, weil er nicht weiß, ob er es nur einmal oder immerzu beugen soll. Er gibt zu, daß er alle Bücher, die genannt wurden und aufgestapelt sind, als die seinen anerkenne. Mit Zitaten aus der Schrift, die er aber auch recht unsicher vorträgt, bittet er wegen der Beantwortung der zweiten Frage, ob er zu dem Inhalt aller Bücher stehe, um Bedenkzeit. „*Es wäre unüberlegt und geradezu gefährlich, wenn ich etwas unüberlegt erklärte … Aus diesem Grunde bitte ich, und zwar demütiglich, von Euerer Kaiserlichen Majestät*

Bedenkzeit, damit ich ohne Verletzung des göttlichen Wortes und ohne Gefahr für mein Seelenheil der Befragung Genüge tun kann."

Seine Gegner wundern sich, wie dieser ohne Würde und Gemessenheit auftretende Mensch die Welt so in Bewegung versetzen kann, während seine Anhänger aus den gleichen Gründen bitter enttäuscht sind. Der Kaiser, dem man das Verhör in Stichworten übersetzt hat, ist ungeduldig und drängt auf Beendigung der lästigen Sache.

Aber die Fürsten kennen die Stimmung des Volkes. Die Stadt Worms ist mit Flugzetteln überschüttet, die in der Mehrzahl für Luther eintreten und allen, die gegen ihn sind, die größten Unbilden androhen.

So verkündet nach der Beratung der Fürsten der Offizial von Trier: „*Obgleich du, Martinus, aus dem Kaiserlichen Befehl hättest erkennen können, wozu du herbeigerufen wurdest ... bewilligt dir dennoch die Kaiserliche Majestät aus angeborener Güte einen Tag für dein Nachsinnen, damit du morgen zur gleichen Stunde erscheinst und deine Meinung mündlich vorträgst."*

Im Saal bricht jetzt eine gewaltige Unruhe aus. Alles spricht durcheinander. Die zu Luther halten, fürchten, diesen Aufschub habe er nur zur Vorbereitung des Widerrufs verlangt, seine Gegner erhoffen sich diesen und andere sind ungehalten darüber, daß das Schauspiel nicht zu Ende gespielt wird. Der Herold führt unterdessen Luther zurück in seine Herberge bei den Johannitern. Beim Verlassen des Saals ruft man ihm ermunternde Worte nach. „*Habe ein mutiges Herz, Martin!"* sagt einer mit lauter Stimme. Und ein anderer: „*Selig ist der Leib, der dich getragen hat!"*

Überall in Worms sind jetzt die Flugblätter „*Gebet der Deutschen"* angeschlagen: „*Christ, höre die Deutschen, Christ, höre die Deutschen. Von üblen Ratgebern befreie Karl, o Herr. Von Gift auf dem Weg nach Worms befreie Martin Luther, erhalte Ulrich von Hutten, o Herr. Leide nicht, daß Du, o Herr, von neuem gekreuzigt werdest. Tilge Aleander aus, o Herr. Die Nuntien, die gegen Luther in Worms arbeiten, zerschmeiße vom Himmel her. O Herr Christe, höre die Deutschen."*

In seiner Stube im Kloster angekommen, drängen sich die Freunde. Spalatin gibt ihm Ratschläge, wie er sich der Etikette nach vor dem Kaiser und den Fürsten verhalten solle. Man denkt, er sei aufgeregt oder niedergestimmt. Nicht im geringsten ist das der Fall. Inzwischen schreibt er einen Brief an seinen Freund, den Historiker Cuspinian in Wien. Er komme „*mitten aus dem Trubel der Sitzung"*, berichtet er „*sie fragten mich, ob ich meine Bücher widerrufen wolle. Aber ich werde in Ewigkeit auch keine Silbe widerrufen, wenn Christus mir beisteht."*

Später sorgen die Johanniter für eine Vespermahlzeit, und indem er sich mit den Freunden, die mithalten, unterhält, zeigt er sich gutgelaunt, macht Späße und trinkt seinen Wein dazu.

Am nächsten Tag, dem 18. April, man hat eine größere Halle gewählt, aber auch sie ist so gedrängt voll, daß außer dem Kaiser niemand sitzen kann. Wiederum holt der Herold Luther um vier Uhr des Nachmittags bei den Johannitern ab, doch muß dieser bis sechs Uhr eingekeilt in einer Menschenmenge warten. Erst dann wird seine Sache aufgerufen. Ein großer Augenblick der Geschichte hebt an.

Jetzt steht der siebenunddreißigjährige Mönch in seiner schäbigen Kutte dem einundzwanzigjährigen Kaiser, der mit allen Insignien seiner Würde jünger aussieht als er ist, gegenüber. Der Kaiser ist ein ausgezeichneter Reiter, auch im Turnier stellt er seinen Mann, aber im politischen Geschäft, das sich zur damaligen Zeit eher noch komplizierter und verworrener zeigt als heute, ist er überfordert. Kalt, mit etwas geöffnetem Mund und der vorgeschobenen Habsburger Unterlippe, blickt er auf den Mönch, der im Jahre 1521 noch mager und ausgemergelt wirkt. Der Kaiser weiß von diesem auf ihn abstoßend wirkenden Gesellen nur, daß er ‚Bruder Martin' genannt wird und weder päpstliche noch kaiserliche Autorität anerkennen will. Es verdrießt ihn, daß die Fürsten so viel Umstände mit ihm machen. Warum wirft man diesen widerlichen Ketzer nicht auf den Scheiterhaufen, wie es allenthalben geschieht? Er selbst, der Kaiser, möchte nach Rom ziehen, wie es ihm seine Berater, an der Spitze sein Kanzler Gattinara, anraten, um die Lehensoberhoheit des Reiches über die dort verlorengegangenen Gebiete wiederherzustellen und sich selbst vom Papst zum Kaiser krönen zu lassen. Wenn er es auch nicht zum Ausdruck bringen darf: Im Grunde haßt er die Deutschen, deren Sprache er ebensowenig versteht wie ihr Wesen, das ihm grob, plump und bäurisch zu sein scheint. Er haßt das enge kalte Worms mit seiner Überfüllung, die so groß ist, daß er, der Kaiser mit dem Herzog von Croy ein Zimmer teilen muß, der Nuntius des Papstes Aleander in einer schmutzigen Dachkammer haust, viele hochgestellte Herren bei Dirnen schlafen müssen, die Ritter vielfach gezwungen sind, zu sechst oder acht in einer Gaststube zu nächtigen, Diener und Landskneche auf Strohschütten in Kellern angewiesen sind. Wieviel lieber würde der Kaiser auf der Aue *‚gerannt und gestochen'* haben, als sich in dem von Menschengestank und dem Rauch der Fackeln gefüllten Saal diesen Ketzer anzuhören. Der Mönch beugt sein Knie, doch dann steht er auf und beginnt zu sprechen. Seit gestern scheint eine Wandlung in ihm vorgegangen zu sein. zwar spricht er immer noch verhältnismäßig leise, aber es ist Zuversicht, Selbstvertrauen und Überzeugungskraft in seiner Stimme. Das merkt ein jeder, auch wenn er die Sprache nicht versteht. Seine Gegner sind betroffen, denn nun empfinden sie plötzlich die Kraft, die von ihm ausgeht. Was sie gestern nicht für möglich gehalten und was Aleander mit bösartigen Worten in Zweifel gezogen hat: Jetzt begreift man, daß er Macht über die Seelen gewinnen konnte.

Er beginnt: „*Jesus, Allerdurchlauchtigster Kaiser, Durchlauchtigste Fürsten, gnädigste Herren. Ich erscheine gehorsam an dem mir gestern abend gesetzten Termin und bitte, um der Barmherzigkeit Gottes willen, Eure Allerdurchlauchtigste Majestät und Eure Durchlauchtigsten Herrlichkeiten wollen diese Sache der Gerechtigkeit und der Wahrheit gnädig anhören und, wenn ich aus meiner Unerfahrenheit heraus entweder jemandem die ihm gebührenden Titel nicht geben oder mich auf irgendeine Weise gegen die höfischen Sitten und Gebärden vergehen sollte, mir das gändig zugute zu halten als einem Menschen, der nicht am Hofe sondern in den Winkeln der Klöster verkehrt ist, der ich nichts anderes von mir bezeugen kann, als daß ich mit dem, was ich bisher mit einfältigem Herzen gelehrt und geschrieben habe, nur die Ehre Gottes und die echte Anordnung Christi für die Gläubigen ins Auge gefaßt habe.*"

Das ist eine andere Sprache, als man sie bisher auf dem Reichstag vernommen hat. Dieser Mann wird, was er zu sagen hat, nicht mit Winkelzügen, Lügen, falschen Anschuldigungen, Zornesausbrüchen, verräterischen Schmeicheleien und sonstigen Spiegelfechtereien auftischen. Man hört es am Ton und am Vortrag, das ist die Sprache des Respekts vor der Obrigkeit, aber auch die der Überzeugung und unteilbaren Frömmigkeit. Seinen Anhängern schwellt es die Brust, in seinen Gegnern steigen die Zweifel auf, ob dieser Mönch vor ihnen zu Kreuze kriechen wird.

Wie wir sehen werde, geht Luther nach dem Grundsatz des Jesuitengenerals Claudio Aquaviva vor: „*Fortiter in re, suaviter in modo*". Stark in der Sache, milde in der Form. Noch einmal wiederholt er jetzt, daß er alle diese Bücher, die hier aufgestapelt sind, als die seinigen anerkenne. Aber dann macht er einen geschickten Schachzug, indem er sagt: „*Was ich aber auf den anderen Artikel (den Widerruf) antworten werde, bitte ich, Euer Allerdurchlauchtigste Majestät und Euere Herrlichkeiten wollen darauf achten, daß meine Bücher nicht alle von der gleichen Art sind.*"

Damit ist er der klaren Antwort, ob er widerrufe oder nicht, ausgewichen und hat sich die Möglichkeit geschaffen, all das, was er über seine Lehre zu sagen hat, vorzutragen. Zunächst geht er auf die Schriften ein, die als so unbedenklich gelten können, „*daß auch meine Feinde gezwungen sind, diese als nützlich, unschädlich und einer christlichen Unterweisung durchaus würdig anzuerkennen.*" Und allen den Wind aus den Segeln nehmend, fügt er hinzu: „*Wenn ich nun anfinge, diese zu widerrufen, ich bitte Euch, was täte ich anders, daß ich allein unter allen Sterblichen diese*

Wahrheit verdammte, die Freunde und Feinde gleicherweise bekennen und mich als einziger dem einmütigen Bekenntnis aller heftig widersetzte?"
Hier brechen seine Anhänger in offenen Beifall aus.
Dann allerdings kommt er zu einer anderen Kategorie seiner Schriften. Und hier haut er in die zur damaligen Zeit in Deutschland allgemein anerkannte Kerbe. Er geht gegen die Maßlosigkeit, den Übermut und die Verschwendungssucht der Kurie. „*Denn niemand kann das weder leugnen, weil es durch die Erfahrung aller und die allgemeine Klage bezeugt wird, daß die Gewissen der Gläubigen durch die päpstlichen Gesetze ganz jämmerlich verstrickt, geplagt und gemartert werden, auch der Besitz und das Vermögen, zumal in dieser berühmten deutschen Nation durch unglaubliche Tyrannei verschlungen wurde und verschlungen wird."*

Und nachdem er solch' harte Tonart noch eine Zeitlang fortsetzt, fragt er geradezu empört, ob er diese Tyrannei nicht gutheißen und unterstützen werde, wenn er die von allen erhobenen Beschuldigungen widerrufe? Und „*wenn man heute prahlte, daß dies von mir auf Befehl Euer Allerdurchlautigsten Majestät geschehen sei, ein wie großer Schanddeckel, lieber Gott, der Leichtfertigkeit und der Tyrannei würde ich dann werden!"*

Das sind starke Worte, sie treffen den Kern, das merkt jedenfalls jeder, der der deutschen Sprache mächtig ist. Und von dieser Seite wird auch ohne Rücksicht auf den Unmut des Kaisers und seines Gefolges mit Beifall nicht gespart.

Der Kaiser ist unruhig. Er flüstert mit seinen Räten. Alle haben das Gefühl, die Sache treibt ihrem Höhepunkt zu. Neue Fackeln werden gebracht, Rauch beißt in die Augen. Luther fährt unbeirrt fort: „*Eine dritte Art meiner Bücher ist die, die ich gegen einige private und einzelne (wie sie sagen) Personen geschrieben habe, nämlich gegen diejenigen, die sowohl die römische Tyrannei in Schutz nehmen als auch beabsichtigen, die von mir gelehrte Frömmigkeit zu erschüttern. Ich gestehe, daß ich gegen diese härter gewesen bin, als es sich für die Religion oder Beruf (gemeint ist der seine als Theologe!) gebührt."* Und er fährt fort: „*Deshalb bitte ich um der Barmherzigkeit Gottes willen Eure Allerdurchlauchtigste Majestät, Durchlauchtigste Fürsten oder wer immer es in aller Welt kann, er sei hoch oder niedrig, daß er Beweise bringe, mich Irrtümer überführe und mit den prophetischen und evangelischen Schriften besiege, denn ich bin sehr wohl bereit, wenn ich gründlich belehrt worden bin, jeden Irrtum zu widerrufen und ich werde der erste sein, der meine Bücher in das Feuer wirft."*

Und er schließt: „*Und indem ich mich hier Eurer Allerdurchlauchtigsten Majestät und Euren Fürstlichkeiten befehle, bitte ich demütig, daß nicht aufgrund der Bestrebungen der Feinde zugelassen wird, daß ich ihnen ohne Grund unbesehen ausgeliefert werde. Ich habe gesprochen."*

Im Saal tritt Stille und Betroffenheit ein. Die zuletzt mit klarer und mutiger Stimme gesprochenen Worte machen seinen Freunden Mut und erfüllen seine Feinde mit Schrecken. Sie bekommen die beschwörende Kraft dieses Mannes zu fühlen, der weder vor dem Kaiser noch vor den Höchsten des Reiches auch nur einen Schimmer von Furcht zeigt. Aber vieles ist ihnen, die sich mit der deutschen Sprache oder der Heiligen Schrift nicht auskennen, rätselhaft geblieben. Er hat davon gesprochen, daß er mit zahlreichen Beispielen aus der Schrift von Pharao, dem König von Babylon und den Königen Israels die Richtigkeit seiner Auslegung beweisen könne. Vielleicht steckt in diesen Gleichnissen, Metaphern, Parabeln doch eine, wenn auch verklausulierte Form des Widerrufs? Auch die Übersetzung ins Lateinische, die man von ihm verlangt und die er, wenn auch verkürzt gibt, kann diese Zweifel nicht beseitigen.

Man verlangt vom Orator des Kaisers, Eck, er solle auf Klarheit dringen. Dieser sagt, Luther habe sich von der Sache zu weit entfernt, auch dürfe er nicht in Frage stellen, was einst auf den Konzilien verdammt oder beschlossen worden sei. *„Deshalb verlangt man von dir, Martinus, eine einfache ungehörnte Antwort, ob du widerrufen willst oder nicht!"*

Jetzt gibt es kein Ausweichen mehr. Das spüren alle. Der Saal hält den Atem an. Luthers Anhänger befürchten, daß er jetzt umfällt. Seine Gegner erwarten, er werde es tun.

Darauf antwortet Luther nach seinen eigenen niedergelegten Angaben: *„Wenn also Euer Allerdurchlauchtigste Majestät und Eure Fürstlichkeiten eine einfache Antwort fordern, will ich sie weder gehörnt, noch gezähnt folgendermaßen geben: Wenn ich nicht überwunden werde durch die Zeugnisse der Schrift oder durch evidente Vernunftsgründe, bin ich durch die von mir angezogenen Schriftstellen besiegt und das Gewissen ist im Wort Gottes gefangen, und ich kann und will nicht irgendetwas widerrufen, weil es weder gefahrlos noch heilsam ist, gegen das Gewissen zu handeln. Ich kann nicht anders, hier stehe ich, Gott helfe mir. Amen."*

Siebtes Kapitel

1521

Luthers Triumph: Ich bin hindurch! — Überfall bei Allenstein — In ritterlicher Haft auf der Wartburg — Verbannung durch den Kaiser — Die Bibelübersetzung

Man hat an diesem Wort „*Ich kann nicht anders, hier stehe ich*" usw. herumgedeutelt und behauptet, er habe nur die einfache Eidesformel „*Gott helfe mir*" gebraucht, aber nicht nur Luther selbst, sondern auch einige Flugzettel haben die Formel „Ich kann nicht anders" usw. festgehalten. Und so hat sie sich auch den Menschen der damaligen Zeit eingehämmert, so eilt sie durch Deutschland, so erreicht sie Rom und so geht sie hinaus in die Welt. Das Bekenntnis „*Ich kann nicht anders, hier stehe ich, Gott helfe mir, Amen*" hat sich mit Luther identifiziert, es ist sein ganzes Wesen, seine Kraft, seine Beständigkeit. Und seien wir uns alle klar darüber, auch Katholiken, daß er nichts, aber auch nichts anderes will und vertritt als das Wort Gottes, festgehalten im Evangelium des neuen Testaments.

Diese Worte sind in dem ausbrechenden Getümmel kaum noch gehört worden. Jetzt drängt Martin zum Ausgang. Im Hofe des Bischofspalastes tritt Herzog Erich von Braunschweig an ihn heran, reicht ihm die Rechte und mit der Linken einen großen Humpen Einbecker Bier, das dieser dankend ergreift, um es nach Mönchsart mit beiden Händen zum Mund zu führen: Den kühlen Trunk, wahrhaftig, er hat ihn verdient. Lachend und dankbar nimmt er die anerkennenden Worte des Herzogs entgegen. Dann stürmt er hinaus aus dem Palast. Er ruft, die dichtgedrängte und lärmende Menge auf dem Platz übertönend, aus einem Gefühl ungeheuerer Kraft und Genugtuung: „*Ich bin hindurch!*" Dabei reckt er die Hand in die Höhe, „*wie die deutschen Landsknechte zu tun pflegen, wenn sie im Kampfspiel über einen wohlgelungenen Hieb frohlocken.*" Man kann sich hineindenken in diesen inneren Ansturm der Befriedigung, der alles andere, die überstandene Angst, die Verzagtheit und die eigenen Zweifel auslöscht. Ihm ist gelungen, was vor ihm noch keinem anderen gelungen ist. Er hat das Wort Jesu Christi wieder auf seine Einfachheit, seine Liebe und seine Frömmigkeit zurückgeführt, um es den Menschen, befreit von Verfälschung, Prunksucht und angemaßter Macht, zurückzugeben. Und das hat er allein, ganz allein mit nichts anderem als dem Wort und der Gnade

Christi durchgesetzt vor den Mächtigsten der Welt. Und kein Häscher hat ihn ergriffen, niemand hat Hand an ihn gelegt. Man kann sich wohl kaum einen Menschen vorstellen, dem das Glücksgefühl betäubender durch die Adern fließt als Martin in dieser Stunde.

Doch soll er bald erfahren, daß er noch nicht „hindurch ist". Noch ist das Schicksal mit seinem Wort *„Hier stehe ich"* nicht gebändigt. Der Kaiser, sicherlich nicht aus eigenem Antrieb, aber veranlaßt durch seine Räte, hat an den Reichsrat ein Schreiben geschickt, in dem er gestattet, daß „einige" mit ihm verhandeln, um *„zu versuchen, ob er die verdammten Artikel widerrufen wolle oder nicht, daß er nicht über drei Tage in Worms bleibe, auch daß die Acht, wenn er nicht widerrufen wollte, von Stund' an ausgehen sollte."*

Und so bemühen sich der Erzbischof von Trier, der erwähnte Doktor Hieronymus Schurff, sein Freund, der Domherr Nikolaus von Amsdorf und auch der Doktor Cochläus, Dechant an Unserer Lieben Frauen zu Frankfurt am Main zusammen und abwechslungsweise allein, auf Luther einzureden, um diesem den Widerruf schmackhaft zu machen. Es ist rührend, mit wieviel Herzensgüte sie dabei vorgehen und es wird auch offenbar, wieviel Sympathie sie Luther entgegenbringen. Doktor Cochläus denkt, er müsse das, was allen anderen nicht gelungen ist, fertigbringen und begibt sich mit Luther von den anderen weg in dessen Schlafzimmer. Cochläus schildert bis ins einzelne die Unterredung und endet schließlich: *„Ich fügte auch meine Stimmung hinzu: ‚Mann', sagte ich ‚du bist jung und dazu auch gesund, von großer Begabung, von Eifer und Arbeitsamkeit, von seltener Gelehrsamkeit und von höchstem Ruf, du könntest allen Nachkommen in einer frommen und friedenstiftenden Auslegung der Heiligen Schrift nützlich raten. Jetzt aber kannst du durch die Erkenntnis der Irrtümer das ganze Volk Gottes befrieden, das du so aufrührerisch angefeuert hast. Du kannst auch den guten Wissenschaften auf diesem einen Weg helfen, wenn nicht dich, so schone doch wenigstens deinen Philipp (Melanchthon), jenen göttlichen Genius, damit du ihn nicht in diese Gefahr ziehst.' Und schon stürzten ihm Tränen aus beiden Augen. Denn Gott ist Zeuge, daß ich vertraulich und aus ganzem Herzen gesprochen habe."* Er hat alles an Überredungskunst, was ihm zur Verfügung steht, aufgeboten. Vergebens. Und dieses Zurückweisen seiner Bemühungen vergißt er Luther nicht. Er wird zu einem seiner erbittertsten Feinde. Insgesamt können sich die Päpstlichen nicht den Vorwurf machen, daß sie nicht das Äußerste tun, um Luther zum Einlenken zu bringen. Am 25. April (1521) unternimmt der Erzbischof von Trier einen letzten Versuch, Luther umzustimmen. Umsonst. Dieser spart nicht mit Bekundungen der Devotion, in der Sache aber bleibt er hart: „Fortiter in re, suaviter in modo."

Am 26. April (1521) fährt er kurz vor zehn Uhr vormittags ab, nachdem er sich von seinen Beschützern und zahlreichen Freunden, nicht ohne daß es auf beiden Seiten Tränen gibt, verabschiedet. Die ihn hergeführt haben, nämlich sein Freund, der Domherr Nikolaus von Amsdorf, der Jurist Doktor Hieronymus Schurff und der Augustiner Johann Petzensteiner begleiten ihn.

Aleander schreibt darüber: „*So ist denn der ehrwürdige Schurke gestern, drei Stunden vor Mittag, mit zwei Wagen abgereist, nachdem er sich eigenhändig in Gegenwart vieler Personen viele Brotschnitten geröstet und manches Glas Malvasier, den er außerordentlich liebt, getrunken hatte.*"

Am 3. Mai (1521) kommt Luther mit seinen Freunden nach Eisenach. Er begibt sich guten Mutes zur Kirche, sucht den Pfarrer auf und eröffnet ihm, daß er zu predigen gedenke. Seine Ankunft hat sich herumgesprochen, und in der kürzesten Zeit ist die Kirche zum Brechen voll. Der Pfarrer ist in höchster Verlegenheit weggelaufen, um einen Notar zu holen. Notare haben zu dieser Zeit u.a. die Aufgabe, Proteste entgegenzunehmen. Unter demütigen Entschuldigungen, es geschehe nur aus Furcht vor seinem Tyrannen, gibt der Pfarrer den Protest gegen Luthers Predigt zu Protokoll, versichert ihm aber gleichzeitig, daß er sich nichts Schöneres denken könne, als den berühmten Dr. Martinus das Wort der Schrift auslegen zu hören. So besteigt dieser die Kanzel. Es ist mäuschenstill in der Kirche, der Pfarrer sitzt in der offenen Sakristeitür, um der Predigt folgen zu können. Luther scheint ordentlich vom Leder zu ziehen, denn er macht sich auch später immer wieder selbst den Vorwurf, er habe es den Papisten auf dem Reichstag zu Worms nicht deutlich genug gegeben. „*Wenn ich's noch einmal zu tun hätte, sie könnten ihre Köpfe aneinanderrennen!*"

Nachdem sie zusammen mit dem Pfarrer in einer Herberge gegessen und getrunken haben, setzen sie die Reise fort.

Später verläßt der Jurist Dr. Schurff die Gesellschaft, um nach Gotha weiterzureisen, so daß sie jetzt neben dem Fuhrmann nur noch zu dritt im Wagen sind. Sie unterhalten sich lebhaft über die Ehrungen, denen Luther allenthalben auf der Heimfahrt ausgesetzt war. Daß ihm selbst der Abt der Reichsabtei Hersfeld mit dem Stadtrat entgegengezogen war, bezeichnet Amsdorf als einen unerhörten Triumph. So ist die Stimmung ausgezeichnet, als sie am Samstag, dem 4. Mai, von Möhra, wo er seine Verwandten besucht und gepredigt hatte, über Schloß Altenstein durch den Thüringer Wald fahren. Hinter dem Altenstein steigt die Straße steil an. Die Pferde, vom Fuhrmann durch Peitschenknallen ermuntert, müssen sich hart ins Zeug legen, um die Steigung zu überwinden.

Da plötzlich sprengen fünf Reiter aus dem Unterholz und bringen den Wagen zum Stehen. Einer legt die gespannte Armbrust auf den Wagenlenker

an und fragt ihn, ob sich ein Doktor Martin Luther unter seinen Fahrgästen befinde. Dieser bejaht das zitternd, was zwei der Reiter veranlaßt, abzuspringen und Luther mit Gewalt aus dem Wagen zu zerren. Der Domherr Nikolaus von Amsdorf protestiert schreiend und wilde Drohungen ausstoßend. Die Buschklepper scheren sich nicht um ihn. Sie zerren Luther mit Riemen in das Unterholz und erst dort setzen sie ihn auf ein Pferd, das sie an einen Baum gebunden hatten. Der aus Franken stammende Augustinerbruder namens Petzensteiner hat die Reiter rechtzeitig gesehen und ist auf der entgegengesetzten Seite aus dem Wagen gesprungen. Er soll am Abend Waltershausen ungeschoren zu Fuß erreicht haben. Dem Wagenlenker entfährt ein Stoßseufzer der Erleichterung, als die finsteren Gesellen, die keinerlei Wappen oder Fähnlein zeigten, im Wald verschwunden sind. So kann er mit Professor von Amsdorf die Fahrt fortsetzen, ohne daß ihnen ein Haar gekrümmt ward.
Während Petzensteiner und der Fuhrmann der Meinung waren, daß es sich um einen der üblichen Überfälle handle, die um jene Zeit keine Seltenheit darstellen, waren Luther und Amsdorf darüber im Bild, daß es sich um ein abgekartetes Spiel handle, allerdings kannten sie den Ort nicht, an dem die Aktion steigen werde.
Trotzdem, Luther ist nicht erbaut davon. Nicht, weil der Überfall ihm einen besonderen Schrecken eingejagt hätte, er war ja darauf vorbereitet, sondern weil ihm danach dürstet, den begonnen Kampf um jeden Preis und mit allen Mitteln weiterzuführen. Er ist von seiner Mission nie so überzeugt gewesen wie gerade jetzt. Auf der Heimfahrt hat er erlebt, wie das Volk für ihn aufsteht und er meint, er müsse jetzt mit den Freunden in Wittenberg all das nachholen, was er auf dem Wormser Reichstag nicht loswerden konnte. Mit anderen Worten: Jetzt scheint ihm die Zeit gekommen, das begonnene Werk zu vollenden. Natürlich kennt er die außerordentliche Gefahr, in die er sich begeben wird. Denn nach allem ist kaum noch ein Zweifel, daß Acht und Bann gegen ihn ausgesprochen werden. Dann kann ihn auch Friedrich nicht mehr schützen. Darüber hinaus — auch dafür gibt es Anhaltspunkte in seinen Äußerungen — würde er den Märtyrertod nicht nur in Kauf nehmen, er erscheint ihm sogar als die beinahe notwendige Konsequenz seines reformatorischen Werkes zu sein. Ein auf dem Scheiterhaufen brennender Luther müßte in Deutschland das glimmende Feuer des Aufruhrs zum Lodern bringen und die Prophezeiung erfüllen: Den Sturz des Endchristen.
Sie reiten kreuz und quer durch den Thüringer Wald. Der kontaktfreudige Martin will mit seinen Entführern ein Gespräch anknüpfen. Er sagt, sie hätten jetzt bereits zwanzigmal die Richtung gewechselt, offenbar würden sie sich nicht auskennen. Sie sollten sich nach der Sonne richten, wenn ih-

nen nichts anderes einfalle. Er erhält auch auf andere Anzapfungen keine Antwort. Schließlich bricht die Dämmerung herein. Es ist schon fast dunkel, als sie ein Vorwerk erreichen. Seine Begleiter haben die Sprache wiedergefunden, sie schreien zum Türmer hinauf, der Türmer antwortet, die Zugbrücken rasseln herunter und sie sprengen in den Burghof.
Jetzt tritt ihnen ein Mann entgegen, der mit dunkelblauer Schecke, Koller und Strumpfhose bekleidet, an den Stiefeln goldene Sporen und auf dem Haupt einen Morion trägt, wie der seitwärts hochgezogene Helm heißt. Er hat das Schwert umgeschnallt.
„Ihr seid Doktor Martin Luther," sagt er, nicht als Frage sondern als Feststellung. *„Ich darf Euch willkommen heißen."*
„Wo bin ich?" fragt Luther.
„Auf der Wartburg bei Eisenach. Und zwar befindet Ihr Euch in ritterlicher Haft. Ich bin der Burghauptmann und man nennt mich Hans von Berlepsch und bin für Euere Sicherheit verantwortlich."
„Was heißt Sicherheit, Burghauptmann?"
„Die Burg ist bewehrt, die Tore geschlossen, die Zugbrücken hochgezogen."
„Es kann also niemand herein?"
„Nein. Darauf ist Verlaß, dessen braucht Ihr keine Angst zu haben."
„Ich kann aber auch nicht hinaus?"
„Nein, Doktor Martin Luther. Es ist zu Eurem Schutz und Eurer Sicherheit so angeordnet. Und ich hafte dafür, daß niemand eindringt und Ihr keinen Versuch macht, zu fliehen. Jetzt darf ich Euch bitten, mir zu folgen, damit ich Euch in Euere ritterliche Wohnung einweisen kann."
Luther sind zwei kleine Zimmer angewiesen. Zu ihnen führt eine schmale Treppe hinauf, die nachts hochgezogen werden kann. Die Fenster sind mit Butzenscheibenglas verschlossen, im ganzen sind die Räume nicht unbehaglich.
Der Burghauptmann hat Morion und Schwert abgelegt und erklärt Luther, daß ihm gleich die Abendmahlzeit gebracht werde, bei der er, wenn es der Herr Doktor gestatte, ihm gerne Gesellschaft leisten wolle. „Dann kann ich Euch, wozu ich angehalten bin, die erforderlichen Anweisungen geben."
„Sagt alles, war Ihr auf dem Herzen habt oder wozu Ihr den Befehl ausführen müßt, von wem immer er auch kommt, ich werde aufmerksam lauschen. Aber was ich nicht zu fragen brauche, Burghauptmann: Ich brauch' wohl nicht zu fragen, auf wessen Weisung Ihr mich in Haft nehmt. Da hat man Euch sicher das Maul verboten."
„Genau so ist's, Doktor Martin Luther," bestätigt Berlepsch und jetzt lacht er auch das erste Mal.

Inzwischen hat ein Knappe das Abendessen serviert und ein anderer einen Krug Wein kredenzt und während sie sich über beides hermachen, gibt Berlepsch seine Anweisungen: „Zunächst habt Ihr die Kutte abzulegen."
„Die Kutte? Die trag' ich doch schon ein halbes Leben."
„Und wenn, so lautet der Befehl und daran ist nicht zu rütteln."
„Schön. Und was wird sonst noch begehrt?"
Sie lassen sich's, ungeachtet des Verhältnisses zwischen Gefängniswärter und Gefangenem, gut schmecken. Dabei vergessen sie keineswegs, dem Wein zuzusprechen.
„Es wär' gut," antwortet Berlepsch, „Ihr würdet das Glas nur mit der Rechten halten und nicht mit beiden Händen, wie's Mönchsbrauch ist."
„Will mir's merken. Der Wein wird deswegen nicht schlechter schmecken, vermut' ich. Was juckt Euch sonst noch, Schloßhauptmann?"
„Auch wenn's Euch nicht paßt, 's geht nicht von mir aus, sondern von denen, die Euch beschützen. Ihr dürft Euch von nun an nicht mehr D. Martin Luther nennen, das müßt Ihr Euch fest einprägen."
„Und wie das?"
„Von Stund' an heißt Ihr Junker Jörg."
„Junker Jörg? Für einen Pfaffen und einen Professor eine merkwürdige Beförderung."
„Mir gefällt's: Junker Jörg!"
„Vielleicht kann's noch Schlimmeres geben. Aber damit habt Ihr alle Eure Instruktionen verschossen, hoff' ich."
„Keineswegs."
Und man mag's ansehen, wie man will: Sie sprechen so ungehemmt der Mahlzeit zu, daß Erasmus von Rotterdam sie rügen würd', wie er's in dem erwähnten Buch getan hat: „Manche schlingen mehr als sie essen, als ob man sie sofort ins Gefängnis abführen würde. Oder wie Diebe, die ihre Beute verzehren. Andere stecken so viel in den Mund, daß ihre Backen aufschwellen wie Blasebälge. Wieder andere reißen die Lippen beim Kauen derartig auseinander, daß sie einen Ton von sich geben wie Schweine." Der Ausspruch Luthers in diesem Zusammenhang ist zur stehenden Redensart geworden: *„Warum rülpset und furzet Ihr nicht, hat Euch das Mahl nicht geschmacket?"*
Ungerührt fährt der Schloßhauptmann fort: „Ihr müßt Euch das Haar stehen lassen."
„Das Haar?"
„Freilich, damit die Tonsur verschwindet."
„Das tut wenigstens nicht weh."
„Nicht nur auf dem Kopf, sondern auch im Gesicht. Ihr müßt Euch einen respektablen Bart stehen lassen, damit Euch keiner mehr erkennt."

„Da kommt eins zum andern. Aber vielleicht steht mir der Bart?"
„Bestimmt."
„Doch sagt einmal, Burghauptmann, die Kerle, die mich ziemlich unsanft hierhergeschleppt haben, wissen doch Bescheid, wer ich bin?"
„Keine Sorge. Die werden morgen in aller Herrgottsfrühe verlegt und im übrigen wurden sie bei Androhung der Todesstrafe zum Stillschweigen verpflichtet."
„Ist's der Kurfürst, der dahintersteht?"
„Ich darf nichts verraten, Junker Jörg, merkt's Euch, ein für allemal. Aber soviel steht fest, unser allergnädigster Fürst hat mit der Sache nichts zu tun. Doch da schaut her, das ist Euere ritterliche Tracht, die Ihr ab morgen tragen müßt."
Er holt aus dem Schrein ein rotes Barett, eine goldene Kette, einen Lederkoller, ritterliche Hosen, die entsprechenden Stiefel und ein Schwert. „Wenn Christus Spaß daran hat, aus mir einen Ritter zu machen, nur zu!" sagt Luther. Er nimmt das Schwert in die Hand und läßt es durch die Luft pfeifen. „Vielleicht kann ich damit dem Teufel oder denen, die ihm dienen, eins überziehen."
„Ihr findet Euch schon trutzig in der neuen Rolle zurecht, Doktor."
„Nicht Doktor, Junker Jörg!"
„Jetzt habt I h r mir eine verpaßt."
„Laßt's Euch nicht verdrießen, es ist noch genügend Wein im Krug." Es bedarf dieser Aufforderung nicht, keine Angst, der Krug braucht sich nicht zu grämen, daß er nicht geleert werde. „Seid allzeit fröhlich, trinket ohne Unterlaß!" zitiert der aufgeräumte Martin aus dem ersten Brief des Paulus an die Thessalonicher, wobei er allerdings das Wort „betet" mit „trinket" vertauscht, eine Angewohnheit, deren er sich öfter bedient. Luther ist, er kann's vor sich selbst nicht leugnen, als ihn der Burghauptmann schwankenden Schrittes verläßt, teils vom Wein, mehr aber noch von der Verwandlung, die ihn in wenigen Augenblicken von einem Augustinermönch zu einem Ritter gemacht hat, berauscht. So begibt er sich zum ersten Mal in seinem ritterlichen Gefängnis zu Bett.
Wie auf den Flügeln des Windes jagt die Nachricht durch Deutschland: Luther ist tot! Es ist ein Entsetzen, das die Menschen buchstäblich lähmt. Sie sind unfähig, es zu begreifen. Der Mann, der einzige, von dem sie hoffen konnten, er werde den Armen und Unterdrückten zu einem menschenwürdigen Dasein verhelfen, ist nicht mehr. Der Mann, der einzige, der die Waage der Gerechtigkeit in dieser ungerechten Welt wieder ins Lot bringen wollte, ist einem feigen Überfall erlegen. Der Mann, der einzige, der die wahre Fömmigkeit ohne Dekretalien, ohne Ablässe, ohne Bannflüche predigte, ist von seinen Feinden ermordet worden. Es kann und darf nicht

sein, man will's nicht glauben, man möchte es verleugnen. Aber von Tag zu Tag wird die Gewißheit immer unumstößlicher: Martin Luther ist nicht mehr. Und wie man es langsam begreift, wird aus Lähmung und Entsetzen eine unbändige Wut, die das Blut in die Köpfe schießen und die Hände zu Fäusten ballen läßt: „*Rache für Martin Luther! Rache für ihn! Die Papisten haben ihn auf dem Gewissen, nieder mit den Papisten, nieder mit Rom, nieder mit dem Papst!*"

In Worms tagt noch der Reichstag. Dort schlägt die Nachricht wie ein Donnerschlag ein. Es fehlt nicht viel, daß die Anhänger Luthers gegen die Römer und Spanier tätlich werden. Jedenfalls ist der Aufruhr allgemein. Das Gerücht geht um, Luther habe sich nach Dänemark gewandt, was den Kaiser veranlaßt, aufzubrausen und zu verkünden, er werde den König von Dänemark zur Auslieferung Luthers bestimmen und „*ihn dann schon gehörig treffen.*"

Der kluge Aleander ahnt das Richtige, wenn er am 11. Mai (1521), also eine Woche nach dem Verschwinden Luthers schreibt: „*Ich glaube, daß Luther in Wittenberg oder wenigstens mit Wissen des Kurfürsten auf der Burg eines seiner adligen Anhänger bleiben wird.*" Aber der Kurfürst Friedrich der Weise macht sich stark und ist „*bereit, es zu beschwören*", daß er nicht weiß, wo Luther sich aufhält. Und würde er schwören, wär's kein Meineid. Aber dann kommt die Kunde und sie wird allgemein geglaubt: „*Durchbohrt mit einem Stoßdegen ist Luther tot in einer Silbermine aufgefunden worden.*" Jetzt ist kein Halten mehr. Das Volk in Worms steht auf. Allenthalben werden Plakate angeschlagen, auf denen den Papisten der Tod angedroht wird. Immer mehr Schriften Luthers werden öffentlich verkauft, vielfach auch unentgeltlich verteilt. Plötzlich taucht ein Riesenplakat an allen Ecken und Enden auf, das Aleander am Galgen zeigt, den Kopf nach unten. Überall rotten sich die Menschen zusammen und Redner — Studenten, Pfaffen, die Anhänger der neuen Lehre sind, auch gesetzte Humanisten — rufen zur Gewalttat auf, zur Rache, zum Mord. Das Volk ist am leichtesten mitzureißen, wenn man ihm *einen* Schuldigen zum Fraß hinwirft. Hier ist es Aleander. Die Stimmung hat über jede Vorstellung hinaus einen solchen Siedepunkt erreicht, daß sich Aleander selbst im Quartier des Kaisers nicht mehr sicher fühlen kann. Auch die Spanier, die sich, bis an die Zähne bewaffnet, in den Straßen und Gassen groß aufgespielt haben, sind verschwunden. Sie können sich nicht mehr blicken lassen.

Zahlreich sind auch die aus jener Zeit erhaltenen schriftlichen Anklagen und Äußerungen der Trauer. So schreibt Albrecht Dürer, der sich auf einer Reise in den Niederlanden befindet, in sein Tagebuch: „*Und so wir diesen Mann verlieren, der doch klarer geschrieben hat als keiner seit 140 Jahren* (er spielt hier auf den 1384 verstorbenen englischen Reformator John Wyclif an), *dem Du einen solchen evangelischen Geist gegeben, bitten wir Dich, o himmlischer Vater, daß Du Deinen heiligen Geist wiederum gibst einem anderen, der da Deine christliche Kirche allenthalben wieder versammelt, auf daß wir alle wieder christlich leben. O Ihr alle frommen Christenmenschen, helft mir fleißig beweinen diesen gottgeistigen Menschen und ihn bitten, daß er uns einen anderen erleuchteten Mann sende*". Heftiger und aggressiver sind die Angriffe Ulrich von Huttens, Sickingens und vieler anderer Humanisten.

Doch inzwischen war, jedenfalls formell, das Schicksal Luthers besiegelt. Der Kaiser, der als Zauderer, als ein Mann bekannt ist, der nur schwer Entschlüsse faßt und jeden Gegenstand so und so oft umdreht, bis er sich entscheidet, hat gehandelt. Es ist seine erste von ihm selbst und unabhängig von seinen Beratern erlassene Regierungserklärung. Er hat die Kurfürsten und eine ganze Anzahl Fürsten zu sich berufen. Diese haben Platz genommen. Ungewohnte Feierlichkeit liegt in der Luft. Der Kaiser fragt mit seiner durch Polypen in der Nase etwas fröschelnden Stimme auf französisch, wobei es den Anschein hat, er sei gut gelaunt: „*Was, meine lieben, getreuen und hochverehrten, kurfürstlichen und fürstlichen Herren, habt Ihr nun in der Angelegenheit des Mönches Martin Luther erwogen und beschlossen? Und was, Ihr vielmal Gepriesenen, empfehlt Ihr Uns, gegen den Genannten zu unternehmen?*"

Einer der Kurfürsten, es ist nicht überliefert welcher, erhebt sich und sagt: „*Euere Kaiserliche Majestät. Mit Recht könnt Ihr, Erhabener, erwarten, daß wir Euch in der Sache Martin Luthers mit einem Rat dienen, der es Euch, Majestät, leicht macht, kraft Kaiserlicher Gewalt zu entscheiden, was mit dem als Ketzer bezeichneten Mönch Martin Luther zu geschehen habe. Aber trotz eingängiger, dedizierter Beratschlagung sind wir noch zu keinem Urteil gelangt, das allen Seiten und allen Überlegungen gerecht wäre. So müssen wir, auch wenn wir es bedauern, Euere Majestät um Aufschub bitten, um allen Erfordernissen und Beratungen Rechnung tragen zu können.*"

„*Nicht nötig, hochedle, gefürstete Herren,*" sagt der junge Kaiser und jetzt ist kein Zweifel, daß er heiteren Temperamentes ist. „*Nicht nötig! Ich habe nachgedacht und bin zu dem Ergebnis gekommen, welches der Sekretär Doktor Spiegel verkünden, indem er es verlesen wird.*"

Dieser erhebt sich und liest das vor, was der junge Kaiser, ohne irgendjemand zu befragen, zu Papier gebracht hat. Es ist bereits ins Deutsche übersetzt: „*Ich bin entsprossen einer langen Reihe von christlichen Kaisern dieser edlen deutschen Nation ... Sie alle waren bis zum Tode der Kirche von Rom treu und sie verteidigten den katholischen Glauben, die geheiligten Zeremonien, Dekrete, Ordnungen und heiligen Bräuche zur Ehre Gottes.*

Ich bin entschlossen, ihren Spuren zu folgen ... Nachdem ich gestern die hartnäckige Verteidigung Luthers gehört habe, bedauere ich, daß ich so lange gezögert habe, gegen ihn und seine falsche Lehre vorzugehen ... Er mag unter sicherem Geleit zurückkehren, aber ohne zu predigen und Tumult zu erregen. Ich will gegen ihn als einen notorischen Ketzer vorgehen und bitte, Euch zu erklären, wie Ihr mir verspracht."

Die Wirkung dieser Dokumentation des jungen Kaisers, dem man jeden Kompromiß und jedes Einlenken zugetraut hat, ist unbeschreiblich. Man spürt die kalte, ja fast kindisch eigensinnige Entschlossenheit, die in dieser Dokumentation zum Ausdruck kommt. Davon wird er, was immer auch geschieht, nicht abgehen. Aber welche Folgen hat das, wo ganz Deutschland von diesem Mönch besoffen gemacht wurde? Wo nichts mehr gilt als sein Wort, seine Predigt? Aleander hat gut beobachtet, wenn er nach Rom schreibt: „*Viele von den Fürsten wurden totenblaß.*" Sie ahnen, was daraus entstehen wird. Der Lärm auf den Straßen, die Unruhe, der Tumult, der gegen die Mauern brandet, beweist, daß die Seelen brennen. Und nicht nur hier in Worms, sondern in ganz Deutschland. Ulrich von Hutten, Franz von Sickingen, die ungezählten wehrhaften Ritter, die Humanisten, die sich überall mit den Lutheranern verbrüdern und hier dieser störrische Kaiser, der nur an seine Vorfahren, seine Sendung denkt.

Man tut Aleander unrecht, wenn man nur negative Eigenschaften von ihm über die Jahrhunderte hinweg herausstellt. Er ist klug, übersieht die Situation, durchschaut sie, erkennt die Gefahr, erkennt vor allem, daß sie ihm selbst droht. Aber er wankt und weicht keinen Fingerbreit. Es ist nicht Opportunismus, es ist Überzeugung, was ihn leitet. Ihm, dem Bewahrer der Tradition, muß dieser Mönch in tiefster Seele verhaßt sein, der zugegeben klug, aber in einer geradezu unaristokratischen Weise fromm ist, der in vielem recht haben mag, aber der die heilige Ordnung, in der es nun einmal Aristokraten und Plebejer gibt und geben muß, in der brutalsten Weise stört. Er ist ein Revoluzzer, einer, der in die hehren Hallen der Überlieferung, der höfischen Sitten, der Eleganz einbricht. Kein Auge für Schönheit, kein Blick für Kunst, nichts, was vom geraden Weg zu Gott ablenkt, und zwar, wie er ihn zu nennen pflegt, dem ‚Gott der Gnade und der Liebe'. Dabei hat er Kräfte, fähig, alle Seelen zu bezwingen, Kräfte, vor denen man sich selbst in acht nehmen muß, damit man ihnen nicht verfällt. Wenn die Welt in Ordnung bleiben soll, gibt es keine andere Möglichkeit, als dieses gescheite, demagogische, teuflische Ungeheuer auszurotten. Welches Glück, daß der junge Kaiser einen so trotzigen Entschluß gefaßt hat, von dem ihn nichts, aber auch gar nichts, abbringen wird!

Jetzt gilt es nur noch, das Eisen zu schmieden, solange es heiß ist. Aleander hat schon die ganze Zeit an dem Edikt gearbeitet, das Luther ein für allemal ausschalten soll. Er legt jetzt noch letzte Hand an, bevor er es dem Kaiser übergibt.

Dieser hat schon die Feder zur Unterschriftsleistung in der Hand. „*Dann aber,*" berichtet Aleander „*ich habe nicht den Schatten einer Vorstellung, legte er sie wieder hin und sagte, er müsse das Edikt dem Reichstag unterbreiten.*" Es ist der 6. Mai (1521), an dem Aleander „*im letzten Augenblick*", wie er sagt, diese Niederlage hinnehmen muß. Er soll bald erfahren, daß Karl V. in diesem Fall besser unterrichtet ist, als jener annimmt.

Erst am 26. Mai (1521) glauben die Spanier und Römer in der Umgebung des Kaisers, daß, nachdem einige der Fürsten und Kurfürsten — so Friedrich II. und Pfalzgraf Ludwig — abgereist sind oder sich in ihre Quartiere zurückgezogen haben, die noch Anwesenden dem Edikt keinen Widerstand entgegensetzen werden.

An diesem Tag wird die vom 6. Mai datierte endgültige Fassung des Edikts wiederum von Doktor Spiegel der Rumpfversammlung verlesen. Es herrscht atemlose Stille, als die einzelnen Anschuldigungen gegen Luther hart wie Hammerschläge auf die Versammlung niedergehen: „*Er hat die Ehe befleckt, die Beichte verunglimpft, das Fleisch und Blut unseres Herrn verleugnet. Er macht die Kraft der Sakramente vom Glauben des Empfangenden abhängig. Er ist heidnisch in seinem Ableugnen des freien Willens. Dieser Teufel im Gewand eines Mönches hat alle Irrtümer in einer stinkenden Pfütze vereinigt und neue eigene erdacht ... Er führt das Leben eines Viehs. Er hat die Dekretalien verbrannt. Er verachtet in gleicher Weise den Bann und das Schwert. Er fügt der staatlichen Gewalt noch mehr Schaden zu als der kirchlichen ... Luther ist als ein verurteilter Häretiker zu betrachten. Wenn die Frist (die vom 15. April (1521) 21 Tage umfaßt) abgelaufen ist, darf niemand ihn beherbergen. Seine Anhänger sind gleichfalls zu verurteilen. Seine Bücher sind auszurotten aus dem Gedächtnis der Menschen.*"

Einen Augenblick herrscht atemlose Stille. Die Herren sehen sich an, als wüßten sie nicht, ob sie zustimmen oder ablehnen sollten. Aber nun erhebt sich Kurfürst Joachim und erklärt mit fester klarer Stimme: „*Ich finde, daß das Edikt nicht besser gefaßt sein könnte, daß man kein Jota daran zu ändern braucht und daß man es umgehend zum Vollzug bringen muß. Ich gebe diese Erklärung im Namen aller Stände ab.*"

Beifälliges Gemurmel. Die Entscheidung ist gefallen. Aleander will sie festnageln. Er hat sich gleichfalls erhoben und erklärt: „*Herr Doktor Spiegel, ich ersuche Sie als Kaiserlicher Notar und Sekretär, diese Erklärung zu Protokoll zu nehmen. Es ist der einstimmig gefaßte Beschluß der Stände.*"

Das geschieht. Der Sieg Aleanders ist zum Dokument geworden.
Jetzt treten die Herren auf die Freitreppe. Der Platz ist mit Menschen dicht gefüllt, die in atemloser Spannung die Entscheidung erwarten. Die Lutheraner sind voller Hoffnung. Sie gründet sich darauf, daß das Edikt schon einmal dem Drucker zum Satz in die Hand gegeben worden war, es aber, bevor er mit diesem beginnen konnte, wieder zurückgezogen wurde. Aus dieser Tatsache hat man den Schluß gezogen, daß der Kaiser sich letztlich den Argumenten Luthers gebeugt habe.
Die Menge wagt nicht zu atmen. Sie ist wie ein tausendköpfiger Drache, der darauf giert, daß man ihm etwas hinwirft. Dabei sind es ganz verschiedene Gefühle, von denen die Menschen bewegt werden. Die einen hoffen, daß der Kaiser die neue Zeit begreift und sich an deren Spitze stellt. Die anderen aber wünschen, daß er dieser neuen Zeit den Kopf abschlägt. Und jetzt, in diesem Augenblick, soll die Entscheidung fallen. Die blasierten Mienen der Fürsten und Kurfürsten verraten nichts, der Kaiser hat sich schon vorher zurückgezogen. Jetzt hebt der kaiserliche Notar und Sekretär Dr. Spiegel die Hand. Er starrt in die Menge. Dann verkündet er mit seiner weittragenden Stimme das Edikt. Und wieder fallen die vernichtenden Hammerschläge: *„Er hat die Ehe befleckt, die Beichte verunglimpft"* usw. Bei den „Lutheranern" (so nennt man sie heute schon allgemein) tritt zunächst tiefe Niedergeschlagenheit ein. Sie können es nicht fassen. Die Spanier und Italiener lassen sich kurz den Text seinem wesentlichen Inhalt nach übersetzen. Dann beginnen sie zu jubeln, in die Hände zu klatschen und auf den Kaiser ein Vivat auszubringen. Doch jetzt werden sie schon von den schimpfenden und fluchenden Anhängern Luthers überschrieen, die sich nicht scheuen, die Fäuste gegen Aleander und die Fürsten zu ballen. Sie haben Luther nicht nur umgebracht, sondern sind jetzt willens, auch seiner evangelischen Lehre den Garaus zu machen. *„Verflucht, dreimal, nein tausendmal verflucht! Es lebe Luther, es leben die Evangelien! Nieder mit Aleander, nieder mit allen Papisten! Vivat Martinus, wir rächen dich! Vivat Luther! Rache für Martinus!"* Die Stadt brodelt, es kommt zu Gewalttätigkeiten gegen die Spanier und Römer. In der Stadt herrscht Aufruhr. Und es ist kein Absehen, wann sie zur Ruhe kommen wird.

Luther, leiblichen Genüssen nicht abgeneigt und vom Burghauptmann, wie diesem befohlen, auf das beste versorgt, spricht Speisen und Getränken mehr zu als ihm bekommt. Da er seine beiden Stuben, bis die Tonsur verschwunden und der Bart gewachsen ist, nicht verlassen darf, mangelt es ihm an Bewegung. Bald leidet er an einer Verstopfung des Leibes, die ihm so zu schaffen macht, daß er ernstlich vorhat, in Erfurt einen Arzt aufzusuchen. Aber die Überlegungen, ob er diese Reise wagen soll, werden aufgegeben, als bekannt wird, daß in Erfurt die Pest in einer wilden und furchterregenden Welle ausgebrochen ist. Die Leibesqual wird erst beendet als der treue Spalatin ihm im Oktober Abführmittel auf die Wartburg schickt. Bis dahin hat er aber noch manches auszuhalten, denn jetzt schreiben wir erst Mai.

Es dauert eine ganze Weile, bevor er sich aufraffen kann, mit den Freunden die Verbindung brieflich aufzunehmen. Er betitelt die Briefe *„Von meinem Patmos"*, womit er offenbar auf die Insel Patmos anspielt, den klassischen Verbannungsort der Römer. In einer Höhle auf Patmos soll auch der Apostel Johannes seine „Offenbarung" geschrieben haben.

Die ersten Wochen auf der Wartburg sind keine gute Zeit für Martin. Er stolpert geradezu ins Mittelalter zurück, aus dem er herkommt. Der Teufel plustert sich auf, es vergeht kaum ein Tag, an dem er ihn nicht aufsucht. So schlimm hat er's vorher und nachher nicht getrieben. Meist in der Abenddämmerung, wenn die Eulen und Fledermäuse an seinen Fenstern vorbeistreichen, beginnt es. Er geht mit der Ahnung zu Bett, daß sich etwa ereignen wird. Und wirklich, in der Nacht schreckt er auf. Er hört es so deutlich, daß es keinen Zweifel gibt. Es ist *„als ob ein Schock Fässer die Treppe heruntergerollt"* würde. Ein anderes Mal kommt der Böse in der Gestalt eines Hundes in Martins Stuben und knurrt ihn gehässig an. Dieser beschwört ihn: *„Bist du es, so sei es! Christus über dir."* Es wird behauptet, er habe den Hund zum Fenster hinausgeschleudert. Obschon sich eine Legende selten aus dem Nichts entwickelt, sind die Historiker der Meinung, es handle sich bei der Geschichte, daß er das Tintenfaß nach dem Teufel geworfen habe, um eine solche. Sie sei aus seiner Äußerung entstanden, er habe *„den Teufel mit Tinte bekämpft"* womit er das Evangelium gemeint habe, das er auf der Wartburg übersetzte. Darüber, daß er zu jener Zeit fähig und gewillt war, den Teufel handgreiflich zu bekämpfen, läßt er selbst nicht den geringsten Zweifel. Sei's drum: Später, als er sein Gefängnis zeitweise verlassen darf, werden wir mit ihm zusammen dem Diabolo auf der Jagd begegnen.

Schlimmer noch als die Konfrontation mit dem Teufel sind die Zweifel an seinem eigenen Handeln. Sie steigen aus den morgendlichen Nebeln der Thüringer Wälder auf oder kriechen, wenn der Abend sich herabsenkt, aus den dunklen Ecken seiner Stuben. Es ist weniger die Angst vor dem Sturm, der zuweilen um die Burg tobt, dem Gewitter, das die Scheiben erklirren läßt, dem Wolkenbruch, der plötzlich herniederprasselt, es ist die Angst ohne greifbare Ursache: die Gottesangst. Diese Angst ist es, die ihn aus seiner fröhlichen Jugend ins Kloster fliehen läßt. Und es gelingt ihm nicht, trotz übermenschlicher Anstrengung, mit Hungern, Wachen, Beten, Frieren, Gott zu sich herabzuzwingen. Die Pilgerwanderung nach Rom? Sie bringt nur Enttäuschung. Auch die Weihe zum Priester, von der er sich so viel erhofft hat, beschert nicht die Erlösung. Der furchtbare Befehl an Gott, sich in die Gestalt von Blut und Wein zu verwandeln, läßt ihn erzittern, so daß er kaum die Messe zu Ende zelebrieren kann. Und als sich das erste Erschauern gelegt hat, die schmachvolle Begegnung mit dem betrunkenen Vater.

Den Umschwung, die Peripetie, den Hebel zur Wende, bewirkt erst die Professur, der Lehrstuhl, das Kolleg. Jetzt kann er die Flügel der Tore zu seinem Herzen und seinem Geist aufreißen und sein Inneres der Jugend darbieten. Lehrend und schreibend begreift er die eigene Kraft und die Kraft, die ihm aus dem Evangelium entgegenströmt. Schließlich und endlich findet er in Paulus den großen Mentor. Er ist es, der ihm die Pforten zum Paradies der Erkenntnis öffnet. Und vermutlich ist es wahr, daß für einen Christen „*die Aussagungen des Paulus mehr Offenbarungen enthalten als alle Predigten, die auf der Welt je gehalten werden*". Die Heilslehre des Paulus gipfelt in den erlösenden Worten: „*Durch Christus Gottesfreude und Gottesfriede statt Gottesangst.*" Und jetzt fühlt er sich angetrieben, die gewonnenen Erkenntnisse allen Christen, ja, allen Menschen auf Erden mitzuteilen. Aber anstatt, daß man diese auf ihren Wahrheitsgehalt prüft, mit ihm darüber disputiert, seine gute Absicht und sein evangelisches Streben würdigt, lehnt man es ab, ihn anzuhören oder sich auf ein vorurteilsfreies Gespräch mit ihm einzulassen. So viel steht für ihn fest: Er will den Konflikt nicht, er fleht den Papst, einzelne Kardinäle und Bischöfe demütig an, sich doch auf ihn einzulassen, er möchte ja alles andere als ein Prophet sein, will keine neue Lehre verkünden, sondern die alte zu ihrem Ursprung zurückführen. Doch man ist starr, man klammert sich an die Macht, man will — so sieht er es jedenfalls — nicht auf Gott und sein Wort hören, man verwaltet seine Kirche wie eine mit Kanonen gespickte Festung. Und wer gegen diese Festung angeht, fällt dem Hagel der Stein- und Eisenkugeln zum Opfer, die das kanonische Recht ausspeit. So stempeln sie ihn, den seine Anhänger für den frömmsten, ehrlichsten, nur von Gott erfüllten Mann halten, zum Ketzer. Inzwischen hat man in Spanien den Apparat geschaffen, um diejenigen, die nicht zu Kreuze kriechen, an Leib und Seele zu strafen: Die Inquisition.

Da geschieht das Unbegreifliche: Über alle festgefügten, mit Tausenden von Gesetzen, Vorschriften und Rechten ausgestatteten Instanzen und gegen deren heftigsten Widerstand hämmert sich das evangelische Wort Luthers in die Köpfe von Bischöfen, Klerikern, Humanisten, ja, in die eines ganzen Volkes ein, das die deutsche Sprache versteht und spricht. Und ehe es sich Luther versieht, und was er gar nicht will, wird er von den Wellen der Zustimmung, des Beifalls, der Begeisterung emporgetragen. In einer

beängstigend kurzen Zeitspanne haben sich die Geister geschieden: Hier die Anhänger Luthers, dort die Papisten — und das Furiose: Sie stehen sich in einem unversöhnlichen Haß gegenüber. Doch wie man nicht leugnen kann, und was auch Luther mit Erstaunen feststellt: Die geistige Welt ist auf seiner Seite, auf der anderen sind die Verbohrten, die Verbissenen, die Ecks, die Tetzels, die Cochläus's, die Aleanders usw. usw.
Und da springt es ihn mit der tödlichen Kraft eines Panthers an: Hat die Kirche anderthalb Jahrtausende geirrt, ist es möglich, daß die Päpste, so lange vom Teufel verführt, das Evangelium falsch ausgelegt haben? Und ist es begreifbar, daß er, der Bauernabkömmling und armselige Augustinermönch, als einziger die Begnadung gefunden haben soll, dem Wort Gottes auf dieser Erde wieder den wahren Sinn zu geben? Wenn aber e r sich täuscht und die anderen im Recht sind? „*Wie wenn du irrst und so viele Leute in Irrtum verführst, welche alle ewiglich verdammt würden!*" ruft er bestürzt aus. Und plötzlich steigt der immer wieder vorgebetete Satz in seinem Gehirn hoch und füllt es für Stunden aus: ‚Der Papst ist — wie immer er auch geartet sei — der Stellvertreter Christi auf Erden'. „*Hier brach mir wahrlich der Schweiß aus und das Herz begann mir zu zittern und zu pochen: der Teufel weiß seine Argumente wohl anzusetzen und vorzubringen und hat eine schwere, starke Sprache. Und ich habe da wohl erfahren, wie es zugeht, daß man die Leute tot im Bett findet. Er kann den Leib erwürgen, das ist eins; er kann aber auch der Seele so bang' machen mit Disputieren, daß sie ausfahren muß in einem Augenblick.*" Welch schwere innere Qualen auf der einen und welch starkes Herz auf der anderen Seite, daß es diese Qualen zu überwinden vermag!
Martin wird nicht nur vom Teufel und von seinen Zweifeln bedrängt, stärker noch als der eine und die andern ist das Gefühl der Ohnmacht, daß er ausgeschlossen ist von „*dem Aufstand der Seelen*", den er selbst ins Leben gerufen hat. Denn dieser Aufstand geht unaufhaltsam weiter und er erlahmt nicht, obschon der ‚Reformator' — wie er jetzt schon heißt — nicht mehr körperlich an seiner Spitze steht. Wittenberg, das Nest in der Sandwüste, ist zum Mittelpunkt der evangelischen Bewegung nicht nur Deutschlands, sondern der ganzen Welt geworden. „*Ich bin ein wunderbarer Gefangener, denn mit Willen und wider Willen sitze ich hier: mit Willen, weil's der Herr (Gott) so will, wider Willen, weil ich lieber öffentlich für das Wort eintreten möchte, aber ich bin's offenbar nicht wert gewesen.*" Das schreibt er wenige Tage, nachdem er die Wartburg bezogen hat, in einem nach Wittenberg gerichteten Brief vom 12. Mai (1521).
Keineswegs daß er, der dieser Welt wie kaum ein zweiter zugeneigt ist, die Schönheit der Thüringer Wälder nicht empfände. Denn jedesmal, wenn er darüber klagt, daß er nicht bei seinen Freunden in Wittenberg sein kann,

vergißt er nie, von *„seinem Berg"* zu sprechen, *„den Regionen der Luft"*, *„vom Land der Vögel, in deren Mitte er lebt, die von ihren Zweigen singen und Gott mit allen Kräften preisen bei Tag und Nacht."* Eine weitgespannte menschliche Persönlichkeit, die den Augenblick genießt, die Mahlzeit, das Trinken, die Erhabenheit des Sonnenauf- und des Sonnenuntergangs, die rauschenden Wälder, den Flug und dem Gesang der Vögel, die Ausbrüche der Natur im Sturm, im Gewitter, in Wolkenbrüchen und die gleichzeitig die Pfeile auf die geistige Armbrust legt, um die zu bekämpfen, die *„vom Bösen angetrieben"*, gegen ihn streiten.
Die Korrespondenz zwischen der Wartburg und Wittenberg ist so lebhaft, wie wir es uns heute bei der immer träger werdenden Post gar nicht vorstellen können. Täglich sprengen die Reiter hinauf und hinunter, so daß die Fragen, die von seinen Freunden an Luther gerichtet werden — sie betrachten ihn immer noch als das unbestrittene Oberhaupt der reformatorischen Bewegung — am selben Tag eine Antwort finden und nicht anders ist es mit seinen Anweisungen. Aber immer noch bleiben für das rein Menschliche genügend Gedanken: Sein Freund Agricola hat geheiratet und ein Kind bekommen. Ihm schickt er einen Goldgulden für die Mutter, die *„zu ihrer Stärkung Wein trinken soll"* und einen zweiten *„für das Kindlein, denn wäre ich dort, so müßte ich doch Pate sein"*.
Martinus hat noch ein anderes menschliches Vergnügen. Er, der bisher auf sein Äußeres nicht den mindesten Wert legte, freundet sich mit dem Spiegel an. Er beobachtet mit sichtlichem Vergnügen, wie seine Verwandlung in den Junker Jörg Fortschritte macht, indem die Tonsur verschwindet und der Bart, ein Zeichen seiner immer vorhandenen Männlichkeit, gewaltig sprießt. Diese Beobachtung dient nicht in erster Linie der Eitelkeit, sondern sie hat auch praktische Bedeutung: Sobald die Verwandlung genügend fortgeschritten ist, darf er die Wartburg, begleitet von einem Knecht, verlassen.
Und schließlich ist tatsächlich aus dem schäbigen Augustinermönch ein stattlicher „Junker Jörg" geworden, was er an den bewundernden Blicken der Frauen in Eisenach, das er häufig in Begleitung des Knechts besucht, bemerken kann, und was auch von uns noch aus dem trefflichen Bildnis Lukas Cranachs d.Ä. nachprüfbar ist.
Hans von Berlepsch, der Burghauptmann, will ihm eine besondere Freude machen, indem er ihn auf die Jagd mitnimmt. Aber wie fast alle geistigen Menschen hat er kein Vergnügen an dieser *„wichtigen Verrichtung müßiger Leute"*. Dazu kommt noch ein Erlebnis, das der immer wache theologische Geist aufspießt. Er hat ein junges Häschen, das ihm auf der Flucht vor den Hunden unter die Füße springt, *„mit großer Sorgfalt in meinen Reiserock eingewickelt. Das hatten die Hunde, als ich nur ein wenig zur Seite*

ging, doch aufgespürt, ihm durch den Rock den rechten Lauf zerbissen und endlich gar erwürget". Nun vergleicht er Jäger und Hunde mit dem Papst und den Teufeln, die sich an die Seelen, die sich zu retten versuchen, heranmachen, um sie zu verderben. *„Ich bin dieser Jagd satt,"* sagt er in realem und übertragenem Sinn.

Da auf der Burg mit Ausnahme des Burghauptmanns niemand weiß, wer sich hinter dem in ritterlicher Haft Befindlichen verbirgt, wären solche Ausflüge ungefährlich, wenn nicht er selbst prekäre Situationen dadurch heraufbeschwörte, daß er Pfarrer, die des Weges kommen, anspricht, um sich mit ihnen in Diskussionen einzulassen. Dabei interessiert ihn in erster Linie, was sie von Luther halten. In diesem Fall muß der Knecht, indem er deutlich hustet oder ihn am Ärmel zupft, ihn zur Beendigung des Gespräches ermahnen. Daß das Geheimnis seines Verweilens auf der Wartburg trotzdem gewahrt bleibt, geht daraus hervor, daß Luthers erbitterter und gehässiger Feind Johannes Cochläus noch achtundzwanzig Jahre später (nämlich 1549) das Schloß zu Allstedt als die Zufluchtsstätte Luthers bezeichnet.

Martin empfindet fast körperlich den Unterschied zwischen der Ruhe, den rauschenden Wäldern, dem Gesang der Vögel, der Einsamkeit, wo die Zeit still zu stehen scheint hier oben und dem quirligen, kampferfüllten Wittenberg, wo sich tatsächlich die Ereignisse überstürzen. Und während er hier in der Ruhe weilt und arbeitet, ist sein Geist mitten im Getümmel von Wittenberg.

Aleander ist es, der neidvoll berichtet: *„Inzwischen wird des Kurfürsten von Sachsen Schule an der Universität Wittenberg sich immer weiter entwickeln."* In der Tat, Melanchthon, der Professor für Griechisch an der Universität, Karlstadt, Professor und Archidiakon an der Schloßkirche, Gabriel Zwilling, Mönch in Luthers eigenem Kloster, Johann Bugenhagen und eine Reihe anderer begabter Männer sorgen dafür, daß die geistige Fackel ständig neue Nahrung erhält. Karlstadt, zu dieser Zeit theologisch noch mit Luther auf einem Kurs, zeigt sich am kompromißlosesten. Man kann ruhig sagen, daß Luther, der ja bei aller Kühnheit der geistigen Exploration doch an der Überlieferung hängt, vieles wohl gedacht und auch niedergeschrieben hat, ohne jedoch daraus die praktische Konsequenz zu ziehen. Das alles führt der Tatmensch Karlstadt mit einer Vehemenz durch, daß der gemeine Mann staunend und mitgerissen plötzlich begreift, es handle sich bei diesen reformatorischen Postulaten nicht nur um Ankündigungen und Versprechungen, sondern jetzt werde Hand angelegt. In der *„Babylonischen Gefangenschaft"* schreibt Luther: *„Da aber Gott die Ehe als einen von ihm eingesetzten Stand bezeichnet hat, kann kein Pfaffe, und sei er noch so hochgestellt, sie verbieten."* Und in seiner Schrift an den

Adel erklärte er, ein Priester müsse eine Wirtschafterin haben, und Mann und Frau unter einem Dach zusammenzubringen, sei, *„als wenn man Feuer zum Stroh bringe und erwarte, daß es nicht brenne."* Die Ehe müsse dem Priester erlaubt werden, und wenn das ganze kanonische Recht darüber zerbreche. Es müsse ein Ende haben mit der *„unkeuschen Keuschheit"*.

Und so geschieht es: Im selben Jahr (1521) heiraten drei Priester in aller Form und mit festlicher Beteiligung von Verwandten und Freunden. Das geht nicht ohne Folgen ab. Das Volk zeigt sich begeistert, der Hof Albrechts von Mainz ist zum geringen Teil dafür, zum größeren dagegen. Albrecht läßt die Frischvermählten verhaften. Darob das Volk in eine helle Empörung entflammt und Luther dem Kurfürsten Albrecht von Mainz eine geharnischte Protestation zugehen läßt.

Albrecht, durch die öffentliche Meinung unsicher geworden, verlangt von der Wittenbergischen Universität ein Gutachten. Damit macht er, ob gewollt oder ungewollt, den Bock zum Gärtner. Denn Karlstadt wird mit der Ausarbeitung des Gutachtens beauftragt. Das ist ihm Anlaß genug, ein Priester dürfe nicht nur heiraten, sondern er müsse es, denn er soll im Stand der Ehe auch ein Familienvater und damit ein nützliches Mitglied der Gesellschaft werden.

Und was soll's: Karlstadt, einmal im Zug seiner Überzeugung, realisiert sie. Er heiratet. Das Mädchen ist fünfzehn Jahre alt, aus adliger Familie. Man sagt, sie sei weder hübsch noch häßlich. Vermutlich nur, um das Prinzip herauszustellen und nicht eine persönliche Leidenschaft. Karlstadt schickt eine Heiratsanzeige an den Kurfürsten Friedrich, in der es heißt, die Schrift habe keinen Stand so gepriesen wie den Ehestand. *„Ich stelle gleichfalls fest, daß die Ehe dem Klerus erlaubt ist und daß viele arme Priester, die ihrer ermangelten, in den Kerkern des Teufels schwer leiden müssen. Daher werde ich, wenn der Allmächtige Gott es erlaubt, am Tage vor St. Sebastian mit Anna Mochau die Ehe eingehen und ich hoffe, Euer Gnaden billigt es."* Luther jedenfalls billigt es. *„Ich bin sehr einverstanden mit Karlstadts Heirat, ich kenne das Mädchen,"* schreibt er.

Das gleiche, was Karlstadt praktiziert, verkündet der einäugige beredte Augustinerpater Gabriel Zwilling, der sich nach humanistischem Brauch Didymus nennt, von der Wittenberger Klosterkanzel: *„In der Mönchskutte kann niemand selig werden, die Mönche sind zu vertreiben und die Klöster zu zerstören."* Das ist der Beginn des offenen Aufruhrs. Hitzige Debatten im Augustinerkonvent über das Für und Wider lösen sich ab, so daß die Regeln des Klosterlebens kaum noch Beachtung finden. Es sind interne Kämpfe zwischen dem neuen Geist und dem Hergebrachten zwischen der jungen und der älteren Generation entbrannt, von deren Heftigkeit man sich kaum eine Vorstellung machen kann. Anfang November (1521) verlassen von den vierzig Mönchen des Augustinerkonvikts vierzehn ihr Kloster. Sie heiraten, werden Handwerker, treten ins bürgerliche Leben ein und tun alles, um nicht mehr als Drohnen zu gelten.

Luther hat es sich nicht leichtgemacht mit dieser Entscheidung, daß auch Mönchen die Ehe erlaubt sein soll. Zunächst, als er von der Absicht Karlstadts erfährt, ist er bestürzt. „*Gott im Himmel,*" schreibt er „*wollen unsere Wittenberger auch den Mönchen Frauen geben? Mir werden sie keine aufnötigen.*" Diese Frage macht ihm deswegen soviel Kopfzerbrechen, weil ja das Gelübde, das der Mönch ablegt, ein vor Gott abgegebenes Versprechen darstellt. Er erinnert sich seines bei Stotternheim nach dem Blitzschlag abgelegten Gelübdes, ins Kloster zu gehen, das seinen freien Willen so fesselte, daß es ihn gegen den Willen seiner Freunde, seines geliebten Lehrers Trebonius und vor allem gegen den Fluch seines Vaters handeln ließ. „*Der Fall eines Mönches,*" schreibt er an Melanchthon „*scheint mir verschieden zu sein von dem eines Priesters. Der Mönch hat freiwillig Gelübde übernommen. Du schließt, ein Mönchsgelübde sei nicht bindend, weil es nicht gehalten werden kann. Aber damit würdest Du alle göttlichen Gebote aufheben. Nicht notwendig. St. Bernhard lebte glücklich unter seinen Gelübden. Die eigentliche Frage ist nicht die, ob Gelübde gehalten werden können, sondern ob sie von Gott auferlegt sind.*" Hier erweist sich wieder sowohl sein logischer wie auch sein evangelischer Geist.

Wie immer nimmt er die Schrift her, um aus ihr die Antwort zu finden. Und diese ist für die Wittenberger so überzeugend, daß Bugenhagen für alle urteilt: „*Diese Sätze werden öffentliche Einrichtungen in einem Maße verändern, wie es Luthers Lehre bislang nicht getan hat.*"

Und bei Gott, so war's auch. Aber bevor wir uns in das brodelnde, von einem in den anderen Fieberanfall stürzende Wittenberg begeben, ist es interessant, sich vor Augen zu führen, daß sich das äußerlich sichtbare, das gesamte Leben umwälzende Geschehen der Reformation in der Zeit abspielt, in der Martin Luther sich mit einer dreitägigen Unterbrechung auf der Wartburg befindet. Das ist vom 4. Mai 1521 bis zum 1. März 1522, also beinahe ein ganzes Jahr. Nicht etwa, daß Luther durch seine Abwesenheit die Zügel aus der Hand gegeben hat. Was jetzt in Wittenberg geschieht, hat er zumindest von der Idee her in seinen Schriften niedergelegt. Auch beantwortet er in seinen Briefen „*Von meinem Patmos*" immer wieder Fragen, gibt laufend Direktionen. Daneben ist seine schriftstellerische Tätigkeit so verblüffend umfangreich, daß er immer wieder neue Anstöße gibt. Übrigens kann man sich bei dem Umfang dieser Tätigkeit, die man als titanisch bezeichnen muß, nicht vorstellen, daß seine Schlaflosigkeit so auszehrend ist, wie er sie später immer wieder beklagt. Er führt diese Schlaflo-

sigkeit darauf zurück, daß er bei seiner vielseitigen Tätigkeit als Professor an der Universität, Prediger an der Stadtkirche, Leiter von elf Klöstern, so wie seiner schriftstellerischen Arbeit nicht dazugekommen sei, die ihm als Mönch vorgeschriebenen Gebete wie Matutin, Terz, Non, Vesper und Komplet zu absolvieren. So stapelte er diese Gebete gleichsam bis zu drei Wochen auf, um dann an einem Sonntag oder, wenn's nicht anders ging, sie in drei Tagen und Nächten, ohne zu essen und ohne zu schlafen, herunterzubeten. Man sieht, er hat die Eierschalen des Mittelalters noch nicht gänzlich abgestreift. Danach kam die Krisis mit Schwindelanfällen, so daß er auf seinem Bett lag *„wie ein Toter"*, bis ihm der Arzt ein Schlafmittel gab.
Aber dann kommt der Durchbruch. Als der Stapel der nachzuholenden Gebete auf ein Vierteljahr angewachsen ist, kommt er zu der befreienden Überzeugung, daß dem Herrgott nicht daran gelegen sein könne, diese knechtische Strafarbeit nachholen zu lassen. Er gibt es auf und befreit sich damit wiederum von einer übernommenen Fessel.
Doch jetzt zurück nach Wittenberg. Ungeheuere Aufregung, die wir nur schwer nachzuempfinden vermögen, löst es aus, als Melanchthon am 29. September (1521) einigen Studenten das Abendmahl in beiderlei Gestalt, also mit Brot und Wein reicht, was bisher nur den Priestern vorbehalten ist. Die Lutheraner berufen sich darauf, daß der Herr am Abend vor seinem Kreuzestod seinen Aposteln ein gleiches getan habe. Gleichzeitig wird die Messe in Frage gestellt. Denn in der Schrift findet sich kein Hinweis auf sie. Die Gläubigen, die jedoch an den Dreiklang der Heiligen Messe, der sich aus Opferung, Wandlung und Kommunion zuammensetzt, gewohnt sind, wollen in ihrer großen Mehrheit auf diese ihnen das Heil versprechende Übung nicht verzichten. Sie widersetzen sich. Die Neuerer berufen sich auf die entscheidende These Luthers, die Messe sei kein Opfer, mit dem Gott versöhnt werden müsse, denn er braucht nicht versöhnt zu werden, sie sei auch keine Darbringung, als würde irgendetwas hingegeben, denn ein Mensch kann Gott nicht darbringen, sondern nur empfangen. Und damit stünde die Liturgie, die von diesen Voraussetzungen ausgehe, im Widerspruch zur Schrift. Sie sei falsch und müsse geändert werden.
Von dieser Theorie bis zur Praxis ist nur ein Schritt. Und er wird bald getan werden. In Luthers Augustinerkloster führt der Streit um die Messe fast zu tätlichen Auseinandersetzungen. Der einäugige Zwilling wird nicht müde, mit seinen Reden auf die Brüder einzuhacken: *„Lau seid ihr und töricht wie die Schafe, die hierhin und dorthin laufen und nicht wissen, was sie wollen. Sie haben weder Klauen noch Hörner, wollen niemandem wehe tun und es allen recht machen. Und dabei vergeßt ihr, daß man euch mit dem Bannschlag getroffen hat, warum denn? Doch nur, um euch zu Boden*

zu schlagen. Oder glaubt ihr etwa nicht, daß der Bannstrahl, der unseren Martin getroffen hat, uns alle getroffen hat? Oder wollt ihr ihn gar im Stich lassen und so tun, als ob ihr nicht zu ihm gehört und er irgendeiner ist, den ihr in den Gassen oder auf dem Scheiterhaufen verlieren wollt?"

Dagegen protestieren die Brüder: „*Er ist unser, aber er ist nicht hier, damit er uns sagen kann, was uns gut und gottgefällig ist. Wir haben die Messe täglich zelebriert. Wer weiß, ob, wenn wir sie nicht mehr zelebrieren, wir uns nicht von ihm entfernen?"*

„*Ihr hängt an eueren Gewohnheiten, die teuflisch sind, weil sie euch nur die angemaßten Privilegien erhalten sollen. Ihr allein wollt euch den Wein als das Blut des Herrn nehmen, ihr allein wollt die Sünden lösen, was nur Jesus Christus vorbehalten ist, ihr wollt euch zu Unrecht über die Gemeinde erheben, uneingedenk des Satzes, daß alle Menschen Gotteskinder und vor Jesus Christus gleich sind."*

Es ist nicht möglich, hier all seine Reden, die an Grobheit, aber auch an Verstandesschärfe nichts zu wünschen übrig lassen, wiederzugeben. Es ist das Wort Luthers, das von den Mauern Jerichos spricht. „*Nun helfe uns Gott und gebe uns der Posaunen eine, damit wir diese strohenen und papierenen Mauern auch umblasen!"*

Und Luther zählt sie selbst auf, diese Mauern, mit denen sich nach seiner Meinung die Kirche umgibt. „*Zum ersten, wenn man gegen die Kirche mit weltlicher Gewalt angegangen ist, hat man erklärt, weltliche Gewalt habe kein Recht über sie, sondern umgekehrt, geistliche Gewalt stehe über der weltlichen. Zum zweiten: Wenn man versuche, sie mit der Schrift zu widerlegen, erklärten sie, niemand habe ein Recht, die Schrift auszulegen, denn der Papst. Zum dritten, drohe man ihnen mit einem Konzil, so erdichten sie, es könne niemand ein Konzilium einberufen, denn der Papst."* Und hier fügt sich auch gleich das andere berühmte Wort Luthers an, in dem er gleichzeitig mit der Niederreißung der Mauern den Beruf des Einzelnen heraushebt und adelt: „*Ein Schuster, ein Schmied, ein Bauer, ein jeglicher hat seines Handwerks Amt und Werk; und doch sind alle gleich geweihte Priester und Bischöfe, und ein jeglicher soll mit seinem Amt und Werk dem anderen nützlich und dienlich sein, daß also vielerlei Werke alle für eine Gemeinde gerichtet sind, Leib und Seele zu fördern, gleichwie die Gliedmaßen des Körpers alle eins dem andern dienen."*

Diese seine Auffassung vom Sozialstaat wiederholt er in vielen seiner Werke. Dabei darf man aber zwei Forderungen, die er in diesem Zusammenhang mit der gleichen Konsequenz erhebt, nicht aus dem Auge verlieren. Einmal die unbedingte Unterordnung unter die von Gott gesetzte Obrigkeit und zum andern der unbedingte Ausschluß jedweder Gewaltanwendung.

Der Prior der Augustiner zaudert. Er ist zwischen den Älteren, denen eine Welt zusammenbricht und den Jüngeren, die eine bessere Welt aufbauen wollen, hin und hergerissen.
Schließlich erhebt er sich in einer der hitzigsten Sitzungen des Konvents und gebietet mit der Hand Ruhe. „Brüder in Christo, nun sind alle zu Wort gekommen. Wir haben auch das vernommen, was unser verehrungswürdiger Bruder Martinus dazu gesagt hat. Und ich meine, und das ist auch mein Verdikt: *Lieber wollen wir von nun an keine Messe mehr feiern als eine verstümmelte.* Das ist mein letztes Wort. Amen." Und tatsächlich, vom 23. Oktober (1521) an gibt es in Luthers Augustinerkloster keine Messe mehr.
Welche Macht Luther durch sein Wort und nur durch dieses besitzt, ergibt sich daraus, wie er den Kardinal Albrecht von Mainz maßregelt: Dieser, wieder einmal in höchsten Geldnöten, nimmt den Ablaßhandel in Halle wieder auf. Luther erfährt davon. Am 1. Dezember (1521) verfaßt Luther eine an den Kardinal gerichtete Abreibung, die sich gewaschen hat. Er droht, daß, wenn nicht *„inwendig 14 Tagen"* der Handel mit dem Ablaß eingestellt sei, er eine Streitschrift gegen den Kardinal veröffentlichen werde, die Folgen könne er sich selbst ausmalen. Luther braucht die 14 Tage nicht abzuwarten. Da kommt schon die Antwort des Kardinals, die Mißbräuche seien abgestellt. Und in diesem Schreiben bekennt Albrecht: *„... ich weiß wohl, daß ohne die Gnade Gottes nichts Gutes an mir ist und sowohl ein unnütziger stinkender Kot bin als irgend ein anderer, wenn nicht noch mehr."* Man muß es sich immer wieder vor Augen führen: auf der einen Seite ein Kardinal und regierender Fürst und auf der anderen ein als Ketzer gebannter, für vogelfrei erklärter Mönch, und ersterer sinkt gleichsam vor letzterem in den Staub.
In Wittenberg verwaltet Melanchthon mit scharfer Logik und wissenschaftlicher Akribie Luthers Werk. Aus ihrem Schriftwechsel geht nicht nur ihr herzliches, freundschaftliches Verhältnis hervor, sondern auch, wie hoch Luther die geistige Potenz von Melanchthon einschätzt. *„Noch immer,"* klagt Melanchthon im Herbst (1521) *„ist unser Elias weg von uns; wir harren und hoffen auf ihn; mich quält täglich das Verlangen nach ihm."* Doch Luther tröstet und erhebt ihn: *„Wenn ich zu Grunde gehe, verliert das Evangelium nichts; denn Du übertriffst mich jetzt darin und folgst mit zweifachem Maße des Geistes auf Elias".*
Im übrigen ist die Stimmung in Wittenberg die des Aufbruchs. Immer neue Impulse gehen von der Universität aus. Ein weiterer Name gesellt sich zu den bekannten: Matthäus Aurogallus ist als Lehrer für die hebräische Sprache berufen worden und bestätigt die von Erasmus in der griechischen Ausgabe der Heiligen Schrift gewonnenen Einsichten. Und das Volk greift

alles auf, was da geredet, disputiert und geschrieben wird und knetet, preßt und verwurstelt es in seinem Sinn. Man muß sich vorstellen, wie beinahe von einem zum andern Tag, oder besser jeden dritten, vierten und fünften Tag die Sitten und Gewohnheiten sich ändern und das meiste, was vorher als verboten oder geboten galt, veraltet, überholt oder aus der Mode gekommen ist.

Gewiß, es ging schon vorher in manchen Klöstern weltlich zu, aber man versuchte im allgemeinen den Schein, das Dekorum zu wahren. Doch heute ist das anders: Die Nonnen treten, ihre ganze Habe in der Hand, aus der Klosterpforte mit lachenden Gesichtern, die alle Demut überwunden haben und winken den Zurückgebliebenen zu: „Ihr werdet bald nachkommen!" Sie gehen zu Bekannten und Verwandten, um sich die bunten, geschmackvollen Kleider der Zeit anzuziehen.

Weil Luthers Lehre befolgt wird, daß der Klerikerstand sich nicht über den des Laien stellen dürfe, halten in verschiedenen Kirchen Pfarrer ohne Meßgewand, sondern in bürgerlicher Kleidung, also angetan mit ihrer bunten Schaube, der Schecke und gewirkten Hosen, den Gottesdienst. Es versteht sich von selbst, daß durch diese, alles bisherige umstürzenden Gedanken und Lebensgewohnheiten auch das Bewußtsein des einzelnen sich ändert. Der Mensch gewinnt an Wert, jeder ist sich auf einmal der Bedeutung der eigenen Persönlichkeit bewußt. Als Folge davon verliert sich weitgehend die Unterwürfigkeit und mindert sich der Respekt vor den Oberen. Das bekommt auch der Hof zu spüren, ohne dagegen etwas unternehmen zu können. Nun möchte man annehmen, daß man sich in solcher Zeit dem Müßiggang hingibt, in den Wirtshäusern herumsäuft und Reden führt. Doch das ist, was die erste Zeit des Umbruchs anbelangt, nicht der Fall. Auch hier zeigt sich die Auswirkung Lutherscher Lehre, die ja in der Arbeit, vor allem im Handwerk, eine Art des Gottesdienstes sieht. Außer Frage, daß sich in diesen Tagen und Wochen die Menschenwürde hebt, nicht nur in Wittenberg, sondern davon ausgehend im ganzen Land. Denn was uns Heutige immer wieder in Erstaunen versetzt: Das Mitteilungsbedürnis ist unendlich groß und Gedanken, Ideen, Lehren verbreiten sich gleich den Epidemien, an denen es um diese Zeit ja auch nicht fehlt. Im übrigen wird der Lebensfreude kein Abbruch getan, denn Martin bejaht ja die Welt mit ihren Schönheiten und allem, was sie darbietet, wozu auch die Genüsse des Leibes gehören. Er unterscheidet sich darin in der erfreulichsten Weise von dem später durch Calvin in Genf errichteten, sowohl asketischen wie blutigen theokratischen System.

Abgesehen davon gibt es auch genügend Grund zu feiern. Ungezählte Familien haben eine Nonne oder einen Mönch aufzuweisen. Und diese, befreit von dem Gelübde der *„unkeuschen Keuschheit"*, sind von geradezu

ansteckender Begierde, zu heiraten, als könnten sie dadurch die Lehre des verehrten Reformators durch die Tat bekräftigen. Daß sehr häufig Nonnen und Mönche zueinanderfinden, die ja das gleiche Schicksal hinter sich haben, ist nicht verwunderlich. Und man sucht eher den Freitag für solche Hochzeitsfeiern aus, als daß man ihn vermeidet, denn an diesem bisherigen Fasttag Fleisch zu essen, gilt gleichfalls als Bekenntnis zur neuen Lehre. Und selten ging es bei Hochzeiten so fröhlich zu, so ungehemmt und hoffnungsfreudig wie bei den jetzigen, fühlt man sich doch von dem Druck der Oberen, die bisher den kleinen Mann auspreßten, gänzlich befreit. Man glaubt, in eine schöne, die Menschenwürde achtende Zeit einzutreten: *„Und die Fahne der Freiheit wird vorangetragen!"*
Auf der Wartburg hat sich Luther mit Verbissenheit in die Arbeit gestürzt. Anlaß dazu gibt u.a. die Abendmahlsbulle *(Bulla coena domini),* in der am Gründonnerstag der Papst die Hauptketzereien aus Vergangenheit und Gegenwart aufzählt. Weil er in diesem Jahr in die Ketzerbulle auch Martin Luther aufgenommen hat, fühlt sich dieser bemüßigt, unter dem Titel: *„Vom Abendfressen des allerheiligsten Herrn, des Papstes, dem allerheiligsten römischen Stuhl zum neuen Jahr"* eine deutsche Übersetzung dieser Bulle, gespickt mit gehässigen Anmerkungen, herauszugeben. Das Motto der Schrift (wir halten sie für die gröbste, die je aus der Feder Luthers kam) lautet: *„Sein Maul ist voll Fluchens, Trägens und Geizes".* Er stellt den Papst als einen Trunkenbold hin, der *„nach dem Abendfressen in traurigstem Latein über alle Welt Flüche und Gewüte ausspeit".* Es bedarf nicht der Erwähnung, daß Luther um diese Zeit jeden Gedanken an Versöhnung abgeschrieben hat.
Höchst aufschlußreich ist auch sein zunächst in lateinischer Sprache verfaßtes, aber bald von Justus Jonas ins Deutsche übersetztes Trakat *„Urteil über die Mönchsgelübde",* nicht nur, weil er es seinem Vater widmet und damit bekennt, daß er aus Ungehorsam gegen Gott ins Kloster eintrat, sondern auch, weil er neben den theologischen Gründen nachdrücklich auf die persönlichen Schwierigkeiten, die sich erfahrungsgemäß dem Keuschheitsgelübde entgegenstellen und damit auf eigene Erfahrungen hinweist. In dem Büchlein *„Vom Mißbrauch der Messe"* zeigt er seine Befriedigung, daß die Augustiner in Wittenberg die Messe aus ihrem Gottesdienst abgeschafft haben, hofft, daß diesem Beispiel bald allgemein gefolgt wird und wendet sich brüsk gegen das von seinem Gönner, dem Kurfürsten, besonders reich mit Meßstiftungen ausgestattete Allerheiligen-Stift. Von dem vielen Geld, das hier völlig sinn- und zwecklos verbraucht werde, könnten viele Arme in Sachsen ernährt werden, meint er, worin sich wieder seine soziale Ader zeigt. Ein wesentliches Werk ist das über *die Perikopen* (die Lesungen im Gottesdienst des Kirchenjahres), über deren jede einzelne, beginnend mit

dem Weihnachtsfest, er für jeden Sonntag die passende Predigt schreibt, so daß damit die Kirchenpostille, das Predigerhandbuch, geschaffen ist. Er selbst bezeichnet später einmal diese Kirchenpostille als das beste Buch, das er je geschrieben habe.
In Wittenberg fehlt Martins Kraft, die Menschen zu bezwingen, sie zusammenzuhalten und, wenn's not tut, auch ihre Köpfe gegeneinanderzustoßen. Der Kurfürst ist aufs höchste beunruhigt, er fühlt den eigenen Thron von der allgemeinen Auflösung in Mitleidenschaft gezogen. Das kirchliche Leben ist auf Stiftungen angewiesen. Und so der Kurfürst: *„Hört die Messe auf, hören auch die Stiftungen auf!"* Und wie wollen sich die Priester vorstellen, fährt er fort, daß sie heiraten, die Messe einstellen und trotzdem ihr Gehalt beziehen?
Doch die Unruhen in Wittenberg sind nicht der einzige Grund, warum es Luther unter Lebensgefahr wagt, die Wartburg kurzfristig zu verlassen und nach Wittenberg zu reiten. Er ist verärgert, weil Spalatin eine Reihe von Schriften, die er ihm geschickt hat — so die über das *Mönchsgelübde,* die *Abschaffung der Messe* und einen *Ukas gegen den Erzbischof von Mainz* — offensichtlich aus Rücksicht auf den Kurfürsten, dem die hitzige Gangart Luther Angstgefühle erzeugt, nicht veröffentlicht hat.
So bricht er Anfang Dezember (1521) mit einem Knecht, also mit Wissen Berlepschs (die immer wieder aufgestellte Behauptung, dieser habe von dem Gewaltritt nichts gewußt, ist irrig) von der Wartburg auf. Sie kommen am 3. Dezember (1521) in Leipzig an und speisen bei dem Schankwirt Hans Wagner auf der Brühl zu Mittag. Diese Einkehr wird ein merkwürdiges Nachspiel haben, auf das wir noch eingehen müssen.
Wie's das Schicksal will, kommt es just an diesem Tag, wo Luther in Leipzig weilt, zum ersten größeren Tumult in Wittenberg. Priester, im Begriff, in der Pfarrkirche die Messe zu lesen, werden von Studenten und Bürgern, die Messer unter ihrer Kleidung tragen, angegriffen, die Meßbücher vom Altar gerissen und die Priester aus der Kirche gejagt. Am Morgen des 4. Dezember (1521), dem Tag, an dem Luther in Wittenberg eintrifft, müssen die Franziskaner einen ähnlichen Angriff überstehen. Auch werden mehreren Geistlichen des Allerheiligen-Stiftes die Fenster eingeworfen.
Martinus, der bei seinem Intimus Amsdorf Quartier nimmt, wird zunächst in seiner ritterlichen Tracht mit dem Junker Jörg-Bart nicht erkannt. Als er sich ihnen offenbart, gibt es ein rührendes Wiedersehen, namentlich Melanchthon kann die Tränen nicht zurückhalten. Martinus, der sich als fremder Reitersmann in der Stadt umschaut, erkennt erschrocken, daß es sich nicht mehr lediglich um die kirchlichen Reformen dreht, sondern daß ihm der Atem der Revolution ins Gesicht bläst. Kein Zweifel: Man predigt den Aufruhr!

Die Ansteckung durch die „*Bewegung der Schwarmgeister*" aus Zwickau ist evident. Thomas Müntzer, von nicht unvermögender Familie aus Stolberg am Harz abstammend, hatte Theologie studiert und war 1520 als Pfarrer nach Zwickau berufen worden. Dort schloß er sich der „*schwärmerischen Bruderschaft*", deren Haupt der Tuchmacher Niklas Storch war, an und übernahm schließlich selbst die Führung. Er wählte aus seinen „*vom Heiligen Geist erleuchteten Anhängern*" 12 Apostel und 72 Jünger. Ende April (1521) war der Rat gegen „die Erleuchteten" vorgegangen und hatte 55 Tuchknappen in die Türme setzen lassen. Müntzer war nach Böhmen entkommen und Niklas Storch trat, wenn möglich noch fanatischer, wieder an Müntzers Stelle.
Der Stadtpfarrer Nikolaus Hausmann, auch ein guter Freund Martins, kann dem Gebaren der „*Storchischen*" nicht mehr tatenlos zusehen und bestellte sie gegen Ende Dezember „*auf die Pfarr*", wo er den Radikalismus der Erleuchteten erfährt: „*Man braucht keine Bibel, denn Gottes Geist redet unmittelbar mit uns; und braucht man keine Bibel, so braucht man auch keine Predigt; braucht man aber keine Predigt, so braucht man auch keinen geistlichen Stand mehr; Kindertaufe ist wertlos, denn die ‚Erleuchteten' selbst sind die sichtbare Gemeinde der Heiligen*".
Niklas Storch tut sich mit Marks Thomä und einem weiteren Erleuchteten zusammen, und da Thomä einst als Student zu Melanchthons Füßen gesessen hat, hofft man, über ihn an Luther heranzukommen. Melanchthon, dem der klare Blick und die Menschenkenntnis Luthers noch abgeht, läßt sich von den Zwickauern beeinflussen und gibt über seine Begegnung mit ihnen am 27. Dezember (1521) einen überschwenglich begeisterten Bericht an den Kurfürsten. Aber Luther bleibt ungerührt, durchschaut das Anarchische dieser Bewegung und vermutet, die Zwickauer seien vom Teufel inspiriert. Er legt aber — und das ist wieder ein Beweis seiner gewaltlosen Menschlichkeit — Spalatin ans Herz: „*Trage Sorge dafür, daß unser Fürst nicht seine Hände beflecke mit dem Blut jener neuen Zwickauer Propheten.*"
Damit sind wir den Ereignissen etwas vorausgeeilt, denn als wir Luther verließen, befand er sich noch in Wittenberg. Drei Tage bleibt er disputierend und beobachtend in der Stadt. Dann aber begibt er sich auf eine Warnung Spalatins hin, — offenbar ist von seinem Aufenthalt in der Stadt etwas durchgesickert, — mit dem Berlepschen Knecht auf den Tag und Nacht währenden Gewaltritt zurück zur Wartburg.
Wieder macht er in Leipzig bei dem Schänkwirt Hans Wagner auf der Brühl Station, um sich Mittagessen und Wein gut schmecken zu lassen. Auf die Wartburg zurückgekehrt, hat er nichts Eiligeres zu tun, als noch im Dezember eine Schrift zu verfassen, um das Reformatorische in den Vor-

dergrund zu stellen und das Politische zu dämpfen. Im Januar (1522) erscheint diese Schrift unter dem Titel: „*Eine treue Vermahnung Martin Luthers zu allen Christen, sich zu verhüten vor Aufruhr und Empörung*". Doch sehr zu seinem Mißvergnügen nimmt unter dem Draufgänger Karlstadt die Radikalisierung weiter zu.
Aber zunächst zurück zum Schänkwirt Hans Wagner in Leipzig auf der Brühl. Wie Herzog Georg darauf kommt, daß Luther heimlich in Leipzig gewesen und „*allda oft seinen Unterschleif*" (Unterschlupf) gefunden habe, ist nicht bekannt. Jedenfalls beauftragt er den Rat zu Leipzig, den genannten Schänkwirt darüber zu vernehmen und gegebenenfalls mit Strafe zu belegen.
Der Offizial versucht, in Anwesenheit eines Schreibers den Schänkwirt zu überrumpeln: „*Bei dir hat der Ketzer Martinus Luther Mittagmahl gehalten und die Nacht zugebracht.*"
„*Bei mir war er nie gewest.*"
„*Aber man weiß davon.*"
„*Wissentlich war er nie bei mir gewest. Bei mir kommen viele und gehen. Kenn ich aber Dr. Martinus nicht von Angesicht.*"
„*Er muß als Ritter gegangen sein, mit Bart.*"
„*In Vigilia Barbarae (Dienstag, 3. Dezember 1521) ist zu Mittag ein Reitender mit einem Knecht in grauen Reiterskleidern in mein Haus kommen, der hat einen Bart gehabt und ein rot Barettlein wie itzo gewöhnlich unterm Hut. Dasselbige Barett hat er nicht wollen abtun, sondern fest angezogen, und als er hat weg wollen, hat er die Reiterkappe im Stall angetan und ist weggeritten.*"
„*Und hat dir niemand geraten, jener Reitende sei der Martinus Luther gewesen?*"
„*Wohl war selbigen Tags ein Freiweib bei mir zum Bier. Die sagt, selbiger sei gewißlich Doktor Martinus gewest, sie kenne ihn wohl*"
„*Dann habt ihr's also gewußt?*"
„*Gebt ihr auf so leichtfertiger Person Rede Achtung? Ich tat's nicht und müßt' ich's allweil tun, hätt' ich viel anzustellen.*"
„*Und dann hast du nichts mehr von jenem gesehen?*"
„*Hab' ich nicht gesagt. Können acht Tage gewesen sein, da kam selbiger Reitende wieder zum Mittagessen. Bestellt Essen und Wein, benimmt sich manierlich wie jeder gute Gast und Reiter.*"
„*Hättst's dem Rat vermelden müssen. Hätt' doch sein können, das Freiweib hat wissentlich gesprochen.*"
„*Ei, das wär' richtig! Wegen jedem Gast, so ich nicht kenn', zum Rat rennen und mir damit die Gäst' wegzuscheuchen? Da müßt ihr euch einen Dümmeren suchen als den Schänkwirt Wagner Hans.*"

„Bist auch schon angestochen von der allgemeinen Unbotmäßigkeit. War er bei Dir über Nacht?"
„War er nicht. Er hat die Zeche bezahlt, wie sich's gebührt und ist weitergeritten. Und ist er wirklich gewest, der Doktor Martinus, dann ist's ein leutfreundlicher Mensch, einer, der mit Scherz nicht knausert und auch für den Gemeinen eine gute Ahnung hat."
„So leugnest du also, ihn gesehen zu haben?"
„Leugne es zehnmal und wo ihr wollt, hundertmal. Und wo nicht, wünsch' ich euch, daß ihr nicht länger auf den Ehrsamen einschlagt, ihm Fallstrick' stellt, wo das ganze Volk mitsamt den meisten Pfaffen auf seiner Seite steht. Wahrhaft, das wünsch' ich Euch, Fiskal."
„Und dir wünsch' ich, daß du mit deinem frech' Maul dich nicht in den Turm bringst, was eher geschehen kann, als du meinst, so du dich für einen Ketzer stark machst, den man hat gebannt und für vogelfrei erklärt."
Und nach dieser Vernehmung sagt er zum Schreiber: „Kannst gehen. Mach das Skriptum gewißentlich und schaff's mir bis morgen."
Als der Schreiber seine Sachen zusammengepackt und die Stube verlassen hat, sagt der Fiskal mit veränderter Miene: *„Brauchst dir keinen Kummer machen, Hans, werd' ich den Bericht so machen, daß sie dir nicht an den Wagen fahren können. Und morgen nehm' ich eine Kanne Wein bei dir. Kannst dich drauf verlassen."*
„Wär' schon recht, Fiskal," sagt der Schänkwirt und sie zwinkern sich zu wie zwei, die sich verstehen.
Auch diese Art der Verhandlung ist aufschlußreich für den Untergrund in den Gebieten, deren Herrschaft den Reformator unterdrückt.

Dieser hat noch im Dezember (1521) hauptsächlich auf Anregung seitens Melanchthons mit dem größten Werk begonnen, das ihn unsterblich macht: Der Übersetzung des Neuen Testaments. Daß er dazu nur drei Monate braucht, ist bis heute keinem seiner Interpreten begreiflich. Drei Monate — dabei weiß man, daß er nebenbei mit den täglich an ihn herangetragenen Fragen und Entscheidungen, sowie dem Zurückschlagen der von allen Seiten gegen ihn geführten Angriffe zu tun hat. Das kann, möchte man fast unterstellen, nur ein Besessener vollbringen und die alles auf ihre Gabel nehmenden Psychiater waren schon versucht, ihn in eines ihrer dafür geschaffenen Kästchen einzuordnen. Aber sie scheitern mit ihrer Klassifizierung an seiner menschlich-natürlichen Art. Wir wissen, daß er trotz allem die Zeit findet, sich tafelnd und Wein trinkend mit Berlepsch zu unterhalten, den Burgbewohnern mit Rat und Tat beizustehen, mit ihren Kindern zu scherzen und Spiele zu machen, sowie an den Festtagen in der Burgkapelle zu predigen.
Von der religiösen Bedeutung abgesehen: Die Bibelübersetzung bildet den

größten Markstein in der deutschen Sprachgeschichte. Natürlich ist Luthers Bibel nicht die erste, die den Text der vier Evangelisten aus der lateinischen Vulgata ins Deutsche überträgt. Der im Jahre 383 n. Chr. gestorbene Bischof Ulfilas hat die Evangelien ins Gotische eingebracht, wovon uns Bruchstücke erhalten sind. Im neunten Jahrhundert entstand der Helian, von dem man sagte, er sei „*die edelste Messiade aller Zeiten und Völker.*" Und etwa hundert Jahre vor Luthers Großtat gab es eine komplette Vulgata-Übersetzung, deren Mangel darin lag, daß man „*Buchstabe für Buchstabe*" vom Lateinischen ins Deutsche übertragen hatte mit der Folge, daß sie teilweise schwer verständlich blieb, jedenfalls vom Volk nicht adaptiert werden konnte. Und jetzt — und zwar noch im Dezember (1521) — greift Luther den für den Bestand des Christentums nicht fortzudenkenden Stoff der Evangelisten Matthäus, Markus, Lukas und Johannes auf, um ihn für jedermann begreiflich in sein geliebtes Deutsch zu bannen.

Als Vorlage dient ihm neben der Vulgata das griechische „Neue Testament" des Erasmus, das dieser 1519 in zweiter Auflage herausgebracht hat und die hebräische Übersetzung, sowie die verwandte Ausgabe des Straßburger Juristen Gerbel. „*Ich rede nach der sächsischen Kanzlei, welcher alle Fürsten und Könige in Deutschland folgen; alle Reichsstädte, Fürstenhöfe schreiben nach der sächsischen und unseres Fürsten Kanzlei, darum ist's auch die (all)gemeinste deutsche Sprache,*" stellt er fest. So wichtig die Dialekte für die Lebendigkeit der einzelnen Sprachgebiete sind, so können sie nicht zur Verständigung des ganzen Volkes dienen, denn der platt sprechende Ostfriese versteht weder den urbayerisch noch den schwäbisch sprechenden Deutschen. Erst die Luthersche Bibel gibt den Deutschen, den Österreichern und den Deutschschweizern eine einheitliche, allen verständliche Sprache. Man muß sich diesen Gewaltakt, dieses nationale Verbundwerk, diese Voraussetzung der nachmittelalterlichen deutschen Kultur immer wieder vor Augen führen, um die Bedeutung dieser Leistung begreifen zu können. Das gedruckte Wort, die Schriftsprache ist jenseits von Dialekten allenthalben dieselbe. Mag sie sich wandeln wie jedes lebende Wesen und eine solche ist ja die Sprache: Sie geht unabdingbar auf denselben Ursprung zurück und ist von Martin Luther. Goethe hat am 29. Mai 1819 an Blumenthal geschrieben: „*Die Deutschen sind ein Volk erst durch Luther geworden.*" Aber was hat Martin aus der öden, die Akten füllenden Kanzleisprache gemacht! „*Ich habe,*" sagt er, „*Deutsch, nicht Lateinisch oder Griechisch reden wollen, da ich Deutsch zu reden im Dolmetschen vorgenommen hatte. Man muß nicht die Buchstaben in der lateinischen Sprache fragen — wie diese Esel tun —, sondern man muß die Mutter im Haus, die Kinder auf der Gasse, den gemeinen Mann auf dem Markt darum fragen und denselbigen auf das Maul sehen, wie sie reden und darnach dolmetschen, so verstehen sie es dann und merken, daß man Deutsch mit ihnen redet."* Welche Inbrunst, weitab von seiner Gelehrsamkeit, liegt darin: Die Mutter im Haus, die Kinder in der Gasse und den gemeinen Mann auf dem Markt. So kennt er die Menschen, so begreift und so liebt er sie. Von der äußersten Grobheit bis zu ungeahnter Innigkeit schreitet er die Sprache aus. Und er verbessert und vertieft laufend die Übersetzung, als er die Wartburg schon endgültig verlassen hat.

Dabei kriecht er gleichsam in den Gegenstand hinein, um das Wort zu greifen, das am besten dessen Sinn wiedergibt. Er wägt das Gewicht des Wortes, den Klang auf der Zunge und prüft, ob es zupackend genug ist. Seine außerordentliche Musikalität kommt ihm dabei zu Hilfe. Um seine Vorstellungskraft steigern zu können, sucht er ein Schlachthaus auf, damit er den Metzgern beim Zerlegen eines Tieres auf die Finger sehen und sich die Eingeweide erklären lassen kann. Vom Kurfürstlichen Hof werden aus der Edelsteinkammer die Kleinodien hervorgeholt, damit er die Namen der einzelnen Steine, ihre Farbe und ihren Glanz studieren kann, was er für das Jerusalem der Apokalypse benötigt. Seine Sprache ist nicht nur eine Übertragung, sondern sie ist eine Transmission in eine jedem Deutschen begreifbare Welt. Wie er sich das Übersetzen vorstellt und welche Kräfte er dabei anwendet, kann niemand besser formulieren als er selbst: *„Die Worte von selber fließend — nicht erdichtet, noch zusammengesetzt, daß gleichsam der Geist herausschäumt und die Worte leben, Hände und Füße haben, ja daß zugleich der ganze Leib und alles lebt und alle Glieder gern reden wollen, das heißt recht aus dem Geist und in der Wahrheit Gott loben, da sind die Worte eitel Feuer, Licht und Leben."* Welche unbändige Gewalt wird hier spürbar, wie sie von kaum einem Schreiber mehr erreicht wird.

Trotz der für diese Zeit ungewöhnlichen Höhe der ersten Auflage von 5000 Exemplaren und trotz des hohen Preises von anderthalb Gulden (nach heutigem Geldwert weit über 100 Mark!) ist die Luther-Bibel innerhalb von drei Monaten vergriffen. Aber noch ein Licht für den Idealisten Martin Luther: Er hat weder für die Bibel, noch für sonst eines seiner Werke je einen Pfennig genommen. Allein für diese Uneigennützigkeit findet sich kaum ein Beispiel in der Menschheitsgeschichte!

Und jetzt geht es hinaus, das von den Evangelisten aufgezeichnete und von Martin Luther mit neuem Leben erfüllte Wort Gottes, geht hinaus in alle Welt, braust dahin wie ein Sturmwind, der Vorurteile aus den Köpfen reißt, die Feinde zu Wutgeheul anfacht und die Freunde und Brüder zu neuem Glauben und neuer Frömmigkeit begeistert. Die Zeit ist reif. Die Bibel wird gelesen, ja sie wird verschlungen. Und ob Luther will oder nicht: In den Evangelien, die bisher von der Kirche vor dem einfachen Volk geheimgehalten wurden (in Luthers Kloster durften nur die Patres in der Bibel lesen, die Fratres nicht!) sind Worte enthalten, welche die Armen und Unterdrückten nicht nur trösten, sondern sie mit solcher Kraft der Hoffnung erfüllen, daß sie es wagen, das Haupt zu erheben, stolz zu sein und ihr Recht zu fordern. Es ist nachgewiesen worden, daß alle sozialen Forderungen, ob sie von Marxisten, Kommunisten (sie mögen sich noch so atheistisch gebärden!) oder ähnlichen Gemeinschaften erhoben wurden, in der Bibel ihren Ursprung haben. Der Ruf zur Befreiung des Menschen geht auf Christus zurück, wenn auch sein Wort jahrhundertelang unterdrückt oder verfälscht wurde, was auch heute noch geschieht.

Welche unvorstellbare Wirkung Luthers Wort hat, berichtet sein Feind Cochläus: „*Luthers Testament war in so großer Zahl ausgesprengt, daß auch Schneider und Schuster, ja auch Weiber und andere Einfältige (!) soviel deren dieses neue Lutherische Evangelium angenommen, die auch nur etwas weniges Deutsch lesen gelernt, dasselbe gleich als einen Brunnen aller Wahrheit mit höchster Begier lasen. Etliche trugen dasselbe mit sich im Busen herum und lernten es auswendig.*"

Derselbe Herzog Georg der Bärtige, der unseren Schänkwirt Hans Wagner auf dem Brühl durch den Rat der Stadt Leipzig vernehmen läßt, ist so zornerfüllt, weil es ihm nicht gelungen ist, Luther zu fassen, daß er jetzt mit aller Strenge gegen die Luther-Bibeln vorzugehen befiehlt. Er ist kein Dummkopf: Herzog Georg ahnt die unheimliche Macht, die von dem von allen Kommentaren, Auslegungen und Anmerkungen befreiten Gotteswort ausgeht. „*Es muß ausgetilgt werden.*" Strenge Bestrafung wird jedem angedroht, der gegen den Befehl nicht sofort die in seinem Besitz befindliche Bibel gegen Erstattung des vollen Kaufpreises an der nächsten Amtsstelle abliefert. Obschon er diesen Befehl mit immer neuen Drohungen veröffentlichen läßt, bleibt er ohne Wirkung. So werden in Leipzig ganze vier Bibeln abgeliefert! Aber Georg ist nicht ohne Humor. Resignierend sagt er: „*Wenn doch der Mönch die Bibel vollends verdeutschte und ginge hernach dahin, wohin er wollte!*"

Die Verbreitung der Luther-Bibel ist mit keinem Werk vorher und nacher zu vergleichen. Bis zum Jahre 1534 werden bei Lotter in Wittenberg noch siebzehn Auflagen und außerdem in Basel, Augsburg, Nürnberg, Straßburg und Zürich noch zweiundfünfzig Nachdrucke der Bibel erscheinen. Man spricht heute von einer Million „*Lutherscher Testamente*", die zu seinen Lebzeiten erschienen, bei der geringen Bevölkerungszahl eine beinahe unfaßbare Verbreitung.

In Wittenberg ist Professor Karlstadt, dem Kurfürst Trotz bietend, weiter vorgeprellt, was dem im Grunde konservativen Martin unbehaglich ist, was er aber nicht hindern kann, weil er alles, was jetzt zur Realität wird, spirituell, und zumindest von der Idee her, in seinen Büchern umrissen hat. Die Auflösungserscheinungen in Wittenberg werden immer bedenklicher. Kurfürst Friedrich zögert, seiner Natur folgend, einzugreifen, ganz abgesehen davon, daß er ja keinerlei äußere Machtmittel, etwa ein Heer oder Scharwächter, also eine Polizei, besitzt. Erst kurz vor Weihnachten (1521) entschließt er sich, der Zügellosigkeit und allgemeinen Ausuferung Einhalt zu gebieten. In seiner Anordnung vom 19. Dezember (1521) läßt er zwar den Fortgang der Erörterung über die neue Form des Gottesdienstes zu, untersagt jedoch alle Änderungen der Messe (bei den Augustinern wurde sie schon seit dem 23. Oktober 1521 nicht mehr gefeiert), bis zwischen den Traditionalisten und den Neuerern Einigung erzielt sei. Soweit ist der revolutionäre Bazillus schon verbreitet, daß Karlstadt sich dieser Anordnung widersetzt und öffentlich ankündigt, er werde, wenn er am Neujahrstag an der Reihe sei, die Messe zu lesen, das Abendmahl in beiderlei Gestalt reichen. Der Kurfürst erklärt nun aufgebracht, er werde dies am Neujahrstag zu verhindern wissen. Karlstadt wendet jetzt einen Trick an, indem er mit dem Priester tauscht, der die Weihnachtsmesse halten soll. Die Änderung gibt er aber erst in der Nacht zuvor bekannt. Dieser Heilige Abend ist übrigens alles andere als heilig. Die Häuser sind leer, die Menschen füllen die Gassen und Plätze und, anstatt, daß fromme Lieder gesungen oder Gebete gesprochen werden, hört man aufrührerische Reden, die sich gegen die Obrigkeit und jede Ordnung richten. Man dringt in die Pfarrkirche ein, reißt die Lampen herunter und zerschmettert sie, die Priester werden aus der Kirche gedrängt und man beginnt, zu dem Lied „*Es hat eine Maid ein' Schuh verloren*" zu tanzen.

Am ersten Weihnachtsfeiertag sind zweitausend Menschen in der Schloßkirche versammelt. ‚Die ganze Stadt' wird berichtet, was insofern auch zutrifft, als die gesamte Einwohnerzahl Wittenbergs einschließlich Kleinkindern sich auf nur 2500 beläuft. Und jetzt kommt Karlstadt ohne Meßgewänder, nur in einer schlichten schwarzen Schaube aus der Sakristei. Eine Bewegung geht durch die Menge: Derartiges hat man noch nicht erlebt. Und so besteigt er die Kanzel. Er donnert los: Ihr bedürft nichts als des Glaubens, um das Sakrament zu empfangen. Fasten ist ebenso überflüssig wie beichten. Denn wollt ihr etwa Gott, indem ihr einem Priester eure Sünden ins Ohr flüstert, mild stimmen oder gar bestechen? So sehr ihr an der Beichte klebt, so sehr seid ihr dem Sakarament fern. Glaube allein ist notwendig, herzliches Verlangen und tiefe Reue. *„Sieh, wie Christus dich an seiner Seligkeit teilnehmen läßt, wenn du glaubst. Sieh, wie er dich durch seine Verheißung gereinigt und geheiligt hat. Mehr noch, sieh, daß Christus vor dir steht. Er nimmt von dir all deinen Kampf und Zweifel, auf daß du erkennen mögest, du seist selig durch sein Wort."*

Ohne sein Gewand zu wechseln, liest Karlstadt am Altar die Messe lateinisch, aber sehr gekürzt, indem er alles wegläßt, was von Opferung handelt. Dann geht er zur deutschen Sprache über und zum ersten Mal von allen Deutschen hören die zweitausend in der Schloßkirche zu Wittenberg in ihrer eigenen Sprache die Worte: „*Das ist der Kelch meines Blutes, des Neuen und ewigen Testamentes, Geist und Geheimnis des Glaubens, der für euch und viele vergossen wird zur Vergebung der Sünden.*"

Achtes Kapitel
1522—1523

Geistliche Gemeinschaft mit Christus — Begegnung mit Kessler — Luther tadelt seinen Kurfürsten — Rückkehr nach Wittenberg — Die acht Invokavit-Predigten — Tod Huttens — Der evangelische Gesang erobert die Kirche

Offenbar hat die Wartburg das Wesen und die Entwicklung Luthers viel stärker beeinflußt, als man gemeinhin annimmt und auch er selbst es erkennt. Indem er sich weitgehend von der ihm gestellten Aufgabe ausgeschlossen fühlt, empfindet er in seiner begreiflichen Ungeduld diese erzwungene Atempause als lästig. Dabei gewinnt er durch sie, befreit von seinen zahlreichen hektischen Tagespflichten, Abstand zu den Ereignissen und Zeit, über sie nachzudenken. Das bewahrt ihn, im Gegensatz zu Karlstadt oder Zwingli, ganz besonders aber zu Calvin, vor überstürzten Entschlüssen und verleiht seinem Urteil größere Reife. Hierfür gibt es genügend Beispiele. Man denke nur an die Bilderstürmerei, die er verhindert, wenn er auch das überladene Herausputzen der Kirchen zu dieser Zeit auf ein erträgliches Maß zurückführt. Hätte man jedem dynamischen Menschen, der das Bild seiner Zeit prägte, eine solche Zwangspause zudiktiert, manche Fehler der Geschichte wären unterblieben.
Es ist von einem Biographen Luthers in neuerer Zeit behauptet worden, daß ein Widerspruch in seinem Wesen sein ganzes Leben *„verstören und tragisch machen mußte"*. Dem kann man, je mehr man sich mit ihm und seinen Äußerungen in jeder Form beschäftigt, nicht zustimmen. Im Gegenteil. Zugegeben, er hat Depressionen, aber er taucht immer wieder und ohne Schaden genommen zu haben, aus ihnen empor. Auch der Teufel ist zeitweise, wie etwa auf der Wartburg, sein Hauskumpan. Aber er arrangiert sich mit ihm. Dabei besitzt er probate Rezepte, wie man sich seiner erwehren kann. So empfiehlt er seinen Schülern, *sie sollten dem Teufel den Hintern zukehren und ordentlich losfurzen, um so dem Gestank mit Gestank zu begegnen;* auf diese Weise könnten sie ihn loswerden, wenn das Wort nicht helfe.
Wenn der Biograph, von dem die Rede ist, meint, daß die beiden Kreise, die sein Wesen ausmachen, zum Bruch in seinem Leben führen, weil er sie nicht harmonisieren kann, so gibt es eine moderne Philosophie, die das Auseinanderhalten dieser Kreise empfiehlt. Versucht man in knappster

Sprache, Luthers Forderungen aus den verschiedensten Schriften zusammenzuziehen, so könnte das sehr approximativ und brevi manu lauten: Christus hat uns befreit von Teufel, Welt, Sünden und Tod. Setzen wir also um Himmels willen nie und keinen Augenblick lang die geistige Gemeinschaft, die uns mit ihm verbindet, aufs Spiel. Nur in diesem Geist ist uns die Welt freigegeben, in ihr zu leben, zu wirken, sie auch zu genießen und ihre Harmonie zu begreifen. In solchem Sinn — an der Gemeinschaft mit Christus festhaltend — ist es Euch auch nicht verboten, etwa zu tafeln und Wein zu trinken, wie es ja auch Christus mit seinen Aposteln gehalten hat. Und erinnert Euch, wie Er zu dem Pharisäer namens Simon ins Haus ging, um mit ihm zu speisen und eine Sünderin hereinkam? Sie küßte ihm die Füße, wusch sie mit ihren Tränen und trocknete diese mit ihrem Haar. Und als sich Simon wunderte, daß er sich von einer Sünderin so behandeln ließ, sagte Jesus das großartige Wort: *„Ihr sind viele Sünden vergeben, denn sie hat viel geliebt; welchem aber wenig vergeben wird, der liebet wenig."* Und zu dem sündigen Weib sagte er: *„Dein Glaube hat dir geholfen. Gehe hin in Frieden!"*

Luther gibt unendlich viele Beispiele, die das gleiche sagen und doch nur immer wiederholen, daß man vieles tun, aber niemals aus dem göttlichen Kreis heraustreten darf. Der Beruf ist Gottesdienst, das Bemühen um die Gemeinschaft ebenso. Jeder muß seinen Platz ausfüllen: der Adlige, der Bauer, der Handwerker, der Lehrer. Wenn er ihn ausfüllt, dann ist er gottgefällig, wo aber etwa der Adlige versagt und unterdrückt, muß er sich vor Gott verantworten, aber der Unterdrückte darf keine Gewalt gegen ihn gebrauchen. Denn jede Gewalt erzeugt wieder Gewalt. Das Wort allein ist erlaubt und es kann Wunder wirken, was er bewiesen hat. Und so es nichts ausrichtet, wie etwa gegen einen gewalttätigen und ungerechten Herrscher, soll man auswandern, aber nie selbst richten wollen, denn Gott allein ist die Rache. Es darf sich auch nicht einer zum Herrscher aufspielen, der nicht dazu geboren ist, denn *„Herr Omnes"* (wir würden Herr Jedermann sagen) ist nicht zum Herrschen bestimmt. Und wenn er es wirklich zum Herrscher gebracht hat, dann doch nur durch Anwendung von Gewalt, was schlimmer ist als alles andere.

Wenn auch Luther unentwegt für die Anerkennung der von Gott gesetzten Obrigkeit eintritt und zudem die Gewaltlosigkeit predigt, so ist ihm doch jede Unterwürfigkeit gegenüber dieser Obrigkeit zuwider. Er verlangt, daß der Pfarrer, wenn es sein muß, auch dem Fürsten ungeschminkt die Wahrheit sagt. *„Wir sollen ihnen den Pelz wohl waschen und den Mund redlich auftun und sagen, was sie nicht gern hören, und sollen gar nicht danach fragen, ob sie darum zürnen und die Klingen zücken wollten."* Und er fährt fort: *„Wir wollen leiden, was sie uns tun. Aber daß wir sollten stille*

schweigen, das Unrecht an ihnen billigen und sagen ‚gnädiger Junker, du tust recht,' das wollen wir nicht tun."
Was Luther, trotzdem er von Krankheiten, Depressionen und Teufeln immer wieder gezwickt wird, hochhält und er bis zu seinem Tod nicht aufgibt, ist die Fröhlichkeit des Herzens und sein Humor, weswegen er alle Unterwürfigkeit haßt. Und von dieser Heiterkeit wird auch das Neue Testament erfüllt, denn Luther ist, obschon er sich der übernommenen Aufgabe immer bewußt bleibt, doch auch gleichzeitig von dem Glanz der wunderbaren Geschichten hell begeistert, wenn er sie erst aus der lateinischen oder griechischen Erstarrung erlöst und in eine lebende Sprache, die auf allen Gassen und Plätzen an sein Ohr dringt, übertragen hat. Christus drohe nicht, sagt er, strafe nicht, sondern locke fröhlich und freundlich und spreche: „*Selig sind die Armen*". „*Ich ermahne, flehe, ich bitte, daß man allenthalben sieht, wie das Evangelium nicht ein Gesetzbuch ist, sondern nur eine Predigt von den Wohltaten Christi, uns erzeigt und zu eigen gegeben.*"
Diese Feststellung, kein Gesetzbuch, sondern nur eine Predigt, ist neu und wirkt für alle Zeiten wie eine erlösende Kraft. Wahrhaftig, in diesem Sinn können wir heute noch in der Lutherischen Sprache die Evangelien lesen und uns an diesem so fernen und doch so vertrauten Land Galiläa erbauen, aber auch gleichzeitig erkennen, wie weit wir uns vielfach von Christus entfernt haben.
Doch um uns nicht zu weit von der historischen Wahrheit zu entfernen, darf man auch die Schattenseiten seines Wesens nicht verschweigen. Martin Luther kann sich nicht, wie viele Humanisten, gänzlich aus der noch in den Klauen des Mittelalters steckenden Zeit herauswinden, und so schlecht es zu dem Bild paßt, das wir uns seiner guten Eigenschaften wegen von ihm machen, ja machen müssen: Er glaubt nicht nur an die Existenz von Hexen, sondern auch daran, daß sie verbrannt werden müssen. Und wo wir schon einmal dabei sind, seine negativen Eigenschaften zu berühren, so mag seine rechthaberische Poltersucht erwähnt werden, die ihm die Feder in die Hand zwingt, wenn er von einem Gedanken mit Haut und Haaren okkupiert ist, und dann kann er unendlich weit übers Ziel hinausschießen. Wenn wir uns daran erinnern, wie tief betroffen Martin war, als sein Vater das Klosterleben verteufelte, so vernehmen wir mit Staunen, daß er später noch viel maßloser über das Kloster herzieht. So schimpft er los: „*Das Leben der Mönche ist mithin wahrhaft teuflisch, weil sie sowohl dem häuslichen wie dem staatlichen Leben entfliehen. Und sie handeln damit sogar ganz schlau. Denn wer möchte nicht weit lieber irgendwohin in die Einsamkeit fliehen und ganz für sich leben und dank fremder Mühe sein Leben erhalten, Muße, Frieden, Ruhe, Behaglichkeit und andere Güter ge-*

nießen und dabei noch für einen Heiligen gelten — als in der Welt sich mit all den erbärmlichen und betrüblichen Sorgen herumschlagen, von denen dies menschliche Leben übervoll ist? Das heißt doch fürwahr: selber ,das Fett oben abschöpfen und die eigentliche Suppe' den anderen übrig lassen, nämlich die schwere Mühe, Kinder zu erziehen, das Hauswesen zu leiten, das Reich zu regieren usw." Die weiteren Auslassungen gegen die Mönche sind so grob, daß wir sie hier gar nicht wiederholen wollen, weil dieses Urteil ebenso hemmungslos wie falsch ist, denn ohne die Klöster wäre von den alten Kulturen so gut wie nichts auf uns überkommen, ganz abgesehen von der Landbestellung, von der Krankenpflege und dem immanenten Bedürfnis vieler wertvoller Menschen, sich aus dem Trubel und der Bosheit der Welt zurückzuziehen, um sich ganz in sich selbst und in Gott zu versenken. Auf eine andere aus der Zeit geborene Schwäche Luthers, nämlich seine Einstellung zu den Juden, werden wir an anderer Stelle noch eingehen müssen. Übrigens erkennt Luther seine Fehler wie kein anderer, was man aus seiner wiederholt in ähnlicher Weise gemachten Feststellung schließen kann: *„Meine Schale mag hart sein, aber mein Kern ist weich und süß."* Und das ist die Wahrheit.

Doch kehren wir noch einen Augenblick zurück auf die Wartburg. Luther ist von Tag zu Tag über die Nachrichten aus Wittenberg beunruhigter. Der Zustand der Stadt nähert sich der Anarchie, und dem Kurfürsten sind die Dinge längst über den Kopf gewachsen. Zwar warnt er Luther, zurückzukommen, aber nur, weil er Angst um dessen Leben hat. Doch vermutlich wünscht er sich innerlich dessen Anwesenheit, denn dieser allein besitzt die Autorität, die chaotischen Zustände zu beenden.

So verläßt denn Luther am 1. März (1522), nachdem er mit dem Burghauptmann Berlepsch am Vorabend noch einen kräftigen Umtrunk gehalten hat, bei nieselndem Wetter die Wartburg. Es ist ein Enschluß, durch den Luthers exemplarischer Mut wieder einmal bewiesen wird. Er weiß, er ist *ex lex,* also vogelfrei, und jedermann kann ihn töten, ohne zur Verantwortung gezogen zu werden. Und an Feinden ist kein Mangel. Aber er will und kann sein Werk nicht in Stich lassen. Die Menschen haben ihn noch nie so nötig gebraucht wie jetzt. Er reitet in Gottes Hand.

Am 3. März (1522) trifft er im Gasthaus ,Zum schwarzen Bären' in Jena ein. Über Luthers Wesen und seine weltläufige Art und seinen Humor gibt der Bericht eines Schweizer Studenten namens Johannes Kessler Aufschluß, wie es lebendiger und warmherziger nicht geschehen kann. Aber auch über den geselligen Verkehr beim Mahl und beim Wein zur damaligen Zeit in einem Gasthaus erhält man Aufschluß.

Johannes Kessler befindet sich mit seinem Freund und Kollegen Johann Reutiner auf der Reise nach Wittenberg, *„um die Heilige Schrift zu studie-*

ren". Sie kommen „weiß Gott, in welch einem wüsten Gewitter nach Jena in Thüringen". Die beiden wandern von Herberge zu Herberge, werden aber überall abgewiesen, denn es ist Fastnacht und die Stadt zum Platzen voll. Sie wollen schon weiterziehen, da hält sie ein freundlicher alter Mann an, sagt ihnen, daß sie auf dem ganzen Weg kein Unterkommen finden, aber sich leicht verirren könnten und verweist sie an den ‚Schwarzen Bären'. Sie bedanken sich, finden auch den ‚Schwarzen Bären' vor der Stadt und werden vom Wirt freundlich aufgenommen. Wegen des Gewitters und der unbefestigten Straßen sind ihre Schuhe *„so voll Schlamm und Schmutz, daß sie wegen der Dreckflecke vor Scham nicht fröhlich in die Stube treten können und sich unauffällig bei der Tür auf ein Bänklein schmiegen".* In der Stube sitzt *„ein Mann allein an einem Tisch, vor dem ein Büchlein"* liegt. Er grüßt die beiden Scholaren freundlich und heißt sie, bei ihm Platz zu nehmen. Er bietet ihnen zu trinken an und sie lassen sich, von soviel Freundlichkeit gerührt, bei ihm nieder. Sie glauben, es handle sich um einen Ritter, der *„nach Landesgewohnheit da sitzt, mit einem roten Käppchen, in Hosen und Wambs, ein Schwert an der Seite, mit der rechten Hand auf dem Knauf des Schwertes und mit der anderen das Heft umfaßend."*

Jetzt fragt er: *„Wo stammt Ihr her, Ihr Herren Studiosi? Halt, Ihr braucht nicht zu antworten. Mein Ohr verrät mir's, Ihr seid Schweizer."*

„Wir können's und wollen's nicht verleugnen — Herr."

„Und aus welchem Ländli oder Städtli im Schweizer Land hat's Euch hierhergeweht?"

„Von Sankt Gallen."

„Da ist's gut leben. Und wenn ich weiter richtig rate, seid Ihr auf dem Weg nach Wittenberg?"

„Auch damit hat Ihr ins Schwarze getroffen."

„Glück habt Ihr da! In Wittenberg findet Ihr zwei berühmte Landsleut', den Dr. Hieronymus Schurff und seinen Bruder, den Doktor Augustin Schurff."

„An beide haben wir Empfehlungsbriefe, Herr."

„Da werdet Ihr als Landsleut' gut mit ihnen fahren."

„Mein Herr, ist's ungestüm zu fragen? Wißt Ihr uns nicht Bescheid zu geben, ob Martin Luther jetzt in Wittenberg weilt oder wo er sich sonst aufhält?"

„Ich hab sichere Kundschaft, daß der Luther jetzt nicht in Wittenberg ist. Er soll aber bald dorthin kommen. Doch der Philipp Melanchthon ist da. Er lehrt die griechische Sprache, wie Euch andere die hebräische lehren. Und wenn ich Euch in Treue raten darf, empfehl' ich, beide zu studieren,

griechisch und hebräisch, denn ohne solche Kenntnis könnt Ihr beim besten Willen die Heilige Schrift nicht verstehen."

„Gott sei's gelobt! Denn so Gott unser Leben so lange fristen wird, wollen wir nicht ablassen, bis wir Martin Luther sehen und hören werden."

„Und warum verlangt's Euch gar so sehr nach dem?"

„Wir haben uns nur auf die Reise gemacht, weil wir gehört haben, er wolle das Priestertum mitsamt der Messe umstoßen. Da geht's um unser Existieren. Denn schon von frühester Jugend an sind wir von unseren Eltern zu Priestern bestimmt worden."

Jetzt blickt der Reiter prüfend von einem zum andern. Dann fragt er: *„Wo habt Ihr vorher studiert?"*

„Zu Basel."

„Zu Basel? Da bringt Ihr einen guten Ruf mit. Und wie steht's sonst? Und ist Erasmus Rotterdamus noch daselbst?"

„Mein Herr, uns ist nichts anderes bekannt, als daß es gut steht. Erasmus ist auch da. Was er aber treibt, ist jedermann unbekannt, denn er hält sich still und verborgen."

Die Scholaren Johannes Kessler und Johann Reutiner kommen aus dem Staunen nicht heraus. Sie stoßen sich unterm Tisch an: Das kann doch bei Gott kein Reiter sein, wenn er alle geistigen Größen der Zeit kennt und über Latein, Griechisch und Hebräisch spricht, als beherrsche er diese Sprachen.

Da fragt er sie: *„Ihr Lieben, was hält man denn so von dem Luther in der Schweiz?"*

„Mein Herr," antwortet Reutiner *„es sind mancherlei Meinungen. Einige können ihn nicht genug erheben und Gott danken, daß er seine Wahrheit durch ihn offenbart. Andere aber verdammen ihn als einen ungeduldigen Ketzer, vor allem die Geistlichen."*

„Hab ich mir's doch gedacht, daß es die Pfaffen sind."

Und unter solchem Gespräch sind sie so vertraut geworden, *„daß mein Geselle das Buch, das vor ihm liegt, wegnimmt und aufschlägt"*. Es ist ein hebräischer Psalter. Da sagt der Reutiner: *„Ich wollte einen Finger der Hand geben, damit ich diese Sprache verstünde."*

„Schont den Finger," erwidert der Reiter *„Ihr könnt's wohl begreifen, wenn Ihr den nötigen Fleiß darauf verwendet. Auch ich begehr', die Sprache weiter zu erlernen und übe mich täglich darinnen."*

Und Johannes Kessler fährt in seinem Bericht fort: *„Als der Tag ganz herunter war und es schon dunkel wurde, kam der Wirt an den Tisch."* Er hört von der Begierde der beiden, von Luther etwas zu erfahren und sagt: *„Liebe Gesellen, wenn Ihr vor zwei Tagen hier gewesen wäret, wäre es Euch gelungen. Denn an dem Tisch hier hat er gesessen."*

Die beiden ärgern sich zunächst, weil sie der schlechten Wege und des schlechten Wetters wegen nicht vorangekommen sind. Doch schließlich sagt Kessler: „*Nun freut es uns doch, daß wir in dem Haus und an dem Tisch sind, an dem er gesessen hat.*"
Der Wirt geht lachend zur Tür hinaus, aber nach einer Weile ruft er Kessler zu sich und sagt: „*Weil ich Euere Treue erkenne, mit der Ihr Luther zu hören und zu sehen begehrt: Der ist es, der bei Euch sitzt.*"
Diese Worte hält Kessler für Spott und sagt: „*Ja, Herr Wirt, Ihr wollt mich gerne zum besten halten und unsere Begierede mit Luthers Trugbild sättigen.*"
„*Er ist's gewiß,*" antwortet der Wirt. „*Doch laß es Du nicht merken, daß Du ihn dafür hältst und erkennst.*"
Kessler geht zum Tisch zurück und als der Reiter einmal aufsteht, raunt er seinem Gesellen zu, der Wirt habe ihm gesagt, das sei der Luther.
„*Unsinn,*" sagt Reutiner „*nie und nimmer ist er's, man kennt doch Bilder von ihm.*"
„*Der Wirt hat's behauptet.*"
„*Er hat vielleicht gesagt, es sei der Hutten und du hast nicht richtig verstanden.*"
„*Weil mich,*" schreibt Kessler „*die ritterliche Kleidung und Gebärde mehr an Hutten als an Luther, einen Mönch, erinnerte, ließ ich mich bereden, er hätte gesprochen ‚Es ist der Hutten'. Deshalben, was ich weiter redete, geschah, als wenn ich mit dem Ritter Ulrich von Hutten redete.*"
Unterdessen kommen zwei Kaufleute, die auch im ‚Schwarzen Bären' übernachten wollen. „*Nachdem sie sich entkleidet und entspornt haben, legt einer ein ungebundenes Buch neben sich. Martinus fragt ihn: ‚Was ist das für ein Buch?' Er spricht: ‚Es ist Doktor Luthers Auslegung einiger Evangelien und Episteln, erst neugedruckt und erschienen. Habt Ihr das nicht gesehen?' Spricht Martinus: ‚Sie sollen mir auch bald zuteil werden'.*"
Da sagt der Wirt: „*Nun kommt zum Tisch, wir wollen essen.*"
Die beiden Studiosi halten sich zurück. Sie haben ja nicht viel Geld. Doch der Wirt sagt: „*Liebe Gesellen, setzt euch zu den Herren an den Tisch. Ich will euch geziemend halten.*" Als das Martinus hört, sagt er: „*Kommt herzu, ich will die Zehrung mit dem Wirt wohl abtragen.*" Damit lädt er sie ein.
Kessler fährt in seinem Bericht fort: „*Unter dem Essen tat Martinus viele gottselige und freundliche Reden, so daß die Kaufleute und wir an ihm verstummten und mehr seine Worte als die Speisen wahrnahmen. Dabei beklagte er sich mit einem Seufzer, daß die Fürsten und Herren jetzt auf dem Reichstag zu Nürnberg wegen des um Gottes Wort schwebenden*

Handels und wegen der Beschwerden der deutschen Nation versammelt wären, aber zu nichts mehr auszurichten geneigt wären, als die kostbare Zeit mit kostspieligen Turnieren, Schlittenfahrten, Unzucht, Hoffart und Hurerei zu verbrauchen, so doch vor allem Gottesfurcht und ernstliches Bitten zu Gott dazu dienten, aber das sind unsere christlichen Fürsten'. Danach sagten die Kaufleute auch ihre gute Meinung. Und der Ältere sprach: ‚Ich verstehe mich auf die Händel nicht besonders. Aber wie mir die Sache erscheint: Luther muß entweder ein Engel vom Himmel oder ein Teufel aus der Hölle sein'."
Darüber gibt es noch einige lustige Reden, bis sich die Kaufleute in den Stall begeben, um ihre Pferde zu versorgen. Allein mit den Studenten zurückgeblieben, scherzt Luther mit diesen. Er spendiert ihnen Wein, indem er sagt: „Das Bier ist euch fremd und ungewohnt, trinket den Wein."
Doch Kessler fährt in seiner Erzählung fort: „*Dazu kam der Wirt. Spricht Martinus zu ihm: ‚Ich bin an diesem Abend zum Edelmann geworden, denn die Schweizer halten mich für Ulrich von Hutten.' Der Wirt sprach: ‚Ihr seid es nicht, aber Martin Luther.' Da lächelte er mit solchem Scherz: ‚Die halten mich für Ulrich von Hutten, Ihr für den Luther. Ich werde wohl bald Markolfus werden.'*" (Markolfus ist nach alter Bezeichnung der Häher, aber auch der Spottvogel)
Selten gibt ein Bericht ein so lebendiges Bild Luthers wie dieser von Johannes Kessler. Dabei muß man sich vor Augen halten, daß Martinus sich ständig bewußt ist, in welcher Gefahr er schwebt, denn jeder, der zur Tür hereinkommt, kann ihn töten, ohne daß ihm ein Haar gekrümmt werden darf. Und trotzdem ist Martinus offen, großmütig und fröhlich, als bestünde keinerlei Gefahr. Sein Mut ist nur durch sein Gottvertrauen verständlich.

Am 5. März (1522) kommt Luther nach Borna, wo er bei dem mit ihm befreundeten kurfürstlichen Geleitsmann Michael von der Straßen absteigt. Dieser ist bekannt für das gute Bier, das er selber braut. Und Martin und Michael strafen diese Gottesgabe keineswegs mit Verachtung. Dabei erfährt Martin neue Einzelheiten von dem in Auflösung befindlichen Gemeinwesen Wittenbergs. Von der Straßen berichtet auch von einer Welle von Predigern, das sind jetzt oder früher installierte Priester und den sogenannten Prädikanten, etwa Mönche, die aus der Kutte gehupft sind, Studenten oder sonstige „Erleuchtete", die scharenweise durchs Land ziehen, um neue Botschaften zu verkünden.
Luther ist dadurch weniger beeindruckt als sein Gastgeber und sagt: „*Damals als Jesus durch Galiläa zog, hat es auch viele gegeben, die sich berufen fühlten und predigten, aber nur einer war Jesus Christus.*" Seine Zuver-

sicht ist unerschütterlich. Aber was er zu diesem Zeitpunkt für notwendig hält, ist, seinem Kurfürsten eine Standpauke zu halten. Ein Biograph schreibt im Jahre 1902: „*Dieser Brief ist wohl der majestätischste und berühmteste unter allen Briefen des Reformators.*" In diesem Schreiben hält es Martin für geboten, seinem Fürsten nicht mehr oder weniger zu sagen, als daß es mit „*dem Schutz Euer Kurfürstlichen Gnaden*" nicht weit her sei. Er, Martin, stehe nämlich unter einem weit höheren Schutz. Und wenn man es recht betrachte, sei der Schutz, den er, Martin, dem Kurfürsten zu bieten in der Lage sei, viel höher anzusetzen als umgekehrt. Denn am Ende komme es darauf an, wer am meisten glaube. Und da könne er nicht umhin, „*Euer Kurfürstlich Gnaden für doch gar schwach im Glauben*" zu finden. Als könne er „*keinerleiwege*" den Kurfürsten „*für den Mann ansehen, der mich schützen oder retten könnte.*" Da hat der's. Und hält man sich vor Augen, daß ein Geächteter und für vogelfrei Erklärter es seinem einzigen fürstlichen Gönner und Beschützer so aufs Haupt gibt, dann ist das schon mehr als mutig. Wer so auftrumpft, muß ein unbesiegbares Gottvertrauen haben.

Nach einem herzlichen Abschied von seinem Freund Michael von der Straßen reitet er gegen Wittenberg, wo er am Abend des 6. März (1522) — es ist ein Donnerstag — eintrifft.

Ein Biograph des zwanzigsten Jahrhunderts spricht Luther jegliches Organisationstalent ab. Uns scheint, er verkennt auch hier die außerordentlichen Fähigkeiten und den psychologischen Scharfsinn Luthers. Es zeugt ebenso von dessen Güte wie von seiner großen Klugheit, daß er nicht mit einem donnernden Strafgericht zwischen seine Anhänger fährt. Obschon ihn vieles ärgert, wie z.B. der Umstand, daß entgegen früherer Übung, wo der Priester die Hostie hoch erhoben über seinem Haupt der Gemeinde zeigt, Karlstadt sie dem einzelnen Gläubigen gewißermaßen zur Selbstbedienung in die Hand drückt. Das hält er für eine Profanierung und Materialisierung. Auch daß man, abgestoßen von den vielen Dogmen, Auslegungen, Dekretalien der päpstlichen Kirche, jetzt zu einer Art Primitivismus hinstrebt, indem man zu Handwerkern oder Bauern ins Haus geht, um sich von ihnen die Bibel auslegen zu lassen, ist seiner gesunden und praktischen Natur zuwider. Dem Bildersturm Karlstadts hat er schon von der Wartburg aus Einhalt geboten.

Und nun bleibt ihm nur eines, was er den finsteren Mächten entgegenzusetzen hat, es ist aber das größte und erhabenste, über das er gebietet: Das Wort. „*Allein durch Gottes Wort,*" schreibt er an seinen Zwickauer Freund, den Pfarrer Nikolaus Hausmann „*muß widerfochten, durch das Wort muß umgestoßen, durch das Wort muß abgetan werden, was die Un-*

sern, vom Satan getrieben, allhier sich unterstanden haben, mit Gewalt in der ersten Brunst hinauszuführen."

Er läßt sich, wie wir aus Zeugnissen seiner Freunde, insbesondere von Melanchthon, wissen, keinerlei Unruhe oder Verzagtheit anmerken, ungeachtet der Unkenrufe, die ihm von allen Seiten ins Ohr schallen. Ist's Mut oder Klugheit, vermutlich beides, was ihn bestimmt, die Nerven zu behalten. Aber die Gewißheit, — und das bekundet er selbst — daß er die Zügel wieder fest an sich zu reißen und den chaotischen Wildwuchs zu beschneiden imstande ist, kommt ihm erst, als er drei Tage nach seiner Ankunft in Wittenberg am Sonntag, den 9. März (1522) in der Stadtkirche die Stufen zur Kanzel hinaufsteigt und von oben auf hunderte von Gesichtern herunterblickt, die sich zu ihm erhoben haben. In der weit überwiegenden Mehrzahl sind es Anhänger, seine Gefolgsleute, aber auch einige Widersacher haben sich eingefunden, denn die Zeit ist streitsüchtig. Luther hat es sich zur Aufgabe gemacht, ab Sonntag Invokavit — 9. März — täglich bis zum 16. März (1522) vom Predigerstuhl gegen die gewaltsamen Reformen zu Felde zu ziehen. In diesen acht, nach dem Tag ihres Beginns benannten Invokavit-Predigten wirft er seinen Zuhörern vor: *„Ich bin ja so fern nicht von Euch gewesen, Ihr hättet mich ja mit Schriften können erreichen."* Aber niemand weiß so gut wie er, daß die Schrift — abgesehen davon, daß viele ihrer nicht kundig sind — nicht im entferntesten bewirken kann, was sein einmal inbrünstiges, einmal schmeichelndes, einmal drohendes und einmal donnerndes Wort erreicht. Das sind die Angeln, die Fangeisen, die Fesseln, mit denen er die Menschen an sich zu ziehen und dort hinzuführen versteht, wohin sie nach seiner Meinung im Sinne des Evangeliums geführt werden müssen. Seine Überzeugung ist so tief und echt, sein Glaube so unerschütterlich, seine Sprechweise und die Wahl der Worte so packend und mitreißend, daß sich jeder einzelne der Zuhörer persönlich angesprochen fühlt und nicht mehr den geringsten Zweifel hat, daß allein Martin Luther die Wahrheit verkündet.

Es ist wie ein Wunder und wird auch allgemein so betrachtet, daß sich die sturmgepeitschten Wogen des Aufruhrs glätten, als hätte Jesus Christus selbst die Hände über sie ausgebreitet. Die Autorität des Kurfürsten und des Hofes wird einigermaßen wieder hergestellt, die blindwütigen Schreier verlieren ihre Zuhörer und die Bünde und Konventikel, in denen man radikale Parolen als Glaubensbekenntnisse gepredigt hat, lösen sich langsam auf.

Es würde den Rahmen unseres Berichtes durchbrechen, wollte man die Predigten Martins oder große Teile von ihnen hier wiedergeben. Sie sind zwar wörtlich aufgezeichnet, denn schon damals verstand man sich auf eine Art Kurzschrift. Aber wir müssen uns, um nicht allzu sehr auszuufern, mit einigen Zitaten zufriedengeben. Doch was bei dieser Gelegenheit auffällt, ist die völlig andere Membrane, mit der das Volk in dieser Zeit auf das Wort reagiert. Es kann natürlich auch heute geschehen, daß wir von einem glanzvollen Redner mitgerissen werden und für eine gewisse Zeit das Gefühl haben, wir seien nicht nur mit seinen Ansichten, sondern auch mit seiner Person identisch. Aber kaum, daß er geendet und wir den Saal oder die Kirche verlassen haben, stürmen tausend andere Dinge, die unser komplexes Leben ausmachen, auf uns ein, so daß wir, befragt, nur sehr vage über den Inhalt der Rede Auskunft geben können. Wie gänzlich anders ist dies während der Invokavit-Predigten vom 9. bis zum 16. März (1522) in Wittenberg. Hier beschwört jeder Satz und jedes Wort die Andächtigen und wir hören nicht nur davon, daß die Reden, heftig diskutiert, die ganze Stadt in Besitz nehmen, sondern es wird auch von Selbstanklage und Äußerungen der Zerknirschung berichtet von denjenigen, die in ihrem Reformeifer zu weit gegangen sind. Dabei sind Luthers Zurechtweisungen der Übereifrigen auf äußerste Milde gestimmt und das zuweilen einsetzende Donnergrollen richtet sich gegen Rom und seine Anhänger, nie aber gegen die Heißsporne innerhalb der Mauern Wittenbergs. Diesen beispiellosen Erfolg seiner Predigten in Rechnung gestellt, ist es nicht verwunderlich, daß Martin die Predigt zum Zentralpunkt des Gottesdienstes macht, wobei es nicht ausbleiben kann, daß manche der nach ihm kommenden Pfarrer überfordert werden, die sich bestimmt bei einer Beibehaltung eines gewissen Mystizismus leichter tun würden, namentlich wenn diese das von Martin so oft zitierte *‚helle Wort'* nur unzulänglich beherrschen.

Aber abgesehen davon: Was vielfach zu wenig beachtet und herausgestellt wird, ist die Tatsache, daß Martins Lehre neben der Gnade vor allem von der Liebe beherrscht wird. Und das macht ihn so menschlich und nimmt für ihn ein. So hört man es von der Kanzel der Stadtkirche: „*Zum dritten müssen wir auch die Liebe haben und durch die Liebe einander tun, wie uns Gott getan hat durch den Glauben, ohne welche Liebe der Glaube nicht ist, wie Sankt Paulus sagt: ‚Wenn ich mit Menschen- und mit Engelszungen redete und hätte der Liebe nicht, so wäre ich ein tönend Erz und eine klingende Schelle.' (1. Korinther 13,1) Habt ihr nicht hierin, liebe Freunde, sehr gefehlt? Ich spüre in keinem die Liebe und merke wohl, daß ihr Gott nicht dankbar gewesen seid für diesen reichen Schatz und Gabe.*"
Und wie zieht er sich in der folgenden Stelle von dem Rächeramt, von der ecclesia militans bescheiden zurück, und doch kann diese Bescheidenheit nicht verhindern, daß der Stolz auf den Erfolg der Gewaltlosigkeit übermächtig hervorbricht: „*Summa summarum: Predigen will ich's, sagen will ich's, schreiben will ich's; aber zwingen, dringen mit Gewalt, will ich niemand; denn der Glaube will willig, ungenötigt, angezogen werden.*

Nehmt ein Exempel von mir! Ich bin dem Ablaß und allen Papisten entgegengewesen, aber mit keiner Gewalt. Ich hab' allein Gottes Wort getrieben, gepredigt und geschrieben; sonst habe ich nichts getan. Das hat, wenn ich geschlafen hab', wenn ich Wittenbergisch Bier mit meinem Philippos (Melanchthon) und Amsdorf getrunken hab', all so viel getan, daß das Papsttum also schwach geworden ist, daß ihm noch nie kein Fürst noch Kaiser so viel abgebrochen hat. Ich hab' nichts getan: das Wort hat es alles gehandelt und ausgerichtet. Wenn ich hätt' wollen mit Ungemach fahren, ich wollt' Deutschland in ein groß' Blutvergießen gebracht haben; ja ich wollt' wohl zu Worms ein Spiel angerichtet haben, das der Kaiser nit sicher wäre gewesen. Aber was wär' es? Narrenspiel wär's gewesen. Ich hab' nichts gemacht: ich hab' das Wort lassen handeln."

An der Eucharistie hält Luther fest. Doch während nach der bisherigen Lehre unter der Gestalt von Brot und Wein Jesus „*wahrhaft, wirklich und wesentlich*" gegenwärtig ist, sie also auch im Sakramentshäuschen verwahrt werden müssen (Ewiges Licht!), lehrt Luther, daß sie dem Gläubigen nur dargereicht werden (in actu) im Vollzug der Abendmahlsfeier. Die wahrhaftige Gegenwart Christi wird allein in der gottesdienstlichen Feier beschworen. Dagegen ist nach Thomas Müntzer, nach Karlstadt und epochemachend nach Zwingli Brot und Wein nur das Symbol von Fleisch und Blut des Herrn. Calvin statuiert im Abendmahl einen geistigen Genuß des Leibes Christi durch den Glauben, wobei der Empfangende eine Stärkung durch Christus erfährt.

Die Distanz zu jedem Zwang äußert sich bei Luther auch hier, indem er postuliert, daß nur der zum Abendmahl gehen sollte, der danach ein Verlangen hat und sich nach der Vergebung der Sünden sehnt. Und wieder ist es die Liebe, die volkstümlich und ganz nah vorgestellt wird, denn das Brot und damit der Backofen sind den Menschen der Mittelpunkt ihres Lebens. Von der Kanzel der Stadtkirche vernehmen die Gläubigen die Botschaft eindringlich und bilderreich: „*Dies Brot ist ein Trost der Betrübten, eine Arznei der Kranken, ein Leben der Sterbenden, eine Speise aller Hungrigen und ein reicher Schatz aller Armen und Dürftigen. — Die Frucht dieses Sakraments ist die Liebe, daß wir uns also lassen finden gegen unsern Nächsten, wie es von Gott geschehen ist. Nun haben wir von Gott eitel Liebe und Wohltat empfangen; denn Christus hat für uns gesetzt und gegeben Gerechtigkeit und alles, was er hat, alle seine Güter über uns ausgeschüttet, welche niemand ermessen kann. Kein Engel kann sie begreifen noch ergründen; denn Gott ist ein glühender Backofen voller Liebe, die da reichet von der Erde bis an den Himmel. Die Liebe, sag' ich, ist eine Frucht dieses Sakraments; die spür' ich noch nit unter Euch allhie zu Wittenberg."*

Noch einmal müssen wir wieder seine sonore Stimme vernehmen, die das von Menschen angefüllte Gotteshaus zu Wittenberg durchdringt und beherrscht. Und jeder Gläubige ist glücklich, daß der zurückgekehrte Steuermann das Schiff aus der Sturmflut des Zweifels wieder in ruhiges klares Wasser der Eindeutigkeit gelenkt hat. Die Beichte ist in seiner Abwesenheit abgeschafft worden. Er zitiert sie wieder herbei: *„Ihr sehet, daß die Beichte nit zu verachten, sondern ein tröstlich Ding sei! Dieweil wir denn viel Absolution benötigt sind und Tröstung, so wir wider den Teufel, Tod, Hölle und Sünde streiten müssen, so müssen wir uns keine Waffen nehmen lassen, sondern Harnisch und Rüstung ganz lassen, so uns von Gott wider unseren Feind gegeben, unverrückt bleiben. Denn Ihr wißt noch nit, was es Müh' kostet, mit dem Teufel zu streiten und überwinden. Ich weiß es aber wohl; denn ich wohl ein Stück Salz oder zwei mit ihm gegessen hab'. Ich kenn' ihn wohl, er kennt mich auch wohl. Wenn Ihr ihn hättet erkannt, Ihr würdet mir die Beichte nit also zurückschlagen."*

Am Sonntag, den 16. März (1522) hält Martin die achte und letzte der Invokavitpredigten. Die Menschen sind sich der Bedeutung dieses Ereignisses bewußt. Er, dem man „jedes Organisationstalent" abspricht, hat in einer einzigen Woche erreicht, daß eine chaotisch in der Auflösung begriffene Stadt sich wieder zu einem geordneten Gemeinwesen zusammenschließt, wo jeder weiß, was er zu tun und zu lassen hat. Die einmalige Führungsqualität Martin Luthers hat sich in einer für ganz Deutschland sichtbaren Weise bewährt. Es erweist sich, daß er und nur er in der Lage ist, der neuen Zeit, die aus einer Unzahl von Elementen heraufgestiegen ist, seinen Stempel aufzudrücken. Ein Gefühl verständlicher Befriedigung erfüllt ihn, als er nach dem Gottesdienst durch die dichtgedrängte, festlich gekleidete Menge geht. Sie feiert in dem ersten blaßsonnigen Frühlingstag eine Art Wieder- und Neugeburt ihres religiösen und gesellschaftlichen Lebens. Martin nimmt die Huldigungen, die sie ihm als Ausdruck der Verehrung und Dankbarkeit entgegenbringt, humorig auf, wozu einmal ein Witzwort, einmal ein Bibelzitat, einmal die Aufforderung, ein Glas Wein auf sein Wohl zu trinken, das Gefühl in den Menschen weckt, daß er zu ihnen gehört und sich nicht über sie zu erheben gedenkt.

Immer deutlicher wird es offenbar, und auch hier fehlt uns jede Vergleichsmöglichkeit: Ohne Martin Luther geht in dieser Zeit nichts mehr. Diese Bezogenheit auf einen einzelnen Menschen kann man sich bei einem Gewaltherrscher, einem Diktator, vorstellen. Aber doch nicht bei einem Mann, der keinerlei Amt hat, ja der sich strikt weigert, in ein solches hineingedrängt zu werden, geschweige denn, eines zu usurpieren. Den Mächtigen, an der Spitze der Kaiser und sein Hof, bleibt es ebensowenig wie der

Kurie verborgen, welche politische Gefahr mit diesem Ketzer heraufzieht, denn Religion und Politik sind um diese Zeit noch eins und sollen es noch lange bleiben. Gut, diese Mächtigen haben überall und allenthalben Kriege zu führen zur Mehrung oder Erhaltung ihrer Macht. Doch das sind konventionelle, zeitgemäße Auseinandersetzungen, die man mit einem Vergleich, einem Friedensschluß, beenden kann. Aber mit diesem Geächteten gibt es keinen Vergleich. Er geht, wie wir erlebten und noch erleben werden, auf keinen Kompromiß ein. Dabei ist seine Person bei aller Ablehnung von Askese und fröhlichem Hinneigen zum Lebensgenuß so von Frömmigkeit, Hilfsbereitschaft und Menschenliebe gezeichnet, daß seine Feinde mit dem permanent erhobenen Vorwurf, er sei des Teufels, an ihm abprallen wie Sandkörner, die man gegen einen Felsen wirft. Und weil nichts ohne ihn geht und er mit Fragen bestürmt wird, schreibt er sich die Finger krumm und gibt Anweisungen wie etwa in seiner Schrift „*Von beider Gestalt des Sakraments zu nehmen und anderer Neuerung*". Wie souverän, jedenfalls weit weg von aller Lehrhaftigkeit, er das anpackt, geht schon aus dem darin enthaltenen Satz, der die Menschen umdrehen soll, hervor: „*Vorhin hat uns der Teufel allzu päpstlich gemacht, jetzt will er uns allzu evangelisch machen.*" Man erkennt den klugen Psychologen, denn nichts ist schwerer, als Menschen, die fanatisiert vorwärtsstürmen, aufzuhalten und einzufangen.
Auch in Erfurt, einer der modernsten Städte Deutschlands, ist man besonders radikal und macht sich ein Vergnügen daraus, die Heiligen zu entthronen: „*Wer ist schon heilig denn Gott und wer bestimmt in Teufels Namen, wer den Titulus ‚heilig' soll in Zukunft führen?*" Das kann nach Martins Anschauung so nicht bleiben, und darum geht im Juli (1522) von seiner Hand eine „*Epistel oder Unterricht von den Heiligen*" in diese aufrührerische Kirchengemeinde. Und siehe, seine Autorität bewirkt, daß man sich bekehrt und die Heiligen in Frieden läßt.
Da es rings um Wittenberg züngelt, ist er wie die Feuerwehr gleich nach Ostern (1522) ausgerückt, um in Borna und darauf in Altenburg durch seine Predigten die Flammen zu löschen.
Am 8. April (1522) schließlich trifft er in Zwickau ein, der Stadt, in der Thomas Müntzer mit seiner gewaltigen Rednergabe und seinem Draufgängertum nicht nur die Tuchmachergesellen, sondern auch weite Kreise der Bürgerschaft für seine sprituelle Lehre begeistert hat und deren Begeisterung ein Niklas Storch wachzuhalten bemüht ist. Beim Bürgermeister Mülpfort, dem er vor zwei Jahren seine Schrift ‚*Von der Freiheit eines Christenmenschen*' gewidmet hat, nimmt Martin Quartier. Auch hier zeigt sich sein jedem Sektierertum abholdes Wesen. Er feiert das Wiedersehen mit dem Freund und seiner Familie, pflegt also die natürliche Menschlichkeit,

ohne dabei seine große reformatorische Aufgabe aus den Augen zu verlieren.

Wir wissen, wie gewaltig die Wirkung seines Auftretens in Zwickau ist. Von allen Seiten strömen die Menschen aus dem Gebirge und der Umgebung — das geht bis Annaberg — in Zwickau zusammen. Niemand will sich die Gelegenheit, den großen einmaligen Mann von Angesicht zu Angesicht zu sehen, entgehen lassen.

Viermal predigt Martin in Zwickau: Am 30. April (1522) vormittags und nachtmittags in der Marienkirche, in der die Menschen so gedrängt stehen, daß einige Frauen „*der Ohnmacht verfallen*" und hinausgetragen werden müssen. Die Themen brennen den Menschen auf den Nägeln, sie gehen nicht „von einem Ohr hinein und zum andern hinaus", nein, es ist ihr Schicksal, was hier abgehandelt wird. Es geht in diesen Predigten um den Glauben, um die Vorsehung, den Ehestand und die guten Werke. Bis in den späten Abend ist auf den Straßen und Gassen ein Treiben, das zu einem richtigen Volksfest ausartet. Doch der Höhepunkt des Luther-Besuches kommt erst am nächsten Tag. Da steht Martin an einem Fenster des Rathauses (übrigens hat er sich gleich nach seiner Rückkehr von der Wartburg den Bart abnehmen lassen und wieder seine alte Kutte angetan) und schaut hinunter auf den Platz. Man schätzt, daß vierzehntausend Gesichter zu ihm emporgerichtet sind. Vielleicht ist diese Zahl übertrieben, aber die Menge macht ein Vielfaches von dem aus, was Zwickau an Einwohnern zählt. Knapp eine Minute vergeht, um die Spannung zwischen Prediger und dem aufnahmebereiten Volk bis auf den Siedepunkt aufzuheizen. Dann beginnt er.

Auf dem Platz ist zum Wiederaufbau des Gewandhauses eine Masse Steine zusammengefahren worden. Zwischen ihnen werkeln Bettelmönche herum und behauen sie mit ihren Hämmern. Sie legen es darauf an, durch diesen Lärm die Predigt zu stören. Doch schließlich hat das Volk dieses Geklirre und Geklappere satt und vertreibt die Mönche. Daß man bei allem, was einem nicht behagt, den Teufel bemüht, beweist der Chronist, indem er schreibt: „*Ohne Zweifel ist's des Teufels Werk gewesen, welcher nicht gern gesehen, daß ihm in seinem Reiche Abbruch geschehen.*"

Martin verwendet den Rest des Jahres (1522) dazu, um durch seine Predigten die von den „*Schwarmgeistern und Erleuchteten*" in die Welt gesetzten Zweifel und Irrtümer aufzuklären und die Reinheit der eigenen Lehre wiederherzustellen. So sieht man ihn in den Städten Leisnig, Erfurt, Weimar und in einer Reihe anderer Gemeinden die Kanzel besteigen. Der Erfolg ist durchschlagend. Sein Ansehen und seine Macht sind nicht mehr anzutasten. Und indem er im Innern das Reich seines Glaubens ordnet, glaubt er sich verpflichtet, nach außen den Kampf gegen die alte Kirche mit allen Mitteln zu führen.

So erscheint im Herbst des Jahres (1522) seine Schrift: „*Wider den falsch genannten geistlichen Stand des Papstes und der Bischöfe*". Hier versucht er zu beweisen, daß deren Wesen „*in allen Stücken*" der Heiligen Schrift widerspreche und verkündet seine ewige Feindschaft: „*Lebe ich, so sollt ihr vor mir keinen Frieden haben; tötet ihr mich, so sollt ihr zehnmal weniger Frieden haben.*"

Am 9. Januar dieses Jahres (1522) hat Hadrian VI., der letzte Nichtitaliener (vor Johannes Paul II.), den päpstlichen Thron bestiegen. Hier kann man eine gewisse geschichtliche Tragik nicht übersehen. Denn wäre Hadrian fünf Jahre früher Pontifex maximus geworden, so kann man mit überzeugenden Argumenten die Vermutung aussprechen, daß dann Martin Luther mit dem Vatikan nicht gebrochen haben würde. Während unter Leo X. der Vatikan jenseits von jeder Glaubenslehre zu einer Lasterhöhle wurde, verfolgt Hadrian genau die gleichen Ziele wie Martin Luther. Nicht nur, daß er die Ordnung im Kirchenstaat wiederherstellt, er geht energisch gegen die Sittenverwilderung an seinem Hof und in der Kirche vor, bekämpft die Simonie, den Kauf und Verkauf geistlicher Ämter, den Nepotismus und den Mißbrauch des Ablasses. Luther ging ja anfänglich davon aus, daß der Papst nicht fehlen könne, ja untadelig sei. Und nur die Schranzen, die sich im Vatikan eingenistet hatten, betrieben unter Täuschung des Papstes die verhängnisvolle Kirchenpolitik und förderten selbst lasterhaft das Laster. Wäre Luther statt auf Leo X. auf Hadrian VI. gestoßen, diese Rechnung wäre aufgegangen. Mit großer Wahrscheinlichkeit hätten die beiden ein Bündnis geschlossen zur Reinigung der Kirche an Haupt und Gliedern. Damit wäre das unselige Schisma vermieden worden. Aber dazu ist es im Jahre 1522 zu spät. Luther hat inzwischen alle Brücken der Verständigung abgebrochen und sich auf den Vatikan als Institution eingeschossen. Daran kann auch Hadrian nichts mehr ändern und bei der gegenwärtigen Polarität bleibt ihm nichts anderes übrig, als Luther zu bekämpfen. Zur Tragik wird das Schicksal dieses scharfsinnigen und gelehrten Mannes durch die Indolenz der römischen Kamarilla. Den Humanismus und die Kunst der Renaissance vorschützend, pocht die hohe Geistlichkeit auf ihren Luxus und ihr Wohlleben als den Ausfluß wahrer Kultur und verhöhnt den asketischen Nichtitaliener als einen Barbaren. Nachdem ihm auch außenpolitische Erfolge versagt bleiben, stirbt er schon im nächsten Jahr (1523). Doch der Haß der Römer verfolgt ihn noch über das Grab hinaus, indem sie am Haus seines Arztes die Inschrift anbringen: „*Liberatori Patriae Populus Romanus salutem dicit.*" Dem Befreier des Vaterlandes sagt das römische Volk Dank.

Aber bis Hadrian am 14. September 1523 stirbt, geht die Welle der evangelischen Erhebung weiter. Inzwischen ist der Landsknechtgeneral Sickingen an seinem maßlosen Ehrgeiz und seiner Selbstüberschätzung gescheitert. Um sein riesiges Heer zu beschäftigen, hat er im September 1522 ohne vernünftigen Anlaß auf eigene Faust den Erzbischof von Trier, Richard von Greiffenklau, überfallen. Im Grunde ist er eine tragische Gestalt. Und wahrscheinlich hat er noch größeren Anspruch als Kaiser Maximilian, sich den 'Letzten Ritter' zu nennen. Die neue Zeit, die von den Fürsten und Städten geprägt wird, läßt den Rittern nicht die Luft zum Atmen. Sie werden nicht mehr gebraucht und verarmen. Gegen dieses unabwendbare Schicksal stemmt sich Franz von Sickingen mit der ganzen ihm zu Gebote stehenden Kraft in wilder Verzweiflung an. Er meint, mit seiner Tapferkeit müsse er sich den nötigen Lebensraum schaffen. Aber die Fürsten, im Fall von Sickingens Sieg vom gleichen Schicksal wie der Trierer Erzbischof bedroht, treten diesem zur Seite. Sickingen muß nach Eroberung einiger Plätze die Belagerung von Trier aufgeben und sich in seine Stammlande zurückziehen. Die Fürsten von Kurpfalz und Hessen belagern ihn in seiner Feste Landstuhl. Am 2. Mai (1523) durch eine Kugel in der Seite lebensgefährlich verletzt, ergibt er sich am 6. Mai (1523) und stirbt am 8. Mai (1523), während die Fürsten sein Lager umstehen und für seine Seele beten.

Die Klugheit, die Luther in all seinen Lebenslagen beweist, bewährt sich nachträglich auch in dieser Situation. Obschon er seinerzeit verlassen und auf das höchste gefährdet war, lehnte er den angebotenen Beistand Sickingens, Ulrich von Huttens und anderer Ritter konzessionslos ab. Als man ihm jetzt die Nachricht vom Tode Sickingens überbringt, quittiert er diese mit dem lapidaren Satz: „*Gott ist ein gerechter, aber wunderbarer Richter.*" Damit bringt er wiederum zum Ausdruck, daß er das Schwert in jeder Lage ablehnt und schon lange das aufsässige Gebaren Sickingens verurteilt hat.

Nachdem sein Freund und Beschützer in seinem letzten kriegerischen Abenteuer zugrunde gegangen ist, verliert auch der auf den Tod erkrankte Ulrich von Hutten sein letztes Refugium auf der Burg Eberstein. Über Nacht muß er fliehen. Nicht viel ist ihm von den hochherzigen Bemühungen seines Lebens geblieben. Zu irdischen Gütern hat er es nicht gebracht. Er ist immer ein armer Teufel geblieben, der an den Höfen herumschmarotzen mußte und dabei, wie er selbst klagt, zuweilen von den Knechten verprügelt vor das Tor geworfen wurde. Aber was ihm niemand abstreiten kann: Dem körperlich eher kleinen Mann schlägt ein tapferes Herz in der Brust. Und von allen Niederlagen und Verhöhnungen, die er einstecken muß, hat er sich nicht abhalten lassen, immer wieder von neuem die Übermacht der Herrschenden und insbesondere des Papstes herauszufordern. Dadurch wurde er berühmt und dem Volk nahegebracht. Der Rhythmus seiner Sprache ist häufig der von marschierenden Landsknechten. Das prägt sich ein. Aber ähnlich wie bei Sickingen: Sein ritterlicher Kampf wird von der Zeit eingeholt und überrollt. Die Tragik seines Lebens zeigt sich an dessen Ende wie eine entsetzliche Fratze. Nach Basel, zu seinem Freund und langjährigen Mitstreiter Erasmus geflohen, muß er erleben, wie dieser zum Opportunismus neigende Mann ihm mitleidlos die Tür weist. Nicht genug damit: Als Ulrich durch die großmütige Hilfe Zwinglis auf der Insel Ufenau im Züricher See eine Stätte zugewiesen erhält, wo er — Ironie des Schicksals! — von einigen mildtätigen Mönchen gepflegt, seinen Tod erwartet, hält es der gehässige Greis Erasmus für geboten, den Rat von Zürich aufzufordern, den Todkranken auszuweisen, wobei er seine gewandte Feder noch zu letzten Gehässigkeiten antreibt. Am 23. August (1523) erlischt Huttens kämpferisches und immer wieder die Gerechtigkeit beschwörendes Leben. Er ist nur 35 Jahre alt geworden. Mit der letzten Kraft, deren er fähig ist, schreibt er an einen Freund: *„Ich gebe die Hoffnung nicht auf, daß eine Zeit kommen wird, wo Gott die mutigen Männer aus der Zerstreuung wieder sammeln wird; gebt auch Ihr sie nicht auf!"* Die Fama von Ulrich von Huttens deutschem Herzen ist bis zum heutigen Tag nicht erloschen. Kulturhistorisch nicht uninteressant ist dabei, daß Ulrich von Hutten laufend und öffentlich über seine Krankheit, die er sich mit zwanzig Jahren zugezogen hat, die Syphilis — man nennt sie auch ‚die Franzosen' — in allen Einzelheiten berichtet, die Fieberstöße registriert und auch die angewandten Heilmittel mit aller Sorgfalt aufzählt. Zwar kannte man damals die Quellen der Ansteckung nicht, aber trotzdem ist es unvorstellbar, daß heute jemand skrupellos, etwa über die Fortschritte seines Krebsleidens, die Öffentlichkeit, womöglich noch in dichterischer Form, unterrichtet.

Doch Luther wird auch durch Huttens Tod nicht berührt werden. Zunächst muß er mit den täglich auf ihn eindringenden Tagesereignissen fertig werden. Da droht der im November des vorigen Jahres (1522) nach Nürnberg einberufene Reichstag. Wird er dem Drängen des päpstlichen Nuntius, der verlangt, daß mit Feuer und Schwert gegen Luther vorgegangen wird, nachgeben? Hadrian verspricht dafür die Reformierung der Kurie, wozu man ihn aber allgemein für zu schwach hält. Der Kaiser, mit dem Krieg gegen Frankreich befaßt, ist fern und uninteressiert. Dagegen breitet sich das Evangelium in einer für uns nicht vorstellbaren Weise gleich einem Steppenbrand aus. Jede Entscheidung gegen Luther könnte zum offenen Aufruhr führen. Man einigt sich im Reichstagsbescheid vom 9. Feburar

(1523) auf einen Aufschub der offenstehenden religiösen Fragen. Diese sollen in einem binnen Jahresfrist einberufenen christlichen Konzil entschieden werden.
So ist dieser Kelch an Luther, der während des ganzen Reichstages Gelassenheit bewahrt, zunächst vorübergegangen. Aber was ihn von Problem zu Problem trägt, ist die sich immer notwendiger erweisende Verfassung der von Rom losgelösten Kirche. Wer soll die Pfarrer bezahlen, wer sie ernennen, was soll mit dem Kirchengut, mit den Klöstern, den Stiftungen geschehen, wie kann der Gottesdienst, die Messe geregelt werden, was wird man mit dem „*gemeinen Kasten*", das ist die Kasse, aus der Schulen, Pfarrer, Ortsarme zu bezahlen sind, anstellen? Zu all diesen Fragen erläßt Luther zahlreiche, bis ins Detail gehende Anweisungen. Indem er der Ordnung der Stadt Leisnig (die, an der Freiberger Mulde gelegen, zu dieser Zeit eine große Bedeutung hat) ein hohes Lob spendet, faßt er eine Reihe seiner Empfehlungen wie in einem Gesetzbuch zusammen. Dieses Dokument endet: „*Wenn es nun Gott schenkte, daß dieser Rat Erfolg hätte, so würde man nicht allein einen reichen gemeinen Kasten haben für alle Bedürfnisse, sondern drei große Übel würden abkommen und aufhören. Das erste: die Bettler, durch die Land und Leuten an Seele und Gut viel Schaden geschieht. Das zweite: der greuliche Mißbrauch mit dem Bann, welcher fast keine andere Aufgabe mehr hat, als die Leute zu martern um der Pfaffen und Mönchsgüter willen; wenn nun die Güter abgeschafft wären, brauchte man solchen Bann nicht. Das dritte: der leidige Zinskauf, der größte Wucher auf Erden, welcher sich bis allermeist in den geistlichen Gütern gerühmt hat, daß er da berechtigt sei. Wer aber diesem Rat nicht folgen oder seine Habsucht dabei befriedigen will, den lasse ich fahren. Ich weiß wohl, daß ihn wenige annehmen werden. Darum ist mir's genug, wenn einer oder zwei mir folgten oder wenigstens doch gern folgen wollten. Es muß die Welt Welt bleiben und Satan der Fürst der Welt. Ich habe getan, was ich kann und schuldig bin. Gott helfe uns allen, daß wir recht handeln und beständig bleiben. Amen.*"
Woher nimmt Luther die Zeit, die Verwaltungskenntnisse, aber vor allem die Kraft zu solchem Gesetzeswerk? Daß er einer der fleißigsten Menschen ist, die je gelebt haben, dafür zeugt sein schriftlicher Nachlaß, die Verwaltung meistert er durch seine Phantasie, die sich den Ablauf von Vorgängen des Lebens vorstellen kann, und die Kraft nimmt er aus dem Erfolg des von ihm ins ‚Wasser geworfenen Steines', der immer weitere Kreise zieht. Wir sagten schon, daß uns die Vorstellungskraft fehlt, um nachzuempfinden, wie stark die Menschen von dem Evangelium ergriffen werden. Im September des vorigen Jahres (1522) ist die Luthersche Bibelübersetzung herausgekommen. Das Wort Gottes zu verkünden und die Verkündung anzuhören,

ist zu einem immanenten Bedürfnis geworden. Natürlich liegt im ganzen Auftreten Luthers eine soziale Verheißung, eine Verheißung, die ein Teil seiner Lehre ist. Aber — und hier gründet die tragische Verkennung seiner Person, seiner Absicht und seiner Lehre: Er will nie und nimmermehr, daß diese soziale Neuordnung mit Gewalt betrieben wird. Herr ‚Omnes' darf nicht zum Schwert greifen. Wenn aber alle Herrscher und Untertanen nach dem *„hellen Wort"* des Evangeliums *„sich bekennen, leben und tun"*, dann ist die Ordnung der Welt gerichtet, soweit sie gerichtet werden kann. Martinus kennt die menschliche Natur gut genug, als daß er nicht ihre Anfälligkeit einbeziehen würde. Aber um diese Zeit ist sein Herz hochgestimmt. Er hat die Menschen, ganz im Gegensatz zur bisherigen Gepflogenheit der Zeit, nicht durch Niederknüppeln, durch Bußpredigten, durch Bannandrohungen, durch den Ablaßzwang, durch die Verehrung von totem Gebein, durch den immerzu strafenden und rächenden Gott, insgesamt durch Vertiefen ihrer Lebensangst, zum Guten angeleitet. Nein, er hat ihre Seelen erhoben, die falschen Flüche von ihnen genommen, hat ihnen den Weg zu sich selbst und ihrer freien Persönlichkeit gewiesen, hat den Dienst an Gott, seiner Verehrung, den Glauben an ihn, die Gnade, in der sie sich bewegen, als etwas Frohes, Heiteres, Glückliches verkündet. Mit all dem hat er eine gewaltige Bewußtseinsänderung bewirkt, einen Umschwung, der sie von einem großen Teil der seelischen Schwerkraft befreit. Es ist ähnlich, wie wenn man Menschen, die lange und einsam in der Kälte gestanden haben, in eine warme Stube aufnimmt, ihnen zu essen und zu trinken gibt und mit Lachen und Liebe ihr Gemüt erwärmt, so daß sie sich geborgen fühlen.

Das Großartige daran ist, daß sich ohne seinen direkten Einfluß das Evangelium immer weiter ausbreitet. Es ist sein Ruf in die Welt gegangen, und jetzt stehen überall Prediger auf aus den Orden, seinem eigenen, den Augustinern, aber auch aus den Franziskanern, wo Eberlein von Günzburg, der, was die Gewalt der Sprache anlangt, Luther nachstrebt. Dann der Dominikaner Bucer, der uns schon seit der Heidelberger Disputation bekannt ist, der Benediktiner Ambrosius Blarer, dann der aus dem Brigitten-Kloster Altomünster bei Augsburg entflohene Johannes Oekolampadius, später auch Wolfgang Fabricius Capito, der bekannt wird, weil er sich um einen Ausgleich zwischen Luther und Zwingli bemüht und auch den Wiedertäufern Gerechtigkeit widerfahren läßt.

Überall im Lande erheben sich neben den Mönchen Weltpriester, aber auch Laien, die glauben, der Ruf gelte ihnen genauso. Vor allem in den freien Reichsstädten, von dem großen Nürnberg bis zum kleinen Reutlingen, entfachen die neu erstandenen Redner einen Sturm der Begeisterung, die glauben, ihrer Freiheit Tribut zollen zu müssen. Gepredigt wird in Ka-

pellen, von den Fenstern der Rathäuser, unter der Dorflinde, von Brunnen, von tragbaren Kanzeln herab, aber auch in den Münstern und Domen. Und nirgends fehlt es an andächtigen und entrückten Zuhörern. Es gibt heute auch nicht entfernt etwas Vergleichbares wie diese Verzauberung der Menschen durch das Evangelium, die auf magische Weise das ganze Land verwandelt. Die Druckereien speien Holzschnitte, Stiche, Plakate, Flugblätter, Handzettel aus, die das gleiche Thema in der mannigfaltigsten Form behandeln. Neben dem Wort hat die bildliche Darstellung fast noch größere Ausstrahlungskraft. Das ganze Volk wird in diese Faszination hineingezogen, von den Gelehrten, den klösterlichen und weltlichen Geistlichen angefangen, den Bürgern, den Bauern, den Handwerkern, den Künstlern, den Rittern, dem Adel bis zu den Beamten. Überall auf den Gassen, den Plätzen, in den Werkstätten, den Zunftstuben, den Herbergen, den Wirtshäusern, und wo immer nur Menschen zusammenkommen, wird diskutiert und hört man den Ruf nach Freiheit von den Papisten und allen, die von ihnen abhängen.
Aber nicht nur Wort, Schrift und Bild nehmen Besitz von Land und Leuten: Es ist noch etwas hinzugekommen, was noch stärker ist als diese Mittel der Verständigung: Das Lied. Im Jahre 1523 leitet der inzwischen zu Wohlstand gekommene Schuhmachermeister und Kramladenbesitzer Hans Sachs mit seinem Lied, in dem er Luther mit einer Nachtigall vergleicht, die Sangesfreudigkeit der Reformation ein: „*Wacht auf! Es nahet gen den Tag! / Ich hör singen im grünen Hag / Eine wunnigliche Nachtigall, / Ihre Stimme durchklinget Berg und Thal.*" Im gleichen Jahr (1523) entsteht auch Luthers erstes Kirchenlied: „*Nun freut euch, liebe Christen gmein*".

Es wäre verlockend, jetzt all die Lieder anzuführen, mit denen die Menschen sich die Qual der Vergangenheit vom Herzen singen und die neue Zeit bejubeln. Daß in Luther neben dem Verstandesmenschen, dem Logiker, dem Organisator, dem unerschrockenen Kämpfer, dem Grobian, dem unendlich Liebesfähigen auch ein Dichter von hohen Gnaden zu Hause ist, kann nicht verwundern. Das ist es auch, was manche Biographen oder Theologen, die im guten oder schlechten Sinn nur eine Seite seines Wesens ins Visier nehmen, verwirrt: daß eine andere Seite ihre Beweisführung in Zweifel zu setzen vermag. Auf diese Weise entzieht sich häufig der vollblütige, mit all seinen Vorzügen und manchen Schwächen behaftete Martin bösartiger Kritik oder zu überschwenglichem Lob.
So bricht er für die Musik zu allen Zeiten bis ins höchste Alter eine Lanze. Für die vielen Äußerungen, die er über diesen Gegenstand tut, sollen nur zwei angeführt werden: „*Musik ist eine schöne, liebliche Gabe Gottes, sie hat mich oft also geweckt und bewegt, daß ich Lust zu predigen gewonnen*

habe. Sankt Augustinus war im Gewissen verwirrt, wenn er sich bei Freude an Musik ertappte; er hielt es für Sünde. Er ist ein feiner Mann gewesen; wenn er jetzt lebte, würde er mit uns halten." Und an anderer Stelle: *„Wer die Musik verachtet, wie denn alle Schwärmer tun, mit dem bin ich nicht zufrieden. Denn die Musica ist eine Gabe und Geschenk Gottes, sie vertreibt auch den Teufel und macht die Leute fröhlich; man vergißt dabei alles Zorns, Unkeuschheit, Hoffart und anderer Laster. Ich gebe nach der Theologia der Musica den nächsten Platz und höchste Ehre."*

Genug: Der frohmütige und fromme evangelische Gesang ist ein neues und wirkungsvolles Element in der Verbreitung der evangelischen Lehre.

Neuntes Kapitel
1523—1524

Verbrennung der ersten Märtyrer der Reformation — Vorboten des Bauernkrieges — Disputation mit Karlstadt

Am 1. Juli desselben Jahres (1523) werden die ersten Märtyrer der Reformation verbrannt. Es sind dies die Augustiner Johannes van den Eschen und Hendrik Voes, die in Brüssel nach langen Vernehmungen und nachdem eine Reihe ihrer Mitbrüder widerrufen haben, zum Scheiterhaufen geführt werden. Wir entnehmen dem Bericht eines Augenzeugen: *„Man lief auf dem Markt zusammen. Es kamen drei Minoritenorden und schritten in feierlicher Prozession einher, wobei sie, wie sie gewohnt sind, die Kreuzesfahne vorantrugen. Es nahmen nun nach der Ordnung die Professoren der heiligen Theologie, die Äbte mit sichtbaren Bischofsmützen und edelsteinbesetzten Hirtenstäben, die im Range der Bischöfe erschienen waren, und einige andere auf der Tribüne Platz. Denn die Tribüne war sehr groß vor dem Gebäude errichtet, das im Volk Rathaus genannt wird.“*

„Bald danach wurden zwei herausgeführt. Zuerst der eine und dann der andere. Man ging zu dem Feuer, das auf demselben Platz, wo das geschehen war, hergerichtet worden war. Wiederholt bezeugten sie, daß sie als Christen sterben, daß sie an die heilige, christliche Kirche glauben. Sie sagten, das sei der Tag, den sie schon lange erwartet hätten. Bald waren sie von ihrer Kleidung entblößt, so daß sie nur noch das Unterkleid anhatten, und standen eine Zeitlang, wobei sie selbst mehr die Pfähle umfaßten als daß sie angebunden waren. Das Feuer wurde ziemlich langsam angezündet. Wenn man also nach den Gesten, der Stirn, den Augen und schließlich dem ganzen Gesichtsausdruck urteilen sollte: Zuversicht, Festigkeit und freudiger Mut, die immer die besten gewesen sind, schienen zuzunehmen. Danach strahlte ganz vorzüglich, ich weiß nicht, was für eine Heiterkeit hervor, so sehr, daß sie vielen zu lachen schienen. Neben anderem trugen sie das Glaubensbekenntnis und das Kirchenlied ‚Te deum laudamus‘ vor. Und sie sprachen dies zueinander: Während der eine das anbrennende Feuer unter seinen Füßen anschaute, sagte er, es schienen ihm Rosen unter den Füßen ausgebreitet zu werden. Nachdem sich endlich die Flamme erhoben hatte, erstickte sie die Stimme der beiden.“

Johannes Kessler, dem wir schon am 3. März 1522 im Gasthaus ‚Zum Bären‘ in Jena begegnet sind, wo er sich an Luthers Tisch in dem Glauben niederläßt, es handle sich um Ulrich von Hutten, berichtet darüber, wie Luther die Nachricht über den Märtyertod seiner Ordensbrüder aufnimmt. *„Als ich zu der Zeit in Wittenberg in Sachsen war, sagte man mir, daß Martinus Luther, als er die Geschichte von diesen beiden obengenannten Märtyrern schriftlich mitgeteilt bekommen hatte, angefangen hätte, innerlich zu weinen. Und er soll gesagt haben: „Ich meinte, ich sollte ja der erste sein, der um des heiligen Evangeliums willen sollte gemartert werden, aber ich bin dessen nicht würdig gewesen."*

Solche Äußerungen macht Luther häufig und bei den verschiedensten Gelegenheiten. Manche dieser Äußerungen lassen sogar auf ausgesprochene Todessehnsucht schließen. Ob es ihm aber wirklich und letztlich damit so ernst war, kann man bei seiner nie versiegenden Liebe für das pralle Leben bezweifeln. Er hat sich tollkühn und gegen den Rat seiner Freunde immer wieder in unmittelbare Lebensgefahr begeben und diese Gefahr ist auch heute noch keineswegs überwunden. Es kann ihm also niemand den Vorwurf machen, er habe weniger Bereitschaft gezeigt, für seinen Glauben zu sterben, als die Märtyrer. Doch nachdem niemand wagt, Hand an ihn zu legen, ist es verständlich, daß er daran glaubt, Gott schütze ihn vor seinen Feinden.

Übrigens dichtet er ein Lied, in dem er die grausige Marter von Brüssel beschreibt: *„Ein neues Lied wir heben an / Dass walt' Gott unser Herre"*. Nachdem er die Vorgänge in allen Einzelheiten geschildert hat, jubelt das Lied auf, daß in Wahrheit die Märtyrer nicht zu töten sind, und ihre Asche von keinem Wasser vernichtet und von keinem Grab behalten werden könne, sondern daß sie nach ihrem Tod aller Orts predigen werden: *„Sein Wort ist wiedergekommen."*

Luther schätzt den Kirchengesang über alles. Er scheint ihm neben dem Wort, das bis zu einem gewissen Grad verstandesgebunden und der Logik unterworfen ist, die spontane Erlösung aller Gefühle, ja des ganzen Menschen und seiner Seele zu bewirken. Im Lied sich hinzugeben, führt auch dazu, daß die Gemeinde zu einem Ganzen wird, das sich Gott darbringt. Und weil er selbst ergriffen ist, wenn er singt, steigt er in sein Inneres hinab, um die reichen Schätze seiner Empfindungen, der Innigkeit und Inbrust, der Liebe und der Verheißung zu heben und zu Liedern werden zu lassen. Es ist sicher nicht zu viel gesagt, daß die zahlreichen,von ihm stammenden Lieder zu den wertvollsten dichterischen Schätzen des sechzehnten Jahrhunderts, ja unserer Sprache schlechthin gehören. Wir wollen hier, was den dramatischen Ablauf seines Lebens hindern könnte, nicht alle seine Lieder anführen; sie sind ja überdies zum größten Teil bekannt. Aber wer heute noch den Gesang *„Aus tiefer Not schrei' ich zu Dir (Psalm 130)"* oder *„Eine feste Burg ist unser Gott (Psalm 46)"* auf sich wirken läßt, wird mehr vom wahren Wesen Martin Luthers empfangen als durch lange Abhandlungen. Es ist die Frömmigkeit, die immerzu und bei jeder Gelegenheit aus ihm spricht, die auch seine Gegner rühren und damit zur Einheit der christlichen Kirche führen sollte.

Jedenfalls zu seinen Lebzeiten hat die von ihm ausgehende Frömmigkeit, die sich auch in seiner ganzen Darstellung offenbart — wobei er alles andere als ein Duckmäuser ist — für unendlich viele, ja für das gesamte Volk den Effekt eines Magneten. Denn daß die Kirche zu dieser Zeit an Haupt und Gliedern die größten Mängel zeigt, kann nicht als böswillige Übertreibung ‚der Evangelischen' abgetan werden. Es gibt unendlich viele Klagen aus den Reihen derer, die der alten Kirche treu bleiben, über das ausschweifende, ärgerniserregende Leben der Kleriker. Wir wollen zum Beweis dieser Klagen nur einen Absatz aus einer Instruktion der katholisch bleibenden Bayernherzöge Wilhelm IV. und Ludwig X. anführen, die sie für die Verhandlungen mit dem Erzbischof von Salzburg ihrem Gesandten mitgegeben haben. „*Es ist auch jetzt allenthalben fast bei allen Priestern in den Städten und auf dem Lande üblich geworden, daß sie ohne jede Scheu ihre Konkubine und Zubehör, auch Kinder bei sich öffentlich haben, dieselben mit sich auf die Einladungen, zu Hochzeiten und Trauerfeierlichkeiten und zum Wein in öffentliche Wirtshäuser führen, sie über fromme, ehrbare Frauen an die oberste Stelle setzen und so grobe, unzüchtige, unverschämte Worte vor jedermann, Mann und Frau, reden, daß Gott der Allmächtige gelästert, der christliche Glaube geschmäht und der gemeine Mann geärgert würde. Sie spielen auch öffentlich in den Schenken Tag und Nacht mit Karten und Würfeln, woraus grausame Gotteslästerung, Rumor und viel Ärgernis erfolgt. Sie tragen auch wider die Ordnung des geistlichen Rechtes verbotene Waffen, Schwerter, Messer und desgleichen kurze Kleidung, so daß sie mit ihrer Kleidung ganz den Laien gleichen. Aus diesen und anderen Lastern, damit die Priesterschaft leider befleckt ist und die alle anzuzeigen Verlängerung hervorbrächte, folgt, daß Luther und seine Anhänger erregt werden, ihre Schandbüchlein zu schreiben und die Priesterschaft, auch die geistlichen, anzutasten, damit sie den gemeinen Mann zu Rumor und Aufruhr wider die Priesterschaft zu erregen vermöchten, sie totzuschlagen; wie denn das allgemeine Gemurmel und Gerücht unter den Laien in Städten, Märkten und besonders auf dem Lande in den Dörfern ist, sie wollen die Pfaffen totschlagen, solche Gewalt, Unordnung und schändliches Leben, das sie führen, von ihnen nicht mehr dulden und sich dermaßen wie bisher nicht mehr zwingen lassen.*"

Der rastlose Martin Luther ist nicht stehengeblieben bei der am 21. September 1522 veröffentlichten Übersetzung des Neuen Testaments. Jetzt bildet er eine Arbeitsgemeinschaft mit Melanchthon und dem neuen Lehrer des Hebräischen, Matthäus Aurogallus, an der Universität Wittenberg. Man glaubt ihm, daß diese Arbeit mit zu den anregendsten und fruchtbarsten Tätigkeiten seines Lebens zählt. Wenn sie zusammensitzen, spießt der eine einen Ausdruck auf. *„Zu wörtlich,"* werfen die anderen ein und der dritte macht einen Vorschlag, den sie wieder verwerfen, weil er mißverstanden werden könne. Aber plötzlich hat einer das haargenau passende und plastische Wort eingefangen und der Satz bekommt, was sicherlich meist von Martinus ausgeht, seinen melodischen Schwung, der noch heute spürbar ist. Es zeigt sich auch hier, daß nichts den Menschen so zu befriedigen vermag wie schöpferische Arbeit. Bereits Anfang 1524 können die fünf Bücher Mose der Druckerpresse übergeben werden.

Das Alte Testament, das in seiner Aufrichtigkeit auch intimen und allzu menschlichen Dingen nicht ausweicht, liefert für den derben Witz, der Martin so ungehemmt über die Zunge geht, hinreichenden Stoff. Auch Freund Amsdorf, der häufig bei diesen Sitzungen zu Gast ist, namentlich wenn mit dem süffigen Wittenberger Bier nicht gegeizt wird, betätigt sich eifrig an solchen, das Leben in seiner ungeschminktesten Form aufreißenden Reden. Übrigens gibt es schon Gläser, aus denen man das Bier trinken kann, wenn man nicht Krügen, in denen es länger frisch bleibt, den Vorzug gibt. Mit dem Laster, Tabak zu schnupfen, zu kauen oder zu rauchen, brauchen sich die damaligen Wittenberger nicht auseinanderzusetzen, dieses angenehme und schmackhafte Gift kommt erst später (Schnupfen 1561; Rauchen 1586) nach Europa.

Hat eine solche Gelehrtensitzung bis in die Nacht gedauert, was häufig der Fall ist, so muß man seine Laterne anzünden, um sich auf den Heimweg zu begeben. In den Gassen und Straßen, die durchaus unbefestigt sind, kann man, namentlich bei Regenwetter, knöcheltief versinken. Denn man huldigt allgemein der durch Verordnungen vergeblich gesteuerten Gewohnheit, die Dinge, von denen man sich trennen möchte, zum Fenster hinauszubefördern. Dagegen hält man, was den eigenen Körper angeht, auf Sauberkeit, denn das Bad in der Badestube, namentlich an den Samstagen, hat manchmal sogar eine religiöse Bedeutung, wie etwa vor einer Priesterweihe oder einer Hochzeit.

Um uns noch besser in die Zeit Luthers hineindenken zu können: Die Frauen spielen eine viel größere Rolle als in späteren Jahrhunderten. Auch Luther verlangt in seiner Schrift *„Vom ehelichen Leben" (1522)* eine stärkere Gleichberechtigung der Frau, was vor ihm schon Erasmus gefordert hat. Zu diesem hohen Ansehen der Frauen hat zweifellos das Rittertum mit seinen Ritterspielen, bei denen meist eine weibliche Hand dem Sieger den Preis reicht, beigetragen. Wenn auch der Minnegesang inzwischen stark zurückgegangen ist, so bleibt seine Wirkung doch noch auf längere Zeit spürbar.

Wir erwähnten schon, daß das Bildnis in jeder Form eine große Rolle spielt. Auch Martin läßt sich öfter porträtieren, meist hat das Lukas Cranach d. Ä. besorgt, der auch den Vater Hans und die Mutter Margarethe in zwei Gemälden festhält. Wir kennen gleichfalls von Lukas Cranach Luthers spätere Frau Katharina von Bora. Und nahezu alle Gestalten, die in dieser Zeit eine Rolle spielen, sind uns aus einprägsamen Zeichnungen oder Gemälden bekannt. Dabei fällt auf, ganz abgesehen, ob die Bilder künstlerischen Ansprüchen standhalten, daß der größte Wert auf Ähnlichkeit gelegt wird, und wenn einer einen großen Zinken oder einen schiefen Mund aufzuweisen hat, dann wird das ausgedrückt, denn nur die Hand des Menschen besitzt ja noch für lange Zeit die Fähigkeit, Gesichter, Situationen und Vorgänge festzuhalten. Die Illustration ist aus den Büchern dieser Zeit nicht wegzudenken, wobei man das Unbekümmerte, das Direkte, das Phantasievolle und das Triviale, das in dieser Zeit steckt, immer wieder aufspüren kann. Eine besonders amüsante, von der Politik beeinflußte Darstellung bildet die babylonische Hure in der Luther-Bibel. Auf einem vielköpfigen Teufel reitend, trägt die Hure in der ersten Ausgabe vom September 1522 die päpstliche Tiara; darüber hat sich Herzog Georg so empört, daß Friedrich der Weise veranlaßt, man möge ihr in der Ausgabe Dezember 1522 nur ein einfaches Krönchen aufsetzen; nachdem aber Friedrich der Weise gestorben ist, kann man ihr in der Ausgabe der Bibel von 1534 die Tiara ruhig wieder aufs Haupt setzen.

Aber inzwischen — wir schreiben das Jahr 1524 — braust ein Sturmwind übers Land, der von Freiheit, Abschaffung der Leibeigenschaft und allgemeinem Wohlstand singt. Es ist eine starke und unüberhörbare Melodie, die auf Martin Luther zurückgeht und den Menschen nicht nur Auftrieb gibt, sondern auch Unruhe in ihre Herzen senkt. Von dem abgesehen, ist es auch sonst ein denkwürdiges Jahr, denn längst ist von Astronomen vorausgesagt worden, man müsse mit außergewöhnlichen Ereignissen rechnen, denn sämtliche Planeten stünden im Tierkreiszeichen des Fisches und das sei schon lange nicht mehr passiert.

Am 13. November des vergangenen Jahres (1523) hat Clemens VIII.den päpstlichen Thron bestiegen. Kein Wunder übrigens, daß sich nach dem raschen Ableben seines bei Regierungsantritt kerngesunden Vorgängers Hadrian das Gerücht hält, man habe bei dessen Tod ein wenig nachgeholfen, was zu dieser Zeit nichts Ungewöhnliches gewesen wäre. Der neue Papst Clemens VIII. gehört dem Geschlecht der Medici an, was bedeutet, daß er der weltlichen Macht halber Krieg führt, was ihm unter anderem eine sechsmonatige Gefangenschaft in der Engelsburg einbringt.

Jetzt ist die Zeit der Landfahrer und Aufklärer gekommen, die von Ort zu Ort eilen und Botschaften hinterlassen. Sie verbreiten zum religiösen Aufstand auch den weltlichen. Martin setzt einen wieder einmal durch seinen unfehlbaren Instinkt in Erstaunen, mit dem er voraussieht, was kommen wird. Es ist die Erhebung der Bauern und Entrechteten. Nun darf man das Erwachen der Bauern nicht allein auf Luther zurückführen. Man muß sich ins Gedächtnis rufen, daß zur Zeit Luthers eine erdrückende Mehrheit der Bevölkerung der Scholle und dem Pflug verhaftet ist. Der Rest? Nun, das sind Handwerker, Arbeiter in den entstehenden Fabriken, Fuhrknechte, Schiffer, reitende Boten, Lehrer, Beamte, Händler, Angestellte der Bankhäuser usw., nicht zuletzt Kleriker und Landsknechte. Aber schließlich kommt vom Bauern alle Kultur her und dessen ist er sich noch immer bewußt. Bisher war er frei auf seinem Eigentum an Hof, Feldern und Vieh — dem Dominium — und war frei in Bezug auf das Miteigentum — das Condominium — wie etwa den Wald, die Seen, den Fluß und die Flur (die Allmende), die der ganzen Gemeinde dienlich und zugänglich verblieben.

Doch jetzt wird diese Freiheit in erschreckendem Maße von den Herren eingeschränkt, wenn nicht völlig beseitigt. Das geschieht auf alle erdenkliche Weise mit der unvorstellbaren Phantasie der Kanzlisten, die immer neue Steuern, Abgaben und Frondienste erfinden. Da gibt es neben dem Zehnten, den Almosen (zu dieser Zeit von der Gemeinde an die Kirche zu zahlende Gelder), den Stolgebühren usw., den Todfall oder das Besthaupt, das beinhaltet, daß beim Tode des Familienoberhauptes das beste Stück Vieh, bei einer Frau das Bett oder die entsprechende Menge Geld an den Grundherrn abzuliefern ist, wodurch Witwen und Waisen häufig dem Hunger ausgesetzt sind. Da es nach dem römischen Recht nur noch das Eigentum und nicht mehr den altdeutschen Gemeingebrauch gibt, ist den Bauern das Jagen in den der Grundherrschaft gehörenden Wäldern und das Fischen in deren Flüßen und Seen verboten. Darüber hinaus werden die Bauern durch die Zins- und Geldwirtschaft verwirrt und gerade die Wohlhabenden müssen neidvoll erkennen, daß sie in ihrem Einkommen gegenüber anderen Ständen, z. B. den der Kaufleute, zurückbleiben. Gegen all das empört sich der Geist des freien Mannes, der durch Überlieferung zutiefst von dem Recht auf diese Freiheit geprägt ist. Dazu kommt, daß man sich in zunehmendem Maß über den Bauern lustig macht, ihn zum Tölpel stempelt, der auch in zahlreichen Schwänken mit seiner plumpen Grete als Flegel, Grobian oder Rüpel herhalten muß. So hat längst vor Luther ein Geheimbund von sich reden gemacht, der sich im Gegensatz zum Stiefel des Herrn nach der mit Schnüren gebundenen Fußbekleidung des Bauern mit „*Bundschuh*" bezeichnet und der im Elsaß, in der Bruchsaler Gegend und im Breisgau Zuzug erhält. Im Herzogtum Württemberg ist es der Aufstand des „*Armen Konrad*", während es in Ungarn die rebellierenden Landsknechte der Kreuzfahrer sind — der Papst hat sich mit dem Sultan geeinigt, so daß das Heer der Kreuzfahrer arbeitslos geworden ist — welche die Bauernerhebung (unter dem *,König' Dosza)* auslösen. Sie alle drohen in echte Revolutionen auszuarten und werden blutig niedergeschlagen.

Ist auf diese Weise ein gefährlicher, leicht in Flammen aufgehender Boden vorbereitet, so schlägt Martin durch die Verkündung des Evangeliums, das die Freiheit des Christenmenschen zum Inhalt hat, den Funken in diese gefährliche Masse. Er weiß und sieht es mit aller Deutlichkeit, daß er mißverstanden wird, er kann es fühlen, wie der gemeine Mann ihm die Waffe entwindet, die er nie und nimmer aus der Hand geben will. Darüber gerät er, wie wir sehen werden, in zunehmende Wut. „*Nur das Wort! Nur das Wort!*" schreit er immer lauter und merkt das erste Mal, fast verzweifelt, daß dieses Wort nicht mehr faßt, daß es stumpf geworden ist. Trotzdem stemmt er sich mit der ganzen Kraft seiner Persönlichkeit und seiner Autorität gegen das unaufhaltsam heraufziehende Unheil. Hat er auf der einen Seite schon vor zwei Jahren (1522) vor jedem sozialen Umsturz in der bereits erwähnten Schrift „*Eine treue Vermahnung an alle Christen, sich zu hüten vor Aufruhr und Empörung*" gewarnt, so beschwört er ein Jahr später (1523) in seiner Schrift „*Von weltlicher Obrigkeit*" die Fürsten, „*dass sie von allen Freveln ablassen müssen, wollen sie nicht verderben.*"

Doch alles ist umsonst. Der Druck von oben verstärkt sich in dem Maß, in dem der Widerstand von unten zunimmt. Und damit wird auch für Martin die eigene Erkenntnis immer unausweichlicher, daß letzten Endes er es war, der diese Unausweichlichkeit herbeigeführt hat. Was nützt es da, wenn er immer wieder darauf hinweist, er habe alle seine Predigten und Schriften nur im geistig-religiösen und nie im politischen oder sozialgesellschaftlichen Sinn gemeint? Aber — das muß er sich selbst sagen — wie soll der einfache Mann, dem er, Martin Luther, Würde, Selbstbewußtsein und Stolz zurückgegeben hat, das begreifen? Kann man ihm zumuten, auf der einen Seite sein Haupt als freier Christenmensch zu Gott zu erheben, auf der anderen vor der Willkür und dem Übermut der Herrschenden in den Staub zu sinken? Freilich ist es Luthers tiefste innere Überzeugung, daß Gewalt nur immer wieder Gewalt erzeugt. Aber läßt sich wirklich das eine vom anderen trennen, wie er glaubt und ununterbrochen den Menschen einhämmert? Diese Frage stellen, heißt, Martin Luther in die Falle hineintreiben, die er sich selbst gestellt hat. Trotzdem glauben wir nicht, daß man von ihm sagen kann, wie es Lucien Febvre in seiner ausgezeichneten Histographie tut: „*In Luther wohnten zwei Seelen: eine stolze und hochmütige und eine sinnliche.*" Das kann man vermutlich von den meisten Menschen sagen: „*Zwei Seelen wohnen ach in meiner Brust.*"

Aber wir glauben, daß man auf historischem Boden kaum einem Mann begegnet, der aus seinem innersten Wesen ein so geschlossenes, geradezu unabänderliches Persönlichkeitsbild abgibt wie Martin Luther. Gerade das ist das Erstaunliche und zutiefst Beeindruckende an ihm, daß er trotz Irrtum und Widersprüchen — wo gibt es die nicht? — unaufhaltsam nach eindeutiger Klarheit strebt, wie es nur eine einzige, in sich geschlossene Seele vermag, die imstande ist, jeden inneren Zwiespalt zu überwinden.
Schon schlagen die Flammen hoch. Aus Franken dringt die Nachricht bis nach Wittenberg, daß in Forchheim am Main Ende Mai oder Anfang Juni (1524) ein Aufstand ausgebrochen und ein auswärtiger Bauernhaufen zur Unterstützung angerückt sei. Noch einmal haben die Landsknechte des Bischofs von Bamberg den Aufstand niedergeschlagen und der Bischof Weigand von Redwitz verfährt sehr milde mit den Aufständischen, wobei man nicht weiß, ob aus Furcht vor dem, was nachkommt oder weil er, was man ihm nachsagt, im Herzen ein Humanist ist. Noch andere solche Botschaften der Unruhe und Empörung treffen ein, wobei es Martin immer wieder von neuem in Harnisch bringt, wenn er hört, die Bauern beriefen sich dabei auf das Evangelium.
Es wird nicht mehr lange dauern, bis das ganze Land in Flammen steht, alle Anzeichen sprechen dafür, aber noch ist es nicht soweit. Und so können wir Martin auf einer Fahrt begleiten, die er nach Jena unternimmt. Es ist hoher Sommer. Wir schreiben den 22. August (1524). Luther hat eine aufsehenerregende Predigt im Dom zu Erfurt gehalten. Danach begibt er sich in das Gasthaus zum „Schwarzen Bären", in dem wir ihm schon begegnet sind, wie er als Junker Jörg, von der Wartburg kommend, dort einen Imbiß eingenommen hat und es zu der denkwürdigen Begegnung mit Kessler und den beiden Kaufherren kam. Jetzt beabsichtigt er, sich mit Andreas Bodenstein, genannt Karlstadt, auseinanderzusetzen. Während Martins Aufenthalt auf der Wartburg hat es Karlstadt weitgehend verstanden, die reformatorische Bewegung in Wittenberg an sich zu reißen. Als Martin zurückkommt, kann sich Karlstadt, offenbar auch veranlaßt durch das Eingreifen Spalatins, nicht mehr halten und zieht sich nach Orlamünde, eine Stadt an der Saale, zurück. Obschon auch Orlamünde zur Herrschaft Friedrichs des Weisen gehört, vermag Karlstadt diese Stadt in seinen geistigen Bann zu ziehen und von hier aus Luther massiv anzugreifen. Luther beabsichtigt, ihn jetzt in seine Schranken zu verweisen und deswegen treffen sie im „Schwarzen Bären" an diesem Augusttag (1524) zusammen.

Man könnte sagen, um dieses Gespräch dreht sich nicht die Welt. Doch da es zu denen gehört, die uns wörtlich überliefert sind, und zudem der Duktus dieses Gesprächs so einmalig ist, glauben wir, es auszugsweise wiedergeben zu sollen. Man kann ihm entnehmen, daß bei aller Gegensätzlichkeit der Humor, was in dieser Zeit die Übung, nicht gänzlich ausgeschaltet wird, zum andern, daß Karlstadt nicht nur das „Schwarze Schaf" ist, als das er von fast allen Autoren gekennzeichnet wird. Auch scheint es möglich, Luther durch das Belauschen solcher Gespräche näher kennenzulernen als durch viele gelehrte Abhandlungen.

Wir blicken in die große Wirtsstube des „Schwarzen Bären". Und mit den beiden Kontrahenten füllen deren jeweilige Anhänger die Stube: Professoren, Magister und Studenten. Alle haben einen Krug Einbecker Bier vor sich stehen. Die beiden scheinen die ersten Streitfragen abgehandelt zu haben. Martin denkt offenbar über den bisherigen Verlauf der Disputation nach und schweigt. Dieses Schweigen benützt Karlstadt, um aufzustehen und sich mit einem versöhnlichen Lächeln an die Versammelten zu wenden. *„Liebe Brüder,"* sagt er in die Runde *„ich bitte euch, stoßt euch nicht, daß ich so hart rede. Das Herz ist deshalb nicht arg oder zornig."* Martin stimmt in dieses Schmunzeln ein und sagt augenzwinkernd: *„Lieber Herr Doktor, ich kenn' Euch wohl."*

Worauf Karlstadt, immer noch den Scherz nicht aus seinem Antlitz entlassend, erwidert: *„I c h kenne Euch wohl. Und vielleicht besser als Ihr selbst!"*

Luther blickt jetzt Karlstadt an, und den leichten Ton beibehaltend wird seine Rede noch gezielter: *„Mir ist nicht unbekannt, daß Ihr immer und überall hoch einherfahrt, groß auftrumpft und wollt allein über andere erhoben und angesehen sein!"*

Karlstadt paßt sich dem an, indem er sagt: *„Wenn ich's tät', solltet Ihr mich zurechtweisen!"* Und nach einer kurzen Pause: *„Aber ich seh' schon, wer sich am höchsten rühmt und am allermeisten Ehre sucht!"*

Luther zieht jetzt blank: *„Hab' ich Euch nicht zu Leipzig getadelt, weil Ihr hochmütig vor mir disputieren wolltet? Aber schließlich gönnt' ich Euch die Ehr' und ließ es geschehen."*

Aus ist's mit der Fassung Karlstadts und sein Ton wird bösartig: *„Ach Herr Doktor, wie könnt' Ihr das sagen, Ihr wißt doch, daß es noch ungewiß war, ob man Euch überhaupt zulassen wollte, als ich schon disputierte?"* (Der Bischof hatte sich ja dagegen ausgesprochen!)

Luther machte eine Handbewegung, um darzutun, daß ihn dieses Gerede nicht im mindesten berührt.

Aber Karlstadt läßt sich nicht mehr bremsen. Jetzt nimmt er auf die heutige Predigt Bezug, in der Luther, ohne seinen Namen zu nennen, Karlstadt direkt angegriffen hat: *„Was habt Ihr denn heute in Eurer Predigt anders ausgerichtet, als Neid und Haß des Volkes über die zu wecken, wider die Ihr zu predigen vorhattet?"*

Luther läßt sich nicht aus der Ruhe bringen. Einmal fühlt er sich sachlich im Recht, zum andern merkt er, daß die Zuhörer auf seiner Seite sind: „*Ich sag's wie zuvor, ich hab' heut' wider die aufsässigen Geister gepredigt und will's wieder tun, dem zum Trotz, der es mir wehren will.*" womit er Karlstadt am Angelhaken hat.

„*Nun, lieber Herr Doktor,*" repliziert Karlstadt ironisch „*nun predigt nur so weiter und macht's so gut wie Ihr könnt. Andere Leute werden schon das ihre tun.*"

„*Frisch her!*" fordert ihn Luther auf. „*Und wenn Ihr was zu sagen habt, dann schreibt es frei heraus!*"

„*Ihr könnt Euch drauf verlassen. Ich will's unerschrocken tun!*"

Da stellt Luther die Gewissensfrage, von der er glaubt, Karlstadt könne nicht mehr ausweichen: „*Ihr steht bei den neuen Propheten?*"

Karlstadt schlägt einen Haken und entkommt der Konfrontation: „*Ja, ich stehe bei ihnen, wo sie recht und die Wahrheit haben; wo sie unrecht haben, da steht der Teufel bei ihnen.*"

Luther wird ernst, er haßt alles, was feige und hinterrücks geschieht und befiehlt mit klarer Stimme, die die ganze Stube ausfüllt: „*Schreibt über mich, aber öffentlich und nicht heimlich!*"

„*Wenn ich wüßt', daß Ihr's so nötig habt, Ihr könnt Euch drauf verlassen, es dürft Euch zuteil werden!*"

Einen Augenblick denkt Luther nach und man sieht seinem Gesicht an, daß eine Schelmerei herauskommt: „*Tut's!*" sagt er schnell „*und ich will Euch einen Gulden dedizieren.*"

Karlstadt weiß im Augenblick nicht, wie er reagieren soll, will ihn Luther kränken oder versöhnen: „*Einen Gulden?*"

„*Wenn ich's nicht tue, soll ich ein Schalk sein!*" sagt Luther.

Das Ganze hat, und das merken die Anwesenden, symbolischen Charakter, der von Luther auch beabsichtigt ist.

Karlstadt kennt Luther, er ist sein Doktorvater und sie waren ja befreundet, und wenn er jetzt ablehnt, hat Luther einen Witz auf der Pfanne, der tödlich wirken kann. So sagt er: „*Gebt Ihr mir ihn denn, so nehme ich ihn wahrlich an.*"

Während Luther aus seiner Tasche einen Goldgulden hervorzieht, sagt er: „*Nehmt ihn hin und greift mich tapfer an. Los, frisch auf mich!*"

Karlstadt nimmt den Gulden und hält ihn hoch, daß alle ihn sehen können. Dann greift er mit der anderen Hand zu, und nachdem er ihn krumm gebogen hat, steckt er ihn in seinen Geldbeutel und reicht Luther die Hand.

Jetzt schütteln sie sich die Hände. Luther ist inzwischen aufgestanden, nimmt seinen Krug und trinkt Karlstadt zu. Dieser hat ebenfalls seinen

Humpen erhoben, sie stoßen an und nehmen einen tiefen Zug, während die Zuschauer ob dieses heiteren versöhnlichen Ausgangs in die Hände klatschen.

So ist Martin: Er kann zornig sein, losbrausen und losdonnern, daß die Wände wackeln, aber genau so schnell ist er wieder zum Einlenken, zur Versöhnung bereit.

Übrigens entgeht es Martin zunächst, welch große Bedeutung der Regensburger Convent, der im Juni und Juli dieses Jahres (1524) tagt, für die endgültige Spaltung der Kirche haben sollte. Der päpstliche Nuntius Campeggio, der Nachfolger Aleanders, hatte in Nürnberg während des Reichstages auf drastische Weise erfahren, daß hier, wo man ihn, den Gesandten des Papstes, öffentlich verhöhnte, von allen Kanzeln die evangelische Lehre predigte und in allen Kirchen das Abendmahl in beiderlei Gestalt spendete, nichts mehr zu bestellen war. Auf sein Betreiben kamen die Fürsten der altgläubigen Länder unter Führung des Erzherzogs Ferdinand von Österreich und der bayerischen Herzöge Wilhelm und Ludwig in Regensburg zusammen, wo der Bevölkerung und auch den Bischöfen so starke Korsettstangen angelegt werden, daß an eine weitere Verbreitung der neuen Lehre nicht mehr zu denken ist. Das sollte die große Enttäuschung Martin Luthers werden, denn alle Nachrichten, die bis dahin in Wittenberg eingegangen waren, ließen erwarten, daß der Süden ebenso wie der Norden, wenn auch gegen harte Widerstände, die evangelische Lehre annehmen und sich aus der Abhängigkeit von Rom lösen würden.

Der Sommer ist vorüber, das Jahr (1524) hat seinen Höhepunkt überschritten. Es ist ein milder Herbsttag, an dem Martin in der Nähe seines Klosters an der Elbe steht und seine Augen über den hier nahezu dreihundert Meter breiten Strom schweifen läßt. Nichts beflügelt die Phantasie so sehr wie ein Strom, der, aus Rinnsalen entstanden, von Bächen und Flüßen gespeist, dem Meer zustrebt. Dieser kommt aus dem fernen Böhmen, wo die Hussiten zuhause sind, denen Martin viel Sympathie entgegenbringt. Nachdem er Moldau und Eger aufgenommen hat, durchbricht er das Mittelgebirge in einem engen romantischen Tal, bis er bei Meißen von der Ebene mit offenen Armen aufgenommen wird. Martin liebt diesen Strom mit den Schiffen, die bergauf von den Flußknechten mit ihren Pferden getreidelt werden und die lautlos und eilig bergab ihre Lasten entführen. Von diesem Strom erhält Wittenberg seinen Charakter und viel von seiner Lebenskraft. Der Blick über den Strom, der jetzt einen leichten Dunstschleier trägt, ist für Martin immer Anlaß, um über sein Leben, sein Werk, seine Arbeit nachzudenken. Zweifellos, er hat viel erreicht, und wenn er es abwägend betrachtet, mehr als die meisten Menschen seiner Zeit, wobei er nicht einmal den Kaiser und den Papst auszunehmen braucht. Aber — und das ist die bange

Frage dieses Herbsttages am Strom — : Ist nicht alles in Gefahr, zerstört zu werden, wenn die Massen aufstehen und die heilige Ordnung zerbrechen?

Angst senkt sich in sein Herz, Angst vor der Zukunft, Lebensangst. Hat der Teufel den Kampf noch nicht aufgegeben, tritt er immer wieder von neuem an? Wie oft in seinem Leben stand Martin hier, den Blick auf den Strom gerichtet. Und wie unterschiedlich waren dabei seine Empfindungen. Während das Wasser ständig in Bewegung ist und sekündlich wechselt, bleibt der Strom immer der gleiche, als könne ihm die Zeit nichts anhaben. Er wird auch noch sein Lied singen, wenn Martin längst nicht mehr auf dieser Welt ist. Andere Augen werden auf ihm ruhen, bis auch diese vergangen sind. Der Augenblick an diesem Herbsttag, während die Elbe vorüberzieht, scheint sich mit vielen Augenblicken zu vereinen, die er hier verbrachte. Sind seitdem Jahre oder Tage vergangen oder war es erst gestern? Ist er selbst, Martin, noch der gleiche, der das erste Mal als junger, vor der Allmacht Gottes zitternder Augustinerbruder hier stand und keinen anderen Ausweg wußte als den furchtbarsten, den man sich nur ausdenken kann: Die Lästerung Gottes! Er sprach, indem er bis in sein tiefstes Innerste erzitterte, das schrecklichste Wort, das nur die vom Teufel besessene Phantasie zu formen vermochte, aus: Ich hasse Gott. Und dieser bedrückende Zustand muß Jahre gedauert haben, ohne daß Hungern, Wachen und Beten etwas zu ändern imstande waren. Und ist er noch der gleiche, der später, an derselben Stelle stehend, das Glücksgefühl, das sich seiner bemächtigt hatte, in einem Lied hinausrief über den Strom, dessen Rauschen übertönend: Ich habe die Pforten des Paradieses durchschritten, ich weiß, wie ich mich Gott nähern kann, er hat mich für sich gewonnen und sich mir dargebracht, in all meiner demütigen Armut bin ich eins mit ihm geworden, das Wunder der Gnade hat mich erfaßt.
Es war ein alter, einfacher Klosterbruder, der ihm gleichsam im Vorübergehen den Faden in die Hand gegeben hat, an dem er seine Seele aus dem Fluch herausziehen konnte, indem jener auf die Artikel von der Sündenvergebung verwies. Und seitdem hat er sich hier immer wieder Ruhe und Kraft geholt. Er wird auch dem kommenden Jahr 1525 in das heute noch verschlossene Antlitz blicken müssen, was es für ihn auch immer bringen wird.

Und so läuten es wirklich die Glocken von allen Türmen Wittenbergs in einer kalten Winternacht ein. Und Martin betritt wieder die auf schlankem Stiel wie zu einer Blüte sich öffnende Kanzel der Stadtkirche und zwingt mit dem Wort seine Gemeinde zu sich und zu Gott. Wenn er alle, die von Aufruhr und Empörung träumen und reden, hier in diesem Gotteshaus zusammenhätte, er würde sie bändigen, daran ist kein Zweifel. Doch sie sind über das ganze Deutschland verstreut, haben zwar Botschaft miteinander, aber sie entziehen sich seinem Einfluß. Und immer mehr Nachrichten von dem heraufziehenden Sturm treffen in Wittenberg ein. Und das Teuflische, das Martin überfällt: Die Armen, die Gesellen, die keine Meister werden können, die Arbeiter in den Druckereien, den Manufakturbetrieben, den Geschützgießereien, die Tagelöhner, Lastenträger, Boten, Packer, Schiffer, Fuhrknechte, Bauhandlanger, Knechte, Vaganten, Bettler und alle, die im Dunkel leben, reklamieren Martin Luther als ihren Messias, er ist ihr Erlöser aus Knechtschaft und Leid. Auch alle, die davon überzeugt sind, daß jetzt die Stunde schlage, das mittelalterliche Tor der Unfreiheit und der Unwissenheit zum Licht der Erkenntnis aufzustoßen, damit man die Wiedergeburt eines freien Menschen erlebe — die Humanisten, Professoren, Studenten, aufgeklärte Geistliche bis hinauf zu den Bischöfen, die Ritter, denen die Fürsten und Handelsherren den Boden unter den Füßen wegziehen, die Natur- und Geisteswissenschaftler, sowie die Ärzte setzen auf Martin Luther. Bestimmt nicht zuletzt sind es die Bauern, der Stand, der trotz der beginnenden Industrialisierung überwiegend das wirtschaftliche Gefüge des Landes und der Städte aufrechterhält. Die Arbeit unter dem freien Himmel, wenn die Jahreszeiten ihm Leichtigkeit, Schwere oder Trostlosigkeit einzugeben scheinen, macht frei, stolz und hart. Der Bauer sieht, hinter dem Pflug herschreitend, den Samen auswerfend und in bangen Tagen — hält das Wetter? — die Ernte einbringend, wie kein anderer, wie schwer das Leben ist und wie sehr es von Gottes Segen abhängt. Und wenn man ihn dann mitleidslos und in zunehmendem Maße preßt mit dem großen und kleinen Zehnt und immer neu erfundenen Steuern und Abgaben, wenn man die mühsam bestellten Felder durch das Wild, das er nicht anrühren darf und durch die zu Pferde jagenden übermütigen Nichtstuer zertrampelt und verwüstet, ihm das letzte Stück Vieh aus dem Stall führt, dann schwindet seine Angst vor der Obrigkeit, dann vergräbt er seine Hände in die Erde, die ihm nicht mehr gehört, reißt sie heraus, ballt sie zu Fäusten und schreit hinauf in den Himmel: *„Herr erlöse uns von dem Übel!"*

Und sein Gebet wird erhört. Einer ist aufgestanden, ein Bergmannssohn, ein Bettelmönch und hat an den Grundfesten dieses schauerlichen Systems von Privilegierten und Leibeigenen gerüttelt und aufgezeigt, daß dies nichts mit der Lehre des Nazareners Jesus Christus gemein hat.

Zehntes Kapitel
1525

Die Schlacht von Pavia wandelt die Geschichte — Die zwölf Artikel der Bauern — Die Greueltat von Weinsberg — Thomas Müntzer gegen Luther — Die verheerenden Folgen des Bauernkrieges — Der Tod Friedrichs des Weisen

Man hört jetzt stündlich, daß „*die Rebellen, die Aufrührer, die Widerständler, die Faustrechtler, die Verschwörer, die Revoluzzer*" — und welche Namen man den aufständischen Bauern gibt, sich zusammenrotten und in den verschiedensten Haufen losmarschieren. Schon haben sie Klöster gestürmt und Burgen ‚heruntergeholt'. Im Volk werden diese Nachrichten offen und mit unverhohlener Freude kolportiert. Nun bricht also die neue Zeit wirklich, und nicht nur mit frommen Sprüchen und Verheißungen, an. In Wittenberg merkt man am steigenden Bierkonsum, daß etwas umgetrieben wird. Martin empört sich über die Hilflosigkeit, Verwirrung und Angst der Herrschenden und macht keinen Hehl aus seiner Empörung.

Zwischenhinein erhält er von einem italienischen Freund Nachricht über die im Morgengrauen des 24. Februar (1525) geschlagene blutige Schlacht von Pavia. Sie gehört zu den verblüffendsten Ereignissen der Weltgeschichte. Das kaiserliche Heer — Karl V. selbst war wieder einmal in Spanien festgehalten — zusammengesetzt aus Neapolitanern, Spaniern und Deutschen unter dem berühmten Landsknechtobersten Georg von Frundsberg, stand dem König Franz von Frankreich mit dessen gepanzerten Reitern, bestehend aus den vornehmsten und tapfersten Adeligen Frankreichs, sowie einer starken Mannschaft der gefürchteten Schweizer und fünftausend deutschen Landsknechten gegenüber. Die Welt hielt den Atem an. Man wußte, daß durch diese Schlacht das Schicksal Europas auf lange Sicht entschieden werden würde. Dabei bestand kaum ein Zweifel, daß die Franzosen den Kaiserlichen weit überlegen waren. Diese Beurteilung der Situation ging schon aus der Tatsache hervor, daß der Papst, obschon mit dem Kaiser verbündet, seinen diplomatischen Hexenmeister Aleander in das Lager des französischen Königs gesandt hatte, um an den Früchten von dessen Sieg teilhaben zu können. Erst hatten die Franzosen die Kaiserlichen eingeschlossen, dann bildeten die Kaiserlichen noch einmal einen Ring um die Franzosen. Das Ganze war erstarrt, es war bitterlich kalt, und die

Landsknechte hatten nicht mehr den geringsten Kampfgeist, weil sie seit Wochen keine Löhnung mehr erhielten. Zur Schlacht kam es, weil Frundsberg im höchsten Zeitdruck — die Söldner drohten mit Abzug — in der frühesten Morgendämmerung des 24. Februar (1525) einen Verzweiflungsüberfall wagte. Die feuerbereiten Geschütze der Franzosen empfingen die verwegen anstürmenden Deutschen und rissen blutige Lücken in ihre Reihen. Da befahl der vor Hybris blinde französische König den Geschützen zu schweigen. Er wollte persönlich mit seiner Reiterelite den Sieg an seine Fahnen heften. Schon ließ er sich von seinen Getreuen zu dem Erfolg beglückwünschen und er selbst schrie den Sieg mit den Worten hinaus: *„Jetzt erst darf ich mich wahrhaft Herzog von Mailand nennen!"* Damit hatte sich's, und er den sicheren Sieg an die Kaiserlichen verschenkt. Denn jetzt trat deren Fußvolk in Aktion. Und genau zu diesem Zeitpunkt wurde für alle Kriegführenden die Überlegenheit der Infanterie offenbar. Ruhig auf ihren Beinen stehend, schossen die Arkebusiere die Reiter zusammen, ehe diese sie erreicht hatten. Das war kein Kunststück, denn sie brauchten nur auf die Pferde zu halten und wenn diese stürzten, stürzten auch die Reiter. Und dann war es eine Kleinigkeit, die in schweren Rüstungen unbeweglich am Boden Liegenden abzuschlachten. Auf diese Weise sank die Blüte der französichen Aristokratie in kürzester Zeit dahin. Die Schlacht vom Überfall bis zur Vernichtung der Franzosen hatte nur eine Stunde gedauert. Es war ein Wunder, daß der König Franz von Frankreich, wenn auch verwundet, mit dem Leben davonkam. Daß der Kaiser Karl V. den Sieg, den er nur Frundsberg verdankte, als einen Gnadenerweis Gottes empfand und als solchen feierte, ist bei allen Heerführern die Übung.

Dieser dem Kaiser geschenkte Sieg — übrigens fiel er zu allem Überfluß auch noch auf seinen Geburtstag — verschiebt die Gewichte im Abendland. Hatte man bisher geglaubt, es bedürfe nur des geringsten Anstoßes, um das Reich zum Einsturz zu bringen, so muß man nach Pavia, wo er seinen einzigen ernsthaften Gegner vernichtend geschlagen hat, den Kaiser und sein Reich, *„in dem die Sonne nicht untergeht"*, anerkennen.

Martin Luther weiß, was dieser Sieg des erzkonservativen, die Reformation verfluchenden Kaisers für ihn und seine Lehre bedeutet. Der religiöse Fanatismus und das Gottesgnadentum des Kaisers werden ihm neuen Auftrieb geben, die Verfolgung Luthers und seiner Anhänger aufzunehmen. Doch zunächst wird Martin mit dem in Deutschland immer mehr angefachten und sich wie ein Feuer ausbreitenden Aufstand der Bauern konfrontiert. Es ist Mitte April (1525), Martin befindet sich in Eisleben, um mit ein paar Freunden eine Schule einzurichten, da erreicht ihn eine Abordnung der Bauern, um ihn als Schiedsrichter anzurufen. Sie überbringen ihm die zwölf Artikel mit den Forderungen der Bauern, als deren Verfasser der pfalzgräfliche Kanzler Fuchssteiner im Gespräch ist. Martin scheint sich Mühe zu geben, seinen Zorn, den er wegen der ganzen Entwicklung in sich trägt und den er bei anderer Gelegenheit nicht verleugnet, zurückzuhalten. Es hat keinen Zweck, die Abgesandten für etwas zur Verantwortung zu ziehen, was sie nicht ungeschehen machen können. So führt er mit den Männern, wie man berichtet, „*ein gutes Gespräch*", verspricht, umgehend zu den Artikeln Stellung zu nehmen und entläßt sie, nachdem er dafür gesorgt hat, daß sie Speise und Trank erhalten.

Noch in Eisleben, und zwar im Garten des mansfeldischen Kanzlers Johann Thür, studiert er die Artikel und schreibt seinen Kommentar. Während wir Heutigen die Forderungen der Bauern als gemäßigt, vernünftig und gerecht bezeichnen würden, ist Martin gänzlich anderer Ansicht. In seiner „*Ermahnung zum Frieden auf die zwölf Artikel der Bauernschaft in Schwaben*" wendet er sich Ende April (1525) an beide Seiten mit freundlichen und durchaus versöhnlichen Worten. Dabei ist seine Haltung klar: Es darf unter keinen Umständen, wie es jetzt schon den Anschein hat, Gottes und der Welt Reich vermischt werden; geschieht dies, so wird das weltliche Regiment zerstört, die Predigt des göttlichen Wortes verhindert und ganz Deutschland in dauernde Zerstörung gestürzt. Dürfen sich die Bauern auf den Namen Gottes und Christi Vorbild berufen, wenn sie, gegen die Schrift handelnd, Gewalt ausüben und der Obrigkeit nicht gehorchen? Besonders verärgert zeigt er sich über den Versuch der Bauern, die Leibeigenschaft aufzuheben. „*Es soll keine Leibeigenschaft geben,*" fragt er „*weil Christus uns alle befreit hat? Was ist das? Das heißt, die christliche Freiheit ganz fleischlich machen. Ein Leibeigener kann wohl Christ sein und christlich Freiheit haben, so wie ein Gefangener oder Kranker ein Christ ist, ohne doch frei zu sein. Es will dieser Artikel alle Menschen gleichmachen und aus dem geistlichen Reich Christi ein weltliches, äußerliches Reich machen, was unmöglich ist. Denn weltlich Reich kann nicht bestehen, wenn nicht Ungleichheit ist bei den Personen, daß etliche frei, etliche gefangen, etliche Herren, etliche Untertanen usw. sind.*"

Die damalige Zeit sich vor Augen führend, ist die Luthersche Haltung verständlich. Die Leibeigenschaft ist dem frühen germanischen, aber auch dem slawischen Recht bekannt, wo der „*Hörige*" zwar kein Sklave, also keine reine Sache ist, aber doch zum Hofgut gehört und dem Gutsherrn zur Dienstleistung verpflichtet ist. Und schließlich hat es noch lange Zeit gedauert, bis die uns so verständliche Forderung der Bauern verwirklicht wird. Das geschieht z. B. in Bayern erst am 26. Mai 1818, in Rußland gar erst am 17. März 1863.

Auch hier muß Martin erkennen, daß sein Wort keinerlei Wirkung mehr ausübt. Der Aufstand setzt sich mit unverminderter Heftigkeit fort. In den

Monaten März und April (1525) gibt es weder bei den Bauern noch bei den Herren irgendeinen Zweifel, daß die Bauern das ganze südliche Deutschland fest in der Hand haben und daß gegen ihren Ansturm, namentlich nachdem sich Ritter wie Götz von Berlichingen und Florian Geyer ihrer Sache annehmen, keine Macht gewachsen ist. Insofern ist Luthers Auftreten gegen die Bauern, wie es in seiner blutrünstigen Schrift *„Wider die räuberischen und mörderischen Rotten der anderen Bauern"* geschieht, keineswegs vom Opportunismus eingegeben, wie später behauptet wird. Im Gegenteil. Zu dieser Zeit (April 1525) — der Kurfürst Friedrich der Weise liegt schon auf dem Sterbebett — will sein Bruder, der Herzog Johann, der die Regierungsgeschäfte übernommen hat, die zwölf Artikel der Bauern annehmen. Luther hat Mühe, ihm das auszureden. Wieder einmal stellt er sich gegen den Ablauf der Geschichte, wie ihn alle erwarten. Daß er mutig ist wie an jeder Station seines Lebens, beweist er auch dadurch, daß er in Nordhausen den schwerbewaffneten Bauern, die entschlossen sind, sich der allgemeinen Erhebung anzuschließen, als Prediger entgegentritt. Er riecht den aufrührerischen Gestank, den sie verbreiten, denn sie haben getrunken, er sieht ihre verächtlichen Mienen, hört ihr höhnisches Lachen, aber er läßt sich nicht beeindrucken. Es liegt nicht gänzlich außerhalb des zu Erwartenden, daß sie ihn, der es wagt, sie Stirn gegen Stirn, Auge gegen Auge als Aufwiegler, Räuber, Marodeure zu beschimpfen, tätlich angreifen. Martin läßt sich auch nicht zum Schweigen bringen, als einige mit Handglocken läuten, um seine Worte ungehört zu machen. Seine Stimme ist gewaltig, sie übertönt das Geräusch. Wie ein Verzweifelter verweist er auf Christus am Kreuz und fordert im Angesicht der Bauern die Fürsten auf, Widerstand zu leisten, Widerstand mit dem Schwert und mit allen Mitteln.

Martin ist kein schlechter Psychologe. Er weiß, daß er alles aufs Spiel setzt, sein Ansehen, seine Beliebtheit, die Aura des Heiligen, die ihn umgibt, wenn er die von allen mit Ausnahme der Fürsten angefachte Bewegung verdammt. Viele waren in letzter Zeit bei ihm, angesehene vertrauenswürdige Männer, um ihn zu beschwören, wenn er sich schon nicht an die Spitze dieser großen deutschen Volkserhebung stelle, solle er doch ein Wort sagen, das den Menschen Mut und die Gewißheit gebe, daß sie im Geist des Evangeliums handeln. Er kann es nicht, es geht gegen seine Überzeugung. Und, obschon er wie alle Menschen annehmen muß, daß diese Revolution den Sieg erringt, stellt er sich gegen sie, weil er sie für Unrecht hält. *„Und ob's gleich geschähe, daß die Bauern obsiegten (da Gott vor sei!), denn Gott sind alle Dinge möglich und wir nicht wissen, ob er wolle durch den Teufel alle Ordnung und Obrigkeit zerstören und die Welt in einen wüsten Haufen werfen, so sterben doch sicher und gehen zum Scheitern mit gutem Ge-*

wissen, die in ihrem Schwertamt erfunden werden und lassen dem Teufel das weltliche Reich und nehmen dafür das ewige Reich."
Es ist also ganz deutlich: Er rechnet damit, daß die Bauern siegen und er denkt an den Tod und findet sich, wie so oft, mit ihm ab.
Den letzten Anstoß zur Schrift *„Wider die mörderischen und räuberischen Rotten der Bauern"* hat die Nachricht von der Greueltat zu Weinsberg gegeben, was übrigens die einzige, wirklich gravierende Ausschreitung der Bauern in diesem Krieg geblieben ist. Am 16. April (1525) kam der Hohenlohische Haufen, verstärkt durch die Neckartaler, zur Stadt Weinsberg. Man rastete, um zu beraten, wie man die befestigte Stadt berennen sollte. Da kam eine junge Frau, die sich aus der Stadt geschlichen hatte, ließ sich zu den Hauptleuten führen, denen sie sagte, wenn es hart auf hart ginge, gebe es in Weinsberg genügend Bürger, die eine Bresche in die Stadtmauer schlügen. Die Stimmung in der Stadt sei für die Bauern. Aber noch von anderer Seite wurde ihnen ein Fingerzeig gegeben. Das besorgte der Semmelhans von Neuenstein. Er hatte Salz auf die Burg von Weinsberg, die Weibertreu gebracht. Der sagte, es lägen nicht einmal zehn Mann auf der Weibertreu. Das waren gute Nachrichten. Die Bauern schickten einen Parlamentär mit weißer Fahne vor die Burg, der die Besatzung aufforderte, sich zu ergeben. Aber die Antwort, die von oben kam? Man schoß auf den Parlamentär. Darauf war kein Halten mehr im Bauernhaufen. Einer schrie so laut, daß man es weithin hörte: *„Heute wollen wir unsere Ostereier bei den Weinsbergern holen!"* Es war der Ostersonntagmorgen. Und dann stürmten sie. Ihnen gutgesinnte Bürger hatten in ein Törchen, gleich bei der Kirche, eine Bresche geschlagen. Dort brachen sie in die Stadt ein, und sie waren so in Wut, daß sie jeden niedergemacht hätten, der sich ihnen in den Weg stellte. Es wurde aber kein Widerstand geleistet. Dietrich von Weiler, derselbe, der auf den Bauernparlamentär geschossen hatte, war mittlerweile in die Kirche gerannt und in den Turm hinaufgeklettert. Von dort versprach er den Bauern jede Menge Geld und alles, was sie sich nur wünschten. Er flehte um Gnade. *„Gnade?"* fragte einer von den Bauern. *„Gnade, die sollst du haben"*, riß die Muskete hoch und schoß ihn herunter. Darauf warfen die anderen ihre Waffen weg und ergaben sich.
Nun war die Frage, was man mit den Gefangenen anstellen solle. Die Hauptleute hatten sich in die Kirnmühle zurückgezogen, wo sie einen kräftigen Trunk zu sich nahmen. Dort entwickelte ihnen der Jäcklein Rohrbach seinen wüsten Plan. Keiner erhob dagegen Einspruch. Daraufhin ließ der Jäcklein Rohrbach die Gefangenen auf eine Wiese vor dem Unteren Tor in Weinsberg treiben. Er sagte ihnen, daß sie nicht ohne das Wort Gottes sterben sollten. Der Pfarrverweser Leutz nahm dem Helfensteiner die Beichte und seinen Rosenkranz ab. Aber nicht genug damit, sie begleiteten ihren

Abgang mit Musik. Dazu stellte sich ein Pfeifer aus Ilsfeld namens Melchior Nonnenmacher, der dem Grafen bis dahin zum Tanz aufgespielt hatte, zur Verfügung. Er wollte sich für die Dienste, die er dem Grafen leisten durfte, erkenntlich zeigen und blies ihm zu seinem letzten Gang eine heitere Melodie. Dreizehn von Adel, mit den Knechten zusammen vierundzwanzig Mann, jagten sie durch die Spieße und da half es dem Herrn Ludwig Grafen von Helfenstein nicht, daß er ihnen eine Tonne Gold anbot. Er war dran, und die grausamen Bauern trösteten ihn damit, daß er sich keine Sorgen zu machen brauche, sie fänden das Gold auch ohne ihn. In einer halben Stunde war alles vorüber. Sie zogen den Getöteten die Kleider mit dem Bemerken aus, diese benötigten sie ja jetzt doch nicht mehr. Aber das Grausige der ganzen Szene wurde noch durch das Dazukommen eines rassigen Weibes verstärkt. Es war dies die *„Schwarze Hofmännin"*, mit bürgerlichem Namen Renata Renner aus Böckingen, die in der Rechten ein Messer schwang und mit der Linken ihren Rock *„bis zum Nabel"* hochraffte und so schlitzte sie dem Helfensteiner den Bauch auf und dann schmierte sie sich mit seinem Fett ihre Schuhe ein. Es wird behauptet, das sei die Rache gewesen, weil er sie als junges Mädchen genotzüchtigt habe.

Es war nicht nur Luther, den diese Untat in Wallung brachte. Sie hat der Sache der Bauern unendlich geschadet. Und wahrscheinlich trägt sie mit die Schuld am Scheitern des Bauernkriegs, denn viele Ritter und Edelleute, die mehr oder minder offen für die Bauern Partei ergriffen hatten, traten jetzt auf die Seite der Fürsten. So kommen Martin die zornigen Worte, die ihm von allen Seiten Ablehnung und Haß einbringen werden, in die Feder: *„Ein aufrührerischer Mensch ist schon in Gottes und kaiserlicher Acht, denn Aufruhr ist nicht ein bloßer Mord, sondern wie ein großes Feuer, das ein Land anzündet und verwüstet; also bringt Aufruhr mit sich ein Land voll Mords, Blutvergießens und macht Witwen und Waisen und verstöret alles wie das allergrößte Unglück. Drum soll hier zerschmeißen, würgen und stechen heimlich oder öffentlich, wer da kann und gedenken, daß nicht Giftigers, Schädlichers, Teuflischers sein kann denn ein aufrührerischer Mensch, gleich als wenn man einen tollen Hund totschlagen muß; schlägst Du nicht, so schlägt er Dich und ein ganzes Land mit Dir."*

Neben Karlstadt ist es vornehmlich Thomas Müntzer, der aus der reformatorischen Bewegung als Antipode und erbitterter Gegner Luthers in dieser Epoche auftritt. Wir haben ihn aus den Augen verloren, als er, der in der Bruderschaft der *„Schwarmgeister"* in Zwickau die Herrschaft an sich gerissen hatte, fliehen muß. Im gleichen Jahr finden wir ihn als Prediger in der an der thüringischen Rhone gelegenen Stadt Allstedt wieder. Dort ist es ihm gelungen, aus den Zuhörern all das herauszureißen, was von der alten Kirche noch vorhanden war. Seine den Menschen bis ins Geschlecht gehende demagogische Betörungsgabe hat die ganze Gemeinde in einen krankhaften Paroxysmus hineingetrieben, so daß sie zeitweise bereit ist, als revolutionärer Stoßtrupp für ihn und seine Ideen in den Kampf zu ziehen. Selbst den Ortspfarrer hat er in diese zu jener Zeit so leicht zu schaffende Extase einbezogen. Er strebt die ‚innere Erleuchtung' an, die in Massenpsychosen erreicht wird. Die Kindstaufe schafft er ab, die Bedeutung der Bibel drängt er zurück, man kann die Offenbarung direkt in sich hineinbeschwören. Gott teilt sich jedem einzelnen und nicht etwa nur den Heiligen in Visionen mit. Und siehe da, alle erleben diese Visionen am eigenen Leib. Er verschreibt sich mit Haut und Haaren dem Chiliasmus, dem Glauben an ein mit der sichtbaren Wiederkunft Christi beginnendes tausendjähriges Gottesreich auf Erden. Vor Luther schreibt er eine deutsche Messe, geht aber auch ins gesellschaftliche Leben hinein, indem er eine Gemeindeordnung verfaßt und Anweisungen für eine kirchliche Verfassung gibt. Soweit diese Schriften noch vorhanden sind, kann man ihnen Klarheit und Weitsicht nicht aberkennen. Kein Wunder, daß er auf dieser Höhe seines Wirkens sein Leben nach seiner Lehre gestaltet, indem er eine Nonne heiratet, die ihm einen Sohn gebiert.

Sogar Friedrich der Weise schickt seinen Bruder-Mitregenten Herzog Johann von Sachsen und dessen Sohn Friedrich auf das Schloß zu Allstedt, damit Thomas Müntzer vor ihnen predige. Und dieser nimmt am 13. Juli 1524 die Gelegenheit beim Schopf, um den Fürsten teils mit groben, teils mit sanften Tönen ins Gewissen zu reden. Doch diese lehnen, offenbar unter dem Einfluß Luthers, seine Lehren ab.

Müntzer will zu viel, will es zu schnell, zu maßlos und auch nicht konsequent genug. Sicherlich entspringen seine radikalen Forderungen einer tiefen inneren religiösen Überzeugung. Und nur weil diese Überzeugung in einer Gewalt des Wortes, die der Luthers nicht nachsteht, aus ihm herausflammt, vermag er die Menschen hochzupeitschen und mitzureißen. Der Druck, den er dadurch auf die gesamte Bevölkerung der Stadt einschließlich der Amtspersonen ausübt, zwingt auch solche, die im Innern noch der alten Lehre anhängen, sich dieser Bewegung anzuschließen. Müntzer selbst scheint sich nicht klar darüber zu sein, ob er seine Forderungen nur mit „christlichen Mitteln", also Überredung, Gebet, Predigt usw. oder auch notfalls unter Anwendung von äußerer Gewalt verfolgen darf oder sogar verfolgen muß. Wie immer bei solchen Massenpsychosen überwiegen die Radikalen, die in der rücksichtslosen Verfolgung „der Gottlosen", also in einer echten Revolution das Ziel des Aufbruchs sehen. Die eigentliche Tragödie beginnt damit, daß die längst als Marienkultort aufgelassene Kapelle in Mallersdorf in Brand gesteckt wird. Diese Brandstiftung wird auch von den Fürsten als das erste Signal der durch die Verhetzung Müntzers zur Ge-

walt schreitenden Bevölkerung Allstedts angesehen, eine Meinung, die insofern nicht gänzlich unbegründet ist, als Müntzer, auch wenn er selbst nicht an der Zerstörung beteiligt war, sie nachträglich lauthals billigt.
In der Folgezeit legt er sich mit dem Grafen Ernst von Mansfeld an (der sich später durch die Folterung Müntzers bitter rächen wird), schließlich aber schafft er es, auch den Kurfürsten Friedrich den Weisen, der sich lange aus der Sache herauszuhalten sucht, gegen sich aufzubringen. Auf dem Verhör, zu dem er am 1. Mai (1524) nach Weimar geladen wird, sucht er einzulenken, womit er sich aber zwischen beide Stühle setzt, denn den Fürsten gehen seine Versprechungen nicht weit genug, die Heißsporne in Allstedt legen sie jedoch als Verrat aus. Dadurch wird seine Stellung in Allstedt so unhaltbar, daß er in der Nacht vom Sonntag, dem 7., zum Montag, dem 8. August (1524) mit einem Goldschmied von Nordhausen *„über des Städtleins Mauer heimlich gestiegen und weggegangen ist ohne jeden Abschied"* wie er selbst den sächsischen Fürsten berichtet.
Nun wendet er sich nach Mühlhausen, wo er sich mit dem Prediger Heinrich Pfeiffer, einem ehemaligen Mönch, verbündet, der die Unterdrückten und Armen gegen den Rat von Mühlhausen anführt. Am 27. September desselben Jahres (1524) werden Müntzer und Pfeiffer aus Mühlhausen ausgewiesen. Sie ziehen nach Basel. Unstet, doch von einem ungeheueren Tatendrang beseelt, bricht Müntzer Anfang des nächsten Jahres (1525) auf, um allenthalben den Aufruhr zu predigen. Was er im einzelnen umtreibt und wo das geschieht, ist nur mosaikartig bekannt geworden. Aber jedenfalls erreicht er, daß er in diesem Wirkungskreis mehr gerühmt wird als Luther, und seine zahlreichen Schriften von Hand zu Hand gehen. Er wird zum Volkshelden. Erbost darüber, daß Martinus ihn schlichtweg, aber in den verschiedensten Variationen, als einen Teufel bezeichnet, zieht er gegen seinen früheren Gönner und sein einstiges Idol in üblerWeise vom Leder. Er nennt ihn einen *infamen Lügner,* einen *tückischen Kolkraben,* einen *gottlosen Schelm,* einen *frechen schamlosen Mönch,* einen *Stocknarren,* einen *Erzbuben,* einen *Basilisk,* einen *Erzheiden,* einen *Vater Leisetritt,* einen *Bruder Sanftleben,* ein *giftiges Würmlein.* Unter anderem wirft er ihm seine *„beschissene Demut"* vor, kurz, die einstige Liebe hat sich, wie so oft, in einen flammenden Haß verwandelt.

Gebeutelt von diesem Haß, einem maßlosen Ehrgeiz und einem alle Realität beiseite schiebenden Sendungsbewußtsein kehrt er nach Mühlhausen zurück. Er verzehrt sich in dem Gefühl, jetzt und von hier aus müsse die Welt gewandelt werden, damit das tausendjährige Gottesreich auf Erden beginnen könne. Der Rat von Mühlhausen wird abgesetzt und ein neuer ‚Ewiger Rat' gebildet. Müntzers Macht und Einfluß ist so groß, daß er wie ein Heiliger verehrt wird. Und er selbst steigert sich in ein Unfehlbarkeits-

bewußtsein hinein, daß er selber daran glaubt, ,Er' und die von ihm Geführten wären unverwundbar, weil der Herr mit ihnen sei.
Luther bezeichnet ihn in dieser Zeit nur als den *„König und Imperator von Mühlhausen"* und hält ihn in Verkennung der Lage für den Führer des gesamten Bauernaufstandes. In Wahrheit erstreckt sich dessen Wirken nur auf Thüringen, wo der Aufstand im Gegensatz zum Süden noch in den Anfängen steckt. Wenn es allerdings nach Müntzer ginge, hätte sich das ganze Land längst erhoben. Jedenfalls überschwemmt er es mit Flugzetteln, in denen er den Aufruhr predigt. Am bekanntesten wird die Flugschrift, die er an *„seine Allstedter"* richtet, wo es heißt: *„Dran, dran, dran, dieweil das Feuer heiß ist! Laßt Euer Schwert nicht kalt werden, laßt es nicht lahm werden. Schmiedet pinkepanke auf dem Amboß Nimrods, werfet ihnen den Turm zu Boden! Es ist nicht möglich, solange sie leben, daß Ihr von der menschlichen Furcht befreit werdet! Man kann Euch von Gott nichts sagen, solange sie über Euch regieren. Dran, dran, dran, solange Ihr Tag habt, Gott geht Euch voran, folget, folget, folget!"*
Der thüringische Bauernhaufen versammelt sich bei Frankenhausen. Aber schon braut sich das Unheil zusammen. Die Fürsten konzentrieren ihre Truppen, um die Bauern zu stellen. An der Spitze ist es der Herzog Georg von Sachsen, aber auch der Bruder des Kurfürsten, der Herzog Johann, rückt mit den inzwischen angeworbenen Landsknechten an. Zu diesen gesellen sich der Landgraf Philipp von Hessen und die beiden Mansfelder Grafen Albrecht und Ernst.
Über die Schlacht von Frankenhausen am 15. Mai (1525) haben wir einen lebendigen Bericht des Grafen Philipp von Solms an seinen Sohn Reinhard vom 16. Mai (1525). Das Ganze läßt sich dramatisch an. Am Sonnabend, dem 13. Mai (1525) bricht das vereinigte Heer der Fürsten gegen Abend von Langensalza auf und marschiert die ganze Nacht und den ganzen folgenden Tag, bis es sechs Meilen vor Frankenhausen haltmacht. Sie schicken dreißig berittene Schützen zum Lager der Bauern, um deren Stärke zu erkunden. Diese haben sich auf einem Hügel in einer Wagenburg, ähnlich wie früher die Hussiten, verschanzt. Als die Bauern der fürstlichen Reiter ansichtig werden, machen sie mit zwei Fähnlein einen Ausfall. Gleichzeitig schießen sie mit ihren Feldschlangen und sonstigen Geschützen auf die Fürstlichen, treffen aber nur einige Pferde.
Am Montag, dem 15. Mai (1525) umgehen die Fürstlichen in aller Frühe die Stadt Frankenhausen, um eine günstigere Ausgangsposition zu erhalten. Die Bauern beschießen sie über die Stadt hinweg — so weit tragen damals die Geschosse schon — richten jedoch keinen Schaden an. Das Umgehungsmanöver gelingt: Die Fürsten führen ihre Hauptmacht heran. So stehen sie sich gegenüber: Mindestens sechstausend Bauern und höchstens

dreitausend Fürstliche. Man beginnt zu verhandeln. Die Fürsten erklären, sie würden den Bauern freien Abzug gewähren, wenn diese Müntzer und die Hauptleute auslieferten. Müntzer läßt — womit er sich viele Sympathien verscherzt — vier Emissäre der Fürsten, die ins Bauernlager gekommen sind, hinrichten. Daraufhin beginnt der Tanz. Der mit Luther verschwägerte Mansfelder Rat Johann Rühel gibt einen Bericht über die Vorgänge im Lager. Danach sei Müntzer wie ein Besessener im Lager umhergeritten und habe geschrien: *„Gedenkt der Kraft Gottes! Die ist es, die Euch zu Hilfe kommt! Laßt Euch von der Kraft Gottes bewegen und seid hiervon allewege getrost!"* Als der erste Schuß der Fürstlichen auf das Bauernlager zu kurz gerät, brüllt er: *„Ich hab's Euch vorher gesagt: Kein Schuß wird Euch schaden!"* Doch darin sieht er sich getäuscht. Denn die folgenden Schüsse schaden ihnen, indem sie voll treffen. Das Lager gerät in Panik. Den Bauern fehlt es an erfahrenen Geschützbedienungen, offenbar ist auch nicht ausreichend Munition vorhanden.

Über die Flucht der Bauern schreibt Graf Philipp von Solms: *„Die Bauern leisten keinen Widerstand mehr. Sie streben der Stadt Sachsenhausen zu. Aber zwischen dem Hügel und der Stadt werden sie von den Fürstlichen eingeholt und der größte Teil erstochen. Die Fürsten berennen die Stadt und erobern sie in kürzester Zeit, um die Geflohenen aus ihren Verstecken — zum Teil haben sie sich in Abzugskanälen zu verbergen gesucht — zu holen und niederzumachen."*

Auch Müntzer ist die Flucht in die Stadt gelungen. Johann Rühel schreibt darüber an Luther. Danach hat sich Müntzer in ein Haus nahe dem Tor geschlichen, seinen Rock ausgezogen und sich in ein Bett gelegt, das auf dem Speicher stand. Später sei der Sachse Otto von Eppe in das Haus gekommen, um für sich und seine Leute Quartier zu machen. Zufällig sei einer seiner Knechte auf den Speicher gekommen, habe einen Mann im Bett liegen gesehen und seinen Junker gerufen. Der habe den im Bett gefragt: *„Was liegt allda, wer bist Du?" Müntzer erwiderte: „Ich bin ein kranker armer Mann." Da finden sie seine Reisetasche und darin einen Brief, den Graf Albrecht ins Lager geschrieben hat. „Wo kommt der Brief her? Du wirst wohl der Pfaffe sein!"* Erst leugnet, dann bekennt er. Damit ist sein Schicksal besiegelt.

Aber daran schließt sich eine der groteskesten Szenen an, die uns aus jener Zeit berichtet werden. Fünftausend Bauern liegen erstochen und nicht begraben im Gelände. Ein beklemmender Blutgeruch erfüllt die Luft des Maientages. Darüber der Richtplatz mit einer Bank, auf die sie den Thomas Müntzer setzen. Während hinter dieser Bank die feuerrot gekleideten Henker ihres Amtes walten, setzen sich die Fürsten zu Müntzer auf die Bank, um sich mit ihm, der vergebens auf das Eingreifen Gottes gewartet hat, in Diskussionen einzulassen. Der Herzog Georg von Sachsen will wissen, was ihn dazu bewogen habe, „*die Viere*" köpfen zu lassen. Müntzer, neben dem Herzog wie seinesgleichen sitzend, schiebt mit durchaus kollegialen Worten die Verantwortung von sich und auf den, der ihn im Stich gelassen hat: „*Lieber Bruder, ich sage Euer Liebden, daß nicht ich solches getan, sondern das göttliche Recht.*" Auch der Herzog von Braunschweig läßt sich auf der Bank nieder und möchte wissen, warum nach Müntzers Meinung ein Fürst nicht mehr als acht und ein Graf nur vier Pferde haben dürfe. Doch es kommt noch überraschender: Der Landgraf läßt sich mit dem vermutlich alsbald vor seinem ewigen Richter Stehenden in ein Religionsgespräch ein. Darüber berichtet Rühel seinem Schwager Luther: „*Ich höre aber, daß sich der Landgraf des Evangeliums nicht geschämt und sich mit Müntzer in einen heftigen Streit dabei begeben hat. Müntzer hat das Alte Testament gebraucht, der Landgraf aber sich an dem Neuen gehalten. Er hat sein Neues Testament auch bei sich gehabt und daraus die Sprüche gegen Müntzer gelesen.*" Ohne daß eine Entscheidung fällt, trennt man sich.

Müntzer und Pfeiffer würden es wohl humaner empfinden, wenn man ihnen jetzt mit den anderen Aufständischen, die man aus ihren Verstecken in der Stadt herausgeholt hat, die Köpfe abschlüge, doch die Fürsten — und das ist der allgemeine Brauch bei der Niederschlagung des Bauernaufstandes — haben mit den Anführern Spektakuläreres im Sinn. Die beiden werden nach der Burg Heldrungen des Grafen Ernst von Mansfeld gebracht, wo Müntzer schon am nächsten Tag dem inquisitorischen Verhör unterzogen wird. Das Schicksal kann Müntzer nicht härter treffen. Genau drei Tage sind es her, seitdem er an den Grafen, dessen Gefangener er heute ist, ein Ultimatum gerichtet hat, das in Form und Inhalt alle seine bisherigen Maßlosigkeiten um ein Vielfaches übertrifft. Der Triumph, den der Graf und mit ihm die Fürsten empfinden, diesen in ihren Augen vom Teufel besessenen Übeltäter den Folterknechten überantworten zu können, übersteigt jede Vorstellung. Ob die Erklärungen, die jetzt von ihm in die Welt hinausgehen, echt, durch die Folter erzwungen oder schlicht gefälscht sind, darüber läßt sich nur noch streiten. Hat er sich wirklich zum alten Glauben bekehrt, wie die einen sagen oder ist er standhaft geblieben, wie die anderen behaupten: Wir Heutigen wissen darauf keine Antwort. Doch außer Zweifel steht, daß von dem so hohen Ansehen, das er bei vielen seiner Zeitgenossen besaß, in wenigen Tagen nichts mehr übrigbleibt. Als er, nachdem auch Mühlhausen zu Kreuze gekrochen ist, am 27. Mai, also zwölf qualvolle Tage nach der verlorenen Schlacht von Frankenhausen, mit dem Schwert hingerichtet und sein Leib vor der Stadt ins Feld gesteckt wird, denkt wohl kaum einer noch daran, daß damit eine ideenreiche, dynamische, glaubensstarke, aber der Wirklichkeit nicht gewachsene Persönlichkeit für immer ausgelöscht ist.

Der Sturmwind dieser Revolution, der sich Reichsstädte, Fürsten, Grafen, Ritter und unzählige Gemeinden anschließen, weht nur noch wenige Tage, dann scheint er den Atem anzuhalten. Aber langsam wendet er sich und schließlich bläst er den Bauern ins Gesicht. Er hat sich um hundertachtzig Grad gedreht. Der einzige, der imstande wäre, der Revolution zum Sieg und dem Reich zu einer neuen Verfassung zu verhelfen, ist Wendelin Hippler, der ehemalige Hohenlohesche Kanzler. Er allein bringt die Eigenschaften mit, die notwendig sind, um die auseinanderstrebenden Haufen auf ein Ziel hinzulenken und eine neue ständische Ordnung aufzurichten. Er, der von den jungen Hohenloheschen Grafen trotz seiner ihnen geleisteten guten Dienste mit Gewalt von ihrem Territorium vertrieben worden war, hat die innere Spannung, um alle seine hervorragenden Eigenschaften im Kampf gegen den Übermut der Fürsten einzusetzen. Jetzt, wo die Landsknechte, die alles andere als den Fürsten gewogen sind, massenweise von Pavia nach Deutschland zurückströmen, schlägt Hippler den Bauern vor, diese für die eigene Sache anzuheuern. Das lehnen die Bauern, von den bisherigen Siegen verblendet und darauf versessen, die Beute mit niemandem teilen zu müssen, brüsk ab. Es fehlt ihnen, wie häufig in Fällen des Opportunismus, auch nicht an großen Worten, um ihre Meinung zu verbrämen: Sie wollen nur als freie Männer kämpfen und das neue Reich errichten. Allein durch diese Ablehnung gezwungen, lassen sich die Knechte, deren Sold längst verfressen, versoffen und verhurt ist, dazu herbei, in die Dienste der Fürsten einzutreten.

Nun ist die Zeit gekommen, wo der Schwäbische Bund eingreift. Es ist der einzige Zusammenschluß in Deutschland, der über ein schlagkräftiges Heer und damit über Macht verfügt. Dazu besitzt er in Georg Truchsess einen hervorragenden Feldhauptmann, der sich nicht nur als kluger Taktiker und Stratege erweist, sondern der auch mit allen diplomatischen Wassern gewaschen ist. Seinen disziplinierten und nach den neuesten Erfahrungen der Kriegskunst geführten Truppen gegenüber sind die Bauern nichts anderes als zusammengewürfelte Haufen, keinem einheitlichen Kommando gehorchend, nur auf Beute aus, ob sich's um Geld, Wein oder Weiber handelt und ohne den ernstlichen Willen, sich im Waffenhandwerk ausbilden zu lassen. Zusammenhanglos und nur für den Augenblick kämpfend, müssen sie erleben, wie sie durch falsche Versprechungen zum Aufgeben veranlaßt werden oder wie man sie getrennt und ohne daß sie sich gegenseitig wirksam unterstützen, hinschlachtet. Übereinstimmend gehen die Schätzungen dahin, daß am Ende des Bauernkrieges mindestens hunderttausend

Menschen ihr Leben gelassen haben, was bei der dünnen Besiedelung einen gewaltigen Aderlaß bedeutet.
Erst jetzt (die Drucklegung hat sich verzögert) in dieser verzweifelten Untergangsstimmung erscheint Martin Luthers Schrift „*Wider die räuberischen und mörderischen Rotten der Bauern*". Daß sich die Menschen — und das ist die Mehrzahl des Volkes mitsamt den Gebildeten —, die mit heißem Herzen an das Heraufziehen der Freiheit glauben, wie ins Gesicht gespuckt und geschlagen fühlen, kann nicht verwundern. Die Fürsten, die in ihrem Racherausch keine Gnade kennen, finden sich, obschon die wenigsten von ihnen Wert darauf legen, in ihrem grausamen Vorgehen gerechtfertigt. Da ist das Köpfen noch eine milde Strafe, das Ausstechen der Augen und Abschlagen der Finger (für 69 Männer, an denen er diese Prozedur vorgenommen hat, stellt der Nachrichter Augustin von Kitzingen am Main 114 Gulden in Rechnung!) noch keineswegs das schlimmste Übel, da denkt sich die fürstliche Phantasie noch erheblich Grausameres aus, wie sie beispielsweise den Pfeifer aus Ilsfeld, Melchior Nonnenmacher, der dem Grafen Helfenstein bei dessen Spießrutenlaufen die Abschiedsmelodie blies, an einen Pfahl binden lassen, um ihm dann persönlich ‚einzuheizen'. Sie rücken das Feuer an ihn heran und ziehen es wieder zurück, so daß sie zwei Stunden brauchen, bis sie ihm die Kleider verbrannt haben, und sie können mit dieser kurzweiligen Beschäftigung den ganzen Tag verbringen, bis Melchior Nonnenmacher seinen Geist aufgibt.
Nicht nur, daß sich der Sturm, der im Frühjahr (1525) durch das Land gebraust ist, gelegt hat, es scheint nicht der geringste Lufthauch mehr zu wehen. Die Angst ist etwas Stummes, Wortloses, man kann sie nicht vernehmen, man kann sie nur fühlen. Die große Zeit der Henker und ihrer Knechte ist angebrochen. Und würden nicht einige fürstliche Beamte ihre Herren darauf hinweisen, daß, wenn sie so weitermachten, sie niemanden mehr ‚*preßen und schaben*' könnten, die ‚*Vertuherren*' würden ganze Landstriche ausrotten.
Um Martin Luther ist es einsam geworden. Auch wenn man ihm damit nicht gerecht wird, so geben ihm viele die Schuld am Scheitern der Revolution. Sicherlich hat er es mit keinem Gedanken beabsichtigt und ist unglücklich darüber, daß es so kam: Doch ohne Luther hätte ein Bauernaufstand nie und nimmer ein solches Ausmaß annehmen können. Müßig ist es, darüber zu rechten, ob diese Revolution hätte einen sozialen und gesellschaftlichen Umschwung herbeiführen können, würde sich Martin Luther an ihre Spitze gestellt haben. Er hat es nicht und will es nicht. Indem man ihm jetzt Liebedienerei gegenüber den Fürsten vorwirft, tut man ihm gewiß bitteres Unrecht. Er hat es keineswegs und nie unterlassen, sich in den schärfsten Ausdrücken gegen die Fürsten, ihren Hochmut und ihre Grau-

samkeit zu wenden. Er ist kein Politiker und will es nie und nimmer sein. So läßt sich auch nicht beweisen, ob er geahnt hat, daß die Zeit noch nicht reif für einen großen politischen Umschwung ist. Die Menschen sind es sicherlich nicht und vielleicht hat Luther, von seinem bäuerlichen Instinkt geleitet, sogar recht, daß er seine Reformation nicht einem Bauernaufstand anvertrauen will.

Eine neue Gefahr für ihn zieht in diesem denkwürdigen Jahr (1525) am Horizont herauf. Friedrich der Weise, der ihn bisher mit allen nur erdenklichen, ja häufig sogar ausgekochten Mitteln vor dem Zugriff des Papstes, des Kaisers und seiner sonstigen Feinde zu schützen gewußt hat, schickt sich an, diese Welt für immer zu verlassen. Zwar ist ihm dessen Nachfolger und kurfürstlicher Bruder Herzog Johann nicht minder, ja vielleicht sogar noch vorbehaltloser gewogen. Aber sicherlich hat er nicht die gleichgroße Autorität in die Waagschale zu werfen, die Kurfürst Friedrich in so unerhörtem Maße besitzt. Wenn man auch zu wissen glaubt, daß Friedrich den Beinamen *„Der Weise"* zunächst nur durch seine Kenntnis höfischer Etikette erwarb, die er wie kaum ein anderer nicht nur beherrscht, sondern auch kultiviert hat, so sind es doch später die Eigenschaften seines großen gütigen Herzens, sein Gerechtigkeitssinn, seine für diese Zeit beispiellose Unbestechlichkeit, was ihm nicht nur das Ansehen der Fürsten, sondern des ganzen deutschen Volkes einbringt.

Diese außerordentliche Wertschätzung spiegelt sich gleichfalls in der Tatsache, daß man ihm nach dem Tod Kaiser Maximilians (12. Januar 1519) die Würde des deutschen Kaisers anträgt. Die Behauptung, daß er am 27. Juni 1519 sogar drei Stunden lang deutscher Kaiser gewesen und dann zur Abdankung gezwungen worden sei, läßt sich nicht aufrechterhalten, selbst wenn dies Sebastian und Antonio Giustiniani am 17. August (1519) an die Signoria von Venedig berichten. Dagegen stehen eine Reihe absolut glaubwürdiger Zeugnisse. Friedrich strebt nicht nach allzu großer Verantwortung. Das drückt sich schon in seinem Wahlspruch aus: *„Tantum quantum possum" (soviel wie ich vermag).* Auch seine Lebensweise, die, wenn es nicht um die Repräsentation seiner Stellung als Kurfürst geht, eher bescheiden zu nennen ist, zeigt, daß er nicht darauf erpicht ist, die Hand nach der höchsten Würde des Reiches auszustrecken. Er, zeitlebens unverheiratet, gibt sich mit einem Liebesverhältnis zu der einfachen aber sympathischen Anna Weller zufrieden. Die zwei Söhne Bastel (Sebastian) und Fritz, die aus dieser Verbindung hervorgehen, sind ihm ans Herz gewachsen, er hält sie in seiner Nähe und kümmert sich um ihre Erziehung. Und immer wieder findet man ihn, von allen geliebt, in der Familie seines Bruders und Mitregenten Herzog Johanns. Schließlich ist auch bezeichnend für sein rechtschaffenes, beinahe bürgerliches Wesen, daß er nicht nur Freude am Drechseln hat, sondern es in diesem Handwerk zu regelrechter Meisterschaft bringt. Nein, auch ohne die zuverlässigen Zeugen: Deutscher Kaiser will Friedrich nicht werden.

Doch abgesehen von allem anderen: Seine Gesundheit ist im Jahre der Kaiserwahl (1519) bereits so angegriffen, daß er schon aus diesem Grund die Bürde einfach nicht würde tragen können. Während er, wie er nicht ohne Stolz erzählt, noch im Jahre 1510 die Ehre hatte, daß der Kaiser (Maximilian) selbst *„mit ihm rannte"*, zehren gerade die seiner Natur zuwideren, kaum vorstellbaren Intrigen bei der Kaiserwahl in Frankfurt seine Kräfte auf. Hier spielt das Haus Fugger, das für die unumgänglichen Bestechungsgelder die Kredite zur Verfügung stellt, eine unrühmliche Rolle. Daß trotzdem Friedrich der Weise sich bei der Wahl engagiert — es geht darum, ob die Großmächte Spanien oder Frankreich zum Zuge kommen — beweist sein bekanntes Wort: *„Wollte Gott, daß denen, die Frankreich oder Spanien zugut handeln in dieser Wahl, ein Horn aus der Stirn wüchse."* So wird am 28. Juni (1519) Karl V. zum deutschen Kaiser gewählt, eine Wahl, die Friedrich später vermutlich oft bereut haben mag.

Als schwerkranker Mann kommt er aus Frankfurt zurück. Spalatin berichtet, daß ihn gleichzeitig *„ein fast schwindes Fieber, Colica, Podagra und Stein"* foltern. Acht Wochen lang ist er außerstande zu gehen und muß getragen werden. Wie sehr Martin mit Friedrich fühlt, geht aus einer Trostschrift *„Tessaradecas consolatoria"* hervor, die er diesem widmet. Schließlich läßt auch Friedrichs Augenlicht nach, so daß er, der einstige Held der Turniere, sich ab dem Jahre 1523 einer Brille bedienen muß.

Der Umstand, daß ihn körperliche Leiden allenthalben zwicken, ändert nichts an seinem großmütigen Charakter und seiner Güte, deren auch der letzte Diener teilhaftig wird. Und wenn man ihm nachsagt, er wäre entschlußlos und schwankenden Sinnes, was schon daraus hervorgehe, daß er sich weder für noch gegen die Reformation entscheide, so wird man ihm nicht gerecht. Er steht innerlich auf Seiten Luthers, sonst würde er nicht dulden, daß sämtliche seiner Räte, an der Spitze sein Hofkaplan Georg Spalatin, sich offen zu diesem bekennen. Er würde es auch nicht hinnehmen, daß sich die Klöster leeren, die Kirchenbräuche ändern, deutsche Gottesdienste abgehalten werden und man das Abendmahl in zweierlei Gestalt reicht. Er hat Luthers Schriften verschlungen und sie seinen Freunden, wie Anton Tucher und Albrecht Dürer, mit zustimmenden Kommentaren übersandt. Und insbesondere kann er sich nicht genugtun, Luthers Bibelübersetzung zu bewundern. Später allerdings, als ihm *„die verdrießlichen Schmähbüchlein"* allzuviel Ärger einbringen, bittet er Spalatin, mäßigend auf Luther einzuwirken. Dieser aber setzt sich zur Wehr: *„Bilde Dir nicht ein, daß ich mich wieder in einen Winkel verkriechen werde."*

Friedrich, der früher ein besessener Sammler von Reliquien gewesen war, stellt zweifellos auf Veranlassung Luthers und Spalatins mit dem Datum des 28. Juli 1522 den Ankauf von Reliquien ein. An diesem Tag schreibt Spalatin an den deutschen Franziskanerbruder Burkhard Schenk von Simau, der von Venedig aus die Reliquien besorgt hat, diese würden nicht mehr benötigt, denn in Deutschland habe sogar „*das gewöhnliche Volk*" aus der Schrift gelernt, „*sich an Glauben, Gottvertrauen und Nächstenliebe genügen zu lassen.*"

Daß Friedrich sich nicht offen zur Reformation bekennt, hat darin seinen Grund, daß er ständig fürchten muß, selbst gebannt zu werden, was für Luther den Scheiterhaufen bedeuten würde. Kein Geringerer als der päpstliche Nuntius Aleander richtet an den am 9.11.1523 gewählten Papst Clemens ein Schreiben, in dem er Friedrich als ein „*monstrum atque prodigium*" (ein Monstrum und ein Ungeheuer) bezeichnet und rät, diesem die Kurwürde zu nehmen und ihn in den Bann zu tun. Das ist nicht nur so dahingeredet, denn mit dem Kirchenbann ist man rasch zur Hand und die Folgen — man muß nur an die Gefahr, die der ‚Schwäbische Bund' darstellt, denken — können verheerend sein.

Schließlich sehen die Feinde Luthers — und das dürfte auch historisch nicht zu widerlegen sein — in der Ausschaltung Friedrichs die einzige und letzte Möglichkeit, mit der Reformation ein für alle Mal fertigzuwerden. Kein Wunder also, daß diese Drohungen, an deren Ernsthaftigkeit nicht zu zweifeln ist und die Friedrich sein ganzes Leben lang begleiten, ihm — auch zum Segen Luthers — geraten sein lassen, formell an der alten Lehre festzuhalten.

Im Angesicht seines Todes sieht er keinen Grund mehr, diese Rücksicht aufrechtzuerhalten. Er gibt sie auf. Ihm vermag man nichts mehr anzuhaben und inzwischen ist die reformatorische Bewegung so stark geworden, daß man sie nicht mehr mit einem Federstrich aus der Welt schaffen kann. Jetzt erlebt Spalatin, der bei seinem kranken Herrn ausharrt, die Freude, daß nicht nur am 9. April 1525 in Lochau der erste Gottesdienst in deutscher Sprache gehalten werden darf, sondern daß auch der Kurfürst Friedrich der Weise an diesem Gottesdienst teilnimmt. Auf dem Sterbelager in Lochau errichtet Friedrich auch sein drittes Testament, in dem nicht mehr von Klöstern, die er früher bedacht hatte, die Rede ist. Und jetzt läßt er sich auch — und das ist das uneingeschränkte Bekenntnis zur neuen Lehre — das Abendmahl in zweierlei Gestalt reichen.

Die Tragik im Leben dieser beiden Männer, von denen jeder dem anderen so viel bedeutet und auch jeder dem anderen so viel gab, kommt in Friedrichs Todesstunde am 5. Mai (1525) voll zur Geltung. Obschon sie beide umeinander kreisten, sowohl im geistigen Erleben wie auch in der Sorge um ihr Wohlergehen und ihre Gesundheit, haben sie sich nie von Angesicht zu Angesicht gesehen. Gewiß, auf dem Wormser Reichstag, wo Friedrich die Rolle eines der Richter und Martin die des Angeklagten zu spielen hatte, waren sie sich einmal körperlich begegnet. Aber das hatte höchstens die Wirkung, die ein Schauspieler auf der Bühne ausübt, zu einer Begegnung Auge in Auge ist es nie gekommen. Nun kann man das keineswegs so betrachten, als sei der Abstand zwischen Fürst und Prediger zu dieser Zeit so groß gewesen, daß der eine sich dem andern nicht nähern dürfe. Wir haben erlebt, wie sich die Fürsten nicht scheuten, sich mit dem zum Tod verurteilten Thomas Müntzer wie gleichberechtigt zu unterhalten. Gerade in dieser Zeit ist das Gespräch zwischen hoch und niedrig durchaus üblich. Hier wird das körperliche Zusammensein, das im menschlichen Leben so viel bedeutet, lediglich aus taktischen Gründen — und wir können überzeugt sein, daß es beiden schwerfiel — vermieden, damit Friedrich seine Schutz- und Schirmherrschaft über Luther aufrechterhalten konnte: *„Ich kenne diesen Menschen nicht, ich habe ihn nie gesehen."*

Jetzt auf dem Sterbelager in Lochau hat es Friedrich satt, diese beinahe unmenschliche Zurückhaltung, die er sich selbst auferlegt hat, noch bis zum Ende durchzuhalten. Er verlangt gebieterisch, Martin Luther zu sehen. Aber die Tragik: Luther ist zu weit von Lochau entfernt, so daß ihm der Wunsch Friedrichs, ihn zu sehen, zugleich mit der Nachricht von dessen Tod erreicht. So ist es ihnen nicht einmal in dieser letzten Stunde vergönnt, einander in die Augen zu blicken.

Ergreifend sind die Predigten, die Martin Luther seinem verstorbenen Gönner hält. Und es ist die Wahrheit: Nur Friedrichs Klugheit, seinem Gerechtigkeitssinn und schließlich seinem mutigen Herzen ist es zu danken, daß Martin Luther sein Werk vollenden kann.

Elftes Kapitel
1525

Flucht der Nonnen aus dem Kloster Nimbschen — Luther besorgt Unterkünfte für sie — Die Nonne Katharina von Bora — Luthers Heirat

Martinus ist sich darüber längst im klaren, daß ihm nach all den Ereignissen Einsamkeit beschert sein wird. Gewiß, die Freunde sind ihm geblieben. Aber die einen haben geheiratet, wie Johann Bugenhagen, Justus Jonas und Wenzeslaus Link. Verständlich, daß sie in erster Linie von ihren Familien beansprucht werden. Und die übrigen? Sie sind fürsorglich, fast zu fürsorglich, eben wie man sich gegenüber einem Freund verhält, der ins Unglück geraten ist. Luther merkt es, aber lächelt darüber. Er ist nicht unglücklich, weil es still um ihn geworden ist. Diese Stärke beweist er in allen Lebenslagen: Solange er überzeugt ist, recht gehandelt zu haben, läßt er sich durch nichts anfechten. Was ihn um diese Zeit ernsthaft bedrückt, ist die schreckliche Armut, in der er und der Prior im Kloster leben, in das Schmutz und Verwahrlosung ihren Einzug gehalten haben.

Was die Bauern anlangt, geht er kein Jota von seiner Auffassung ab. So schreibt er an Dr. Johann Rühel, seinen Verwandten, den Rat beim Grafen Albrecht von Mansfeld am 5. Mai (1525):„*Denn wenn auch die Bauern noch tausend mehr wären, so sind sie doch alle Räuber und Mörder, die das Schwert aus eigener Vermessenheit und Frevel ergreifen.*„ Er wolle sich, fährt er fort, mit Gottes Hilfe auf diesen Tod vorbereiten „*und auf meine Herren, die Mörder und Räuber warten, die sagen, sie wollen niemand etwas tun - wie jener Straßenräuber tat, der zu dem guten Fuhrmann sprach ‚Ich will dir nichts tun, gib mir aber, was du hast und fahre, wohin ich will, wenn nicht, so mußt du sterben.*" Und diese Meinung ändert er auch nicht, wie aus seinem Brief an denselben Dr. Rühel vom 23. Mai (1525) hervorgeht: „*Oh Herr Gott, wenn ein solcher Geist auch in den Bauern ist* (wie in dem inzwischen gefangenen und gefolterten Thomas Müntzer), *wie hohe Zeit ist es da, daß sie erwürgt werden wie die tollen Hunde.*"

Inzwischen ist ein Ereignis herangereift, das sein Leben von Grund auf verändern soll. Der Gedanke an eine Heirat spukt um diese Zeit in verschiedenen Köpfen Wittenbergs. Und das hat folgende Vorgeschichte. Veranlaßt durch Luthersche Schriften, die man unter anderem auch in das

Zisterzienser-Frauenkloster Nimbschen bei Grimma eingeschmuggelt hat, ist bei verschiedenen Nonnen die Sehnsucht geweckt worden, das Kloster zu verlassen, um ihrer eigentlichen Aufgabe als Frau gerecht zu werden. Eine Gruppe in Nimbschen hat sich verabredet und heimlich Briefe aus dem Kloster an Verwandte und Bekannte geschmuggelt mit der flehentlichen Bitte, ihnen doch zur Flucht zu verhelfen. Martin Luther, der eine Zeitlang zweifelte, ob ein freiwillig abgelegtes Gelübde von Mönchen und Nonnen gehalten werden müsse, war inzwischen zu der Auffassung gelangt, daß Gott ein so wider die Natur verstoßendes Gelübde nicht annehmen werde.

Als er jetzt von dem Wunsch der Nimbscher Nonnen erfährt, ist er entschlossen zu helfen. Bei der Überlegung, wer das äußerst gewagte Unternehmen ausführen könne, erinnert er sich seines Freundes, des Torgauer Rats- und Handelsherrn Leonhard Koppe, von dem er weiß, daß er von Torgau Waren ins Kloster Nimbschen liefert und Leergut von dort zurückholt. Koppe, von evangelischem Geist erfüllt, ist sofort bereit, die Aufgabe zu übernehmen, die deswegen so gefährlich ist, weil der Fluchtweg durch das Gebiet des Herzogs Georg, des Luther-Feindes, führt, der mit derartigen Befreiern kurzen Prozeß zu machen pflegt, indem er ihnen den Kopf abschlagen läßt. Über den einstigen Prior Wolf von Zeschau und den Stadtpfarrer Gareysen, beide aus Grimma, nimmt er die Verbindung zu den fluchtwilligen Nonnen auf. Und in der Osternacht zum 4. April (1523) steigt die Befreiungsaktion. Sein Sohn, der auch Leonhard heißt und ein Gehilfe aus seinem Geschäft sind seine Begleiter. So fahren sie in einem Planwagen mit drei tüchtig ausgreifenden Pferden von Torgau zunächst nach Grimma und von dort nach Nimbschen. Der Rats- und Handelsherr beabsichtigt, leere Heringstonnen aus dem Kloster nach Torgau mitzunehmen und hat so einen Grund, in den Vorhof des Klosters zu fahren.

Es hängt nun alles davon ab, daß die beabsichtigte Flucht nicht vorzeitig entdeckt wird. Die in den Plan eingeweihten zwölf Nonnen liegen angekleidet auf ihren Pritschen. Eine Nonne namens Katharina von Bora, bei weitem die mutigste und energischste, hat eine Art Führungsrolle übernommen. Sie gibt das Zeichen zum Aufbruch. Dabei weiß sie, daß sie sich besonders vor ihrer Tante Magdalena von Bora in Acht nehmen müssen, die als *'Siechenmeisterin'* des Klosters häufig nachts unterwegs ist. Auf leisen Sohlen verlassen sie das Dormitorium. So gelangen sie, als gerade die Dämmerung anhebt, in den Außenhof. Während die drei Männer die Heringstonnen einladen, können sich die zwölf Nonnen hinter diesen verbergen und in den Planwagen klettern. Daß sie über die Mauern geflüchtet seien, wie vielfach behauptet wird, ist weder verbürgt noch wahrscheinlich. Katharina von Bora — schon vom Klang her hat der Name etwas aufmunterndes und so ist ihr ganzes Wesen — wurde am 29. Januar 1499, also im letzten Jahr des Jahrhunderts, als Tochter des Edelmannes Hans von Bora und seiner Gemahlin Katharina geb. von Haubitz in Lippendorf in Kursachsen geboren. Als ihre Mutter starb und der Vater wieder heiratete, konnte man sie offenbar nicht mehr brauchen und steckte sie — wie es übrigens bei vielen Mädchen armer adliger Familien geschah — in die Klosterschule. Mit neun Jahren kam sie ins Kloster Nimbschen und wurde dort als Sechzehnjährige am 8. Oktober 1515 eingesegnet. Und erst heute, am 4. April (1523) verläßt sie mit ihren Mitschwestern auf die abenteuerlichste Weise das Kloster. Wird es gut gehen? Was soll Koppe, wenn er angehalten wird, als Begründung für die österliche Nachtfahrt angeben? Wenn der Planwagen, solange sie sich auf Herzog Georgs Gebiet befinden, durchsucht wird, sind sie alle verloren. Es ist ja immerhin denkbar, daß die Flucht bald entdeckt wurde und die Verfolger schon hinter ihnen her sind. Man kann sich vorstellen, wie die Herzen der *‚Himmelsbräute'* klopfen, während Koppe die Pferde ausgreifen läßt.

Haben sie Torgau und damit kursächsisches Gebiet erreicht, sind sie gerettet. Da steigt die Silhouette dieser Stadt aus dem Dunst des sonnigen Tages herauf. Es ist das erste Mal, daß Katharina des Anblickes einer Stadt teilhaftig wird. Sie genießt den Augenblick in vollen Zügen. Die Gefahr ist gebannt. Koppe, glücklich und dankbar, daß das Abenteuer geglückt ist, stimmt jetzt mit seinem kräftigen Organ den Ostergesang an, und zwar den der alten Kirche, weil die *‚Ehrsamen Jungfrauen'* der evangelischen Lieder noch unkundig sind. Und die befreiten Nonnen fallen — an ihrer Spitze Katharina von Bora, deren Altstimme gerühmt wird — jetzt in den Gesang ein. Die Furcht ist von ihnen genommen, zumal jetzt an diesem Ostersonntag die Sonne ungesäumt ihr Licht verbreitet.

Die Flucht war so gut vorbereitet, daß man sie in Torgau schon erwartet. Der Türmer verkündet ihre Ankunft. Die Tore öffnen sich. Und peitschenknallend hält Koppe mit seiner Fracht, bestehend aus leeren Heringstonnen und zwölf Nonnen, seinen Einzug in die Stadt. Die *‚Ehrsamen Jungfrauen'* klettern aus dem Planwagen. Der Evangelist Gabriel Zwilling tritt ihnen entgegen und entbietet ihnen den Ostergruß, den sie *„mit geneigten Köpfen"* entgegennehmen. Danach beginnt das Ostergeläute von allen Kirchen der Stadt. Es wird berichtet, daß im Überschwang der Gefühle viele der geputzten Menschen die befreiten Nonnen umarmten und küßten.

Später werden sie in einen Saal geführt — vermutlich ist es ein Lagerraum des Handelsherrn Koppe — wo sie auf den für sie bereiteten Lagern von Torgauer Bürgerinnen gespendete Kleider vorfinden. Ein feierliches, zwischen Furcht und Hoffnung schwebendes Gefühl beschleicht sie, als sie die

Nonnentracht ablegen, um in die bunten Gewandungen eines neuen Lebens zu schlüpfen. Nach dieser Verwandlung bestaunen und bewundern sich die Mädchen gegenseitig, und es geht nicht ohne neckendes Gelächter ab. Doch inzwischen kommen der Evangelist Gabriel Zwilling und der ehemalige Ratsherr Leonhard Koppe, um die *,Rebellantes'*, die Abtrünnigen, zum Ostergottesdienst in Sankt Marien zu führen, was auf Nebenwegen durch die Nonnengasse geschieht. Zwilling selbst hält die evangelische Predigt, in der er auf die Flucht aus dem Kloster eingeht. Sie verbringen den Ostersonntag und auch den Ostermontag bei Koppe, der sich mit der Bewirtung seiner weiblichen Gäste alle Mühe gibt. So reicht er am Sonntag das Osterlamm und sie dürfen auch Torgauer Bier — das als besonders gut gilt — oder rheinischen Wein kosten, für die meisten unbekannte Getränke, die jedoch ihre animierende Wirkung nicht verfehlen.
Erst am Osterdienstag reisen sie mit demselben dreispännigen Gefährt, begleitet von den beiden Koppes, nach Wittenberg weiter. Dort verlassen diejenigen Nonnen, deren Familien sie aufnehmen können, ihre Begleiterinnen, wobei man sich verspricht, sich so bald wie möglich wiederzusehen. Für die neun Zurückbleibenden, deren Familien sie nicht aufnehmen können, erhebt sich immer dringender die Frage ihrer Zukunft. Wittenberg ist trotz seiner inzwischen erlangten weltweiten Bedeutung mit seinen etwas mehr als zweitausend Einwohnern nach wie vor ein kleines Nest, wo sich alle, zumindest diejenigen, die eine Rolle spielen, persönlich kennen. So kann es nicht ausbleiben, daß das Auftauchen der *,Virgines religiosae'* zum alles andere in den Schatten stellenden Ereignis wird. Wieder einmal erweist sich, daß mit den Verheißungen der Reformation Ernst gemacht wird. Der Anteil, den die Menschen nehmen, ist für uns Heutige kaum nachzuempfinden. Der stadtbekannte Koppe, der es gewagt hat, mit seiner weiblichen Fracht feindliches Gebiet zu durchfahren, wird zum Helden des Tages. Luther bezeichnet ihn als den *,Seligen Räuber'*. Die Bewohner Wittenbergs, teils aus echtem Mitgefühl, teils aus Neugier, suchen zu den Flüchtigen Verbindung aufzunehmen, indem sie ihnen Gutes tun. Es kann nicht ausbleiben, daß — namentlich von den Älteren — die Furcht von Ohr zu Ohr gezischt wird, das Ganze sei vom Teufel inszeniert und werde furchtbare Folgen nach sich ziehen. Doch wagen sich solche Unkenrufe bei der allgemein euphorischen Stimmung nicht ans Licht.
Luther hat sich mit den neun Entflohenen große Sorgen aufgebürdet. Die Menschen sind, soweit sie nicht gefürstet oder Kaufherren sind, ärmer, als wir uns vorzustellen vermögen. Luther, dessen Hilfsbereitschaft und Freigebigkeit keine Grenzen kennt, klagt: *„Der Bettelsack hat ein Loch, das ist groß."* Er zerbricht sich den Kopf, wie es mit dem *„armen Völklein"* weitergehen soll. So unterrichtet er Spalatin: *„Ihr fragt, was ich mit ihnen ma-*

che? Erst will ich an ihre Verwandten schreiben, daß sie sie aufnehmen. Wo nicht, will ich sehen, sie sonst unterzubringen, etliche will ich auch verheiraten, wenn ich kann. Sie heißen aber also: Magdalena Staupitz, Elsa von Canitz, Ave Großin, Ave Schönfeld und ihre Schwester Margarethe Schönfeld, Laneta von Golis, Margarethe Zeschau und Katharina von Bora. Diese sind es, welche wirklich der Erbarmung bedürfen, in denen Christo gedient wird." Rührend, zugleich aber auch vergnüglich ist ein Brief, den Nikolaus von Amsdorf, gleich einem berufsmäßigen Kuppler und Schmuser, zur gleichen Zeit an Spalatin richtet: „*Es sind nicht allein neun, sondern zwölf Nonnen ausgetreten. Neun sind zu uns kommen, sie sind schön, fein und alle vom Adel, unter welchen ich keine Fünfzigjährige finde. Die älteste unter ihnen, meines gnädigen Herrn und Ohmen Doktor Staupitzs Schwester, habe ich Dir, mein lieber Bruder, zugerechnet zu einem ehelichen Gemahl, damit Du Dich mögest eines solchen Schwagers berühmen, als ich mich eines solchen Ohmen berühme. Willst Du aber eine Jüngere haben, so sollst Du die Wahl unter den Schönsten haben. Und wenn Du den Armen willst etwas geben, so gieb es ihnen. Denn sie sind ja arm, elend und verlassen von ihrer Freundschaft. Mich erbarmet der Metzen. Sie haben weder Schuh' noch Kleider."* Wer möchte da nicht helfen oder zugreifen? Luther, wie er es nie lassen kann, nimmt die Feder zur Hand, um sein Vorgehen vor der Öffentlichkeit in einem noch im April (1523) erscheinenden Traktat zu rechtfertigen: „*Ursach und Antwort, daß Jungfrauen Klöster göttlich verlassen mögen*".

Es ist überliefert, daß Katharina von Bora „*nicht schön*" gewesen sei, wobei man über den Begriff „*schön*" verschiedener Meinung sein kann. Daß sie eine angenehme Altstimme hat, wurde schon erwähnt. Ihre von der Hand Lukas Cranachs stammenden Bildnisse zeigen in den hochstehenden Wangenknochen und den schrägstehenden Augen slawischen Einfluß, der durch die fein geschwungenen Augenbrauen und den sinnlichen Mund noch an Anziehungskraft gewinnt. Wenn sie auch nicht „*schön*" zu nennen ist, so muß man sie doch als reizvoll bezeichnen, was namentlich durch ihre ungewöhnliche Intelligenz und ihre zweifellos sympathische Ausstrahlung bewirkt wird. Jedenfalls suchen Wittenberger Studenten immer wieder die Gesellschaft dieses ungewöhnlichen Mädchens. Zunächst hat es sich Magister Philipp Reichenbach nicht nehmen lassen, Katharina in seine Familie aufzunehmen. Reichenbach spielt in Wittenberg keine unbedeutende Rolle, was sich auch darin zeigt, daß er später Stadtschreiber, dann Bürgermeister und schließlich gar kurfürstlicher Rat werden wird.

Doch bald darauf siedelt sie in das Haus des Lukas Cranach über, der immer tüchtiger Hilfskräfte bedarf, betreibt er doch neben seiner großen Malerwerkstatt eine Druckerei und darüber hinaus eine gutgehende Apotheke

in Wittenberg; auch eine Weinschenke unterhält Cranach, einer der reichsten Männer von Wittenberg. Daß sich Katharina rasch dort einlebt, ist bei ihrem Charakter nicht verwunderlich. Und auch die Gäste, die zahlreich in diesem Haus verkehren, scheinen an ihr Gefallen zu finden, was man daraus ersieht, daß kein geringerer als König Christian von Dänemark, der im Oktober 1523 bei Cranachs wohnt, ihr einen goldenen Ring zum Geschenk macht. Die Frage, wann Martinus auf Katharina von Bora ein Auge geworfen hat, läßt sich mit Sicherheit nicht beantworten. Wahrscheinlich ist er es selbst, der Wert darauf legt, die Anbahnung der Beziehungen im Dunkeln zu halten. Daß er sie in der Aufzählung des ‚armen Völkleins' an letzter Stelle nennt (das letzte ist zwar meist das beste), braucht nicht unbedingt etwas zu bedeuten. Und es ist auch richtig, daß er dem Nürnberger Patriziersohn Hieronymus Baumgartner, mit dem Katharina angeblich verlobt war, diesen mahnend, einen Brief nach Nürnberg schreibt. Man sagt, Baumgartners Vater habe von einer Heirat seines Sohnes mit einer entlaufenen Nonne nichts wissen wollen und diesen daher schnellstens unter eine standesgemäße Haube gebracht.
Manches, insbesondere seine große Liebe, zu der er sich in der Ehe so rückhaltlos bekennt, scheint dafür zu sprechen, daß er schon ziemlich früh mit dem Gedanken spielt, sich Katharina zu nähern. Zwar leugnet er dies: *„Zu der Meinigen hatte ich nie eine Zuneigung, ich hatte sie immer im Verdacht des Hochmuts."* Aber indem er beinahe übereifrig solche Behauptung aufstellt, will er sich offensichtlich den Vorwürfen, die später geballt auf ihn niederprasseln, entgegenstellen, er habe aus reiner Fleischeslust die Nonne begehrt. Erwiesen ist, daß man einen Doktor Glatz ins Spiel bringt und daß Katharina von ihm nichts wissen will. Auch wenn Martin so gut wie entschlossen ist, so zögert er doch, sich zu binden und nichts ist so verständlich wie seine Bedenken. Einen Reformator stellt man sich, jedenfalls in der westlichen Welt, eher als einen Asketen denn als einen treusorgenden Familienvater vor. Er versteckt sich daher auch hinter dem Teufel und allen bösen Geistern, denen er unbedingt eines auswischen muß, um seine Heiratsabsichten zu rechtfertigen. Und nicht genug damit, läßt er auch noch seinen Vater aufmarschieren, der bei einem Besuch im Elternhaus in ihn gedrungen sei, doch den Familienstamm fortzupflanzen, damit er sich noch an Enkeln sonnen könne.
Und nun schreibt Martinus noch einen Brief an Spalatin, indem er nach den verschiedensten Richtungen über sich Aufschluß gibt: Einmal, daß er „ein berühmter Liebhaber" gewesen sei, was man eigentlich nicht als eine seiner oft gebrauchten ironischen Bemerkungen verstehen kann, zum andern, daß er noch darauf Wert legt, als unentschlossen zu gelten und zum dritten, daß er sich, allem anderen zum Trotz, zu Katharina bekennt:

„*Was Du über meine Eheschließung schreibst, so wundere Dich nicht, daß ich nicht heirate, der ich ein so berühmter Liebhaber bin. Wunderbarer ist, daß ich, der ich so viel über die Ehe schreibe und mich mit Frauen abgeben muß, nicht selbst eine geworden bin, davon zu schweigen, daß ich eine heimführe. Willst Du aber ein Beispiel haben, so hast Du hier eins in aller Stärke. Denn ich hatte drei Frauen zugleich und sie so stark geliebt, daß ich zwei verlor, die sich andere Gesponse nahmen. Die dritte halte ich kaum mit der linken Hand, und auch sie wird mir gewiß bald genommen werden.*" Und diese dritte ist keine andere als Katharina von Bora. Ob er Katharina schon im Kloster Nimbschen kannte und „*mit ihr buhlte*", wie seine Feinde ihm vorwerfen, ist unwahrscheinlich, jedenfalls durch nichts bewiesen, auch wenn ihm das Kloster von persönlichen Besuchen her bekannt gewesen ist. Im übrigen bedarf es keiner außerhalb seiner Persönlichkeit, seines Glaubens und seiner Lehre liegenden Begründung, warum er auch das bei sich selbst vollzieht, was er ein ganzes Leben lang predigte. Darauf, daß er diese Konsequenz ziehen will, deutet auch der Umstand hin, daß er im Jahre 1524 endgültig die Mönchstracht abtut, wobei man sich wundert — was nur mit seiner ungewöhnlichen Bescheidenheit zu erklären ist — daß er, nachdem er schon einmal als Junker Jörg erfahren hat, daß Kleider Leute machen, sich so lange Zeit mit dieser armseligen Kutte der immer prächtiger werdenden Welt entgegenstellt.

Nun ist es soweit. Martinus ist zweiundvierzig, Katharina sechsundzwanzig Jahre alt. Damit ist er eigentlich schon über die Altersgrenze, in der Männer um jene Zeit die Ehe eingehen, hinausgerückt und sie an der äußersten Grenze angelangt, wo Mädchen solches schicklich zu tun pflegen. Doch was soll's: Es wird die glücklichste Ehe, die gleichsam als Symbol für alle guten christlichen Ehen bis in unsere Tage fortwirkt. Mögen sich die Gelehrten über die Motive streiten, die Martin Luther veranlassen, ausgerechnet in dieser schrecklichen Zeit, „*wo die Flüsse und Bäche vom Blut der Bauern sich rot färben*" und man ihm, Martin Luther, vielfach die Schuld am Scheitern dieser Revolution gibt, die Öffentlichkeit durch eine Heirat mit einer entlaufenen Nonne zu provozieren. Martin ist ein Mannsbild, er verachtet die Heuchelei, er wettert gegen die „unkeusche Keuschheit" der Kleriker. Er ist auch längst nicht mehr der abgezehrte Mönch der Kasteiung, sondern wir besitzen ein anschauliches Bild aus jener Zeit von seiner stattlichen Robustheit. Der Student Kessler, der uns schon öfter begegnet ist, schreibt darüber: „*Wie ich Martinum, seines Alters 41 Jahre, anno 1522 gesehen habe, war er einer natürlichen ziemlichen angemessenen Feiste, eines aufrechten Ganges, also daß er sich mehr hintersich, denn fürdersich neiget; mit aufgehobenem Angesicht gegen den Himmel, mit tiefen schwarzen Augen und Brauen, blinzelnd und zwitzerlend wie ein Stern*

. . ." Seine Portraits von Cranach zu Hilfe nehmend, vermögen wir, uns den stolz und aufrecht Dahinschreitenden leibhaftig vorzustellen, wie er sich durch keinerlei Anfechtungen, Schmähbriefe und Beschuldigungen, die von allen Seiten auf ihn niedergehen, beeinflussen läßt. Ihn trägt das Bewußtsein, daß er sich im Recht befindet. Und so geht er voran, wieder einmal den Mut zur Vollendung dessen, wozu er sich entschlossen hat, beweisend.
Welches Hochgefühl bewegt Katharina von Bora, die im Hause von Lukas Cranach zwar geschätzt und hochgehalten wurde, aber im Grunde doch nur die entlaufene Nonne war, wenn sie jetzt am Arm des weltberühmten Professors der Theologie Doktor Martinus Luther in den Stand der Ehe geführt wird. Und darüber darf es keinen Zweifel geben: Ein besseres Eheweib hätte Martin Luther nicht finden können.
Jetzt scheint es ihm auch nicht schnell genug zu gehen. Die Jungfrau, die seiner harrt, die Verkommenheit, in der er sich im Kloster befindet, die trüben Nachrichten aus der Welt: Er will die Szene gründlich verändern. Am 13. Juni (1525) tut er den entscheidenden Schritt. In der Abenddämmerung dieses Tages segnet Johann Bugenhagen, allgemein Doktor Pomeranus genannt, — der gebürtige Pommer hat in Greifswald studiert — das Paar ein. Im Kloster befinden sich als Trauzeugen: Justus Jonas, Pastor an der Schlosskirche, Johann Apel, Professor für kanonisches Recht (er hat selbst eine Nonne zum Weib) sowie Lukas Cranach und seine Frau, in deren Haus Katharina bis zum heutigen Tag lebte. Martinus hat in Eile ein eheliches Bett zusammenzimmern lassen, denn in Wittenberg herrscht, jedenfalls bei den Familien, die etwas auf sich halten, noch die Sitte des Beilagers. Dazu müssen jetzt Martinus und Katharina das Bett besteigen und dort einige Minuten verharren. Martinus ist ernst, Katharina lächelt verklärt und hat Tränen in den Augen. Sie halten sich bei den Händen und lassen keinen Zweifel, daß dieser Augenblick für sie ein erhebendes schicksalträchtiges Ereignis bedeutet. Und genau so wirkt es auch auf die Zeugen. Die Zeit der Henker, der Brandschatzungen und der unbändigen fürstlichen Rachesucht läßt keinen von ihnen unberührt. Vermutlich wäre es ihr Wunsch gewesen, Martin hätte im Streit zwischen Bauern und Herren mehr Zurückhaltung bewiesen. So bedauern sie auch den Rückgang seines Ansehens und seines Einflusses. Doch die Ausstrahlung seiner Persönlichkeit, seine Überzeugung, recht gehandelt zu haben und der Mut und die ungebrochene Zuversicht beim Beginn eines neuen Lebensabschnittes, haben alle wieder in seinen Bann gezogen. Justus Jonas schreibt über die Einsegnung: *„Luther hat Katharina von Bora zur Frau genommen. Gestern war ich zugegen und sah das Paar auf dem Brautlager liegen. Ich konnte mich nicht enthalten, bei diesem Anblick Tränen zu vergießen."*

Für Martin Luther gibt es keine Halbheiten. Ungeachtet des Hohngeschreis der Papisten und des Entsetzens seiner Anhänger, insbesondere auch der echten Verzweiflung Melanchthons, der das Geschehene nicht zu fassen vermag, geht er unbeirrt und hocherhobenen Hauptes den einmal eingeschlagenen Weg zu Ende. Schon in dem erwähnten Brief an Doktor Johann Rühel vom 5. Mai (1525) hat er angekündigt, daß er *„dem Teufel zum Trotz"* seine Käthe zur Ehe nehmen wolle, ehe er (durch die Bauern) sterbe. Am 15. Juni (1525), also zwei Tage nach dem Beilager, lädt er Johann Rühel, Johann Thür und Kaspar Müller, alle drei Räte des Martin gewogenen Grafen Albrecht von Mansfeld, zu einer *„kleinen freudigen Hochzeitsfeier"* ein, die am 27. Juni (1525) stattfinden soll. Aber nicht nur an diese ergehen Einladungen. So wird der Hofmarschall Hans von Dolzig aufgefordert und — mögen die Zeiten noch so ernst sein — Martin vermag seinen Humor nicht im Zaum zu halten: *„Es ist ohne Zweifel mein abenteuerlich Geschrei zu Euch kommen, ich sollt ein Ehemann worden sein. Wiewohl dasselbe seltsam ist, daß ich's selbst kaum glaube, so sind die Zeugen doch so stark, so daß ich denselben glauben muß und mir vorgenommen habe, am nächsten Dienstag mit Vater und Mutter in einer Collation dasselbe zu besiegeln. Wollt mich treulich beraten mit einem Wildbrett und selbst dabei sein."* ‚Beraten' heißt hier mitbringen. Für Nikolaus von Amsdorf, der die Verbindung mit Katharina gefördert hat, wählt er eine andere Version: *„Das Gerücht von meiner Heirat ist wahr! Ich wollt meinen Vater nicht um die Hoffnung auf Nachkommenschaft bringen..."* In seinem Schreiben an Freund Link läßt er die Bauern noch einmal aufmarschieren, um auf sie einzuschlagen: *„Mein Traktat hat die Bauern sehr geärgert, und ich wäre sehr betrübt, wenn es das nicht getan hätte."* Und in dem Brief an Spalatin bemüht er die Engel und die Teufel: *„Ich habe mich mit dieser Ehe so unwürdig und verachtet gemacht, daß, wie ich hoffe, die Engel lachen und die Teufel weinen werden."* In der Einladung an Koppe, den *'Seligen Räuber'*, der ihm seine Katharina verschafft hat, heißt es: *„Ihr wisset auch, was mir geschehen ist, daß ich meiner Metze in die Zöpfe geflochten bin. Gott hat Lust zu Wundern, mich und die Welt zu narren und zu äffen."* Und selbst den ernstlich verstimmten Melanchthon läßt er nicht aus, indem er noch einmal Engel und Teufel hervorzaubert: *„Du mußt dabei sein. Ich hoffe, daß über diese Heirat die Engel lachen und alle Teufel weinen werden."*

Und weil Martin ein Mensch, jeder Heimlichkeit abhold, mit allem, was er sagt und tut, zur Öffentlichkeit drängt, wird diese *„kleine freudige Hochzeitsfeier"* zu einem ausgewachsenen Fest, würdig des Mannes, der das Bild seiner Zeit wie kein anderer verändert hat.

Natürlich lassen sich seine Freunde und Anhänger nicht lumpen und sie schicken kleine und gewähren große Geschenke. Von einigen wissen wir. Zum Beispiel hat der Magistrat von Wittenberg ein Riesenfaß ‚Einbecker Bier', weit und breit das berühmteste, geschickt; die Universität hat einen silbernen Deckelkrug mit Gravour überreichen lassen, während der Erzbischof Albrecht von Mainz zwanzig Goldgulden beigesteuert hat, wobei man nicht recht weiß, ob dieses Geschenk ernst oder ironisch gemeint ist. Martin unterstellt das letztere, jedenfalls will er von dem ihm nicht Wohlgesinnten keine *‚Liebesgabe'* annehmen und diese stante pede retourniert wissen, was aber der praktische Sinn Katharinas verhindert. Die größte Dotation aber kommt vom Bruder des Kurfürsten und nach Friedrichs Tod seinem Nachfolger, dem Herzog Johann von Sachsen, der immer, schon bei Lebzeiten Friedrichs, das beste Verhältnis zu Luther hatte. Jetzt schenkt er ihm das Augustinerkloster mit allen Gerechtsamen und dem dazugehörigen Land. Da er Katharina außerordentlich zu schätzen weiß, hilft er auch, so gut es geht, beim Ausbau dieses Klosters, dessen zentrale Bedeutung immer deutlicher hervortritt, weil hier die Stränge des geistigen Lebens der Reformation zusammenlaufen und viele angesehene Persönlichkeiten, selbst Fürsten, als Gäste in dem ehemaligen Kloster übernachten. Dadurch wird die lädierte Reputation Martin Luthers wieder aufpoliert.
Am Dienstag, dem 27. Juni des Jahres 1525, gegen die Mittagszeit beginnen die Glocken Wittenbergs die Hochzeit ihres größten Sohnes einzuläuten. Der Professor der Theologie Doktor Martinus Luther, weyland Mönch im Kloster der Augustiner zu Wittenberg, schreitet am Arm seiner ihm angetrauten Gemahlin Katharina Lutherin geborene von Bora, weyland Nonne im Zisterzienserkloster zu Nimbschen bei Grimma durch die Straßen Wittenbergs zur Pfarrkirche. Eskortiert wird das Paar von einer Musikkapelle, Studenten und Professoren der Universität.
Und im geschmückten Portal der Pfarrkirche, so dass die Menschen innigen Anteil nehmen können, werden die religiösen Zeremonien vollzogen. Nachdem dies in aller Feierlichkeit geschehen, begibt sich der Zug zurück ins Augustinerkloster, wo eine Mittagstafel gerichtet ist, zu der das Magistratliche Einbecker Bier, aus einem anderen Fass Rheinwein kredenzt werden. Als schließlich, nach verschiedenen tiefbohrenden und humorigen Reden die Tafel aufgehoben wird, läßt man es sich nicht nehmen, ins Rathaus zu ziehen, wo im mit Birkenreisern geschmückten Saal zum Tanz, ohne den nach Landessitte eine Hochzeit nicht denkbar ist, aufgespielt wird. Am Abend gibt es noch eine Nachfeier, die mit der Nachtwächterstunde, die um diese Zeit um elf Uhr eingeläutet wird, endet und das harmonische, mit viel Geist und nicht weniger Liebe ausgerichtete Hochzeitsfest beschließt.

Zwölftes Kapitel
1525

Ehe mit Überraschungen — Katharina nimmt sich des Hauswesens an — Luther schreibt gegen Erasmus — Endgültiger Bruch mit Erasmus

Das Leben hat für den einstigen Mönch und die einstige Nonne eine völlig neue Gestalt angenommen. Da ist nicht mehr von Abgeschiedenheit, Verzicht auf weltliches Leben, Zurückgezogenheit, Alleinsein die Rede, nein, nun sind sie gleichsam mit einem Kopfsprung in die Zweisamkeit hineingetaucht. In dieser Epoche, wo es ein Zusammenleben von Mann und Frau anerkannterweise nur in der Ehe gibt, ist der Unterschied zwischen Ledig- und Verheiratetsein viel eindringlicher als heute. Plötzlich stößt man Tag und Nacht darauf, daß ein zweites Wesen vorhanden ist, an dem man nicht so ohne weiteres vorbeikommt und auf das man Rücksicht nehmen muß. Unserer Katharina, die das Dienen im Kloster, aber auch bei der Familie Cranach geübt hat, macht es keine Schwierigkeit, im Gegenteil, sie blüht auf, denn alle ihre bisher brach gelegenen Kräfte und Fähigkeiten bekommen ein ungeahntes Betätigungsfeld. Aber Luther reibt sich zunächst an dem ungewohnten Zustand. Er schildert ihn auf eine unnachahmlich offene und greifbare Weise: „*Das erste Jahr der Ehe macht dem Mann seltsame Gedanken. Sitzt er am Tisch, so denkt er: Früher warst du allein, jetzt selbander; beim Erwachen im Bett sieht er ein paar Zöpfe, die er früher nicht sah. So saß meine Käthe anfangs bei mir, während ich studierte und beim Spinnen fing sie an zu fragen: ‚Herr Doktor, ist der Hochmeister der Bruder des Markgrafen?'* " Die Anschaulichkeit dieser Szenen lassen einen schmunzeln, als könne man sie heute noch nacherleben. Trotzdem: Er scheint sich rasch an seine Käthe gewöhnt zu haben, denn da schreibt er: „*Gott hat es gut mit mir gemeint, daß er mir ein solches Weib gab, das für das Hauswesen sorgt.*" Und immer wieder und immer häufiger klingt das Lied von seiner großen Liebe zu dieser einzigartigen Frau auf: „*‚Ich wollt' meine Käthe nicht um Frankreich und um Venedig dazu hergeben ...*" Und ein anderes Mal: „*Ich habe meine Käthe lieb und ich weiß, daß ich sie lieber habe als mich, das heißt: Ich wollte lieber sterben, als daß sie mit den Kindern sterben müßte.*" Echter und wahrhaftiger kann man das nicht sagen. Wir zielen ein bißchen voraus, wenn wir ihn von seinen Kindern reden lassen, aber dabei kann er's nicht unterdrücken, den

Papisten eins draufzugeben: „*Ich bin reicher als alle papistischen Theologen in der ganzen Welt, denn ich laß' mir's genügen. Überdies habe ich drei* (im ganzen wird er sechs haben!) *eheliche Kinder; das hat kein papistischer Theologe.*" Und ein anderes Mal: „*Käthe, du hast einen guten Mann, der dich lieb hat; du bist Kaiserin. Erkenne es und danke Gott dafür!*" Luther schreibt so unmittelbar wie er redet, eine Gabe, an der es uns Heutigen mangelt, wie insgesamt die Unfähigkeit, Briefe von Gehalt zu schreiben, vornehmlich eines der vielen Zeugnisse unserer sich auflösenden Kultur ist. Wie kräftig und ins tiefste Innere gehend wirken die Worte, mit denen er seine glückliche Ehe preist: „*Durch Gottes Gnade ist mir eine über die Maßen glückliche Ehe zuteil geworden. Ich hab' ein treues Weib nach dem Spruch Salomos ‚Ihres Mannes Herz darf sich auf sie verlassen'. Sie verderbt mir's nicht. Ach, lieber Gott, die Ehe ist nicht etwas Natürliches oder Leibliches, sondern sie ist ein Gottesgeschenk, das süßeste, ja das keuscheste Leben über allem Zölibat.*" Er hat mit seinen zweiundvierzig Jahren die Liebesfähigkeit nicht verloren.

So kann es nicht erstaunen, daß er bei seiner immer wachen Lust zu scherzen, eine Unzahl grotesker Kosenamen für Katharina hervorzaubert. Einige sind uns erhalten, wie daß er sie häufig mit *'Meine Rippe'* tituliert. Ebenso häufig, um darzutun, daß er sich im Hauswesen ihr ganz unterstellt, nennt er sie *'Herr Käthe'*. Wenn er aber dartun will, daß er an sie gefesselt ist, wird sie schlicht zur *'Kette'*.

Für Katharina von Bora öffnet sich eine neue Welt. Es ist das Glück schlechthin, das sie erfährt. Und es ist auch keine Selbsttäuschung, daß sie sich von allen Frauen, die sie kennt oder sich vorstellen kann, herausgehoben fühlt. Denn schließlich kann man daran nicht vorübergehen, daß sie eine der bekanntesten Frauengestalten der Geschichte werden sollte. Wer wüßte heute noch etwas von einer Katharina von Bora, wäre sie in den Mauern des sächsischen Klosters ‚*in den ewigen Frieden heimgegangen*'. Mag sie vielleicht im Augenblick noch nicht die volle Tragweite dieses Schrittes begreifen, schon die Tatsache, daß die bedeutendsten Männer der Reformation an der Hochzeit teilnehmen und sie, Katharina, beglückwünschend in ihren Reden würdigen, macht ihr die hervorragende Rolle, die sie von nun an zu spielen hat, bewußt. ‚*Martin Luther*', das ist für sie wie für viele ein Name, der gleich einer Fackel die dunkle Zeit zu erhellen vermag. Dabei ist er ein wirkliches Mannsbild, imstande, sie fühlen zu lassen, daß sie ein Geschöpf aus Fleisch und Blut ist. Seine Sprache, im Ernsten wie im Heiteren, trägt sie und jeden in der Runde aus der Alltäglichkeit hinweg. Wie liebt sie seine spitzen, stichelnden Redensarten, unter denen er seine Zuneigung zu verbergen sucht. Und es erfüllt sie mit heißer Dankbarkeit,

wenn sie merkt oder wenn er's gar ausspricht, daß er stolz auf sie, seine Käthe, ist.
Übrigens haben die beiden keine unangefochtene Hochzeitsnacht. Nach elf Uhr, die Gäste sind gegangen, klopft es an die Klosterpforte. Luther öffnet. Er will seinen Augen nicht trauen. Es ist Andreas Karlstadt, sein Doktorvater, von dem er am 19. Oktober 1512, auf den Knien liegend, den Doktorhut empfangen hat, mit dem er sich im Laufe der Zeit immer mehr und immer hitziger zerstritt, an dessen Ausweisung aus Wittenberg und schließlich aus Kurhessen er die Schuld trägt und der nun auf der Flucht vor den fürstlichen Schergen — er hat sich, auch wenn er das später abstreitet, auf die Seite der Bauern geschlagen — beim einstigen Freund Zuflucht sucht. Nicht wie Erasmus, der seinen todkranken Freund Ulrich von Hutten, als dieser, schutzsuchend, zu ihm nach Basel kam, die Tür wies, nimmt Martin den Freund mit offenen Armen auf. Und Katharina, noch ganz erfüllt von dem ereignisreichen Tag, bringt dem Gast zu essen und zu trinken. Es sind nur gute Worte, die sie füreinander haben. Denn Versöhnlichkeit ist eine von Martins stärksten Eigenschaften.
Beinahe versagen Vorstellungskraft und Sprache, um all das aufzuzählen, was Katharina an Aufgaben erwartet. Das riesige Kloster, schmutzig und verwahrlost, nur für das Mönchsleben eingerichtet, mit vielen, verhältnismäßig kleinen Zellen und einigen Versammlungsräumen und dem Refektorium ist so ungeeignet für das Leben einer Familie, daß Katharina vermutlich zunächst zweifelt, ob sie es schafft. Was Mut und Durchstehvermögen anlangt, ist sie Martin ebenbürtig. Was aber das konstruktive Überlegen und Planen im Gegenständlichen betrifft, ist sie ihm haushoch überlegen. Aus den Kämmereirechnungen der Stadt Wittenberg, die unter Aufsicht des Bürgermeisters Krappe vom Stadtschreiber Balduyn Urban erstellt werden, geht hervor, daß ständig verschiedenstes Baumaterial angeliefert wird. Katharina läßt wesentliche Umbauten mit Mauerdurchbrüchen, Ziehen neuer Wände und Einrichten von Treppen vornehmen. Auch aus den Aufstellungen des kurfürstlichen Hofes geht hervor, daß man immer wieder mit *,Gulden-Spritzen'* nachhilft. Ganz im Gegensatz zu dem Ruf des Hochmuts, der ihr eine Zeitlang vorausging, scheint sie sich glänzend auf die Kunst der Menschenbehandlung zu verstehen. Denn nicht nur von Bürgermeister Krappe und dem Magistrat werden die Rechnungen storniert, sondern wir wissen auch, daß eine Reihe Handwerker es *,sich zur Ehre anrechnen'*, für den berühmtesten Sohn der Stadt kostenlos zu arbeiten. Über den weiten Hofraum, den linker Hand noch das Augustinerkirchlein flankiert und wo unter dem von ihm geliebten Birnbaum eine Bank steht, tritt man durch eine edle Sandsteinpforte, die später (1540), aber noch zu Luthers Lebzeiten, errichtet wird, in das Wohnhaus ein. Links

vom Hausflur blickt man in das geräumige, mit einem prächtigen Gewölbe versehene Refektorium, das Käthe in eine große Küche, die Vorratskammer und Dienstbotenräume aufteilen läßt. Eine Stiege, die hier eingebaut wird, führt ins obere Stockwerk. Daneben gibt es die steinerne Wendeltreppe, über die man zu dem eigentlichen Wohnraum der Familie gelangt. Durch das Vorzimmer, wo die Wendeltreppe mündet, treten wir in die große bürgerlich-rechtschaffene Familienstube ein. In der Ecke steht der gewaltige grüne fünfstöckige, mit den Bildern der Evangelisten geschmückte Kachelofen, die Wände sind holzvertäfelt, die von einem Rundbogen eingeschlossene Fensterleibung vollendet die Behaglichkeit, die der ganze Raum ausstrahlt. Ein anschließendes Schlafzimmer und eine Kammer vollenden diesen Trakt.

Auf der anderen, der Elbe zugewandten Seite öffnen sich zwei weitere große Räume, in denen Luther Vorlesungen hält und auch manche Disputation — denn die sind das Salz des geistigen Lebens der Zeit — veranstaltet. Gleichfalls auf den weiten Strom blickt die im quadratischen Turm befindliche Luthersche Studierstube. Von hier aus gehen die Impulse dieses kraftvollen, selbstlosen und die tiefsten Tiefen des frommen Gemüts ausschöpfenden Mannes in alle Welt.

Katharina richtet, dem Zeitbedürnis gerecht werdend, eine Badestube ein. Auch läßt sie das Haus zum Teil unterkellern, um die vom Elbgrundwasser herrührende Feuchtigkeit zu beseitigen. Den aufgelassenen Friedhof gestaltet sie zu einem Gemüsegarten um. Sie legt Stallungen an, weil sie Hühner, Enten, Schweine und Kühe hält. Berücksichtigt man, wie oft sie im Kindbett liegt und welche Last sie mit der Erziehung der eigenen und fremden Kinder hat, so möchte man nicht glauben, daß sie selber schlachtet und Bier braut, zu dem sie den Hopfen in dem für 375 Gulden erstandenen ‚Speckgarten' zieht. Doch nicht genug damit: Aus ihren eigenen stattlichen Weingärten bringt sie Trauben auf den Tisch, von eigenen Bienenstöcken Honig, aus ihren Fischteichen Forellen, Karpfen, Hechte und Barsche. Der große Garten, in dem auch die Teiche liegen, befindet sich vor der Stadt am Saumarkt, was Martin veranlaßt, der Adresse der an Käthe gerichteten Briefe den Ehrentitel *'Saumärkterin'* einzufügen. Schließlich erwirbt sie von einem ihrer Brüder noch das kleine Gut Zülsdorf, wo sie mehrere Wochen im Jahr zubringt.

Voll Stolz und Anerkennung schreibt Martin an sie:

„Der reichen Frauen zu Zülsdorf, Frauen Doktorin Katharina Lutherin, zu Wittenberg leiblich wohnhaft, und zu Zülsdorf geistig wandelnd". Und ein anderes Mal: *„Liebe Junkerin Käthe, gnädige Frau von Zülsdorf und wie Eure Gnaden mehr heißt"*. Oder indem er auf ihre Vielseitigkeit an-

spielt: *„An die Predigerin, Bräuerin, Gärtnerin und was sie mehr sein kann."*
Es wird ihm selbst Angst, weil er so sehr in sie verliebt ist: *„Ich versehe mich mehr Guts zu meiner Kätha denn zu Christo, da ich doch weiß, daß niemand so viel für mich getan hat wie er."* Aber bei aller Anerkennung ihrer geschäftigen Tüchtigkeit kommt bei ihm zuweilen doch der Zeigefinger des Pfarrers zum Vorschein. Darüber berichtet er seinem Freund Jonas: *„Zwischenhinein hat sie angefangen, die Bibel zu lesen. Ja, ich habe ihr 50 Gulden versprochen, wenn sie bis Ostern fertig ist. Sie ist hart dabei und steht am Schluß des 5. Buches Mose."* Man sieht: Ihr bleibt nichts erspart.

Weil es immer an Geld mangelt — Luther nimmt ja für seine Schriften, an denen sich die Drucker mästen, ebensowenig Entgelt wie für seine seelsorgerische Tätigkeit — erwägt er, sein schmales Einkommen durch Drechselarbeiten aufzubessern. Er bittet dieserhalb auch seinen Freund Wenzeslaus Link in Nürnberg, ihm Gerät dafür zu beschaffen, da er und sein Famulus Wolfgang das Drechseln begonnen hätten. Doch er erreicht keineswegs die Fähigkeit des Kurfürsten. Dagegen macht ihm das Gärteln großen Spaß. So okuliert er Obstbäume und spricht seine Bewunderung für dieses erstaunliche Phänomen aus: *„Es ist ein Wunderwerk Gottes an seinen Kreaturen, daß sich der ganze Stamm richtet nach dem kleinen Zweiglein und Äuglein, so daß es doch billiger wäre, daß das Zweiglein nach dem Stamm sich richte."* Seine Begeisterungsfähigkeit geht auch aus einem Brief an Spalatin hervor: *„Ich habe einen Garten gepflanzt, einen Brunnen gebaut, beides mit schönstem Erfolg. Komm, und Du sollst mit Lilien und Rosen bekränzt werden."*
Kehren wir, nachdem wir uns in Luthers Wohnhaus und Wirtschaft umgesehen haben, wieder zum Ausgangspunkt, dem Jahr seiner Eheschließung (1525) zurück. Wenn vielfach in Biographien behauptet wird, Martin Luther sei in der Ehe *‚verspießert'*, er habe sich nicht mehr für die großen Zusammenhänge interessiert, mit der Enge habe sich auch sein Geist weg vom Großen, hin zum täglichen Geschehen entwickelt, so wird das eindeutig und überzeugend durch seine Schriften aus dieser Zeit widerlegt. Das ist es ja, was uns in seiner Person immer wieder verblüffend gegenübertritt: Luther läßt sich nicht schablonisieren. Und wenn ihm einer auf einer Buchseite eine abwertende Zensur erteilt, so müßte er sie eigentlich, wenn er ehrlich ist, einige Seiten später widerrufen. In diesem ersten Ehejahr schreibt Luther in lateinischer Sprache eines seiner geistreichsten Bücher schlechthin. Während Erasmus und Luther in der Bekämpfung der Übergriffe und der Verlotterung der Kurie und des damaligen Papsttums eine Strecke gemeinsam gegangen sind, hat sich in letzter Zeit ihre gegensätzliche Einstel-

lung, die den gegensätzlichen Naturen entspringt, immer offenkundiger gezeigt. Erasmus ist ein Ästhet, der in praktischen, insbesondere aber in philosophischen Fragen mit einer geschliffenen Sprache überraschend Gescheites von sich gibt. Doch möchte man vermuten, daß er dies weniger der Aussage willen tut, sondern um seiner allgemein gepriesenen universellen Bildung ein weiteres Blatt hinzuzufügen. Dagegen ist für Luther die Aussage entscheidend, die Wirkung interessiert erst in zweiter Linie. Man möchte sagen, während Erasmus mit glitzernden Steinen ungewöhnlich schöne Figuren auslegt, gräbt Luther den in der Erde verborgen liegenden Stein mit Aufbietung seiner ganzen Kraft aus. Und den so gehobenen Schatz verteidigt er mit solch sturer Beharrlichkeit, daß man aus dieser Verteidigung eine Anklage wegen Ketzerei konstruieren kann. Erasmus bleibt unverbindlich, spielerisch, den Beifall der Humanisten einkassierend, ohne sich nach der einen oder anderen Seite festzulegen. So kommt es zu der grotesken Situation, daß Luther den Erasmus für einen Papisten hält, der Papst denselben aber für einen Lutheraner.

Bei aller Bewunderung für den Geist des Erasmus erkennt Luther schon bald die Unverbindlichkeit seines Wesens. In einem Schreiben vom 9. September 1521, das er während seines Aufenthaltes auf der Wartburg an Spalatin richtet, weist er auf diese Eigenschaft hin. Auch der Brief des Erasmus an Leo X., in dem er jede Verbindung zu Luther leugnet, zeigt diesem ebenso wie die schroffe Abweisung Huttens, daß es Welten sind, die die beiden voneinander trennen. Dort die kühle, nur auf sich bedachte spielerische Geistigkeit, und hier das warmherzige, aus Liebe u n d Geistigkeit geborene Engagement.

Beide vermeiden, so lange es angeht, den offenen Streit. Sie sind sich bewußt, daß sie als die bedeutendsten Geister der Zeit angesehen werden. Auch wenn Luther die Unverbindlichkeit des Erasmus ablehnt und dieser das öffentliche Draufgängertum Luthers verabscheut, so haben sie doch noch so viel Achtung voreinander, daß sie es nicht zu einem Generalangriff des einen auf den anderen kommen lassen wollen. Noch im April 1524 hat Luther in liebenswürdiger und verbindlicher Weise Erasmus davor gewarnt, gegen ihn zu Felde zu ziehen. Bisher habe er ihn geschont, würde er aber gegen seine Lehre wüten, so müsse er ihm von Angesicht zu Angesicht gegenübertreten. Warum hält sich Erasmus nicht an diese Warnung? Der Vorwurf, daß er sich nicht bekennt, wird nicht nur von Luther erhoben. Papst, Kaiser, Fürsten und Gelehrte fordern ihn auf, endlich klare Stellung zu beziehen. Es genügt nicht, daß er ohne Verurteilung Luthers die blasse Erklärung abgibt, er habe mit diesem nichts gemein. So muß er, ob er will oder nicht, zur Feder greifen, weil sein Ruf auf dem Spiel steht. Es ist bezeichnend für seine überlegene Klugheit, daß er sich nicht auf eine der vielen offenen kirchlichen Fragen einläßt, sondern ein weitgehend theologisch philosophisches Problem aufgreift. Das geschieht in seinem im Herbst 1524 erscheinenden Werk *„Vom freien Willen" (Diatribe de libero arbitrio).* Man tut ihm Unrecht, wenn man ihm heute, die Luthersche Erwiderung vor Augen, den Vorwurf macht, auch dieses Buch sei nur ein Spiel seines Geistes und habe mit Überzeugung nichts zu tun. Was hier zum Ausdruck kommt, ist die Überzeugung der humanistischen Lehre schlechthin, die sich aus dem Geist der Renaissance von jeder kirchlichen, dogmatischen und von Vorurteilen geprägten Weltanschauung befreien will.

In dieser Schrift *„Vom freien Willen"* bietet Erasmus noch einmal seine ganze Gelehrsamkeit, seinen ganzen Witz und all seinen Scharfsinn auf, um von vornherein Martin die Lust zu nehmen, darauf zu erwidern. Er kennt Martin gut genug, um zu wissen, daß dieser, der nur das Wesentliche aufgreifen und herausstellen will, es haßt, sich mit Gelehrsamkeit ihrer selbst willen auseinanderzusetzen. Deswegen führt er mehr als zweihundert Texte an, um seine Auffassung vom freien Willen durch die Schrift zu belegen. Und er behält zunächst auch mit dieser Taktik recht, denn Martin, der seine neuen Lebensverhältnisse verkraften und sein Werk *„Wider die himmlischen Propheten"* abschließen muß, antwortet nicht stehenden Fußes, wie er es sonst gewohnt ist, sondern er drückt sich buchstäblich um eine Erwiderung herum, zweifellos zum Schaden seiner Geltung und seines Ansehens. Hier erleben wir zum ersten Mal, daß Luther von seiner Kraft, auf der Stelle dreinzuschlagen, wenn er Unwahrheit oder Unrecht wittert, im Stich gelassen wird. Nicht nur Melanchthon und andere Freunde reden ihm ins Gewissen, sondern er erhält auch unter dem Datum des 23. November 1524 von den Straßburger Predigern einen eindringlichen Brief, doch endlich sein Schweigen zu brechen: *„Darum beschwören wir Dich um Christi willen: Laß Dich nicht durch Fleisch und Blut beschwichtigen und ziehe das, was Du einmal an Erasmus geschrieben hast, um Christi willen müsse man auch die Eltern hassen können, den Ratschlägen aller Literaten vor ... Du weißt doch, wie viel der Herr auf Dich hat legen wollen, wie viele Tausende von Menschen an Deinem Mund hängen, von dem sie überzeugt sind, er sei der Mund des Herrn."*

Dieses ungestüme Fordern seiner Anhänger, mit einer Erwiderung nicht länger zu zögern, zwingt Luther an den Schreibtisch, um das Werk des Erasmus in all seinen Teilen auseinanderzunehmen und zu widerlegen. Endlich fühlt er sich persönlich herausgefordert und nimmt den Kampf an. In seiner Schrift *„Vom geknechteten Willen" (De servo arbitrio),* die im Dezember 1525 erscheint, hat er die ganze Kraft seines gläubigen Herzens zusammengerafft, um, besonnen in der Form, in der Sache jedoch schonungslos, gegen Erasmus vorzugehen. Im ganzen gesehen sind für Luther in dieser Zeit Erasmus und die Humanisten nur die üblen Exponenten für etwas Schreckliches, den Glauben Vernichtendes. Er sieht am Horizont der Menschheit die Vernunft heraufziehen. Die menschliche Vernunft, in der Luther eine vom Teufel eingegebene Hybris zu erkennen glaubt, muß und wird sich notwendigerweise gegen Gott erheben. Und auch damit trifft er den Kern des Problems, auch wenn er diese Hybris nicht zu bezwingen vermag, was etwa in der Kritik der reinen Vernunft von Immanuel Kant (den seine Zeitgenossen „*den Alleszermalmer*" nennen) zu höchster Blüte gerät. Nach Kant sind alle bisherigen Gottesbeweise (der ontologische, der kosmologische und der physico-teleologische) irrig. Es ist, als habe Luther das alles vorausgeahnt. Ungeachtet der Jahre, die seitdem bis heute vergangen sind, spürt man in jedem Satz Luthers die Macht der Überzeugung. Es sind prächtige Bilder, die er mit der Sprache erstehen läßt: „*So ist der menschliche Wille in die Mitte — zwischen Gott und Satan — gestellt wie ein Pferd. Wenn Gott sich darauf gesetzt hat, will er und geht, wohin Gott will. Wenn der Satan sich darauf gesetzt hat, will und geht er, wohin der Satan will. Und es steht nicht in seinem freien Ermessen, zu einem der beiden Reiter zu laufen oder ihn sich zu verschaffen, sondern die Reiter selbst kämpfen miteinander, ihn zu erlangen und zu besitzen.*" Keineswegs leugnet Luther den freien Willen in Dingen des täglichen Lebens „..., *daß dem Menschen freier Wille eingeräumt ist nicht in Dingen, die über, sondern die unter ihm liegen.*" Und er zählt diese Dinge auf, um dann den Absatz mit den Worten zu beenden: „*Im übrigen hat er gegen Gott oder in Sachen, welche Seligkeit und Verdammnis betreffen, keinerlei freie Entscheidung, sondern er ist ein Gefangener, ein Unterworfener, ein Gebundener, sei es des Willens Gottes oder des Satans.*" Und schließlich beschwört er seinen Gegner: „*Lieber Erasmus, nun bitte ich Dich um Christi willen, daß Du Dein Versprechen endlich hältst. Du hast aber versprochen, Du wolltest dem weichen, der Dich eines Besseren belehrt. Laß die Rücksicht auf die Leute fahren! Ich gebe zu, daß Du ein bedeutender Mann bist, von Gott geziert mit vielen, ja den edelsten Gaben; Dein Geist, Deine Bildung, Deine Beredsamkeit grenzen ans Wunderbare, um von allem anderen zu schweigen. Ich aber habe nichts und bin nichts, außer daß ich mich beinahe rühmen darf, ein Christ zu sein.*"

Diese Worte gehen an die Nieren, offenbar auch an die des Erasmus von Rotterdam. Denn er fühlt sich bemüßigt, auf Luthers Schrift in dem leidenschaftlichen ‚*Hyperaspistes*' zu antworten. Aber Luther hält es nicht für nötig, an ihn noch einmal das Wort zu richten.

Nun er für ihn erledigt ist, gibt es für Luther, seiner Art entsprechend, keinerlei Mäßigung mehr. So läßt er sich vernehmen, Erasmus mißbrauche seine Sprachkenntnisse, um Irrtum zu verbreiten; er sei ein Aal, den niemand

packen könne; sowohl sein Gesicht wie auch sein Stil offenbarten seine Verschlagenheit; er sei ein Heide, ein richtiger Momus (eine Gestalt der griechischen Sage: der personifizierte Missgünstling); seine Schriften könnten nach Belieben gedeutet werden, so könne er weder von uns noch von den Papisten gepackt werden. Und schließlich spricht er den fürchterlichen Satz aus, der sich wie ein Verfluchen des einstigen Freundes anhört: „*Das hinterlasse ich als mein Testament: Daß ich den Erasmus für den größten Feind Christi halte, wie es in tausend Jahren keinen gegeben hat.*"
Als Erasmus Desiderius von Rotterdam im Juli 1536 stirbt, handelt Luther nicht nach dem Grundsatz ‚*de mortuis nil nisi bene*', sondern er versetzt ihm noch einen kräftigen Tritt: „*Er führte einen Lebenswandel ohne Gott, lebte in völliger Sicherheit und starb ebenso, ohne im Todeskampf einen Diener am Wort oder die Sakramente zu begehren. Daß er vielleicht im Todeskampf gerufen hätte, ‚Du Sohn Gottes, erbarme Dich meiner', ist erdichtet.*"
(Worin sich Luther täuscht, denn er hat sich sowohl lateinisch wie holländisch Gott befohlen)
Besonders der gute Melanchthon muß unter der Verachtung, die Luther für Erasmus empfindet, leiden, denn Melachthon, der nicht die Ausschließlichkeit Luthers besitzt, klammert sich an die Verehrung, die er immer dem großen Erasmus entgegengebracht hat. Dafür muß er büßen. Und noch in anderer Beziehung wird er gelästert: Martin läßt keine Gelegenheit aus, ihm wegen der Astrologie, der er sich eifrig widmet, die jedoch Luther als Pseudowissenschaft verwirft, aufzuziehen.
Die Entscheidung der Frage über die Willensfreiheit des Menschen (Indeterminismus) oder dessen Willensunfreiheit (Determinismus) wollen wir den Theologen und Philosophen überlassen. Uns war es nur wesentlich darzutun, mit welcher Leidenschaftlichkeit sich Martin Luther für seine aus der Tiefe seiner Gedanken und seiner Frömmigkeit resultierenden Überzeugung einsetzt. Und wie verächtlich ihm auf der anderen Seite ein Mensch ist, von dem er glaubt, er blase auf allen Flöten.

Dreizehntes Kapitel
1526 — 1530

Kurfürst Johann tritt die Herrschaft an — Luthers Liederbücher — Der Reichstag zu Speyer — Käthe gebiert ein Knäblein — Der Abendmahlstreit — Sacco di Roma — Todesgedanken — Wie die Evangelischen zu ‚Protestanten' werden — Das Marburger Religionsgespräch

Das Jahr 1525 mit den für Martin Luther so einschneidenden Ereignissen — dem Ausbruch des Bauernkrieges, dem Tod seines Gönners Friedrich des Weisen, der Hinrichtung Thomas Müntzers, der grausamen Niederschlagung der Bauernerhebung, der Heirat mit Katharina von Bora und der Veröffentlichung seiner Schrift 'Vom unfreien Willen' mit dem endgültigen Bruch zwischen ihm und Erasmus von Rotterdam — ist vorüber. Angst, Trauer und Armut liegen über den deutschen Landen. Die Bauern geben Luther die Schuld, daß ihr Freiheitsbegehren im Blut erstickt wurde. Die konservativen Fürsten verfluchen ihn, weil er allein durch seine Verhetzung den Aufstand veranlaßt habe. Wie kann man den unseligen Bruch, der durch die Länder geht, zuschütten? Doch nur, indem man Luther und seine Reformation mit Stumpf und Stiel ausrottet. Das will der Papst, das will auch der Kaiser. Letzterer hat seinen bisher schärfsten Gegner Franz von Frankreich nach der siegreichen Schlacht von Pavia im Frieden von Madrid im Januar des neuen Jahres (1526) zum Bundesgenossen gewonnen: Es gilt den Ansturm der Türken abzuwehren. Können sich die evangelischen Fürsten gegen diese vereinigten geistlichen und weltlichen Kräfte noch halten? Sie versuchen es unter großem Kraftaufwand. Und sicher ist auch hier das von Luther beschworene Evangelium der Hebel für ihren Zusammenschluß.
In Kursachsen ist auf Friedrich den Weisen sein Bruder Johann gefolgt. Er braucht keine Angst mehr vor dem Kirchenbann zu haben, dazu ist die Reformation in seinem Territorium längst zu gefestigt. Der junge Landgraf Philipp von Hessen, ein Verehrer Luthers, eifert ihm nach. Ihm liegt nichts daran, daß er sich deswegen mit seinem Schwiegervater Georg von Sachsen überwirft. Im Februar dieses Jahres (1526) schließen die beiden überzeugten Lutheraner Johann von Sachsen und Philipp von Hessen ein Verteidigungsbündnis. Das ist das erste Bollwerk der neuen Lehre. Und auch wenn

Luther äußerlich keinerlei Notiz davon nimmt, so scheint ihm doch das Ausbreiten der reformatorischen Lehre neuen Mut zu geben, sich der Ordnung des Gottesdienstes mit ganzer Kraft zu widmen. Aber auch hier zeigt sich — und das kann man sich nicht deutlich genug vor Augen halten — daß Luther bei allem Temperament keineswegs ein Eiferer ist. Er haßt den Fanatismus, der bis zum heutigen Tag religiöse Hitzköpfe zu Gewalttaten verführt. So geht er auch bei der Einführung der deutschen Messe behutsam vor, läßt, anders als etwa Karlstadt, die alte Liturgie für diejenigen, die an ihr hängen, noch gelten und glaubt, daß das, wie in der Frühzeit der Christen von der Gemeinde gemeinsam gesungene Kirchenlied dem evangelischen Geist am dienlichsten ist. So schaut er nach Dichtern und Komponisten aus, die diesen evangelischen Gesang dem Volk in den Mund legen können. Er selbst hat ja in der berühmten und wütenden Anklage gegen die Inquisition, die am 1. Juli 1523 die beiden Augustiner Voes und van den Eschen auf dem Marktplatz zu Brüssel verbrennen ließ, unter anderm diese volksliedhaften Verse gedichtet: „*Ein neues Lied wir heben an / das walt' Gott unser Herre / Zu singen, was hat Gott getan / zu seinem Lob und Ehre.*" Wie klar seine Vorstellung über die Beschaffenheit dieser Dichtung ist, ergibt sich aus einem Brief an Spalatin: „*Ungewohnte und höfische Ausdrücke wünschte ich vermieden, damit gemäß dem Verständnis des Volkes recht einfache und bekannte, aber doch reine und geeignete Worte gesungen werden mit klarem und den Psalmen möglichst entsprechendem Sinn.*" Hier zeigt sich, daß er auch auf diesem Gebiet Meister ist. Das erste, sogenannte *Acht-Liederbuch* des Druckers Jobst Gutknecht in Nürnberg enthält vier Lieder Luthers: „*Aus tiefer Not*"; „*Ach Gott, vom Himmel sieh darein*"; „*Nun freut Euch, lieben Christen g'mein*"; *Es spricht der Unweisen Mund*" *(Anfang 1524)*. Die nächsten, noch in diesem Jahr (1524) erscheinenden Liederbücher zeugen von der schöpferischen Kraft Martins, indem das eine achtzehn, das andere gar vierundzwanzig Lieder Luthers zum Inhalt hat. Von diesem Dichten und Komponieren kann ihn auch der gegen ihn geführte Ketzerprozeß nicht abhalten. Aber wieder erweist sich seine Toleranz darin, daß er jede zwangsweise Vereinheitlichung, wie den Vorschlag des Predigers Nikolaus Hausmann für ein evangelisches Konzil, in dem diese Fragen festgelegt werden sollen, entschieden zurückweist: „*Wenn eine Kirche der anderen nicht freiwillig in diesen äußeren Dingen nachfolgen will, warum soll man sie dann mit Konzilsdekreten zwingen, die sehr bald in Gesetze und Seelenfesseln verwandelt werden?*"

Während Luther an der Deutschen Messe und Ordnung des Gottesdienstes arbeitet und im März dieses Jahres (1526) die vielgerühmte Schrift '*Der Prophet Jona ausgelegt*' veröffentlicht, konsolidiert sich, immer im Hinblick auf seine Lehre, der evangelische Staatenbund. In der Tat, der Kaiser wie immer mit anderen Aufgaben mit Beschlag belegt, versäumt es, die *„aufrührerischen Ketzer"* niederzuschlagen, bevor sie sich formieren können. Im Sommer dieses Jahres (1526) schließen sich eine Reihe von Landesherren dem Verteidigungsbündnis von Johann von Sachsen und Philipp von Hessen an. Es sind dies die von Mecklenburg, Grubenhagen, Lüneburg, Mansfeld und Anhalt, sowie die Stadt Magdeburg. Schließlich stößt auch noch — und das ist äußerst gewichtig — Albrecht von Preußen, der Hochmeister des deutschen Ordens, zu diesem gegen die alte Kirche gerichteten Bündnis; letzterer hatte im Vorjahr (1525) auf Luthers Rat sein geistliches Herzogtum in ein weltliches verwandelt.

Als am 24. Juni (1526) der 1. Reichstag zu Speyer eröffnet wird, haben sich die Gegner *„etabliert und consolidiert"*. Bemerkenswert, daß sich Luther, um den es doch in erster Linie geht, nicht für diesen Reichstag interessiert oder jedenfalls so tut. Er bleibt damit seinem immer wieder vertretenen Grundsatz treu, daß man nichts unternehmen soll, was zu kriegerischen Verwicklungen führen kann. Auch darf man gegen den Kaiser, die höchste von Gott gesetzte weltliche Obrigkeit, nichts unternehmen.

Luther hat schon früher in einem Brief an den Grafen Albrecht von Mansfeld (vom 11.1.1525) ein Bündnis anschaulich mit einem Bogen verglichen: *„Der Bogen trifft nicht alles darauf er zielet, ja trifft's selten."* Genau so hat er auch seinerzeit auf das Bündnisangebot Ulrich von Huttens erwidert: *„Ich möchte nicht, daß mit Gewalt und Mord für das Evangelium gestritten wird."*

Als Erzherzog Ferdinand, der Bruder und Stellvertreter Karls V., auf dem Reichstag zu Speyer des Kaisers Geheiminstruktion bekanntgibt, er, Ferdinand, solle, wenn die Religionsdebatte eine Entwicklung nehme, die den Absichten des Kaisers widerspreche, jede weitere Verhandlung abbrechen, kommt es zum Tumult. Schließlich verkündet der Reichstagsabschied, um dessen Kompromißformel hart gerungen wird, daß *„jeder Stand so leben, regieren und es halten solle, wie ein jeder solches gegen Gott und Kaiserliche Majestät zu verantworten hoffe und vertraue."* Damit wird auf jeden Fall der von Luther betriebenen Neuordnung des Kirchenwesens von Reichswegen kein Einhalt mehr geboten. Und insofern bedeutet der erste Reichstag von Speyer für die Evangelischen eine wesentliche Stärkung ihrer Position.

Aber während draußen der Kampf um Religion und Kirche ausgetragen wird, bereitet sich im 'Schwarzen Kloster', der Heimstätte Luthers, ein freudiges Ereignis vor. Es ist der 7. Juni (1526), an dem Frau Käthe *„eines Knäbleins genest"*, Nicht ohne Stolz berichtet Martin schon am folgenden Tag seinem Schwager Johann Rühel in Mansfeld: *„Gestern um zwei hat* *mir meine liebe Käthe von großer Gottes Gnaden einen Hansen Luther gebracht."* Und damit erleben wir eine neue Seite Martins: Die Sorge um seine Familie. Damit seine Lehre, welche zum Unterschied von anderen Reformatoren die Kindstaufe beibehält, auch hier angewandt wird, läßt er den Knaben schon zwei Stunden nach der Geburt um 4 Uhr des Nachmittags durch den Diakonus Georg Rörer taufen. Weil es aber ein so freudiger Tag ist, hat Martin auch nach seinen Freunden geschickt, und zwar sind Johannes Bugenhagen, Justus Jonas und Lukas Cranach als Zeugen erschienen. Gern würde Martin auch seinen früheren Landesherrn, den Grafen von Mansfeld zum Gevatter bitten, *„aber ich scheue des Prangens, das man mir würde zumessen, als der ich mich mit einem Mönchen- und Nonnenkinde so wollt' hervortun und große Herrn zu Gevattern haben."* Immerhin ist es an diesem Juniabend genügend Anlaß, um Geburt und Taufe zu feiern, wozu die Herren gerne bereit sind.

Der Anteil, den die engeren und entfernteren Freunde nehmen, ist ein Beweis dafür, daß Luther, was immer er auch tut und wenn manche seiner Handlungen auch vorübergehend andere erschrecken, die Kraft seiner Ausstrahlung, seine Ehrlichkeit und bei aller Geistigkeit sein nie versiegender Humor, eben sein ganzes Wesen die Menschen nicht losläßt und sie immer wieder anzieht. Er hat jetzt viele Glückwunschbriefe zu beantworten. So schreibt er an Spalatin, einen der treuesten seiner Freunde: *„Ich danke Dir im Herrn, daß Du mir als einem glücklichen Ehemann, den Gott so bleiben lassen wolle, Glück wünschst, daß ich von meinem lieben Weibe ein jung Johann Lutherchen durch Gottes Segen bekommen und aus Gottes wunderbarer Gnade zum Vater worden"* (Juni 1526).

Wie sehr nimmt es für Martin Luther ein, daß dieser große Mann, der die Welt erschüttert hat und dem Kaiser Auge in Auge Paroli bot, die kleinste Regung des heranwachsenden Knaben registriert und wie ein Geschenk Gottes aufnimmt. Immer hat er etwas von seinem Hänschen zu erzählen, wie ihm die Nahrung schmeckt, wie er *„ein Fresser und Trinker"* ist, wie er Zähne bekommt, stehen lernt, zu sprechen beginnt, des Vaters Studierstube aufsucht und in alle Ecken kriecht, um sich dort zu verewigen. Und auch in Luthers *'Tischreden'* zeigt sich, daß der Vater nicht müde wird, sein Kind zu beobachten und seine Entwicklung zu studieren: *„Wenn ich sitze und schreibe, oder tue sonst etwas, so singt er mir ein Liedlein daher, und wenn er's zu laut will machen, so fahre ich ihn ein wenig an; so singt er gleichwohl fort, aber er macht's heimlicher und mit etwas Sorgen und Scheu."* In diesem Zusammenhang spricht Martin eine Erfahrung aus, welche die Menschen immer wieder machen, daß aus so reizenden Geschöpfen wie den Kindern *„die greulichen Schwärmer und Rattengeister"* werden.

Die Freunde nah und fern zeigen ihre herzliche Anteilnahme an dem Lutherschen Stammhalter, indem sie Geschenke schicken. So Justus Jonas einen *'Silbernen Hans'*, was eine Silbermünze mit dem Bildnis des Kurfürsten Johann bedeutet. Nikolaus Hausmann (derselbe, der ein evangelisches Konzil angeregt hat) sendet eine Klapper, mit der Jung-Hänschen einen gewaltigen Krach vollführt. Jakob Wildeck aus Zwickau läßt durch einen Bekannten „einen Wagen mit vier Kügelein", den aber Hausmann, als er ihm seinen Freund Stephan Roth zur Weiterbeförderung übergibt, als nicht „nach meinem Sinn gemacht, zu tölpisch" bezeichnet.

In manchen Abschnitten seines Lebens lernten wir Luthers Toleranz kennen, aber wir erlebten auch, von welcher eisenharten Konsequenz er sein kann, wenn es um die Verteidigung einer von ihm für richtig gehaltenen These geht. Zeigte sich diese unbeugsame Haltung schon gegenüber Erasmus, um wieviel leidenschaftlicher und unbeirrbarer ist er in dem sich über Jahre hinziehenden Abendmahlstreit. An dem Dogma, daß in der Messe Brot und Wein in Christi Leib und Blut körperlich verwandelt werden, haben sich die 'Aufklärer' immer wieder gestoßen. Schon im vierzehnten Jahrhundert bestritt John Wyclif, Professor der Theologie in Oxford und bedeutendster Vorläufer der Reformation, die *'objektive Gegenwart'*, also die Wandlung von Brot und Wein in den Leib und das Blut Christi. Mitte der zwanziger Jahre (1525) nimmt der am großen Münster zu Zürich amtierende Pfarrer Huldreich Zwingli die Lehre Wyclifs wieder auf. Der Streit dreht sich darum, ob es heißt: „Das Brot *bedeutet* den Leib und der Wein *bedeutet* das Blut" oder ob es heißen muß: „Das Brot *ist* der Leib" und der Wein *ist* das Blut Christi". Vor Jahren war Martin selbst im Zweifel gewesen, ob Brot und Wein nicht nur symbolhaft zu verstehen seien. Aber eingehende Studien des Neuen Testaments haben ihn inzwischen zu der Überzeugung kommen lassen, daß die *'Transsubstantiation'* nicht zu leugnen ist, daß also am Wort der Bibel: „Nehmet, esset, das *ist* mein Leib" und „trinket alle daraus, das *ist* mein Blut" nicht gezweifelt werden darf. (Matthäus 26. Kap. 26, 27, 28)
Schon im Jahre 1523 hat Karlstadt von Orlamünde aus die Wyclifsche Auffassung vom Abendmahl als richtig verkündet und damit die *'Realpräsenz'*, also die wirkliche Gegenwart Christi in Brot und Wein geleugnet. Martin Luther tritt Karlstadt scharf entgegen, wie er schon von der Wartburg aus dessen Bilderstürmerei verurteilt hat. Übrigens erlangt Karlstadt nie das wissenschaftliche Ansehen wie Zwingli oder Oekolampadius, obschon sie sich in der Sache einig sind. Zwingli, der es zunächst vermeiden möchte, sich mit Luther anzulegen, schreibt seine Auffassung von der symbolischen Bedeutung des Abendmahls an den angesehenen Reutlinger Pfarrer Mathäus Alber, aber es besteht kaum ein Zweifel, daß er damit Lu-

ther zu einer Stellung herausfordern will: „*Die Meinung Karlstadts mißfällt mir nicht, wenn ich das Büchlein richtig verstehe. Aber seine Ausdrucksweise entspricht nicht dem, was die Sache erfordert.*" Er weiß, daß sich Luther mit Karlstadt überworfen hat und tastet sich deswegen vorsichtig an den Gegenstand heran, immer noch in der Hoffnung, daß ihm Luther zustimmen werde. Auch ein niederländischer Humanist mit Namen Honius (Hoen) hat in einem Traktat den symbolhaften Charakter des Abendmahls herausgestellt. Von den Vertretern, die im Abendmahl mit Brot und Wein nur einen *'Tropus'*, ein Gleichnis sehen, ist vermutlich Johannes Oekolampadius (eigentlich Hußgen), der vornehmlich in Basel wirkt, aber sich auch vorübergehend auf der Ebernburg bei Franz von Sickingen aufhält, der bei weitem kenntnisreichste und gebildetste. Wie wir sehen werden, ist er auch derjenige, der beim Marburger Religionsgespräch alles tut, um Luther nicht zu verletzen. In diesem Abendmahlstreit spielen auch die *'Kalixtiner'* oder *'Utraquisten'* hinein, das sind die gemäßigten Anhänger des am 6. Juli 1415 in Konstanz als Ketzer verbrannten Johann Hus, die übrigens an der katholischen Auffassung festhalten, daß Christus beim Abendmahl körperlich zugegen sei. Luther beanstandet bei ihnen, daß sie sich auf eine falsche Bibelstelle, nämlich auf Johannes 6 beziehen, die nach seiner Auffassung lediglich den Glauben an Christus als das inkarnierte Wort betreffe. Johannes Calvin verkündet später, nachdem er in Genf seine (von den Predigern Wilhelm Farel und Peter Viret vorbereitete) immer grausamer und unduldsamer werdende Herrschaft (1541) errichtet hatte, gleichfalls den rein symbolhaften Charakter des Abendmahls, was wiederum zu einem erbitterten Streit mit den Lutheranern führt. Bei dieser ganzen Frage mutet merkwürdig an, daß 'die Geistigen', also diejenigen, die nicht an die Allgegenwart Christi am Tisch des Herrn glauben, viel unduldsamer sind als die Gläubigen; sie zeichnen sich alle als wüste Bilderstürmer aus, die einen großen Teil des abendländischen Kunstbesitzes für immer zerstören.

Wir sind nun des Zusammenhanges wegen den Ereignissen etwas vorausgeeilt. In Wahrheit schreiben wir das Jahr 1527. Luther ist jetzt zwei Jahre verheiratet, die Ehe ist nach wie vor, was von allen Freunden bestätigt wird, überaus glücklich zu nennen. Daran ändert auch nichts, wenn Luther zuweilen zu stöhnen beginnt. Das ist bei diesem extrovertierten Mann eine ständige Gewohnheit. Jetzt beklagt er die Geduld, die aufzubringen er gezwungen ist: „*Ich muß Geduld haben mit dem Papste, ich muß Geduld haben mit den Schwärmern, ich muß Geduld haben mit den Scharrhansen (das sind die jungen Edelleute), ich muß Geduld haben mit dem Gesinde, ich muß Geduld haben mit Katharina von Bora, und der Geduld ist so viel, daß mein Leben nichts sein will als Geduld.*" Aber das wischt bei anderer

Gelegenheit seine Begeisterung wieder hinweg: „*Es ist keine lieblichere Verbindung als die in einer guten Ehe und keine bitterere Trennung als die einer guten Ehe.*"
In diesem Jahr (1527) schreibt er das heute noch aktuelle Buch „*Ob Kriegsleute auch im seligen Stande sein können*". Es ist genau so ein heißes Eisen, wie auch heute noch, und man könnte es durchaus in den Kriegsdienstverweigerungsprozessen behandeln. Wenn der Krieger weiß, daß der Kriegsherr Unrecht hat, „*so sollst du Gott mehr fürchten und gehorchen als Menschen" (Ap. Gesch. 5, 29). „Ja, sagst du, mein Herr zwingt mich, nimmt mir mein Leben, gibt mir mein Geld, meinen Lohn und Sold nicht, dazu würde ich vor der Welt verachtet und geschmäht als ein Feigling, ja als ein Treuloser, der seinen Herrn in der Not verläßt*". Man sieht, wie Martin sich in die Gedanken-und Seelenlage der Angesprochenen hineinversenkt. Aber die Antwort ist von eiskalter Konsequenz: „*Das mußt Du wagen und um Gottes willen geschehen lassen, was nun einmal geschieht. Er kann Dir's wohl hundertfach wiedergeben, wie er im Evangelium verheißt: ‚Wer um meinetwillen verläßt Haus, Hof, Weib, Gut, der soll es hundertfältig wiederkriegen (Matth. 19/29)*". Aber Martin ist klug genug, um zu wissen, daß die Entscheidung *'recht oder unrecht'* äußerst diffizil ist, darum empfiehlt er: „*Dann sollst Du den gewissen Gehorsam um des ungewissen Rechts willen nicht schwächen, sondern nach Art der Liebe Deinem Herrn das Beste zutrauen.*" Also im Grund das alte Lied: Im Zweifel hat die Obrigkeit recht! Daß ein Krieg gegen die Türken immer ein gerechter Krieg ist, kann für Martin nach der damaligen christlichen Auffassung nicht zweifelhaft sein. Von allem abgesehen: Das Büchlein liest sich äußerst kurzweilig.
Dieses Jahr (1527) ist weltpolitisch von größter, für Martin Luther in zweifacher Hinsicht, von Bedeutung. Weltpolitisch war es das teuflische Ereignis — das aber vermutlich sehr viel Gutes stiftete — des Sacco di Roma. Wie für die meisten mittelalterlichen Päpste ist auch für Clemens VII. der Kaiser Karl V. zu mächtig geworden. Nun appelliert er an alle Städte Italiens, vor allem an Venedig und Florenz, daß sie in der *Liga sanctissima,* also der allerheiligsten Liga, dem Kaiser Einhalt gebieten sollen. Der Kaiser erfährt von diesem Plan, und wie häufig wartet er die Folgen des Zusammenschlusses nicht ab, sondern schlägt ohne langes Zaudern los. Er ordnet an, „*daß der teure, edle Ritter Georg von Frundsberg*" mit seinen Landsknechten, der Herzog von Bourbon mit einer Truppe Spanier und weiteren Landsknechten aus Cremona und Burgund nach Italien ziehen sollen. Das vom Papst aufgebrachte Heer kann nicht verhindern, daß die Kaiserlichen den Po überschreiten. Doch in Bologna meutern die Landsknechte, die keine Löhnung erhalten und wenden sich dabei auch gegen „den teuren, ed-

len Ritter Georg von Frundsberg", der sich über diese Rebellion so aufregt, daß ihn ein Schlaganfall zu Boden streckt. Er läßt sich zunächst nach Ferrara, von da nach Mailand bringen und von hier überführt ihn sein Sohn in seine Heimat Mindelheim. wo er am 20. August 1528 stirbt. Der Herzog zieht weiter, und zwar wendet er sich *„direkt nach Rom, nicht auf einer geraden Straße, sondern durch Berg und Tal, Gehölz, Stock und Stein aufs kürzeste."* So kommen sie eher an als die Botschaft von ihrem Anmarsch. Am 6. Mai (1527) beginnen sie mit dem Sturm auf Rom. *„Aber Gott will Rom abermals Mores lehren und läßt allewege einen Nebel einfallen, so daß die Römischen nicht sehen können, wohin sie schießen. Also wird Rom im dritten Sturm genommen. Und die Schweizer, des Papstes Garde, werden größtenteils erstochen und alle umgebracht, die sich zur Wehr setzen."* (Bericht des Myconius) Der Papst entkommt im letzten Augenblick in die Engelsburg. Die Landsknechte des Kaisers plündern und zerstören Rom. So grausig diese Geschichte ist, es gibt viele (wie Jakob Burckhardt), die in diesem Ereignis den Hebel zur Gegenreformation erblicken. Von da an habe die innere Reinigung der alten Kirche ihren Anfang genommen.

Für Luther bringt dieses Jahr (1527) zunächst eine ebenso schwere wie eigenartige Erkrankung. Über eine Erschöpfung, die ihn am 6. Juli (1527) überkommt, schreibt er an Spalatin: *„Vorgestern bin ich von einer plötzlichen Ohnmacht so ergriffen worden, daß ich verzweifelte und unter den Händen meiner Frau und der Freunde zu vergehen meinte; so ganz war ich mit einem Mal aller Kräfte beraubt. Aber der Herr erbarmte sich meiner und stellte mich bald wieder her."* Luther beurteilt den Vorfall so ernst, daß er seinen Freund Bugenhagen kommen läßt, ihm beichtet und von diesem die Absolution erhält. Er bereitet sich auf den Tod vor. Den Anfall beschreibt er so, daß ihn ein Meeresrauschen überfällt, von dem er fürchtet, daß es ihn in die ewige Nacht reißen werde. Doch erholt er sich so rasch, daß er zu Mittag ein Wirtshaus aufsuchen kann, wohin ihn einige vornehme Herren eingeladen haben, die seinetwegen nach Wittenberg gekommen sind. Danach geht er mit Käthe zu seinem Freund Jonas in dessen Garten und ißt auch zusammen mit ihren beiden Frauen bei ihm zu Abend. Dort befällt ihn erneut eine Ohnmacht, er wird nach Hause und ins Bett gebracht und dort betet er laut dem Tod entgegen. Aber dann richtet er sich auf und man merkt ihm an, daß es für ihn um etwas Entscheidendes geht: Wenn die lügenfreudige Welt behaupten würde, daß er in seiner Todesstunde seine Lehre widerrufen habe, so sollten sie seine Zeugen dafür sein, daß er nach dem Worte Gottes und seinem Amt vom Glauben, der Liebe, dem Kreuz und den Sakramenten gelehrt habe. Nachdem er noch einiges über seine Lehre gesagt hat, wird er ruhiger, aber das Gespräch, das er mit seiner Frau und den Freunden führt, steht noch ganz in der Klammer des Todes, von dem er glaubt, er stehe unmittelbar bevor. So sagt er: „*Meine allerliebste Käthe, du bist mein, du wolltest das ja gewiß behalten und dich nach Gottes Wort richten.*" So fragte er auch nach seinem gerade ein Jahr alten Söhnchen: „*Wo ist denn mein allerliebstes Hänschen?*" Man bringt es ihm ans Bett und er sagt: „*Du gutes, armes Kindlein! Nun, ich befehle meine allerliebste Käthe und dich meinem allerliebsten und frommen Gott. Ihr habt nichts. Der Gott aber, welcher der Vater der Waisen und der Sachwalter der Witwen ist, wird Euch wohl verwahren und ernähren!*" Mit Hilfe von Naturmitteln und Medikamenten, die der Arzt Dr. Schurff verordnet, überwindet er in der Nacht den Anfall. Er faßt diese Attacke als einen Fingerzeig Gottes auf, der seinen baldigen Tod ankündigt, doch seine innere Lebenskraft bewirkt, daß er noch fast zwanzig Jahre leben wird.

Der Spätsommer dieses Jahres (1527) bringt der Stadt Wittenberg noch ein schlimmes Übel. Die Pest hält ihren Einzug. Die Universität weicht am 15. August (1527) nach Jena aus. Der Kurfürst Johann, um den so hochgeschätzten Mann besorgt, fordert Luther auf, der Gefahr zu entfliehen. Dieser lehnt jedoch das gutgemeinte Ansinnen in einem humorvollen Schreiben ab. Jetzt brennt ihm auch die schon längere Zeit an ihn gestellte Frage auf den Nägeln: „*Ob man vor dem Sterben fliehen darf.*" Man darf es, sagt Luther, „*denn Sterben und Tod zu fliehen und das Leben zu retten, ist natürlich von Gott eingepflanzt und nicht verboten.*" Das gilt jedoch nicht für Prediger, Amtspersonen, die für die Ordnung einer Stadt nötig sind, wie Bürgermeister, Richter, Amtsärzte, Polizei, die ebenso ausharren müssen, wie Nachbarn, wenn Kranke sonst keine Hilfe haben. In diesem Sermon verlangt er überdies von den Städten, sie sollen Krankenhäuser bauen, „*daß nicht ein jeglicher Bürger in seinem Hause mußt ein Spital halten.*" Das geht auf seine ureigenste Erfahrung zurück. Denn die Pest ist auch in seinen engsten Freundes- und Bekanntenkreis eingebrochen. So hat die Frau des Diakons Rörer — es ist derselbe, der Luthers Hänschen getauft hat — eine Totgeburt gehabt und ist kurz darauf selbst gestorben. Auch die Frau des Arztes Augustin Schurff erkrankt ebenso wie die Schwägerin Karlstadts, Margaretha von Mochau; beide müssen in seinem Haus gepflegt werden. Daß sich Martin sehr um Katharina, die wieder vor einer Niederkunft steht und um sein geliebtes Söhnchen sorgt, ist verständlich. Auch die tatkräftige Katharina denkt nicht an Flucht, denn ohne sie kann der Riesenhaushalt nicht bestehen.

Von der Vielzahl der Hausbewohner im *'Schwarzen Kloster'* kann man sich kaum einen Begriff machen. So finden Else und Lene Kaufmann, beide verwaiste Töchter einer in Mansfeld verheiratet gewesenen Schwester Luthers, später auch deren drei Brüder, freundliche Aufnahme, auch Hans Polner, der Sohn einer anderen Schwester und Martin, ebenfalls ein Verwandter, werden mit Luthers eigenen Kindern großgezogen. Die Schulmeister, die diese Kinderschar unterrichten, müssen beherbergt werden samt den Zöglingen, die sie mitbringen. Mönche und Nonnen, die ihren Klöstern entfliehen, wagen das häufig nur deswegen, weil sie wissen, sie werden an der Klosterpforte in Wittenberg nicht zurückgewiesen. Herzog Georg, der von vornherein dem Martin nicht gewogen ist, schreibt an diesen einen geharnischten Brief, als seine eigene Verwandte, die Herzogin von Münsterberg, mit einigen anderen Nonnen aus dem Freiberger Kloster ausbricht und bei Martin mit offenen Armen aufgenommen wird. Auch andere fürstliche Gäste steigen bei den Luthers ab, so die wegen ihres evangelischen Glaubens geflüchtete Kurfürstin Elisabeth von Brandenburg. Nach dem Tode der Frau des Diakons Rörer findet er mit seinem Söhnchen in dieser gottesfürchtigen, freigebigen und humorigen Karawanserei Aufnahme und Trost. In der Pestzeit zieht auch Martins engster Freund Johann Bugenhagen mit seiner Familie ins Kloster. *„Nicht so sehr seinet- als meinetwegen, damit er Gesell in meiner Einsamkeit ist"*, schreibt Luther an Hausmann. Die Einsamkeit ist Scherz, aber seine Freude an der Geselligkeit kennt keine Grenzen.

Anderen zu helfen, bedeutet für Martin eines der ersten Gebote seines Lebens. Rührend ist es, was er anstellt, wenn er selbst keinen Knopf mehr hat. Als ein Armer ihm seine Not klagt, scheut er sich nicht, seiner Katharina, die im Wochenbett liegt und nicht aufpassen kann, an *„das Patengeld"* im Schrank zu gehen. Ein anderes Mal fleht er sie, die des großen Hauswesens halber zugeknöpft ist, in einem langen Schriftsatz an, dem abziehenden Famulus Johann Rischmann eine ordentliche Gabe mit auf den Weg zu geben: *„Du weißt, daß er treulich und fleißig gedient hat und wahrlich dem Evangelium nach sich demütig gehalten und alles getan und gelitten. Darum denke Du, wie oftmal wir bösen Buben und undankbaren Schülern gegeben, da es alles verloren gewest ist: so greif nur hier an und laß an einen solchen frommen Gesellen auch nicht mangeln, da Du weißt, daß es wohl angelegt und Gott gefällig ist. Ich weiß wohl, daß wenig da ist, aber ich gäbe ihm gerne zehn Gulden, wenn ich sie hätte. Aber unter fünf Gulden sollst Du ihm nicht geben, weil er nicht gekleidet ist. Was Du drüber kannst geben, das tue, darum bitte ich"*. Das ist aus dem Anfang dieser Epistel.

Die Beispiele solcher Bettelbriefe, die nicht nur seine Käthe bekommt, lassen sich beliebig vermehren. Meist bittet er für andere, aber wenn's drauf ankommt, hat er nicht die geringste Scheu, auch für den eigenen Haushalt Gaben anzufordern, so etwa bei seinen fürstlichen Gönnern ein Wildbret oder von anderen Freunden Spenden für Küche und Keller. In Käthes Auftrag schreibt er dem Jakob Propst in Bremen: „*Die Nordsee ist wohl ausgetrocknet, denn seitdem das Fleischessen (am Freitag) durch das Evangelium freigegeben ist, hat es in Wittenberg noch nie so wenig Fische gegeben.*" Aus den Kammereirechnungen des Wittenberger Rats ergibt sich, daß „*25 Groschen 4 Pfennige den Gästen von Mansfeld und Eisleben verehrt*" und daß „*in Doktor Martinus Behausung geschickt, mittwochs nach Katharinä, nämlich ein Stübchen Frankenwein, vier Quart Jüterbogschen Wein.*" Es herrscht eine patriarchalische Hauswirtschaft im „*Schwarzen Kloster*" zu Wittenberg und so werden auch die Dienstboten gehalten. Ausgerechnet ein Münchner namens Wolfgang Sieberger, ein ewiger Student, der kein Examen ablegt, muß wegen seiner Nachlässigkeit gerüffelt werden. Unter anderem ist er von der Leidenschaft des Vogelstellens besessen, der wir die liebenswürdige „*Klageschrift der Vögel an Lutherum über seinen Diener Wolfgang Sieberger*" verdanken: „*Wir Drosseln, Amseln, Finken, Hänflinge, Stieglitze samt anderen frommen, ehrbaren Vögeln, so diesen Herbst über Wittenberg reisen sollen, fügen Euer Liebe zu wissen, wie wir glaublich berichtet worden, daß einer, genannt Wolfgang Sieberger, Euer Diener, sich unterstanden habe, freventlichen Durst (Kühnheit) und etliche alte verdorbene Netze aus großem Zorn und Haß über uns teuer gekauft, damit ein Finkenherd anzurichten, und nicht allein unseren lieben Freunden und Finken, sondern auch uns allen die Freiheit zu fliegen in der Luft und auf Erden, Körnlein zu lesen, von Gott uns gegeben, zu wehren vornimmt, dazu uns nach unserem Leib und Leben stellt, so wir doch gegen ihn gar nichts verschuldet, noch solche ernste und geschwinde Durst um ihn verdient.*" Aus Platzgründen können wir diese lange Epistel, die von der großen Tierliebe Luthers zeugt, aber auch davon, wie taktvoll er seinen Tadel verpackt, nicht bringen. Wie sehr Wolfgang Sieberger an Luther hängt, geht daraus hervor, daß er äußert, als die Rede darauf kommt, was aus ihm werden solle, wenn Luther stirbt: In diesem Fall wolle er auch gleich mit begraben sein. Er wird seinen Herrn nur um ein Jahr überleben.

Der letzte Monat dieses Jahres (1527) bringt noch einmal große Freude in Luthers Haus, indem am 10. Dezember (1527) ein Töchterchen — sie taufen es auf den Namen Elisabeth — geboren wird. Leider soll das Mädchen nicht lange auf dieser Erde weilen, denn schon am 3. August des nächsten Jahres (1528) findet es den Tod. Es wird um diese Zeit ebensoviel geboren wie gestorben. „*Elisabeth hat uns Lebewohl gesagt,*" schreibt Martin „*um zu Christus zu gehen durch den Tod zum Leben. Sie hat mir ein wundersam krankes, fast weibisches Herz zurückgelassen, so jammerte mich ihrer; nie hätte ich vorher gedacht, daß ein Vaterherz so weich werde gegen die*

Kinder." Käthe muß im ganzen sechsmal ins Kindsbett und es zeugt von ihrer gesunden Natur, daß sie diese Entbindungen, ohne Schaden zu nehmen, übersteht. Denn zu dieser Zeit sterben viele Frauen bei der Geburt und es gibt auch in Martins Bekanntenkreis eine Reihe von Männern, die dreimal und öfter zum Traualtar gehen.
Am 6. April dieses Jahres (1528) ist auch Albrecht Dürer gestorben, ein Tod, der gleichfalls Luther nahe geht, denn Dürer hat in seiner Bildersprache die Reformation erfolgreich unterstützt. Ende März 1528 kehrt die Universität von Jena nach Wittenberg zurück. Luther hat seine Vorlesungen in der Zeit des Auszugs der Universität nicht unterbrochen, denn ein *„Häuflein der Eifrigsten"* läßt sich durch die Pest nicht abschrecken, in Wittenberg zu verweilen. Vom 13. Januar (1528) bis 30. März liest Luther fünfundzwanzig Stunden über den ersten Timotheus-Brief. Wie von vielen seiner Vorlesungen besitzen wir sie in der warmherzigen und sorgfältigen Nachschrift des unermüdlichen Georg Rörer. Der ergebene und begeisterte Gefolgsmann Martins unterzieht sich dieser Aufgabe, die Kollegien des von ihm so Hochverehrten der Nachwelt zu überliefern, obschon er als Diakon der Stadtkirche mit Amtsgeschäften überlastet ist. Luther und Bugenhagen, die seiner Erschöpfung gewahr werden, ermahnen ihn, eine Erholungspause einzulegen, doch er weigert sich, bevor nicht Luther letzte Hand an den Timotheus-Brief gelegt habe.
Die Universität ist also zurückgekehrt. Luther hat einige Reisen zu Verhandlungen unternommen und beginnt am 18. Mai (1528) mit der hundertfünfzig Stunden ausfüllenden Vorlesung über den großen Propheten Jesaia, die er erst im übernächsten Jahr am 22. Mai 1530 beendet. Zunächst gibt er die von Melanchthon durchgesehene Jesaia-Übersetzung (Herbst 1528) heraus, mit der er die Grundlage für seine Vorlesung schafft.

Das evangelische Bekenntnis, das die Kirchenstrafen abschafft und damit den einzelnen Menschen in die Freiheit seines Gewissens entläßt, läuft Gefahr, ihm dadurch Halt und Richtschnur zu nehmen. Die Neigung, Sekten zu bilden, ist eine große Gefahr für die evangelische Kirche, die Martin bald erkennt. Um dem entgegenzutreten, beginnt man mit Visitationen der einzelnen Pfarreien. Schon im März 1526 beteiligt sich Friedrich Myconius an solchen Visitationen und berichtet darüber. Wir greifen, damit man sich eine Vorstellung von den darüber hinterlassenen Berichten machen kann, willkürlich einen Ort heraus: *„Uelleben: Er (der Pfarrer) hat vor einem Jahr, als die Bauern aufstanden, vorgegeben, seine Köchin zu ehelichen und sich zu Gotha aufbieten zu lassen. Da aber die Bauern gestillt wurden, hat er sie bisher noch nicht zur Kirche geführt. Das Volk hält sie noch für Hurenvolk. Doch er will bald nach Ostern ehelichen. Wenn es* *gut geht, gibt er sich gut evangelisch, sobald ein wenig Gerücht aufkommt, fällt er um und ist dawider. Er ist papistisch und evangelisch, wie ihm der Mann vorkommt. Sein Volk läuft nach Gotha zur Predigt. Er ist ganz ungelehrt."*

Im Lauf der Zeit werden darüber Richtlinien ausgearbeitet, aber erst am 22. März 1528 kam der „*Unterricht der Visitatoren*" heraus, der im wesentlichen auf Melanchthon zurückgeht, aber der von Luther maßgeblich überarbeitet und mit einem Vorwort versehen wird. In diesem Vorwort wehrt er sich dagegen, daß ‚der Unterricht' ein neues Kirchenrecht — neue päpstliche Decretales — schaffen solle, sondern es handle sich um eine historische Darstellung der Glaubenslehre, wobei immer wieder die Liebe in den Vordergrund gerückt werde.

Welche Bedeutung das Wort für Luther und seine Freunde besitzt, beweisen die auf uns überkommenen *'Tischreden'*. Da gibt es nichts, was Luther nicht aufgreift, ob Gottes Herrlichkeit, das Universum, die Ehe, die Mönche, das Schwein, die Frösche in der Elbe, die Schwangerschaften, der Teufel, die Vögel usw. So sind etwa „*die Mönche die Flöhe, die der Teufel unserm Herrgott in den Pelz setzt*". Und dann läßt er sich darüber aus, welche Tricks dieser Herrgott anwenden muß, um den Menschen auf die Sprünge zu helfen: „*So braucht er die Lust, um sie zur Ehe, den Ehrgeiz, um sie zu einem Amt, den Geiz, um sie zur Arbeit, die Furcht, um sie zum Glauben zu treiben.*" Oder er spricht von sich: „*Ich bin eine Säule des Papstes, nach meinem Tod wird es ihm schlimmer gehen.*" Ein andermal lobt er die Schwarze Kunst: „*Der Buchdruck ist Gottes letzte und höchste Gabe, durch die er der ganzen Welt die wahre Religion bekanntmachen will.*" Tatsächlich, es ist kaum zu glauben, wieviel Drucker Luther und seine Freunde in Nahrung setzen, während sie sich in den Gebieten der alten Lehre über völlige Arbeitslosigkeit beklagen müssen.

Um Melanchthon mit seiner Astrologie aufzuziehen, erzählt er seine eigene Lebensgeschichte: „*Ich bin der Sohn eines Bauern, mein Urahn, Großvater und Vater sind rechte Bauern gewesen. Mein Vater wollte mich zu einem Schultheiß machen. Er ist nach Mansfeld gezogen und daselbst ein Bergheuer geworden. Ich wurde Baccalaureus und Magister, nahm dann das braune Barett ab und wurde ein Mönch, was meinem Vater mißfiel. Danach bin ich dem Papst in die Haare gefahren und er mir, und habe eine entlaufene Nonne geheiratet. Wer hätte das in den Sternen gelesen?*"

Daß es in der Ehe auch Verdrießlichkeiten gibt, ist ihm nicht verborgen geblieben. So ruft er aus: „*Lieber Gott, was gibt es für Mühe allein im Ehestand. Adam hat unsere Natur unbeständig gemacht. Adam und Eva werden sich gar weidlich oft die 900 Jahre miteinander gescholten haben: ‚Du hast den Apfel gefressen!' Dagegen er: ,Warum hast Du ihn mir gegeben?"*

Johannes Mathesius kann als der erste Luther-Biograph bezeichnet werden. Nach seiner Schilderung gibt es zuweilen Tage, an denen sich Luther nicht aus seinen *„schweren und tiefen Gedanken"* lösen kann. Dann hält er während der ganzen Mahlzeit sein altes Klostersilentium, daß kein Wort am Tisch fällt. Wenn Luther dann lustig aus seiner Gedankenkette aussteigt, pflegt er zu sagen: *„Was höret man Neues?"* Die erste Frage lassen sie vorübergehen. Aber dann bohrt er weiter: *„Ihr Prälaten, was Neues im Lande?"* Da fangen zunächst die Alten das Reden an. *„Wenns Gedöber, doch mit gebührlicher Zucht und Ehrerbietigkeit"* angeht, schießen auch andere ihren Teil dazu, bis der Doktor eingreift. Oftmals stellt man kluge Fragen aus der Schrift, die er *„rund und kurz"* beantwortet und auflöst. Jedes Wort Martins wird von den Tischgesellen eifrig aufgeschrieben. Käthe ist zuweilen ärgerlich darüber, denn die Mitschreiber lassen ihre Manuskripte drucken und verdienen dick damit, während Martin, der es doch für den Haushalt so nötig hätte, leer ausgeht.

Sie muß darauf sehen, daß nicht gar zu viele *'Prälaten'* zu Tischgesellen werden, denn sonst kann sie diese nicht satt bringen. Offenbar hat sein Freund, der Mansfelder Kanzler Kaspar Müller, ihm einen unehelich Geborenen empfohlen, denn in seiner Antwort schreibt er: *„Den Kegel hätt' ich wohl gern haben mögen aus allerlei Ursachen zum Kostgänger, aber weil die Burse wiederkommt von Jena* (die Universität im März 1528 nach Abflauen der Pest), *ist der Tisch voll und ich kann die alten Kumpanen nicht also verstoßen, wo aber eine Stätte frei wird, was nach Ostern geschehen mag, will ich meinen Willen Euch gern dartun, wo anders Herr Käthe alsdann mir gnädig sein wird."* Käthe kommt ohne Autorität nicht aus und es fehlt nicht an Beispielen, wo sie in *„das Gedöber"* eingreift, damit sie das Essen nicht kalt werden lassen. Zum Beweis, wie sehr sie im Mittelpunkt steht, ist auch eine Episode heranzuziehen, die sich später (1544) ereignet. Luther hält an diesem Tag *„ein Königreich"*, was heißen will, daß er ein Trinkgelage veranstaltet, das sich bis Mitternacht ausdehnt. In lauter, erregter Rede verteidigt er sich gegen die Verleumdung, er predige, was ihm Käthe vorschreibe. Soweit ist es also gekommen, daß er sich solches vorwerfen lassen muß. Aber die Zitierte wacht auf und *„tritt trotz der vorgerückten Stunde in den Kreis der Freunde, durch ihr Erscheinen das Zeichen zum Aufbruch gebend."*

Wenn es richtig ist, daß Eigennamen das Kolorit einer Epoche erhellen, so seien die Namen derer angeführt, die wesentlich für das Konzipieren der 'Tischreden' neben Johann Mathesius verantwortlich sind, nämlich *„Conrad Cordatus, Anton Lauterbach, Georg Rörer, Johann Schlaginhaufen."*

Martin Luther kann mäßig sein und fasten. Das hat er nicht nur in seiner Klosterzeit bewiesen, wobei er von dieser Art *‚gottgefälligem Fasten'* jetzt nichts mehr hält, ja es sogar als verächtlich bezeichnet. Doch kommt er auch später, namentlich wenn ihn eine Arbeit fesselt, mit wenig Nahrung aus. Das berichtet Melanchthon: *„Ich habe oft gesehen, daß er täglich nur mit wenig Brot und einem Hering begnügt gewesen, und das zu Zeiten viele Tage lang."* Aber dann tritt er gleichsam wieder aus solcher Mäßigkeitsperiode heraus und wendet sich freudig den irdischen Gaben Gottes zu: *„Darf unser Herr Gott gute große Hechte, auch guten Rheinwein schaffen, so darf ich sie wohl auch essen und trinken; es ist dem Lieben Gott eben recht, wenn Du einmal aus Herzensgrund Dich freust oder lachest."* Seine Käthe hat er als den *‚Küchenoberst'* oft ihrer Kochkunst wegen gepriesen.

Das Jahr 1529 zieht herauf. Und mit ihm ein Ereignis, das für die Evangelischen von singulärer Bedeutung werden und ihnen eine neue Bezeichnung geben soll. Aber gleichzeitig beschert es ihnen auch eine entscheidende Tat Martin Luthers. Vorarbeiten dafür sind schon in den zurückliegenden Jahren gemacht worden, ja eigentlich umspannt diese Vorarbeit die gesamte Lehre Martin Luthers bis zu diesem Tag. Auch Melanchthon hat schon mit einer Konzeption dieser Lehre begonnen, sie aber wieder eingestellt, als Martin sie in seine starken Hände nimmt. Es ist die Schaffung des *‚Deutschkatechismus'* im April dieses Jahres (1529), den man später den *‚Großen Katechismus'* nennt, dem unmittelbar danach im Mai (1529) als ein mit Holzschnitten versehenes Buch der *‚Kleine Katechismus'* folgt. Für beide Bücher bilden die Predigten Luthers, die sich mit diesem Thema befassen, die Grundlage. Der Große Katechismus ist beileibe nicht als das gedacht, was wir heute unter einem Katechismus, also einem Lehrbuch für Schüler, verstehen, sondern er soll der Selbstbildung des Pfarrers, des Lehrers, der Eltern und eines jeden Christen, der tiefer schürft, dienen. Man hat es später als einen *‚Meistergriff Luthers'* bezeichnet, daß er dem Gläubigen nicht eine abstrakte Gottheit gegenübergestellt hat, sondern diese gewissermaßen aus der Erfahrung jedes einzelnen emporwachsen ließ. Er verweist auf das unüberhörbare Verlangen des Menschen, das ihn neben dem Streben nach allem andern, etwa nach Geld, Klugheit, Macht, Kunst, Ehre, noch nach etwas Höherem verlangen läßt, dem er sich hinzugeben und anzuvertrauen vermag. Er dürstet nach Gott, und indem er das tut und dazu fähig ist, muß sein Glaube diesen Gott bestätigen. Andreas Ludwig Feuerbach hat in seinem Werk *„Das Wesen des Christentums"*, Leipzig 1841, (und in seinem Aufsatz *„Das Wesen des Glaubens im Sinne Luthers"*, 1844) die Gedanken Luthers, wenn auch in keineswegs gläubigem Sinn, so gedeutet, daß der nach Gottes Ebenbild geschaffene Mensch umgekehrt das Göttliche nach seinem eigenen Ebenbild schaffe. Er erklärt die Religion für einen Traum des Menschengeschlechts; was der Mensch Gott nenne, sei das Wesen des Menschen selbst; homo homini deus. (Der Mensch des Menschen Gott.)

Vom ersten Gebot geht Martinus aus, das auch das Weltliche zu durchstrahlen hat: „*Denn unsere Eltern und alle Oberkeit, dazu ein jeglicher gegen seinen Nächsten, haben den Befehl, daß sie uns allerlei Gutes tun sollen, also daß wir's nicht von ihnen, sondern durch sie von Gott empfangen. Denn die Kreaturen sind nur Hand, Rohre und Mittel, da durch Gott alles gibt, wie ja der Mutter Brüste Milch gibt, dem Kinde zu reichen, Korn und allerlei Gewächs aus der Erden zur Nahrung, welche Güter keine Kreatur keine selbst machen kann.*"

Der Kleine Katechismus ist die Kristallation des Großen Katechismus. In ihm wird prägnant, komprimiert und lapidar, so daß es sich leicht dem Gedächtnis einprägt, das zusammengefaßt, was der Große Katechismus bilderreich, pretios und pathetisch erarbeitet hat. Insgesamt sind diese beiden Werke auch heute noch höchster Bewunderung würdig, die nicht nur von dem Einfallsreichtum und der Sprachgewalt ihres Verfassers, sondern auch von seiner Logik im Ordnen des Stoffes zeugen.

Aber jenseits dieser signifikanten Veröffenlichungen Martins, die geeignet sind, die inneren Verhältnisse in den evangelischen Gemeinden zu konsolidieren, geht das erbitterte politische Ringen um die religiöse Wahrheit und die Freiheit der religiösen Betätigung weiter. Doch bevor es zu dem denkwürdigen Reichstag von Speyer kommt, wo *‚Die Evangelischen'* sich in *‚Protestanten'* verwandeln, ereignet sich noch ein tückisches Intrigenspiel, aus dem sich leicht das größte Unheil entwickeln könnte. Trotzdem sein Schwiegervater Georg von Sachsen starr an der alten Lehre festhält, ist dessen Schwiegersohn Philipp von Hessen nicht nur der aktivste, sondern auch der bei weitem mutigste unter den evangelischen Fürsten. Nach seiner Meinung liegt es in der Luft, daß die katholischen Stände rüsten, um im geeigneten Zeitpunkt gegen die Evangelischen loszuschlagen. Nur fehlt ihm der Beweis. Als er bei dem Vizekanzler seines Schwiegervaters, dem geheimen Rat Otto von Pack vorfühlt, erklärt sich dieser bereit, dem Landgrafen Philipp von Hessen unter Zusicherung größter Verschwiegenheit die nötigen Auskünfte zu beschaffen. Versteht sich, natürlich nur gegen die Zahlung entsprechender Schmiergelder.

Landgraf Philipp von Hessen kann nicht ahnen, daß sich dieser saubere Herr von Pack nur des Geldes wegen eine Geschichte rein aus den Fingern saugt, die darin gipfelt, die katholischen Stände hätten sich verschworen, auf dem ausgeschriebenen Reichstag in Speyer zusammen mit dem Kaiser rücksichts- und gnadenlos gegen die Evangelischen vorzugehen. Nachdem

Philipp weiter in Pack dringt, ihm die ganze Verschwörung offenzulegen, scheut sich dieser nicht, eine von ihm gefälschte Urkunde vorzulegen, nach der sich Ferdinand, der Bruder des Kaisers Karl V., der inzwischen die ungarische Königskrone trägt, mit Herzog Georg von Sachsen, den Herzögen von Bayern, den Kurfürsten von Brandenburg und Mainz, sowie einer Reihe von geistlichen Fürstentümern am 15. Mai 1527 in Breslau zu einer heiligen Liga zusammengeschlossen hätten. Der geheime Rat Otto von Pack hat seine ganze Phantasie aufgeboten, um das schauerlichste Traktat, das man sich nur ausdenken kann, zu fabrizieren. Danach würde, sobald er seine Herrschaft in Ungarn gefestigt habe, König Ferdinand mit den in der heiligen Liga Verbündeten sich gegen die Fürstentümer und Städte wenden, die den Lutherischen Schutz gewähren. Ihre Territorien sollen an die Verbündeten verteilt, Luther sowie alle abtrünnigen Priester, Mönche und Nonnen nach kaiserlichem Dekret ausgeliefert und als Ketzer öffentlich verbrannt werden.

Da Landgraf Philipp von Hessen und Kurfürst Johann von Sachsen an der Echtheit dieses Dokuments nicht zweifeln können, schließen sie ihrerseits am 9. März 1528 zu Weimar einen Bündnisvertrag, der zum Inhalt hat, daß sie ihre beiderseitigen Truppenkontingente bis spätestens 1. Juni (1528) zusammenführen wollen. Sie sind entschlossen, einen Präventivkrieg zu führen. Wie stark die Position Luthers ist, geht daraus hervor, daß der Kurfürst von ihm ein Gutachten zu dem eben geschlossenen Weimarer Bündnis erbittet. Dieser antwortet umgehend und ausführlich. Gegen einen Angriffskrieg sich zum Schutz der Untertanen zu verteidigen, ist selbstverständlich erlaubt. Wenn sie sich auf einen kaiserlichen Befehl berufen und dieser wirklich ergangen sei, müsse man die Sache anders betrachten. Auf keinen Fall aber wäre es gestattet, anzugreifen, um einem Angriff der Gegner zuvorzukommen. Denn da gelte Gottes Wort: „*Wer das Schwert nimmt, soll durch das Schwert umkommen.*"

Daß Luther und Melanchthon durch ihre entschlossene Haltung den Krieg verhindern, ist eine nicht zu leugnende Tatsache. Schließlich aber wird diese dreiste Fälschung des Herrn von Pack entlarvt, was begreifliches Aufsehen in ganz Deutschland hervorruft. Aber sein lediglich durch reine Habgier ausgelöster Streich bringt ihm keine Rosen. Er befindet sich seitdem, von dem Auslieferungsbegehren Herzog Georgs verfolgt, auf einer ständigen Flucht vom einen Land ins andere. Erst viele Jahre später, nämlich 1536, wird er in den Niederlanden, wo Maria, die Schwester Kaisers Karl V. herrscht, aufgegriffen und auf Verlangen Herzog Georgs vor Gericht gestellt. Pack gesteht unter der Folter die Fälschung, wird am 8. Februar (1536) zum Tod verurteilt und unverzüglich hingerichtet.

Der für den 21. Februar 1529 nach Speyer einberufene Reichstag steht von Anfang an unter einem unglücklichen Stern. Für jeden Reichstag ist eine kaiserliche Proposition, also ein bestimmter Antrag, der den Gegenstand der Verhandlungen bestimmt, vorzulegen. Diese Proposition fehlt am ersten Verhandlungstag in Speyer. Wie sich erst später herausstellt, ist das Schiff, auf dem sich der kaiserliche Gesandte befindet, durch anhaltende schwere Stürme wochenlang am Auslaufen aus dem spanischen Hafen Barcelona gehindert worden. Darob zunächst große Verlegenheit. Aber König Ferdinand hat vorgesorgt und inzwischen eine Proposition fertiggestellt, die genau seine persönlichen Ansichten widerspiegelt. Diese läßt er jetzt von einem Orator verlesen. Zwar behauptet er nicht, daß diese vom Kaiser selbst verfaßt worden sei, aber er erweckt den Anschein, als habe man sie in vollem Einvernehmen mit dem Kaiser ausgehandelt, so daß sie in allen anstehenden Fragen dessen Ansichten wiedergibt. Geschickt hat Ferdinand die Gefahr einer türkischen Invasion in den Mittelpunkt seiner Gesamtkonzeption gestellt, denn schließlich kann niemand leugnen, daß die Gefahr brennend ist. Und diese Bedrohung, die nun geradezu körperlich im Raum steht, schüchtert begreiflicherweise die evangelischen Stände auf dem Reichstag ein. Daß die Christenheit mit Erfolg nur verteidigt werden kann, wenn der innere Religionsstreit beigelegt wird, ist die logische Schlußfolgerung Ferdinands, der man sich nur schwer entziehen kann. Um den evangelischen Ständen diese Gedankengänge schmackhaft zu machen, stellt Ferdinand ein allgemeines Konzil in etwa eineinhalb Jahren in Aussicht, zu dem der Papst bereits seine Zustimmung erteilt habe. Aber selbst wenn dem Hindernisse entgegenstünden, könne man eine Nationalversammlung einberufen, um den Kirchenstreit zu schlichten.

Damit verstummen jedoch die versöhnlichen Töne in der Proposition Ferdinands. Jetzt läßt er die drohende Tuba erschallen: Wenn sich aber einer der Reichsstände *„dem fremden Glauben oder den neuen Sekten"* ergebe, werde er mit dem Verlust seiner sämtlichen Regalien, Lehen und Freiheiten zu büßen haben und in des Reiches Acht und Aberacht verfallen. Und er fügt ausdrücklich hinzu, daß damit der hier in Speyer vor drei Jahren (1526) beschlossene religiöse Waffenstillstand aufgehoben und für null und nichtig erklärt wird.

Die Wirkung dieses Rückfalls in die Zeit des Wormser Edikts auf die evangelischen Stände ist verheerend. Alles, was bisher für die Glaubensfreiheit erreicht wurde und was sicherlich auch von einer Mehrheit der Menschen in diesem Land getragen wird, ist damit zunichte gemacht. Daß die evangelischen Stände nicht sofort energisch reagieren, liegt offenbar daran, daß man einerseits auf diese reaktionäre Haltung nicht gefaßt und von ihr völlig überrascht ist, andererseits daß man sich in der Zange der türkischen Be-

drohung befindet. Auch in dem von den Reichsständen eingesetzten ,*Großen Ausschuß'*, in dem die katholischen Stände die Mehrheit inne haben, ist kein anderes Ergebnis zu erzielen. Wie Briefe Melanchthons und des Kurfürsten Johann beweisen, ist die Stimmung auf Seiten der Evangelischen auf den Nullpunkt gesunken.
Aber endlich erholt man sich von dieser Lethargie. Vor allem dem Prediger Johann Agricola, der mit seiner eindringlichen Rednergabe schon beim vorangegangenen Speyrer Reichstag (1526) die Abstimmung maßgeblich beeinflußt hatte, gelingt es, den Stimmungsumschwung auch heute (1529) herbeizuführen. Das geschieht in einer am 26. März (1529) von ihm gehaltenen Predigt vor fünftausend Andächtigen. Er zieht alle Register von der Glaubenskraft bis zur Überzeugungstreue, um das evangelische Bewußtsein wieder wachzurütteln. Und siehe da *„die göttliche Mahnung aus solchem Munde verkündet"*, wirkt Wunder. Plötzlich hat man keinen Zweifel mehr daran, daß man die von König Ferdinand, dem Bruder des Kaisers, ausgesprochene Verdammung, ob sie nun vom Kaiser autorisiert ist oder nicht, in aller Form und Feierlichkeit zurückweisen muß.
Das ist die große Protestation, die am 19. April (1529) von fünf Fürsten (Kursachsen, Hessen, Brandenburg-Ansbach, Lüneburg, Anhalt) und vierzehn Städten unterzeichnet wird. Und von diesem Tag an werden die der evangelischen Lehre Anhängenden „Protestanten" genannt. Die Protestation wird noch erweitert und am 20. April (1529) König Ferdinand überreicht. Da dieser sie aber zurückgibt, wird sie am 25. April (1529) der Öffentlichkeit übergeben. In ihr wird die einseitige Aufhebung des Speyrer Abschiedes von 1526 durch die Reichstagsmehrheit als nicht verbindlich erklärt und versichert, daß die Protestanten nach diesem Abschied wie bisher in der Neuordnung ihres Kirchenwesens weiterfahren werden.
Aus einem Brief vom 19. April (1529) des Hans Ehinger aus Speyer an seinen Schwager in Memmingen geht hervor, was die Protestanten von den Katholischen befürchten: *„Ihr sollt bei Euch Eure Stadt in ganz guter Hut und Verwahrung mit guter Wacht halten. Laßt allenthalben recht nach dem Geschütz sehen. Laßt die hohen Türme abtragen und das gemeine arme Volk anweisen, zu arbeiten, was zur Befestigung der Stadt dienlich ist. Habt ein gutes Vertrauen und Herz zu Gott, dem Allmächtigen, der wird uns nicht verlassen. Aber einem rauhen, scharfen, harten Wind müssen wir Widerstand leisten, wenn wir beim Gotteswort bleiben und die gotteslästerliche Messe nicht wiederum bei uns aufkommen lassen wollen."* Doch in letzter Minute geloben sich die beiden Parteien, wegen der Glaubenssache keinen Krieg zu beginnen.
Luther hat zunächst den Beschlüssen des Reichstags hoffnungsvoll entgegengesehen, aber nachdem keine oder nur schlechte Nachrichten einge-

hen, zeigt er sich von dem Ergebnis keineswegs unbefriedigt, wie aus einem Brief an Wenzeslaus Link vom 6. Mai (1529) hervorgeht: „*Der Reichstag ist wieder zu Ende, aber fast ohne Frucht, es sei denn, daß die Christusgeißler und Seelentyrannen ihre Wut nicht auskosten konnten. Es genügt uns, das vom Herrn erlangt zu haben. Denn von dem Konzil, über das man redet, ist nichts zu hoffen.*"
Schon bevor er diesen Brief schreibt, ist dem Hause Luthers große Freude widerfahren, indem am 4. Mai (1529) Käthe ein zweites Mädchen zur Welt bringt. Gleich am nächsten Tag bittet Martin seine Freunde Amsdorf und Frau Margarethe Göritz aus Leipzig, die Patenschaft zu übernehmen: „*Gott hat mir eine arme junge Heidin beschert von meinem und meiner lieben Käthe Leibe; Ihr wollt so wohl thun und derselben armen Heidin zur Christenheit helfen und ihre geistliche Mutter werden...*" Man tauft das Mädchen auf den Namen Magdalena. Auch diesem, ihrem besonders geliebten Kind werden die Eltern ins Grab sehen müssen, wenn es dreizehn Jahre alt geworden ist.
Martins Vielseitigkeit setzt immer wieder von neuem in Erstaunen. Er widmet sich mit ganzem Herzen seinen Kindern und seiner Frau. Er ist den Freunden und Tischgenossen der scharfsinnigste und dann wider lustigste Unterhalter, den man sich denken kann, so daß es in Deutschland zum guten Ton zu gehören scheint, einmal an seinem Tisch gesessen und eine Mahlzeit mit ihm geteilt zu haben. Aber nicht nur mit dem Wort dient er der Unterhaltung. So hat er sich eine Kegelbahn bauen lassen, und während die Kugel rollt und die Kegel klappernd umfallen oder auch stehen bleiben, spintisiert er darüber, daß sie, wenn der eine „*ein Bürgermeister, der andere ein Kanzler, der dritte sonst ein Regent, Prediger oder Schulmeister wird, so gedenke er an dieses Kegelspiel.*" Und zwar in dem Sinn, daß nicht jede Kugel treffen kann. Aber zuweilen macht er auch bei ganz naiven Spielen mit wie beim „*Sackhüpfen*" oder „*Hosenlaufen*", wo zwei in einem Hosenbein herumhüpfen und sich häufig auf dem Boden wälzen. Aus den Tischreden geht hervor, daß er das Kartenspielen zumindest kennt. Dagegen wissen wir, daß er ein guter Schachspieler ist. Man erfährt, daß an Fastnacht als Bergleute verkleidete Studenten in sein Haus kommen und mit ihm Schach spielen. Er aber „*als ein geübter Schachzieher mattet seine Schachgesellen*". Die größte und nachhaltigste Erholung findet er in der Musik. So schreibt er dem bayerischen Kapellmeister Ludwig Senfel: „*Die von der Musik keine Empfindung haben, die halte ich, sind den Klötzen und Steinen gleich. Denn wir wissen, daß die Musik auch den Teufeln zuwider und unerträglich sei. Und ich sage es gleich heraus und schäme mich nicht zu behaupten, daß nach der Theologie keine Kunst sei, so mit der Musik könne verglichen werden, weil allein dieselbe nach der*

Theologie solches vermag, was die Theologie sonst verschafft, nämlich die Ruhe und ein fröhliches Gemüte."

Der kurfürstliche Kapellmeister Johann Walther äußert sich dazu: „*Ich habe mit Luther gar manche liebe Stunde gesungen und oftmals gesehen, wie der teure Mann vom Singen so lustig und fröhlich im Geiste gewesen, daß er des Singens schier konnte nicht satt werden und von der Musika so herrlich zu reden wußte."*

Aus einem Brief an einen gewissen Mathias tritt seine Herzensfröhlichkeit und seine Direktheit ans Tageslicht: „*Wenn Ihr traurig seid und will überhand nehmen, so sprecht: Auf! ich muß unserem Herrn Christo ein Lied schlagen auf dem Regal* (tragbares Orgelwerk); *denn die Schrift lehret mich, er höre gern fröhlichen Gesang und Saitenspiel. Und greift frisch in die Claves und singet drein, bis die Gedanken vergehen, wie David und Elisa taten."* Und Luthers Ausruf: „*Lob und Preis der löblichen Kunst Musika!"* ist zum geflügelten Wort geworden. Auch ist er keineswegs ein Gegner des Tanzens. Denn als er im Lauf der Zeit verschiedenen Nichten die Hochzeit im Schwarzen Kloster ausrichtet, läßt er sich über den Tanz also vornehmen: „*Ich lasse der Hochzeit ihr Recht und Brauch und tanze immerhin. Der Glaube und die Liebe läßt sich nicht austanzen noch aussitzen, so Du züchtig und mäßig drinnen bist. Die jungen Kinder tanzen ja ohne Sünde; das tue auch und werde ein Kind, so schadet Dir der Tanz nicht."*

Wenn man neben all dem seine enorme Arbeitskraft als Prediger, Hochschullehrer, Schiedsrichter, Organisator, Bücher- und Briefschreiber, Liederdichter und Komponist in Betracht zieht, so kann es mit seinen Krankheiten und Wehwehchen nicht so schlimm sein. Man muß dabei in Betracht ziehen, daß man in dieser Zeit über alles, was einen körperlich oder seelisch bedrückt, bei seiner Umgebung oder seinen Freunden klagt, als sei dies ein gutes Ventil, die Beschwerden loszuwerden.

Zwischenzeitlich gehen draußen die politischen und religiösen Auseinandersetzungen weiter. Noch am Tage des Reichstagsabschieds, dem 22. April (1529) hatten sich die hauptsächlichen protestantischen Stände für den Fall, daß die Katholischen zum Krieg rüsten sollten, gegenseitig militärische oder zumindest finanzielle Hilfe versprochen. Dazu war aber, damit man weiß, was man zu verteidigen hat, ein gemeinsames Glaubensbekenntnis erforderlich. Dieses wird nach verschiedenen vorausgegangenen Beratungen in den sogen. ‚*Schwabacher Artikeln*' niedergelegt. Bei der Beurteilung all dieser Fragen muß man sich immer wieder vor Augen halten, daß Luther und die Wittenberger Theologen niemals die Absicht haben, eine neue Kirche oder gar eine Sekte zu begründen, sondern sie wollen mit dem Buch der Evangelien in der Hand die Kirche von den

Schlacken, die sich in ihr im Lauf der Jahrhunderte durch Menschenwerk angesammelt haben, befreien. Nun hat Philipp von Hessen weitreichende Pläne, die darauf hinausgehen, den Habsburger Karl V. ebenso wie den Papst auszuschalten, um ein großes evangelisches Reich zu begründen. Damit das erreicht werden kann, ist es aber nach seiner Meinung Voraussetzung, daß man auch mit den oberdeutschen Protestanten, also mit Zwingli und seinen Anhängern, eine gemeinsame Basis findet. Schon in einem Brief von Anfang Juni (1529) bittet er Luther und Melanchthon, zu einer Unterredung mit Oekolampadius und den Seinen um Michaelis nach Marburg zu kommen. In seiner Antwort vom 23. Juni (1529) lobt Luther die ernste und wohlgemeinte Absicht, meldet aber sachliche Bedenken an und beklagt sich darüber, daß die Oberdeutschen, indem sie sich an einen so großen Fürsten wie Philipp wandten und nicht direkt an die Wittenberger, jenen für sich gewinnen wollen. Trotzdem sagt er für sich und die Seinen zu.

Der große Augenblick beginnt. Es ist Donnerstag, der 30. September (1529). Da kommen — wie wir durch den lebendigen Bericht des Prädikanten Andreas Osiander erfahren — Doktor Martinus Luther, Philippus Melanchthon, Justus Jonas, Friedrich Myconius und Caspar Cruciger kurz vor Mittag aus Wittenberg in Marburg an. Zwingli mit seinem Gefolge war schon zwei Tage vorher am Dienstag, dem 28. September (1529) dort eingetroffen. Nach dem Willen des Fürsten sollen zunächst Luther und Melanchthon auf der einen, Zwingli und Oecolampadius auf der anderen Seite ein vorfühlendes Gespräch führen, was am Freitag, dem 1. Oktober (1529) geschieht. Wie das Gespräch im einzelnen verläuft, ist nicht überliefert. Nach Osiander hat Luther geäußert, er habe nichts Fruchtbares ausgerichtet.

Das große „*öffentliche freundliche undisputierliche Gespräch*" ist für Samstag, den 2. Oktober (1529), vormittags 6 Uhr, angesetzt. Der Landgraf Philipp von Hessen ist von Anfang bis zum Ende anwesend. Ebenso das gesamte Hofgesinde und sämtliche hessischen Prediger. Zunächst erhebt sich der Kanzler des Fürsten und trägt vor, warum der Fürst sie eingeladen habe. Er erinnert an die große Bedeutung der Einigkeit und bittet, sie wollen Gottes Ehre, den Nutzen für die gesamte Christenheit und die brüderliche Einheit mehr suchen als etwas anderes.

Und nun geschieht die denkwürdige, von Rudolf Collinus überlieferte Geste Luthers. Luther hebt die auf seinem Tisch liegende Samtdecke hoch und schreibt mit Kreide auf die Tischplatte: „*Hoc est corpus meum*" — dies ist mein Leib. Und nach anderer Darstellung soll er auch noch diesen Leib aufgezeichnet haben.

Jetzt werden Johann Agricola von Augsburg, Johannes Brenz von Schwäbisch Hall und Andreas Osiander (von dem der Bericht stammt) hereingeführt.

Die Diskussion geht hin und her, aber es wird dem, was im Abendmahlstreit an Argumenten vorgebracht wurde, wesentliches nicht hinzugefügt. Und die Art, wie das Gespräch geführt wird, erinnert ein wenig an die scholastische Methode, einen Streit auszutragen. Das Wort spielt eine überragende Rolle und der Gegner klammert sich an das einmal ausgesprochene, um aus ihm einen anderen Sinn herauszulesen. Manchmal verlassen die Streitenden die zivilisierte Form, wie einmal Zwingli, der sagt, er werde beweisen, daß das Fleisch im Abendmahl nichts nütze, ihn nähme auch nicht wunder, daß Luther den Spruch nicht gern höre, *„denn er werde ihm, dem Luther, den Hals brechen"*. Darauf ermahnt Luther den Zwingli, sie hätten doch selbst keine zänkische Disputation sondern ein freundliches Gespräch begehrt, wo nicht, so wüßte er auch ihm *„über die Schnauze zu fahren, daß es ihm gereuen würde. Davon ist Zwingli still und gemäßigt worden"*.

Feierlich wird es, als Luther die Samtdecke von seinem Tisch aufhebt und ihm den Spruch zeigt: *„Das ist mein Leib!"* Es geht von dieser Schrift eine magische Wirkung wie von einem Menetekel aus, das sich dem ganzen Saal mitteilt. Doch letztlich lassen sich dadurch Zwingli und Oecolampad nicht erschüttern.

Am Schluß sind sie, ohne eine Einigung erzielen zu können, doch äußerst liebenswürdig zueinander, wie Hedio, ein Anhänger Zwinglis, wörtlich berichtet: *„Zwingli bittet Luther, daß er ihm seine Heftigkeit verzeihe und sagt, er habe seine Freundschaft stets sehr gewünscht und begehre sie noch immer. Fast weinend sagt er, weder in Italien noch in Frankreich gäbe es Männer, die er lieber sehen wollte."*

Daraufhin habe der Fürst, wie Osiander schreibt, jeden Einzelnen, sich für sein Erscheinen bedankend, feierlich verabschiedet. Das Marburger Religionsgespräch (1529), das nach dem Willen des Landgrafen Philipp von Hessen die Reformation auf einen Nenner bringen sollte, ist gescheitert mit den Folgen, die bis zum heutigen Tag andauern.

Nun würde man irren, wollte man annehmen, daß nach dem Grundsatz ‚der Fürst bestimmt die Religion seiner Untertanen' (cuius regio eius religio) auch die Bekehrung des Volkes immer von oben erfolge. Häufig ist es der umgekehrte Weg, indem das Volk seine Herrscher zwingt, die neue Lehre anzunehmen. Wir haben darüber eine höchst aufregende Schilderung der Vorgänge in Lübeck.

Am Tag vor St. Nikolaus (1529), predigt der Kaplan Hildebrand in der Kirche St. Jakob zu Lübeck. Am Tag vorher hatte ein blinder alter Mann vor den Türen Luthersche Lieder gesungen, den der Rat von Lübeck aus der Stadt weisen läßt. In seiner Predigt geht der Kaplan Hildebrand auf diesen Vorfall ein und bezeichnet das Singen dieser Lieder als Sünde. Kaum hat er seine Predigt beendet und klettert von der Kanzel herunter, da beginnen zwei Knaben mit hellen Stimmen den Psalm zu singen: *„Ach Gott, vom Himmel sieh darein". Und wie von einem Funken angerührt, fällt das Volk in diesen Psalm ein: „Und laß Dich des erbarmen / Wie wenig sind der Heiligen Dein / Verlassen sind wir Armen / Dein Wort man läßt nicht haben wahr / Der Glaub' ist auch erloschen gar / Bei allen Menschenkindern."* Erst sind es nur einige, aber gleich werden es mehr, bis das ganze Kirchenschiff erdröhnt. Und das Volk kennt auch die zweite und die dritte Strophe und der Gesang ist so mächtig und textbeherrscht, daß er gar nicht anders als ein starkes Bekenntnis zur neuen Lehre aufgefaßt werden kann. Der völlig verwirrte Kaplan wagt nichts zu unternehmen und rennt wie ein kopfloses Huhn hin und her.

Es bleibt aber nicht bei dieser einmaligen Protestation, sondern in allen Kirchen *„wenn ein Heuchler auf die Kanzel kam, hörten sie ihn wohl so lange an, bis er begann, Menschentand hervorzubringen"*, das heißt die alte Lehre zu propagieren, dann fangen sie an zu singen: *„Ach Gott, vom Himmel sieh darein"*. Der Gesang, bei dem kein einzelner ausgesondert und zur Verantwortung gezogen werden kann, erweist sich als eine Kraft, gegen die der *„Ehrbare Rat"* machtlos ist. Der *„Ehrbare Rat"* entsendet nun zwei Ratsherren, und zwar Herrn Joachim Gerken und Herrn Heinrich Kerkrink, damit diese die Bürgerschaft bitten, sie sollen sich *„an die Gelübde und Eide erinnern, die sie dem Rat geleistet haben.*

Doch als die beiden Herren diese Botschaft verlesen, entsteht *„ein solcher Rumor und eine solche Unruhe unter dem Volk"*, daß die Stimmen der beiden Ratsherren untergehen. Aufgeregt schreit alles durcheinander und niemand weiß, wie es weitergehen soll. Da steigt ein Bürger mit Namen Burkhard Wrede auf eine Bank und verschafft sich durch Klopfen Gehör und ruft: *„Was sagt Ihr nun, liebe Bürger, wollt Ihr die Artikel lesen hören und bei den gottlosen Prädikanten bleiben?"* Da ruft das ganze Volk wie mit einer Stimme: *„Nein, nein, nein!"* Die beiden Herren, nachdem sie sehen, daß sie ihren Auftrag nicht ausführen können, gehen unverrichteter Dinge *„nach der Laube"*.

Am 10. Dezember (1529) versammelt sich das Volk auf dem Marktplatz. Niemand arbeitet an diesem Tag. Und die Menschen verlangen gebieterisch nach dem Wort Gottes. Sie schreien gegen die Front des Rathauses. Es sind aber einige Bürger ins Innere des Rathauses gegangen, um den *‚Ehrbaren Rat'* umzustimmen. Da dies nicht gelingt, treten sie an die Fenster und rufen hinunter zum Volk auf dem Markt: *„Wer bei Gottes Wort leben und* *sterben will, der hebe die Hand!"* Und die Volksmenge hebt geschlossen die Hand und kein einziger schließt sich aus. Eine mächtige Kundgebung für Martin Luther und seine Lehre.

Der Rat tagt in Permanenz. Es geht hart her zwischen den Neuerern und den Konservativen. Aber das Volk sorgt dafür, daß der Druck auf die Widerstrebenden nicht nachläßt. Ein gewisser Fanatismus läßt sich nicht leugnen. Schließlich muß der Rat nachgeben und am 7. Januar des nächsten Jahres (1530) stellt er zwei evangelische Prädikanten ein. Am 30. Juni (1530) werden der Gemeinde die neuen Artikel, die unter anderem die Beseitigung der Messe fordern, zur Abstimmung vorgelesen. Sie werden einstimmig angenommen. Und im Herbst des gleichen Jahres (1530) kommt Johannes Bugenhagen von Wittenberg nach Lübeck, um die reformatorische Ordnung zu schaffen. Der Protestantismus hat gesiegt.

Solche Vorgänge, die sich in ähnlicher Weise in verschiedenen Städten und Gemeinden ereignen, bedeuten verständlicherweise nicht nur eine Genugtuung für Martinus, sondern sie sind, da sie ja in die ganze Welt hinausgetragen werden, Triumphe, die das Antlitz der Geschichte in diesen Gebieten für alle Zeiten verändern.

Vierzehntes Kapitel
1530

Reichstag zu Augsburg — Zurückgelassen auf der Coburg — Der Tod des Vaters — Melanchthon überreicht die Confessio Augustana — Ein Trick schließt die Protestanten aus — Luther verlangt den Abbruch der Verhandlungen

Am 15. Juni 1530 gegen Abend zwischen 8 und 9 Uhr zieht Kaiser Karl V. in die festlich geschmückte Stadt Augsburg ein, um nach langer Zeit einen Reichstag wieder persönlich zu eröffnen. Am 24. Februar dieses Jahres (1530) in Bologna vom Papst zum Kaiser gekrönt, befindet er sich auf dem Höhepunkt seiner Macht, nachdem auch der Sultan Soliman aufgrund der tapferen Verteidigung von Wien abgezogen ist. So reitet er auf einem weißen Hengst in prunkvoller spanischer Tracht, eskortiert von den deutschen weltlichen und geistlichen Fürsten, durch den Wald der Fahnen und Girlanden, während sämtliche Kirchenglocken erklingen, in die Stadt ein. Trotz der Versöhnung des Kaisers mit dem Papst blicken die Protestanten dem Reichstag hoffnungsvoll entgegen. Denn der nach allen Seiten siegreiche Kaiser hat in seiner Kapitulation versöhnliche, ja großmütige Töne angeschlagen.

Doch alsbald verwandelt sich diese Hoffnung in Bestürzung. Noch an diesem Abend (15. Juni 1530) läßt der Kaiser die protestantischen Fürsten, nämlich den Kurfürsten von Sachsen, den Markgrafen Georg von Brandenburg, den Herzog Ernst von Lüneburg, den Landgrafen Philipp von Hessen und den Fürsten zu Anhalt zu sich in seine Residenz kommen. Dort eröffnet ihnen der Bruder des Kaisers König Ferdinand den Entschluß des Kaisers, daß die protestantischen Prädikanten für die Dauer des Reichstages das Predigen zu unterlassen haben. Damit scheint sich der Kaiser einseitig festgelegt zu haben.

Die Konzessionsbereitschaft des Kaisers ist gespielt. In Wahrheit ist er auf das Gutachten des päpstlichen Legaten Lorenzo Campeggio festgelegt. In diesem Gutachten werden die Mittel zur Befriedung des deutschen Kirchenstreites wie folgt aufgezählt: „*Versprechungen, Drohungen, Feuer und Schwert, Gütereinziehung und Inquisition.*" Es scheint, daß diese grausame Litanei in Augsburg allmählich durchsickert, denn die Briefe der Wittenberger aus Augsburg spiegeln immer mehr Hoffnungslosigkeit, Angst und Verzweiflung wieder.

Diese Angst hatte man schon, als die Kunde von der bevorstehenden Krönung des Kaisers durch den Papst in den deutschen Landen verbreitet wurde. Kurfürst Johann bat Luther in einem Brief aus Torgau vom 27. Januar (1530) um sein Urteil darüber, inwieweit man berechtigt sei, dem Kaiser Widerstand zu leisten. Gleichzeitig unterrichtet er ihn davon, daß er bereits zwei sich widersprechende Gutachten über diesen Gegenstand vorliegen habe. Das eine von Bugenhagen, welches das Recht des Widerstandes bejaht, das andere von dem Nürnberger Ratsschreiber Lazarus Spengler, der dieses Recht rundweg verneint. Luther macht sich die Antwort nicht leicht, verneint zwar im Grundsatz dieses Recht unter Hinweis auf die von Gott gesetzte Obrigkeit, läßt es aber für den Fall — und dieser allein ist der wirklich drohende — bestehen, daß der Kaiser die Fürsten zwingen wolle, ihre Untertanen, die dem Evangelium anhängen, zu verjagen oder zu töten.

Es ist eine Frage von entscheidender Bedeutung, und man ist sich in Kursachsen des Ernstes der Situation voll bewußt. Man muß wissen, wie weit man den Forderungen des Kaisers nachgeben kann und inwieweit man ihnen Widerstand leisten muß. Zu diesem Zweck fordert der Kurfürst die Wittenberger auf, alle anderen Arbeiten liegen zu lassen und sich ganz dieser Aufgabe zu widmen, damit sie in Torgau die Marschroute festlegen können. Er teilt ihnen mit, daß er Luther, Jonas, Melanchthon, Spalatin und Agricola bis Coburg mitnehmen wolle. Wenn man auf dem Reichstag in die entscheidenden Verhandlungen eintrete, beabsichtige er, sie nach Augsburg zu holen. Nur Luther muß auf der Coburg zurückbleiben, um den er sich, weil er gebannt ist, die gleichen Sorgen macht wie einst sein Bruder Friedrich der Weise.

Am 3. April (1530) reisen die Wittenberger über Torgau nach Coburg ab, wo sie am Ostersamstag, dem 16. April (1530) ankommen. Es ist ein schmerzlicher Abschied, als die Freunde Martin verlassen, um nach Augsburg weiterzureisen. Dieser sieht keineswegs ein, warum nicht auch er sich dorthin begeben soll, aber selbstverständlich will er gegenüber dem Kurfürsten nicht ungehorsam sein. So zieht er in der Nacht vom 23. zum 24. April (1530) in die ihm zugewiesenen Räume in der Veste Coburg ein. Es sind die höchst gelegenen der Burg, und der Aufenthalt dort oben läßt die Erinnerung an die Wartburg wieder lebendig werden. Er berichtet an Melanchthon, daß nichts fehle, was zur Einsamkeit gehöre, daß mehr als dreißig Mann hier auf der Burg ihr Brot verzehrten, davon seien zwölf Nachtwachen und zwei spähende Trompeter auf den verschiedenen Türmen. „*Wir sind endlich auf unserem Sinai angekommen, liebster Philipp, aber wir werden ein Zion aus diesem Sinai machen und drei Hütten hier bauen, dem Psalter eine, den Propheten eine und dem Aesop eine.*" Damit erfährt man erstmals von seinem Plan — und hier erweist sich wieder seine Vielseitigkeit — Fabeln des Aesop zu übersetzen. Tatsächlich übersetzt er während seines Aufenthaltes auf der Coburg nicht weniger als sechzehn Aesopsche Fabeln, die aber erst 1557, also längst nach seinem Tod, gedruckt werden.

Mit Recht schreibt er: „*Es ist ein überaus reizender und für Studien geeigneter Ort; nur Eure Abwesenheit betrübt mich.*" Und es kommt immer wieder und bei jeder Gelegenheit zum Ausdruck, wie hoch er die Freundschaft schätzt. Auf der Coburg schmollt er aus Freundschaft den Freunden und spielt den Beleidigten, weil er der Ansicht ist, die auf dem Reichstag hart Bedrängten hätten ihm öfter schreiben müssen.

Doch eine traurige Nachricht, die ihn auf der Coburg erreicht, läßt ihn seine Verstimmung vergessen : Es ist die vom Tod seines Vaters. Dieser ist am 29. Mai (1530) „*sanft und selig*" gestorben. Und mit der Martin eigenen Unmittelbarkeit schreibt er noch am gleichen Tag seinem Freund Melanchthon: „*Sein Tod hat mir sehr große Tränen gebracht, im Gedenken nicht nur an die natürlichen sondern auch die der süßen Liebesbanden. Denn aus ihm gab mir mein Schöpfer, was ich bin und was ich habe. Und ob mich gleich tröstet, daß er, wie in dem Briefe steht, fest im Glauben an Christum sanft eingeschlafen ist, so hat doch das Leid und die Erinnerung an den so lieben Umgang mit ihm mein Inneres also erschüttert, daß ich den Tod nie so sehr wie jetzt verabscheut habe.*" Also trotz aller Gläubigkeit an das Fortleben nach dem Tod kommt der große Schmerz über ihn, der bis zum Verabscheuen geht.

Schon als der Vater im Februar (1530) erkrankte und Luther davon Kenntnis erhielt, hat er den Wunsch geäußert, beide Eltern sollten ihren Lebensabend bei ihm in Wittenberg verbringen. „*Große Freude sollt mir's sein, wo es möglich wäre, daß Ihr Euch ließet samt der Mutter hierherführen zu uns, welches meine Käthe mit Tränen auch begehrt, und wir alle.*" Gerade in diesem Brief öffnet er nochmals alle Schleusen seiner kindlichen Zuneigung gegenüber seinen Eltern.

Wie innig Martin an seiner Familie, seiner Käthe und seinen Kindern hängt, geht aus seinen Briefen, die er von der Veste Coburg schreibt, rührend hervor. Da ist auch jenes zauberhafte Märchen, das er seinem damals vierjährigen Hänschen schickt und in dem er ganz in die kindliche Mentalität hineinschlüpft: „*Ich weiß einen hübschen lustigen Garten, da gehen viele Kinder innen, haben güldene Röcklein an und lesen schöne Äpfel unter den Bäumen, und Birnen, Kirschen, Spilling und Pflaumen, singen, springen und sind fröhlich, haben auch schöne kleine Pferdlein mit güldenen Zäumen und silbernen Sätteln. Da fragt ich den Mann, deß der Garten ist, weß die Kinder wären. Da sprach er: Es sind die Kinder, die gern beten, lernen und fromm sind. Da sprach ich: Lieber Mann, ich habe auch einen Sohn, heißt Hänschen Luther, möcht' er nicht auch in den Garten kommen, daß er auch solche schönen Äpfel und Birnen essen möchte und solche feinen Pferdlein reiten und mit diesen Kindern spielen? Da sprach der Mann: Wenn er gern betet, lernt und fromm ist, so soll er auch in den Garten kommen. Lippus* (Melanchthons Söhnchen Philippus) *und Jost* (Jonas Söhnchen Jodokus) *auch und wenn sie alle zusammenkommen, so werden sie auch Pfeifen, Pauken, Lauten und allerlei Saitenspiel haben, auch tanzen und mit kleinen Armbrüsten schießen. Und er zeigte mir dort eine feine Wiese im Garten zum Tanzen zugerichtet, da hingen eitel güldene Pfeifen, Pauken und feine silberne Armbrüste."* Und der Brief schließt: *„Hiermit bist dem Allmächtigen Gott befohlen und grüße Muhme Lene und gib ihr einen Kuß von meinetwegen."* Die Muhme Lene ist Magdalena von Bora, die Tante Käthes, die einst Siechenmeisterin im Kloster zu Nimbschen war.

Doch zurück nach Augsburg, wo sich die dunklen Gewitterwolken zusammenbrauen. Am 15. Juni (1530) ist der Kaiser auf seinem weißen Hengst in die Stadt eingeritten. Noch am gleichen Abend hat er durch seinen Bruder das Verbot der evangelischen Predigt ausgesprochen. Gleichzeitig hat er von den protestantischen Fürsten verlangt, daß sie am darauffolgenden Freitag an der Corpus-Christi-Prozession teilnehmen. Nach langer nächtlicher Beratung sind diese Fürsten *„aus christlichen guten Gründen"* der Prozession ferngeblieben. Und sie haben, den Befehl des Kaisers mißachtend, Pfarrherrn Adam Weise zu Crailsheim, der gleichzeitig der Prediger des Markgrafen Georg ist, sowohl am Freitag wie auch am Samstag predigen lassen.

Karl beharrt auch weiterhin auf dem Verbot der evangelischen Predigt. Er läßt nun die evangelischen Fürsten einzeln und in Gruppen aufs Rathaus kommen. Weit davon entfernt, sich der Daumenschrauben zu bedienen, die der päpstliche Legat angelegt wissen will, ist er bemüht, mit größter Liebenswürdigkeit und betonter Hochachtung mit den Evangelischen zu verhandeln. Er hat Phantasie genug, um den Fürsten anschaulich zu schildern, wie großartig sich ein in religiösen Fragen einiges Reich auf allen Gebieten, insbesondere im Kampf gegen die Türken, die Ungläubigen, darstellen würde.

Übrigens war schon vor dem Eintreffen des Kaisers Karl V. in Augsburg (15. Juni 1530) mit einem Verbot der evangelischen Predigt während des Reichstages gerechnet worden. Denn der Kurfürst Johann hat schon im Mai (1530) bei Luther anfragen lassen, wie er sich gegenüber einem solchen Verbot verhalten solle. In seiner Antwort (die wesentlich von Melanchthon beeinflußt ist) schreibt Luther, er sei wie früher der Meinung, *„daß der*

Kaiser unser Herr ist und die Stadt und alles ihm gehört." Augsburg ist freie Reichsstadt.

Aber der Kurfürst, solidarisch mit den anderen evangelischen Fürsten, ist anderer Auffassung. Der Markgraf Herzog Georg von Brandenburg faßt die Meinung der Evangelischen in die Worte, ehe er „*Gott und sein Wort verlasse, solle ihm Seine Gnaden alsbald den Kopf abschlagen lassen.*" Der Kaiser will unter allen Umständen die Befriedung. Er weiß, was auf dem Spiel steht: Die Spaltung Deutschlands auf unabsehbare Zeit. Er hat im Laufe seiner Regierungszeit gelernt, sein wahres Gesicht zu verbergen. So gibt er zunächst nach, indem er ein Verbot, auch für die katholischen Prediger, verfügt, von dem auch Doktor Faber und Doktor Johannes Eck, die verbissensten Gegner Luthers, betroffen sind. Das ist zweifellos ein Erfolg der Protestanten und wird auch weltweit als solcher gefeiert. Insgesamt ist die Stimmung der in Augsburg Versammelten noch auf Versöhnlichkeit abgestellt.

Schon längst ist Melanchthon, unterstützt und beraten von anderen Wittenbergern, daran gegangen, eine Zusammenfassung der wichtigsten Glaubenssätze aufzuschreiben. Er hält sich an das, was die Wittenberger, an der Spitze Martin Luther, seit dem Anschlag der Thesen (31.10.1517) zur Wiederherstellung der *'reinen Lehre'* erarbeitet und verkündet haben. Als er diese Arbeit Mitte Mai fertiggestellt hat, will er sie, die man bis dahin als *‚Apologie'* bezeichnet, ohne Billigung Luthers nicht veröffentlichen. Auch hierin zeigt sich, daß Martin Luther nach wie vor im Mittelpunkt des reformatorischen Geschehens steht. Der Kurfürst Johann — man täuscht sich, wenn man von seinem dicken, fast aufgeschwemmt scheinenden, von einem gewaltigen Vollbart eingerahmten Gesicht auf ein phlegmatisches Wesen schließt — ist an dem Zustandekommen dieser Apologie höchst interessiert. Martin Luther beantwortet diese Anfrage, wobei er, wie bei all seinen Briefen, die Eingangsformel vorausstellt: „*Gnade und Friede in Christus, unserem Herrn.*" Er fährt fort, er habe „*die Rechtfertigungsschrift Magister Philippus durchgelesen: Sie gefällt mir sehr gut und ich weiß nichts daran zu verbessern oder zu ändern; es würde auch nicht passen, weil ich nicht so sanft und leise treten kann. Unser Herr Christus helfe, daß sie viele und reiche Früchte schaffe; das hoffen und bitten wir. Amen.*" Diese Apologie soll als die *'Confessio Augustana'* in die Geschichte eingehen.

Am 20. Juni (1530) wird der Reichstag feierlich eröffnet. Der Kaiser läßt die Tagesordnung verkünden, die sich durch äußerste Milde und Überlegenheit auszeichnet. Die Hoffnung, daß man zu der großen, allumfassenden Einigung gelangt, *'zum Frieden der Deutschen Nation'*, auch in Fragen der Religion, ist groß. Dafür schafft die außerordentlich günstig aufgenommene *'Confessio Augustana'* die Grundlage. Zwar hat der Kaiser, vermutlich um der Confessio keine überragende Bedeutung einzuräumen, verfügt, daß sie nicht auf dem Reichstag selbst verlesen werde. Aber er läßt den Ständen ansagen, daß sie am Samstag nach der Eröffnung, also am 25. Juni (1530) *„zu ein Uhr nachmittags bei Ihrer Majestät auf der Pfalz sein sollten"*. So geschieht es. Und als alle versammelt sind, kommt der Kaiser mit seinem Bruder herunter in *„die untere große Stube auf der Pfalz"* und alle setzen sich nieder.

Es erhebt sich der Kanzler des Kurfürsten von Sachsen und beginnt zu lesen, das währet *„an die drei Stunden". Und er las laut und so ganz wohl, daß es ein Wunder war"*. Danach wird die Schrift deutsch und lateinisch dem Kaiser übergeben. Der Eindruck, den dieses logisch errichtete, bis zum letzten ausgefeilte Gebäude eines religiösen Bekenntnisses auf die Versammelten macht, ist epochal. Das hat bis zum heutigen Tag seine mächtige Wirkung nicht verloren. In 28 Artikeln ist die Confessio dargelegt, versehen mit einer Vorrede, in welcher der Kaiser angesprochen wird: *„Allerdurchlauchtigster, großmächtigster, unüberwindlichster Kaiser, allergnädigster Herr!"* Und dann werden die Lehren der Kirche aufgeführt von dem dreieinigen Gott, von der Erbsünde, vom Sohn Gottes, vom Predigeramt, der Kirche, von den Sakramenten, vom freien Willen, die Austeilung des Abendmahls in beiderlei Gestalt, über den Predigerberuf und Ehestand, über die Messe, die Beichte, die Klostergelübde, die Vollmacht der Bischöfe, um dann in einem „Abschluß" zu enden, in dem es heißt: *„Die oben aufgeführten Artikel haben wir gemäß dem Reichstagausschreiben übergeben wollen, um unser Bekenntnis und die Lehre der Unseren darzulegen. Sollte jemand damit noch nicht zufriedengestellt sein, so werden ihm weitere Ausführungen mit Begründung aus der göttlichen, Heiligen Schrift angeboten. Eurer Kaiserlichen Majestät untertänigst Gehorsame Johann Herzog zu Sachsen, Kurfürst / Georg Markgraf zu Brandenburg / Ernst Herzog von Lüneburg / Philipp Landgraf zu Hessen / Hanns Friedrich Herzog zu Sachsen / Franz Herzog zu Lüneburg / Wolf Fürst zu Anhalt / Bürgermeister und Stadträte zu Nürnberg / Bürgermeister und Stadträte zu Reutlingen."*

Die Berichte, die Martin von den Freunden erhält, sind so positiv, daß er dem ebenfalls mit ihm befreundeten Prediger Nikolaus Hausmann in Zwickau am 6. Juli (1530) eine siegessichere Prognose über die weitere Entwicklung geben kann: *„Viele Bischöfe sind zum Frieden geneigt und wollen von den Sophisten Faber und Eck nichts wissen. Ein einziger Bischof soll im Privatgespräch geäußert haben: 'Das ist die reine Wahrheit, wir können's nicht leugnen.' Der Mainzer (Erzbischof) wird als friedenswillig sehr gerühmt. Derselbe Herzog Heinrich von Braunschweig, der Philippus* *freundschaftlich zum Mahle einlud, hat bezeugt, er könne zu den Artikeln von beiderlei Gestalt, von der Priesterehe und vom Unterschied der Speisen nicht gut Nein sagen. Die Unsrigen heben rührend hervor, auf dem ganzen Reichstag gebe es nichts milderes als den Kaiser selbst. Der Kaiser behandelt unsern Fürsten nicht nur huldvoll sondern beinahe ehrerbietig. Wunderbar ist, wie alle von heißer Liebe zum Kaiser beseelt sind. Will's Gott, wird vielleicht der Kaiser, wie er zuerst der Allerschlimmste war, so hier zuletzt der Allerbeste sein."*

Der Bischof, den Martin, ohne seinen Namen zu nennen, erwähnt und der sich so evangelisch geäußert hat, ist kein anderer als ausgerechnet der Bischof von Augsburg, der Stadt des Reichstags, mit Namen Christoph von Stadion.

Aber nun kommt die grausame Peripetie, der kaum faßbare Umschwung in der Beurteilung der Confessio Augustana. Und alle Umstände berücksichtigend, gelangt man zu dem Urteil, daß nicht Martin Luther die unselige Kirchenspaltung herbeigeführt hat, sondern daß sie auf mehrere, weithin unbekannte und im Grunde unbedeutende Sophisten zurückgeht, an der Spitze die alten Lutherfeinde, der ungeschlachte Dr. Johannes Eck, der Bischof von Wien, Johannes Faber, der Theologe und Sekretär des Herzogs Georg von Sachsen, Dr. Johann Cochläus, der Dresdner Hofkaplan Hieronymus Emser und andere.

Um den Stimmungsumschwung herbeizuführen, hat man sich eines teuflischen Tricks bedient. Als die geistlichen und weltlichen Fürsten nach dem Gebot des Kaisers über die Confessio beraten (Eingaben Zwinglis *'Fidei ratio'* genannt und einiger Städte *'Confessio Tetrapolitana'* waren unter den Tisch gefallen), wird gefragt, wer denn gegen die Confessio nichts einzuwenden habe. Natürlich bejahen das die evangelischen Fürsten und Stände, die betonen, daß sie die Confessio für die echte Wahrheit halten.

Wenn dem so sei, kontert man diabolisch, dann habe es auch keinen Sinn, wenn sie sich an den weiteren Beratungen beteiligten, da sie ohnedies nichts zu sagen hätten. Und auf diese Weise, ohne daß sie recht begreifen, was geschieht, katapultiert man sie hinaus.

Jetzt haben die Sophisten, von Haß gegen Luther und die Seinen angetrieben, freie Hand. Sie entfachen das schwelende Dunkel der Vergangenheit — wir würden es Mittelalter nennen — wieder zu heller Glut. Das Wort *'Ketzer'* wird wie etwas, an dem man sich aufgeilen kann, von neuem hervorgeholt und herumgereicht. Solche jahrhundertelang gebrauchten Begriffe wirken beim menschlichen Mittelmaß wie Rettungsanker, an die man sich anklammert, namentlich wenn die Geistigkeit neuer Gedanken verwirrt. Der Konservativismus übt auf die Dummen in jeder Geschichtsepoche eine ungeheuere Anziehungskraft aus. Und der Kaiser, der aus dieser

Tradition hervorgegangen ist, aber sich bemüht hat, als Einiger in die Geschichte einzugehen, verliert die Geduld. Schließlich sprechen die Ecks und die Fabers die ihm geläufige Sprache. Er will zu einem Ende kommen.

Luther erlebt den Stimmungsumschwung auf der Veste Coburg. Von da hat er zunächst den Freunden aufmunternde und zuversichtliche Briefe geschrieben. Meist tragen sie die Überschrift: „*Aus dem Reich der Vögel*".

Und wie auf der Wartburg tritt auch hier wieder seine tiefe Naturverbundenheit in Erscheinung. Den Reichstag vergleicht er mit dem Reich der Vögel, verhehlt aber nicht, daß er letzteren den Vorzug gibt. „*Da sieht man,*" schreibt er, die Vögel meinend, „*die stolzen Könige, Herzöge und andere Reichsmagnaten, die sich eifrig für ihre Angelegenheiten und Nachkommen einsetzen und mit unermüdlicher Stimme ihre Dekrete und Dogmen durch die Luft schmettern. Schließlich bewegen sie sich ja auch nicht in jenen höfischen Spelunken und Höhlen, die man ohne viel Grund Paläste nennt. Oder vielmehr: Sie sind nicht darin eingeschlossen, sondern unter freiem Himmel, daß ihnen der Himmel zur getäfelten Decke wird und die grünen Bäume ihr weiter bunter Fußboden und die Wände zugleich die Grenzen der Erde sind.*" Welch ungebändigte Phantasie und welch junger und ungebrochener Freiheitsdrang!

Gleich nachdem er die obersten Räume in der Veste bezogen hat, schreibt er den 17. Vers seines Lieblingspsalmes mit Kreide an die Wand: „*Ich werde nicht sterben, sondern leben und des Herrn Werke verkündigen.*" Und das tut er in so reichlichem Maße, daß wir Heutigen diese Arbeitskraft, ja Arbeitswut kaum zu begreifen vermögen. Seinem Famulus Veit Dietrich diktiert er die Auslegung der ersten fünfundzwanzig Psalmen. Daneben übersetzt er die Bibel weiter. Aber zur selben Zeit, gleich einem Donnerkeil, kommt seine „*Vermahnung an die Geistlichen, versammelt auf dem Reichstag zu Augsburg*" in die aufgeregte Stadt. Am 12. Mai (1530) hat er diese Schrift nach Wittenberg in Druck gegeben, am 5. Juni bringt ein Buchhändler die ersten 500 Exemplare nach Augsburg, die sofort auch von den Gegnern Luthers gekauft werden. Klar und heftig ist seine Sprache wie eh und je, und er faßt zusammen: „*In Summa, wir und ihr wissen, daß ihr ohne Gottes Wort lebt, wir aber Gottes Wort haben. Darum ist unser höchste Begehr und demütigste Bitte, ihr wollet Gott die Ehre geben, euch erkennen, büßen und bessern. Wo nicht, so nehmt mich hin: lebe ich, so bin ich eure Pestilenz, sterbe ich, so bin ich euer Tod. Denn Gott hat mich an euch gehetzt, ich weiß, wie Hosea sagt, auch ein Bär und Löwe seien im Wege Assur, ihr sollt doch vor meinem Namen keine Ruhe haben, bis daß ihr euch bessert oder zu Grunde geht*".

Diese Schrift macht in Augsburg *„einen gewaltigen Eindruck"*. Das ist der alte Luther, *„der Held von Worms"*, der jetzt den Reichstag gleichsam *„vor ein Gottesgericht"* stellt. Prompt wird der Verkauf der ‚Vermahnung' in Augsburg verboten. Und hier scheinen sich die Römischen und ein Großteil der Evangelischen einig zu sein, denn beide Seiten fürchten, daß durch die herrisch vorgetragene Konfrontation Luthers mit der gesamten Geistlichkeit das Einigungswerk gefährdet, wenn nicht unmöglich gemacht wird.

Und dann kommt es, was sie beide bei der großen Zuneigung und Verehrung, die sie füreinander empfinden, nie für möglich gehalten haben, zu einem ernsten Zerwürfnis zwischen Martin Luther und Philipp Melanchthon. Ob ihre augenblicklichen Positionen daran die Schuld tragen: Martin oben in der Höhe im Duft der sommerlichen Wälder, wo die Sonne zu Hause ist oder die Stürme umgehen, wo die Vögel schreien und in der Nacht die Sterne am Himmel stehen, in dem *„ganzen schönen Gewölbe Gottes"*, wo seine Gedanken kühn und frei nach den fernsten und größten Dingen zu greifen vermögen und Philippus, unten in der stickigen, überfüllten Stadt, wo das Laster mit den Gerüchen und Gerüchten aus den Häusern dringt, wo Morde begangen werden, wo eine rohe Soldateska die schauerlichsten Drohungen ausstößt, wo ihm das Wort Ketzer leise oder laut aus manchen Mäulern entgegengeschleudert wird. Für Melanchthon sind die Fragen brennend: Was geschieht, wenn die Einigung mißlingt? Was geschieht mit den evangelischen Fürstentümern? Was geschieht mit der evangelischen Lehre? Was geschieht mit uns allen? Die Rede von zu errichtenden Scheiterhaufen ist so ungezähmt wie eh und je.

Kommt noch dazu, daß Martin ein Stier an Kraft und Nerven ist, für den Kampf geboren, während Philippus, das kleine graue Männchen, Frieden und Eintracht um jeden Preis sucht. Er ist für den Kompromiß geschaffen. Vom 27. Juni bis zum 13. Juli (1530) schreibt Luther nicht weniger als zehn Briefe nach Augsburg, um seinen Freunden Mut zu machen, ihre Widerstandskraft zu stärken und ihnen die Überzeugung einzupflanzen, daß Gott auf der Seite derer steht, die seine wahre Lehre verkünden. Kein Zweifel, dadurch, daß er den nötigen Abstand von den Ereignissen hat, daß er nicht in der Gerüchteküche der aufgeregten Stadt sitzt, daß er das unerschütterliche Gottvertrauen besitzt, bewahrt und rettet er seine Lehre. Ohne diese unverwüstliche Kraft könnten seine Freunde und auch der Kurfürst *„diesen betrügerischen Teufeln"* (Brief vom 13. Juli) nicht standhalten.

Die Ereignisse überstürzen sich. Am 1. August (1530) treten die katholischen Fürsten unter dem persönlichen Vorsitz des Kaisers zusammen, um eine Erwiderung auf die Confessio zu beschließen. Zwanzig Gelehrte der alten Kirche haben einen Entwurf vorgelegt. Im Grunde ist es aber keine auf die Sache eingehende Erwiderung, sondern eine Schmähschrift gegen die Evangelischen geworden. Der Kaiser hat sie deswegen zur Umarbeitung zurückgegeben. Jetzt soll die neue Fassung beschlossen werden. Die Verfasser plädieren dafür, daß diese Erwiderung als ein *'Edikt'* erlassen wird, an dem nicht gerüttelt werden darf. Der Kaiser, der noch einmal die Tür zu einer Versöhnung im letzten Augenblick offenhalten will, läßt den Beschluß als *'Beratung'* deklarieren.

Jetzt kommt es zu einem schon beinahe kindisch anmutenden Streit,der aber die schlimmsten Folgen nach sich zieht. Die Feinde Luthers wollen den Evangelischen keine Gelegenheit zur Erwiderung geben, weil die Römischen dann replizieren müßten, also werde es (wörtlich) *„eine Schraube ohne Ende"* sein. Außerdem würden die Evangelischen *„die Antwort Kaiserlicher Majestät drucken lassen und den gemeinen Haufen an sich ziehen."* Mit anderen Worten, sie fürchten die Öffentliche Meinung, die ja ohnedies zum größten Teil auf Seiten der Protestanten steht.

Am 5. August (1530) erklärt sich der Kaiser bereit, eine Abschrift der *Confutatio* — so nennt man die Erwiderung — den lutherischen Fürsten auszuhändigen, wenn sie sich verpflichten, jede Art einer Verbreitung zu verhindern.

Die fünf evangelischen Fürsten bedanken sich für die angekündigte Zustellung und versprechen sich *„untadelig"* zu halten und die Schrift nicht in Druck zu geben oder sonstwie zu verbreiten. Das *„untadelig"* genügt dem Kaiser nicht, er will eine klare Antwort haben. Die evangelischen Fürsten verweisen auf die Möglichkeit, daß die *Confutatio* von anderer Seite in Druck gegeben werde und man sie, die Fürsten, damit belaste. Der Kaiser beharrt auf seiner Forderung mit dem Erfolg, daß das Gespräch abreißt. Der Versuch einer Einigung ist an diesem Freitag, dem 5. August 1530 gescheitert, der Bruch endgültig. Die Erregung in beiden Lagern hat ihren Höhepunkt erreicht.

Doch schon der nächste Tag bringt eine neue, unliebsame Überraschung. Am Samstag, dem 6. August (1530) schickt der Landgraf Philipp von Hessen zum Kaiser: Seine Gemahlin sei erkrankt und auch sonst erfordere sein Land seine Anwesenheit, so daß er *„Kaiserliche Hoheit ganz untertänigst um Erlaubnis bitte"*. Der Kaiser erteilt diese Erlaubnis nicht, sondern verlangt, daß der Landgraf den Reichstagsabschied abwarte. Dieser schickt seine Räte erneut zum Kaiser und nützt die Gelegenheit, mit wenigen Reitern die Stadt heimlich zu verlassen. Darüber gerät der Kaiser in höchsten Zorn. Er befiehlt seinen Landsknechten noch in der Nacht, ihre Spießgesellen zu wecken, damit alle wichtigen Punkte in der Stadt besetzt werden. Auch die burgundischen Reiter werden um zwei Uhr in der Nacht durch Trompetensignal aus dem Bett gescheucht. Und der Kaiser befiehlt, nachdem sämtliche Tore besetzt sind, *„daß man niemanden hinauslassen sollte, es käme, wer da wolle, Fürsten oder andere."*

Daß unter den Protestanten durch das scharfe und unerbittliche Vorgehen des Kaisers und seines Bruders, ja der ganzen päpstlichen Partei, eine Art Panik ausbricht, ist nicht verwunderlich. So behauptet der Kurfürst Joachim von Brandenburg, daß *„über hundert Priester hier zu dem päpstlichen, heiligen Legaten gekommen wären und dafür, daß sie zuvor in denen neuen Glauben gekommen und demselben angehangen, sich hätten absolvieren lassen, auch zum Teil die Frauen, die sie genommen, wieder von sich getan und ihren Irrtum bekannt hätten"*. Am Rande dieser Darstellung findet sich allerdings eine Notiz von dritter Hand: *„Einige halten dafür, es sei Jägerlatein von Markgraf Joachim."*

Trotz allem: Die Mehrheit im Reichstag hat noch nicht alle Hoffnung auf einen friedlichen Ausgleich aufgegeben. Wie immer, wenn man nicht weiter weiß: Man setzt einen Ausschuß ein. In ihm sind die beiden Parteien in der Weise paritätisch vertreten, daß ihm je zwei Fürsten, zwei Juristen und drei Theologen angehören. Auf evangelischer Seite meint es niemand so ernst mit der Einigung wie Melanchthon. Er ist geradezu besessen von der Vorstellung, ihm müsse im letzten Augenblick das Zauberkunststück gelingen, aus zwei eins zu machen. Dabei übersieht er, daß je länger man verhandelt, man sich desto mehr ideologisch verkeilt. Anstatt einander näher zu kommen, wird man sich immer fremder und verhaßter. Dazu kommt, daß man im evangelischen Lager die nachgiebige Art, in der Melanchthon verhandelt, mit größtem Mißtrauen verfolgt. Luther erhält zahlreiche Briefe, in denen er aufgefordert wird, ein Machtwort zu sprechen, ehe Melanchthon das Evangelium an Eck und seine Gesinnungsgenossen *„verkauft."*

Martin Luther, der die Gegenseite und deren ideologische Verhärtung kennt, weiß, daß im jetzigen Stadium ein Verhandeln sinnlos ist. Im Gegenteil, Verhandlungen müssen den eigenen Standpunkt und insbesondere die Confessio Augustana verwässern. Die einmal abgegebene und verkündete Confessio steht wie ein Fels in der Brandung. An ihr müssen, so die Ansicht Luthers, alle zerbrechen, die das Wort der Schrift nicht anerkennen. Aber damit ihre Durchschlagskraft nicht vermindert wird, muß der Protestantismus geschlossen hinter ihr stehen. Auch der geringste Anschein einer Spaltung ist zu vermeiden. Mit solcher Klarheit sieht Martin Luther die Situation. Und gleichzeitig muß er erleben, daß Melanchthon diesen Intentionen diametral zuwiderhandelt. Daß damit seine Zuversicht, die er noch in seinem, übrigens mit viel zarter Poesie angereicherten, Brief

an den Kanzler Gregor Brück vom 5. August (1530) zum Ausdruck bringt, sich in Ärger und schließlich in Zorn verwandelt, ist verständlich.
In seinem Schreiben vom 26. August (1530) an Melanchthon sucht er diesen mit größter Geduld und unter Anführen aller Argumente davon zu überzeugen, daß jeder Kompromiß die eigene Lage nur verschlechtert. Er benützt die Gelegenheit, auf seinen alten Feind Eck, aber auch auf den *'Salzburger'*, wie er den päpstlichen Legaten Lorenzo Campeggio nennt, einzudreschen. In dem Brief an Justus Jonas vom 20. September (1530) ist sein letzter Geduldsfaden gerissen. Darin heißt es: *„Ich berste fast vor Zorn und Unwillen. Ich bitte, brecht die Verhandlungen ab, hört auf, mit ihnen zu unterhandeln und kehret heim. Sie haben das Glaubensbekenntnis; sie haben das Evangelium."* Und weiter: *„Entsteht ein Krieg daraus, so mag er daraus entstehen, wir haben genug gebeten und getan."*
„Entsteht ein Krieg daraus," das ist es, was offensichtlich Melanchthon fürchtet. Der Druck auf ihn und die Freunde in Augsburg hat sich zwischenzeitlich so verstärkt, daß es zweifelhaft ist, ob sie ohne den Hammer Luther und seine Kompromißlosigkeit die Nerven bewahren würden. Wiederum bewährt sich Martins suggestive Kraft auch aus der Ferne. Als sich das Haupt der Evangelischen, der Kurfürst Johann von Sachsen, am 23. September (1530) vom Kaiser verabschiedet, geschieht es im Hinblick auf den unvermeidbar scheinenden Krieg unter Tränen. Trotzdem: Als am 19. November (1530) der endgültige Reichstagsabschied verkündet wird, der die Durchführung des Wormser Edikts fordert, verwerfen ihn die Evangelischen. Selbst die Stadt Augsburg, seine Stadt, wagt es unter den Augen des Kaisers, den Abschied zu verwerfen. Doch Martin Luther — es erscheint wie ein Wunder — soll recht behalten. Es gibt im Anschluß an diesen Reichstag keinen Krieg und die Evangelischen sind nicht mehr zu schlagen.

Fünfzehntes Kapitel
1530 — 1537

Rückkehr von der Coburg — Der Schmalkaldische Bund — Der Tod der Mutter — Zwinglis Tod in der Schlacht bei Kappel — Theologische Differenzen mit Melanchthon — Margarete, das sechste und letzte Kind Luthers wird geboren — Blutiges Ende des Wiedertäuferreichs in Münster — Groteske Begegnung mit dem päpstlichen Legaten Vergerius — Wittenberger Konkordie — Der totgesagte Luther

Martin entfaltet auf der Veste Coburg, wie erwähnt, eine vielseitige schriftstellerische Tätigkeit. Zu den schon genannten Schriften kommen hinzu der *„Sendbrief vom Dolmetschen und Fürbitte der Heiligen"*, dann die *„Predigt, daß man Kinder zur Schule halten solle"* oder *„Ein Widerruf vom Fegefeuer"* und natürlich vergißt er auch nicht, sich mit dem Papst anzulegen, denn das Papsttum war namentlich in seiner Jugend auf einem Tiefstand angelangt. Da kennt Martin auch keine Gnade: *„Denn er (Gott) weiß, wenn wir ohne sein Wort lehren, aus uns selber, daß es eitel Fehl, Irrtum, Lügen und Sünde ist... Dagegen lehren diese Maulesel, daß der Papst regieren solle und nicht Gott, und daß man dem Papst glauben solle."* Eindrucksvoll sind auch seine Predigten, die er in der Schloßkirche vor dem Schloßgesinde, den Knechten, Mägden, Wächtern und Torhütern hält und die auf uns überkommen sind. In der vom 2. Oktober (1530) reißt er noch einmal den Vorhang der Lüge von dem noch in Augsburg tagenden Reichstag herunter: *„Darum laßt uns ja fest und gewiß dafür halten, daß das Gotteswort gewesen sei, dafür wir gefochten und uns in die Gefahr gesetzt haben, wie denn unser Widerpart selbst frei heraus bekennen hat müssen, daß unsere Lehre gerecht und gut sei und wider keinen Artikel christlichen Glaubens."*
Sein Grollen verhallt nicht in der Schloßkapelle, sondern es wird im Druck hinausgetragen in alle Lande.
In einem Brief an Lazarus Spengler in Nürnberg beschreibt er in den anschaulichsten Farben sein Wappen als *‚ein Merkzeichen seiner Theologie':* *„Das erste soll ein Kreuz sein, schwarz, im Herzen, das seine natürliche Farbe hätte, damit ich mir selbst Erinnerung gebe, daß der Glaube an den*

Gekreuzigten uns selig macht." Und weiter: „*Solch Herz aber soll mitten in einer weißen Rose stehen, anzuzeigen, daß der Glaube Freude, Trost und Friede gibt."* Und dann: „*Solche Rose steht im himmelfarbenen Felde, daß solche Freude im Geist und Glauben ein Anfang ist der himmlischen Freude."* Und zum Schluß: „*Und in solchem Feld ein güldener Ring, daß solche Seligkeit im Himmel ewig währet und kein Ende hat und auch köstlich über alle Freude und Güter, wie das Gold das höchste, köstlichste Erz ist."* Wenn Nietzsche im Zarathustra sagt, „*Im echten Manne ist ein Kind versteckt,"* so kann er sich auch auf Martin berufen, der, wie Kinder es gerne tun, in vielen Briefen von der Veste Coburg, die Buchstaben umdrehend, schreibt: „*Von der Veste Gruboc."*

So vertraut ihm sein Vogelparadies geworden ist, so viel schöpferische Kraft ihm auch die Periode in der grünen Waldeinsamkeit und näher dem *'Sternenzelt Gottes'* beschert hat, so erfolgreich sich seine Glaubensautorität gegenüber den Reformatoren in Augsburg bewährte — kurzum, so groß die geschichtliche Aufgabe auch gewesen ist, die er auf der Coburg bezwungen hat: Jetzt ist die Sehnsucht in ihm nach zu Hause übermächtig geworden. So schreibt er an seine Käthe am 24. September (1530): „*In vierzehn Tagen, hoff' ich, wo Gott Gnade gibt, wollen wir bei Euch daheimen sein."* Das kann nicht ohne Abschied zu nehmen geschehen, denn das ist Martins Natur: Wo immer er sich befindet und mit wem er auch in Berührung kommt, es werden menschlich enge Kontakte angeknüpft, es stellt sich die persönliche Beziehung her, von den anderen als Bewunderung und Verehrung dargebracht, von ihm mit der Liebe seines großen Herzens erwidert. Alle, von der kleinsten Magd bis zum Burgvogt, sind sich dessen bewußt, daß sie mit einem der Größten ihrer Zeit in einer innigen Gemeinschaft gelebt haben; sie werden ihn in ihrem Leben weder vergessen noch ihm untreu werden.

Am 13. Oktober (1530) verläßt er die Coburg, um in Wittenberg festlich empfangen zu werden. Zwar erhebt sich die kaiserliche Kriegsdrohung nach wie vor am Horizont: Die *Confessio Augustana* und die hellseherische Gewißheit Martin Luthers, daß an ihr als einer unerschütterlichen Glaubensmacht alle irdischen Waffen zerbrechen müssen, flößen den Evangelischen eine starke Zuversicht ein. Und von dieser Zuversicht getragen beschließen die Fürsten, Widerstand um jeden Preis zu leisten. Ungeachtet des mächtig hereingebrochenen Winters und des Weihnachtsfestes kommen sie in Schmalkalden, einem schneebedeckten Bergort im Thüringer Wald, vom 22. Dezember bis 31. Dezember (1530) zusammen, um unter der Führung des Kurfürsten Johann von Sachsen und des Landgrafen Philipp von Hessen ein Bündnis wider die Feinde des Evangeliums zu schließen. Damit rücken zum ersten Mal die protestantischen Fürstentümer eng zusammen und schließen den ersten wirksamen Bund zum Schutz der evangelischen Lehre. Am 27. Februar des nächsten Jahres (1531) wird der Schmalkaldische Bund offiziell konstituiert. Und im Hinblick auf diesen Bund sieht sich auch Martin Luther veranlaßt, das gerade dem Kaiser gegenüber immer wieder verkündete Obrigkeitsgebot zu lockern, wenn nicht aufzuheben. In seiner *„Warnung an seine lieben Deutschen"*, die im nächsten Jahr (1531) erscheint, bestätigt er mit aller Deutlichkeit, was die Juristen schon in Schmalkalden erklärten. Zunächst — und das würde sich bei seiner bisherigen persönlichen Bescheidenheit (in der Sache ist er es nie!) geradezu kurios anmuten, spürte man nicht ein Gran von Selbstironie heraus — nennt er sich *'Propheten der Deutschen': „Aber weil ich der Deutsche Prophet bin (denn solchen Namen muß ich mir hinfort selber zumessen, meinen Papisten und Eseln zu Lust und Gefallen), will mir gleichwohl als einen treuen Lehrer gebühren, meine lieben Deutschen zu warnen..."* Und hier spricht er es aus: Widerstand gegen die Papisten und auch gegen den Kaiser, wenn er gegen das Evangelium zum Kriege aufbietet, ist nicht Aufruhr sondern Notwehr; handelt der Kaiser dergestalt gegen Recht, Eid und Pflicht, so ist ihm niemand mehr Gehorsam schuldig. Am 5. Januar dieses Jahres (1531) wird der Bruder des Kaisers als Ferdinand I. gegen die Stimme Kursachsens zum römischen König gewählt und gleich darauf in Aachen gekrönt. Er verspricht feierlich, gemäß dem Augsburger Abschied die alte Religionsform mit allen Mitteln zu erhalten. Luther fällt später ein vernichtendes Urteil über Ferdinand. Er wird, so Luther, ehrgeizig, ränkevoll, dem römischen Irrglauben ergeben, das Verderben Deutschlands werden. Luther bezieht sich auf das Urteil von Ferdinands Großvater, des Kaisers Maximilian, der nach Einsicht in das Horoskop Ferdinands gesagt haben soll: *„Wenn du in der Taufe ersoffen wärest, so wäre dir am besten geschehen."*

Für Martin Luther vollendet sich in diesem Jahr (1531) das Schicksal, das den Menschen bestimmt ist, ihre beiden Eltern zu verlieren und so gewissermaßen in die vorderste Front vorzutreten. Nachdem ihm im letzten Jahr schon der Vater genommen wurde, stirbt am 30. Juni (1531) auch seine Mutter. Er hat ihr auf dem Krankenlager innig geschrieben und sie mit dem Wort Christi zu trösten versucht: *„Seid getrost, ich habe die Welt überwunden."* Wie sehr das ganze Haus Luthers teil an der Krankheit nimmt, bekunden die Worte seines an sie gerichteten Briefes: *„Es bitten für Euch alle, Eure Kinder und meine Käthe. Etliche weinen, etliche essen und sagen: Die Großmutter ist sehr krank. Gottes Gnade sei mit uns allen!"*

Die Ereignisse draußen in der Welt werden durch den Tod eines Menschen nicht aufgehalten. So ereignet sich in diesem Jahr (1531) die Entscheidungsschlacht bei Kappel, die den Zwinglianern schweren Abbruch tut, Zwingli selbst aber den Tod bringt. In der Schweiz haben sich die fünf Urkantone (Uri, Schwyz, Unterwalden, Zug und Luzern) zum Schutz des katholischen Glaubens zusammengeschlossen. Zwingli möchte jedoch die Reformation in die innere Schweiz tragen und schlägt daher, seiner Weltanschauung entsprechend, einen Kriegszug vor, der sich gegen diesen katholischen Block richtet. Zunächst versucht man, den Konflikt friedlich zu lösen, aber der rastlose Zwingli hat keine Geduld und übernimmt sich. Sein großangelegter Plan zielt auf nichts Geringeres ab, als die Habsburger, den Kaiser Karl V. und seinen Bruder, den römischen König Ferdinand zu stürzen. Offenbar von Ferdinand veranlaßt, schlagen nun die Urkantone, keine weiteren Verhandlungen abwartend, von sich aus los.

Der 11. Oktober (1531) bricht an. Vogt Jauch befehligt die Schweizer. In einem großen Wald bei Kappel verteilt er seine Streiter, während er selbst an den Waldesrand reitet, um auszukundschaften, ob das Zürcher Heer aus seinem auf der Höhe errichteten Lager vorgerückt ist. Er findet das Lager unverändert und ohne daß Wachen aufgestellt sind. Da gibt er das Zeichen zum Angriff und die Urkantönler, inzwischen vom Amtmann Rychmut, dem Hauptmann von Schwyz unterstützt, gehen gegen das Lager vor. Die Zürcher haben ihre Kanonen gegen den Feind gerichtet und beginnen zu schießen, jedoch ohne großen Schaden anzurichten. Aber schließlich kommen die beiden Heere im Nahkampf aneinander. Es wird, wie der Augenzeugenbericht es schildert, „*rührig gekämpft*", wobei es am nötigen Feldgeschrei nicht mangelt. Die Zürcher nennen die Kantönler „*Götzenknechte und gottlose Päpstler*", während die Kantönler jene „*Kelchdiebe und heillose Ketzer*" nennen. Es ist „*ein wildes Anschreien und Rufen gegeneinander*".

Als die bisher noch nicht im Kampf stehenden Kantönler (ursprünglich war der Angriff für den nächsten Tag geplant gewesen) erfahren, daß der Kampf im vollen Gange ist, rücken sie an und es gibt „*ein solches Brummen, Getös und Prasseln bei ihrem Nachrücken durch den Wald, daß der Boden erzittert*". Es ist „*als ob der Wald laut brüllte*". Die Zürcher wenden sich zur Flucht und suchen über den Albis nach Zürich zu entkommen.

Huldreich Zwingli liegt unter vielen anderen auf der Walstatt. Er hat in den Schenkeln zwei Stiche, so daß er „*nicht mehr kriechen*" kann. Er liegt auf dem Gesicht, damit man ihn nicht entdecken soll. Als ihn einer der Knechte, der ihn kennt, umdreht und ihn „*von vorn*" besichtigt, dünkt ihm, „*es wäre der Zwingli*". Aber Zwingli wälzt sich „*schnell wieder auf das Angesicht*". Da kommt ein anderer Kriegsknecht und fragt: „*Ist es der*

schändliche Ketzer und der Verräter Boswicht?" Und er sticht *„in jähem Zorn die Hellebarde in ihn"*, daß er sogleich stirbt.
Aber nach herrschendem Brauch gibt man sich damit nicht zufrieden. Man übergibt den Leichnam dem Henker von Luzern, der ihn vierteilen und *„schändlicher als einen Ketzer"* verbrennen läßt. Nur der Oberst der kantonalen Armee, Schultheiß Golder, hat *„nicht eingewilligt, sondern etwas Traurigkeit empfangen"*.
Luther zeigt nicht das geringste Mitleid mit Zwingli, obschon dieser immer wieder Versuche unternommen hat, sich ihm zu nähern: *„Das Ende aller Irrlehrer ist das Schwert. Das sehen wir am Papst, an Müntzer, an Zwingli... Sie fingen es alle mit einem gewissen Schein der Frömmigkeit an, bis sie es zuletzt zum Schwert brachten"*. Und weiter: *„Zwingli hat das Schwert gezogen, darum hat man ihm auch den Lohn gegeben, weil Christus spricht: „Wer das Schwert nimmt, der soll durchs Schwert umkommen."* An anderer Stelle: *„Zwingli ist gestorben wie ein Mörder, weil er andere zu seinen Irrtümern verführen wollte, und darüber ist er in den Krieg gezogen und erschlagen worden."*
Kehren wir noch einmal im Spätherbst dieses Jahres (1531) ins *'Schwarze Kloster'* zu Wittenberg ein. Da gebiert am 9. November (1531) Katharina ihren zweiten Sohn. Er erhält den Namen des Vaters, wird also auf Martin getauft. Im Blick auf diesen sagt Luther: *„Mein Martinchen ist mein liebster Schatz und solche Kinderlein bedürfen der Eltern Sorge und Liebe wohl, daß ihrer fleißig gewartet wird, Hänschen und Lenchen können nun reden und bedürfen solcher Sorge so groß nicht. Darum steigt die Liebe der Eltern allzeit und einfältig niederwärts mehr denn aufwärts, zu denen, so am neulichsten geboren sind."* Hänschen ist fünf, Magdalena zweieinhalb Jahre alt. Eine rührende Zuneigung verbindet die beiden Kinder, die erst durch den Tod ihr Ende findet.
Zu allen übrigen Lasten hat Martin von Ende Oktober 1530 bis Ostern 1532 die Vertretung seines Freundes, des Stadtpfarrers Bugenhagen übernommen, der zu dieser Zeit das Kirchenwesen in Lübeck und Pommern ordnet. Was er als Prediger — neben seinen Vorlesungen an der Universität — leistet, kann man daraus ersehen, daß aus der Zeit von 1530 bis 1534 nicht weniger als hundertfünfunddreißig Predigten auf uns überkommen sind. Die Predigt ist für ihn das größte Stimulans, um seinen Glauben zu bestätigen und zu stärken. Seine Seele braucht, um zu bestehen, diese Art Verkündung, in die er sein ganzes Wesen einbringt, nicht anders wie der Leib Speise und Trank braucht, um zu existieren.
Dabei spürt er, wie mit den Jahren die Last drückender wird. Das hängt nicht nur an den Krankheiten, die ihn immer wieder beim Wickel haben. Es kommt auch daher, daß er gerade bei seinen treuesten Freunden immer

wieder auf Mißverständnisse, Zweifel und — jedenfalls nach seiner Meinung — Irrlehren stößt. So bohrt sich ein Argwohn, den er gegen Melanchthon hegt, immer tiefer in sein Herz hinein. Es ist nicht die Tatsache, daß dieser in Augsburg zu nachgiebig auftrat, was ihn bedrängt. Es geht um etwas weit Grundsätzlicheres. Fast hat es den Anschein, als ob Luther längere Zeit die Augen absichtlich davor verschließt, weil er fürchten muß, sonst seine liebsten Jünger zu verlieren. Aber eines Tages, hervorgerufen durch eine Anfrage Melanchthons, läßt sich die Divergenz nicht mehr verleugnen.

Die Freiheit eines Christenmenschen drückt sich für Luther voll und ganz im ersten Gebot aus: „*Alle, die da lehren, daß ein anderer Gottesdienst vonnöten sei als der des ersten Gebots, nämlich Gott fürchten, ihn lieben, ihm glauben und vertrauen, sind eitel Widerchristen*". Melanchthon stellt nun eine Frage, mit der er gegen diese Luthersche These angeht: „*...ich frage Dich nach etwas anderem. Ich bitte, antworte mir nicht, wer die Gesetze gibt, sondern welchen Sinn sie haben: ob solche Satzungen, von Gläubigen frei angenommen, ein Gottesdienst sein können oder ein Werk zu Lob und Dank. Ich meine, daß ein solches Werk nur Übung ist. Zum Beispiel, wenn ich an gewissen Tagen faste, so ist das zwar kein Gottesdienst, doch Gottes Lob.*" Damit hat er seine „guten Werke", die Luther verwirft, äußerst geschickt, ja raffiniert, wieder ins Gespräch gebracht.

Luther ist entsetzt. Jetzt kann er nicht mehr ausweichen: „*Entweder verstehe ich Dich nicht oder Du sprichst von etwas Unmöglichem. Solch selbstgewählten Werke sind niemals Gottesdienst, Lob oder Dank, sie sind vielmehr gefährlich und sogar fast ein Ärgernis — als ob uns jemand etwas Besseres weisen wollte, als was wir schon an den Geboten Gottes haben.*" Und er stößt mit aller Schärfe nach: „*Ich merke wohl, mein Philipp, daß ich Deinen Sinn der Menschensatzungen nicht verachten soll. Gerade darum protestiere ich dagegen. Wenn jemand fastet, um damit Gott zu danken, so nenne ich das ein selbsterwähltes Werk, das Niemand zusteht. Es muß doch alles, was wir tun, im Namen Christi und zu Gottes Lob geschehen. Solch ein extra Werk würde das verdunkeln und wäre ein Fallstrick für die Blinden. Wenn man es schon dulden wollte, müßte man gleichzeitig lehren, daß jeder andere Stand, den Gott verordnet hat, der Stand der Eheleute, Knechte, Eltern, Kinder und so weiter, viel heiliger ist, viel geschickter, um zu danken und Gott tausendmal viel lieber. Das nimm an von mir, der Deine Meinung mehr errät als deutlich sieht.*"

Wir kennen den Pfarrer Conrad Cordatus als einen, der voll Eifer die Lutherschen Tischreden aufschreibt. Dieser geht zu Melanchthon, mit dem er befreundet ist, ins Kolleg und hört staunend den Satz, die Rechtfertigung schließe die Bedingung ein, daß sich der Mensch bemüht, ein neues Leben anzufangen. Nach Beendigung der Vorlesung stellt er den Freund zur Rede: „*Ihr wollt wohl die guten Werke zur Bedingung machen für die Seligkeit? Das ist ein Rückfall in die Werkgerechtigkeit der Papisten!* Als Melanchthon ausweichend antwortet, wahrer Glaube sei ohne Früchte gar nicht möglich, rennt Cordatus zu Luther und bezeichnet Melanchthon und seine Anhänger als Irrlehrer.

Luther zeigt sich tief betroffen: „*Wenn das zu meinen Lebzeiten geschieht, wie soll's nach meinem Tode werden!*" Der Streit spitzt sich zu. Der Kurfürst greift ein, Melanchthon äußert im vertrauten Kreis: „*Es würde mich nicht schmerzen, wenn die Fesseln, die mich mit dieser Stadt verbinden, endlich reißen. Ich möchte gern den Rest meines Lebens ganz allein den Wissenschaften widmen.*"

So tief Martin von dieser Haltung des Freundes getroffen wird, er bringt es nicht über sich, diesen fallen zu lassen. Zu eng sind ihrer beider Namen mit der *'protestantischen Sache'* verbunden. Er versöhnt sich mit ihm, indem er so tut, als sei nichts geschehen und als stünde diese Divergenz nicht zwischen ihnen. Dabei ist es ein so grundsätzlicher Streit, daß er auf die Dauer nicht totgeschwiegen werden kann. Luther will mit seinem reinen Glauben alle Werke, und seien sie noch so gut, in das Alltägliche, Irdische, Vergängliche hinunterstoßen. Allein der Glaube heiligt ja ganz ohne sonstiges Bemühen das ganze Tagwerk und jeden Beruf, auch den geringsten. Melanchthon verlangt, daß der Glaube den *'Bekehrten'* zu einer anderen, eben besseren Handlungsweise hinführt. Das sind wahrhaft zwei Religionen, die sich hier gegenüberstehen. Jetzt, so lange Luther lebt, wird diese Frage trotz ihrer Grundsätzlichkeit nicht entschieden. Doch es liegt in der Natur der Sache, daß die Werkgerechtigkeit auch aus der evangelischen Kirche nicht weggedacht werden kann. Das weiß Melanchthon und insofern siegt er. Aber auch Martin verschließt seine Augen nicht vor dieser Entwicklung, wie er im Apostelstreit mit harten Worten wieder einmal die Vernunft geißelt: „*Vom Anfang der Welt ist immer mit einhergelaufen die Hauptketzerei vom freien Willen und Verdienst der Werke, und dieser Hader muß auch immerdar bleiben. Ursache ist, daß es die Vernunft nicht vermag, sich allein dem Glauben zu ergeben. Soll jemand lauter und bloß glauben auf Gottes Wort, so muß es der Heilige Geist schaffen im Herzen. Aus ihren Kräften vermag es die Natur nicht. Was man auch sagt und tut, sie bleibt doch an den Werken hangen.*"

Ob er Offenb. 14, 13, wo der Geist zu Johannes spricht, von denen, die in dem Herrn sterben, daß sie ruhen von ihrer Arbeit; denn *‚ihre Werke folgen ihnen nach'* unberücksichtigt gelassen hat?

Luthers „*Mühsal auf Erden*" nimmt zu. Es liegt in erster Linie an den eigenen Leuten, über die er sich mit der ganzen Gewalt seiner Worte beklagt.

Da heißt es in bezug auf Agricola, den er in Verballhornung seines Namens Grickel nennt: *„Unsere Kirche wird von unseren Verfolgern nicht so große Not leiden wie von den Unseren selbst. Die giftige Lehre Grickels geht sanft ein, schmeckt fein süße, sie wird großen Schaden tun."* Dem ist ein Streit zwischen Agricola und Melanchthon vorausgegangen. Das Tragikomische daran ist, daß Agricola sich gegen Melanchthon genau wegen derselben Divergenz wendet, nur indem er eine gänzlich andere Konsequenz daraus zieht. Agricola beruft sich nämlich auf Glaube und Gnade, die in den frühen Büchern Luthers, um sich von den Papisten abzusetzen, besonders hervorgehoben wurden. Er lehrt also — damit steht er nicht allein — man müsse nur die Gnade haben, alles andere ergebe sich dann von selbst. Und damit hat er den Bund der *‚Süßen Theologen'* begründet, gegen den Luther zu Felde zieht, wobei er sich — und hier fühlt man die Tragik für den Reformatoren — auf Melanchthon beziehen muß: *„Ach könnten wir doch dem Magister Philipp die Ehre geben! Der hat so klar und so beredt den Nutzen des Gesetzes dargetan, noch besser als ich selbst. Diese süßen Theologen pochen heute, da eine andere Zeit ist als unter dem Papsttum, auf die Gnade und wollen sie allein gepredigt wissen, denke nicht, daß sie mit Anderen zu tun haben, mit Sicheren, Rohen, Bösen, Räubern und Ungerechten, die weder Gott noch Menschen fürchten!"*

Für Martin ist die Entfremdung von Agricola besonders schmerzlich, weil er den schlagfertigen, witzigen und weltläufigen Mann, der auch mit seiner Familie bei ihm im *'Schwarzen Kloster'* eine Zeitlang Aufnahme gefunden hat, besonders schätzte. Aber nun, da Agricola nicht nachgibt, prallen die Gegensätze so aufeinander, daß der wütende Luther ihm die Vorlesungen verbieten läßt. Als sich Agricolas Weib hinter Katharina steckt, wird zwar der Zwist fürs erste beigelegt, flammt aber bald zu offener Feindschaft wieder auf, die auch dadurch kein Ende findet, daß Agricola als Hofprediger nach Berlin berufen wird.

Daß dieser in verschiedenen Provinzen Anhänger gefunden hat, macht die Sache für den Reformator nicht leichter. Plötzlich muß er fühlen, daß die Freiheit, die er gepredigt hat, sich gegen ihn selbst richtet. Das ist eine der bittersten Erkenntnisse seines Lebens. Und er — der nichts in sich verwahren kann — schreit die Erkenntnis in schärfsten Anklagen hinaus in die Welt. Diese Anklagen richten sich zunächst gegen die Schlechtigkeit insgesamt, die der Bauern, der Bürger und des ganzen menschlichen Gezüchts. Aber schließlich klopfen sie auch an der eigenen Brust an. Und er, der gegen den Papst, die Kirchengüter und die Klöster geflucht hat, muß nun einsehen, wie stark eine konzentrierte Macht ist, wie notwendig ein Kirchenschatz für die Erfüllung der ungezählten Aufgaben der Kirche gebraucht wird und wie schützenswert sich die reformierten Bruderhäuser erweisen.

Niemand will die Pfarrer bezahlen, obschon sich jede Gemeinde einen Kanzelprediger im Stile Luthers wünscht. Jetzt nagen diese am Hungertuch. Da kommt es bei Martin zu Ausrufen wie diesem: „*Unsere Wittenberger Pfarre hatte im Papsttum nur neunzig Gulden jährliches Einkommen, aber mit dem, was zufiel, fast fünfhundert Gulden. Ei, der tägliche Pfennig hat viel eingetragen. Das hat das gemeine Volk nicht gemerkt. Nun werden Bauern und Bürger reich davon.*"

Er, der den Nonnenraub angeregt und dadurch sein Weib errungen hat, warnt jetzt die Nonnen, die Klöster zu verlassen, sie zögen sich nur die Feindschaft der Verwandten zu und die Sorge um den Lebensunterhalt. Er schließt von sich, der nicht an irdischen Gütern hängt, den Besitz wertlos dünkt, der alles einschließlich seiner geistigen Leistung herschenkt, auf andere. Er hat den Materialismus, weil er völlig frei von ihm ist, unterschätzt, und das wird für ihn zum großen Irrtum seines Lebens. Zornige Verzweiflung steht hinter folgenden Worten: „*Der Papst ist ohne Zweifel der allerbeste Regent für die Welt, denn er kennt die Regel, die für sie dient: also, daß er sei Herr über unsere Äcker, Wiesen, Geld, Gut, Häuser, ja unsere Leiber. Und wenn er mit der Welt nach seinem Mutwillen getan hat, so gibt er ihr zum Lohn ewigen Fluch und Verdammnis. Das will sie so haben, küsset ihm die Füße dafür. Das Papsttum ist ein Reich für alle Gottlosen und Verächter Gottes, daß sie auch wider Willen müssen einem Schalk und Boswicht gehorsam sein. O recht!*" Und da er die Menschen mit nur ganz wenigen Ausnahmen für Gottlose und Verächter Gottes hält, sieht er in solcher Erkenntnis einen bösen aber wahren Kern.

Greift also der Teufel im Innern mit allen Tücken nach Luther und seinem Werk, so wird seine Sache draußen erfolgreich weitergeführt. Der Schmalkaldische Bund erweist sich als evangelische Schutz- und Trutzmacht, der sich auch der Kaiser beugen muß. Er braucht das evangelische Heer, denn jetzt im Juni 1532 sind die Türken erneut in Ungarn und Österreich eingebrochen. Im ‚*Nürnberger Anstand*' vom 23. Juli (1532) wird die Strafverfolgung reformatorischer Betätigung ausgesetzt. Das ist ein gewaltiger, ja entscheidender Sieg des Protestantismus. Am 3. August (1532) wird das kaiserliche Zugeständnis schriftlich normiert. Zwar ist seine Gültigkeit auf die Zeit bis zu einem allgemeinen Konzil beschränkt, doch hat sich die Reformation inzwischen gebietlich so ausgebreitet, daß an ihre Beseitigung nicht mehr zu denken ist. In dem kaiserlichen Mandat vom 3. August (1532) heißt es, daß „*keiner den andern des Glaubens und der Religion noch sonst einer anderen Ursache halber befehden, bedrängen, berauben, fangen, angreifen, belagern"* usw. darf, *„sondern ein jeder um rechte Freundschaft und christliche Liebe besorgt sein soll."*

Im selben Monat tritt wieder einmal der Tod Martin gegenüber, indem am 15. August (1532) Kurfürst Johann, der Beständige, *„an einem Schlagfluß"* stirbt. Am folgenden Sonntag, dem 18. August (1532) wird er in der Schloßkirche neben seinem Bruder Friedrich dem Weisen beigesetzt. Unter Tränen — deren man sich zu dieser Zeit nicht schämt — hält ihm Luther die Leichenrede. Nachdem er darauf eingeht, was der Kurfürst beim Augsburger Reichstag durch seine Standhaftigkeit gelitten hat, fährt er fort: *„Ich will ihn jetzt nicht loben seiner hohen Tugend halber, sondern ihn auch lassen einen Sünder bleiben, wie uns alle, die wir die Straße auch gedenken zu gehen und unserem Herrn Gott manche starke Sünde überliefern wollen, daß wir bei dem Artikel, der da heißt Vergebung der Sünden, auch bleiben. Darum will ich unserem lieben Landesherrn nicht so gar rein machen, wie wohl er ein sehr frommer, freundlicher Mann gewesen ist, ohne alles Falsch, indem ich noch nie meiner Lebtag einigen Stolz, Zorn noch Neid gespürt habe, der alles leichtlich tragen und vergeben konnte und mehr denn zu viel mild gewesen ist."*

Der Nachfolger Johanns des Beständigen wird sein Sohn, der die beiden Namen seines Vaters und seines Onkels trägt: Johann Friedrich der Großmütige.

Während die neue Lehre weitere Fortschritte, besonders in Jülich, Cleve und Anhalt macht, liegt Katharina zum fünften Mal im Kindsbett, um in der Nacht vom 28. zum 29. Januar 1533 einen weiteren Sohn zu gebären, den sie auf den Namen des großen Mentors Luthers *Paul* taufen. Die Taufe wird am Tag nach der Geburt auf dem Schloß zu Wittenberg vollzogen. Paten sind der Erbmarschall Hans von Löser, Justus Jonas und die Gattin des Medizinprofessors Kaspar Lindemann. Ein Taufessen schließt sich an, bei dem es offenbar besonders lustig zugeht und Luther folgende Rede hält: *„Ich habe meinen Sohn lassen Paul heißen; denn der heilige Paulus hat uns viel große Lehren und Sprüche vorgetragen. Gott gebe ihm die Gnaden und Gaben Pauli. Ich will, so Gott will, alle meine Söhne von mir thun; der Lust zum Krieg hat, den will ich zu Hans Löser thun; der Lust zu studieren hat, zu Jonas und Philipp; der Lust zur Arbeit hat, den will ich zum Bauern thun".* Vermutlich ist *'der Bauer'* eine Anspielung auf seinen Feind, den Herzog Georg von Sachsen, dem er häufig diesen Titel gibt.

Das Jahr 1534 naht heran, das deswegen für Luther und die ganze evangelische Welt einen Markstein besonderer Art darstellt, weil in ihm die ganze Bibel, Altes und Neues Testament, übersetzt und gedruckt mit einer Fülle von Illustrationen, vorliegt. Das Titelblatt mit Gottvater auf der Empore und zahlreichen pausbackigen Kindern als Engel mit Flügeln trägt die

Schrift: „*Biblia / das ist die gantze Heilige Schrift deutsch. Mart. Luth. Wittenberg. Begnadet mit Kurfürstlicher zu Sachsen Freiheit. Gedruckt durch Hans Lufft.*"
Welche Arbeit steckt hinter diesem Jahrhundertwerk! Erinnern wir uns an Luthers Stöhnen bei der Übersetzung des Buches Hiob: „*Im Hiob arbeiteten wir also, Magister Philippus, Aurogallus* (der Wittenberger Professor für Hebräisch) *und ich, daß wir in vier Tagen kaum drei Zeilen könnten fertigen. Lieber, nun es verdeutscht ist und bereit, kann's ein jeder lesen und meistern, läuft einer jetzt mit den Augen durch drei, vier Blätter und stößt nicht einmal an, wird aber nicht gewahr, welche Wacken und Klötze da gelegen sind, da er jetzt überhin geht wie über ein gehobelt Brett, da wir haben müssen schwitzen und uns ängsten, ehe wir die Wacken und Klötze aus dem Wege räumten, auf daß man könnte so fein einhergehen. Es ist gut pflügen, wenn der Acker gereinigt ist; aber den Wald und die Stöcke ausroden und den Acker zurichten, da will niemand an.*"

Er hat es geschafft, tausendmal sich selbst zu überwinden, sich keine Ruhe zu gönnen, Schmerzen nicht zu beachten, hat versucht, die Siegel zu brechen, die Riegel zu sprengen, die Schlösser aufzustemmen, um den Sinn der Schrift mit dem besten, dem tapfersten, dem geschmeidigsten Wort herauszureißen aus der Nacht des Unbegreiflichen. Doch er weiß, daß er nicht am Ende ist, nie am Ende sein wird, solange er lebt, daß neue Bilder in ihm auferstehen, mit denen er immer wieder von neuem ringen muß: Denn das Wort Gottes ist nicht tot, es ist lebendiger als alles, was in dieser Welt sonst noch lebt, es spricht in vielen, immer wieder neuen Farben, Tönen, Verheißungen; und nichts ist natürlicher, als daß es die Kraft eines einzelnen Menschen himmelhoch übersteigt, wie sollte es anders sein? Deshalb läßt Martin es auch nicht zu, befriedigt zu sein, wie etwa Herr ‚*Omnes*', wenn er ein großes Werk vollendet hat. Das Gefühl der Befriedigung darf nicht aufkommen, denn es ist ja nicht er, der es geschafft hat, sondern Gott hat es durch ihn geschaffen. Immer wieder hämmert er es sich ein: Gott, Gott allein war es, was hat da eine Werksgerechtigkeit verloren? Dem Glauben muß er auf den Fersen bleiben, er darf ihn nicht verlieren, auch nicht in der Nacht, man muß in ihn hineinkriechen, daß alles andere vor ihm nutzlos wird. Er muß immer gegenwärtig sein, nicht nur wenn er betet, auch wenn er Einbecker Bier oder rheinischen Wein trinkt oder Wildbret in Rotwein ißt oder frisches duftendes Brot, ob er singt, ein Instrument spielt, ein Lied dichtet, mit den Freunden hitzig diskutiert, mit Käthe schläft, auf dem Pferd durch den Wald trabt, mit den Kindern scherzt oder sie tadelt, wenn er den Kähnen nachblickt, die elbabwärts treiben und ein Fisch aus dem Wasser in die Sonne springt, wenn er Bäume okuliert oder die dampfende Erde umbricht. Es ist immer nur der Glaube an den Allgegenwärtigen. Der Glaube ist die eine Seite, die Gnade die andere, aber sie sind nicht austauschbar wie irdische Dinge. Und wenn auch von einem *‚seligen Tausch'* zwischen Christus und den Gläubigen gesprochen wird, so ist gerade damit die völlige Ungleichheit angesprochen. Mag der lateinische Satz: *‚Do ut des', ‚Ich gebe, damit Du gibst',* in allen irdischen Dingen, den einfältigen, den alltäglichen, aber auch den höheren, wie in der Liebe zwischen Mann und Frau, gültig sein. Nie und nimmer gilt er in der Beziehung zwischen dem Menschen und Gott. Und Gott ist für uns Christus und das *'Schibboleth',* das Losungswort, ist das Kreuz. Der Glaube an Christus, sichtbar im Kreuz und für alle Zeiten im Kreuz dargestellt, läßt es für Luther ganz einfach nicht zu, daß man sich durch ein Werk, und sei es im landläufigen Sinn noch so gut, von Christus irgendetwas heraushandelt — denn *„Werke sind niemals Gottesdienst, Lob oder Tadel."* In seinem ganzen Leben ist für Luther der Glaube im 11. Kapitel, 1 des Hebräer-Briefes definiert, eine Stelle, die er wie folgt übersetzt: *„Es ist aber der Glaube eine gewisse Zuversicht des, daß man hoffet und nicht zweifeln an dem, das man nicht siehet."* Die stärkste Stütze des Glaubens ist das Gebet, denn wo nicht gebetet wird, da ist in Wirklichkeit kein Glaube.

Wir haben ein lebendiges Zeugnis von seinem Famulus Veit Dietrich über die kaum begreifbare Inbrunst, mit der Luther zu Gott betet, enthalten in einem an Käthe Luther gerichteten Brief von der Coburg während des Augsburger Reichstages: *„Ich kann nicht genug bewundern,"* schreibt Veit *„wie einzigartig beständig, fröhlich, glaubens- und hoffnungsvoll dieser Mann in diesen furchtbar bitteren Zeiten ist. Er ist es aber und wird es immer mehr durch sein außerordentlich fleißiges Treiben des Wortes Gottes. Kein Tag vergeht, wo er nicht mindestens drei Stunden auf Gebet verwendet, und noch dazu in der Zeit, die füglich zum Studieren am geeignetsten wäre. Einmal traf sich's, daß ich gerade dazu kam, während er betete. Guter Gott, was für ein Glaube ist doch in seinen Worten! Mit so tiefer Ehrfurcht bittet er und mit solchem Glauben und solcher Hoffnung, daß man meint, er rede mit seinem Vater oder mit einem Freunde. ‚Ich weiß,' sagte er ‚daß Du unser Gott und Vater bist. Darum weiß ich, daß Du die zuschanden machen wirst, welche Deine Kinder verfolgen. Wenn Du es nicht thust, dann stehst Du in derselben Gefahr wie wir. Dein ist dieser ganze Handel. Wir haben ihn gezwungen angefangen, darum wirst Du ihn verteidigen!' So etwa hörte ich, von Ferne stehend, ihn mit heller Stimme beten. Auch mir brannte das Herz mächtig, als er so vertraulich, so ernst, so ehrerbietig mit Gott sprach und unterm Gebet auf die Verheißungen in den Psalmen drang, ganz dessen gewiß, daß alles geschehen werde, was er bitte."*

Man kann nur staunend und bewundernd die Worte des Famulus wiederholen. Die Fähigkeit zum Gebet deckt sich mit der Fähigkeit zu glauben. Luther hat es wiederholt ausgesprochen — und wir wissen es auch von der Bestürzung bei der ersten Messe, die er zelebrierte —, daß das Gebet etwas Furchtbares ist, wohl das Furchtbarste, was der Mensch sich vorzustellen in der Lage ist. Als Mensch in seiner ganzen Niedrigkeit *(Humilitas)* vor das erhabenste unsichtbare *(absconditus)* Wesen, dem alle Gewalt im Himmel und auf Erden gegeben ist, zu treten und es anzusprechen. Um das ganze Gewicht einer solchen Konfrontation darzustellen, spricht er davon, daß *„Gebet entweder Wahnsinn oder ein Wunder"* sei. Dabei spricht er ganz klar aus, daß das Erhört- oder Nichterhörtwerden des Gebetes nahezu bedeutungslos ist. Denn das Handeln dieses Gottes ist völlig unabhängig, sowohl von unseren Wünschen als auch von unseren Vorstellungen. Deswegen kann scheinbare Nichterhörung eines Gebetes die beste Erhörung sein. So besteht auch Seligkeit im Sinne Luthers nicht in der Erfüllung unserer Wünsche, sondern Seligkeit muß auch die freudige Bejahung von Strafe und Leid in sich schließen.

Die Tiefe seiner Gedanken ist dem einfachen Menschen verschlossen. Unter dieser Erkenntnis leidet auch Luther, weil er sich sagen muß, daß er außerstande ist, ihnen zu helfen. Die Spekulation über die hohe Majestät Gottes, also das Bemühen unserer Phantasie, sich Gott vorzustellen, ist nach Luther ein gefährliches, ja teuflisches Tun. Es gibt nur einen einzigen Weg zum Vater, der ist Christus. So spricht er auch den kühnen, beinahe schwindelerregenden Satz aus, die göttliche Gerechtigkeit müsse unbegreiflich sein, sonst sei sie nicht göttlich. Hier zeigt sich seine messerscharfe Unterscheidung zwischen menschlich und göttlich. Das Menschliche kann nicht göttlich sein und umgekehrt, wie sich auch der Glaube nur auf Verborgenes richten könne. Wenn etwas Gegenstand des Glaubens werden solle, so müsse es bis zur Unkenntlichkeit verhüllt sein, ja sogar unter Umständen im Gegenteil verborgen.

Unter dem Schutz des Schmalkaldischen Bundes setzt sich der Siegeszug der Reformation in diesen beiden Jahren (1533 und 1534) unaufhaltsam fort. So werden Augsburg, Ulm, Straßburg, Hannover, Anhalt-Dessau, Pommern, die Fürstentümer Liegnitz und Brieg, sowie Bremen evangelisch. In Württemberg besiegt Herzog Ullrich am 13. Mai (1534) bei Laufen das österreichische Heer, übernimmt wieder sein Herzogtum und führt dort die Reformation ein.

Daß schließlich auch England von Rom abfällt, geht nicht, wie anderswo, auf eine innere Glaubensbewegung zurück, sondern ist durch einen Wutanfall seines tyrannischen Herrschers, des Königs Heinrich VIII. veranlaßt. Dieser hatte vom Papst die Auflösung seiner Ehe mit Katharina von Aragonien verlangt; der Papst war auch geneigt, dem entgegenzukommen und hatte seine Legaten Wolsey und Campeggio mit der Untersuchung der Angelegenheit betraut. Als er sich aber mit dem Kaiser aussöhnt, muß er sich diesem gegenüber im Frieden von Barcelona verpflichten, die Ehe Heinrichs VIII. nicht zu scheiden. Dieser hat inzwischen die schöne Anna Boleyn geheiratet (die er später ebenso wie zwei weitere Gemahlinnen wegen angeblicher Untreue hinrichten läßt) und löst, als der Papst mit dem Bannfluch droht, sein Reich von Rom, indem er sich mit Zustimmung des Parlaments zum Oberhaupt der Anglikanischen Kirche ernennt. Das hindert ihn jedoch keineswegs, am katholischen Glauben festzuhalten und die Protestanten wie bisher grausam zu verfolgen.

Bevor der Medici-Papst Clemens VII. die verlorene Position auf dem Verhandlungsweg durch einen Kompromiß zurückgewinnen kann, stirbt er am 29. September dieses Jahres (1534). Zum neuen Papst wird am 13. Oktober (1534) Alexander Farnese gewählt, was schon deswegen interessant ist, weil er vorher verheiratet war und einen Sohn besitzt, den er später mit dem Herzogtum von Parma und Piacenza beleiht. Er besteigt als Paul III.den päpstlichen Thron und verhält sich zunächst gegen die Protestanten duldsam, doch nachdem er befürchten muß, daß der Funke der Reformation auch nach Italien überspringt, ordnet er die Inquisition gegen die Protestanten an und, was sein Vorgänger nur angedroht hat, vollzieht er und verhängt über Heinrich VIII. den Bannfluch. Damit ist aber England noch keineswegs endgültig für Rom verloren, und es fehlt nicht an Tastversuchen Heinrichs VIII., sich wieder dem Papst zu nähern. Daß England sich trotz Festhaltens an mancher äußeren katholischen Form ganz der Reformation verschreibt, erlebt Martin Luther nicht mehr. Erst nachdem Heinrich VIII. 1547 gestorben ist und sein Sohn Eduard VI. den Thron bestiegen hat, werden protestantische Gelehrte, unter anderem der uns bekannte Martin Bucer an den englischen Hof berufen, um eine neue Liturgie auszuarbeiten, so daß schließlich auch ab 1549 das Abendmahl in beiderlei Gestalt gereicht wird.

Bleiben wir aber bei dem bewegten Jahr 1534, in dem die von Martin Luther verkündete Lehre sich unaufhaltsam nach allen Richtungen ausbreitet. Daß dies im *'Schwarzen Kloster'* zu Wittenberg mit freudiger Genugtuung registriert wird, ist nicht verwunderlich. Dieses Jahr (1534) soll nicht zu Ende gehen, ohne daß dort auch ein freudiges Ereignis intimer Art gefeiert wird. Die tapfere Käthe begibt sich das sechste und letzte Mal ins Kindbett und schenkt am 17. Dezember (1534) der dritten Luther-Tocher das Leben. Kein Geringerer als der Fürst Joachim von Anhalt, assistiert vom Bremer

Pfarrer Jakob Propst, hebt das Kind aus der Taufe, wo es den Namen Margarete erhält.
Bei der Betrachtung von Luthers Leben, und gerade wenn man sieht, wieviel Liebe und Aufmerksamkeit er neben der unendlichen Fülle seiner sonstigen Aufgaben auf seine Kinder verwendet, möchte man glauben, die Menschen dieser Epoche hätten mehr Zeit gehabt oder die Zeit wäre langsamer vergangen als heute. Wahrscheinlich liegt es daran, daß unsere viel größeren Bedürfnisse auf allen Gebieten und die unvermeidliche Reibung mit der um ein Vielfaches vermehrten Menschheit routinemäßig mehr Zeit verschlingen als damals.
Gerade was seine Kinder betrifft, sind uns viele Zeugnisse überkommen, die seine Liebe zu diesen beweisen. So fragt er einmal eines seiner Kinder, mit dem er gerade spielt: „*Warum hab' ich dich so lieb?*" Und er überlegt, wie unendlich viel Dienste an dem Kind getan werden müssen, bis ein einziger Tag vorübergeht, „*und womit hast du es verdient, daß du all meine Güter erben willst — und das alles willst du für recht haben — oder du füllst das ganze Haus mit Geschrei?*" Daß es mit den Gütern nicht weit her ist, sagt er bei Gelegenheit eines Gutenachtkusses: „*Geh hin schlafen, liebes Kindchen, sei nur fromm, Geld will ich dir nicht lassen, aber einen reichen Gott will ich dir lassen, nur sei fromm.*" Der kleine Martin plagt sich damit ab, seiner Puppe ein Brautkleid zu verpassen, da ruft ihm der Vater fröhlich zu: „*So aufrichtig und ohne alle Bosheit wären wir im Paradies gewesen; diese natürlichen Scherze sind die allerbesten an den Kindern; das sind die liebsten Närrlein, die feinsten Spielvögel, die tun alles einfältig von Herzen und natürlich.*" Er beobachtet einen seiner Buben, wie er den Hund als Reittier benützt und sagt verwundert: „*Dieser Knabe predigt Gottes Wort mit der Tat und im Werk, da Gott spricht: Herrschet über die Fische im Meer und die Tiere auf Erden! Denn der Hund leidet alles von dem Kindlein.*" Ein andermal sagt er über eines seiner Kinder, das in Ermanglung seines Spielgefährten mit sich selbst plaudert: „*Das Kind ist wie ein Trunkener, weiß nicht, daß es lebt, lebt gar sicher und fröhlich dahin, springt und hüpft. Und solche Kinder sind gern in großen weiten Gemachen und Wohnungen, da sie Raum haben.*" So liegt seine wache Beobachtungsgabe immer auf der Lauer.
Die Kinder raufen auch einmal miteinander, wie sollt' es anders sein, aber gleich versöhnen sie sich wieder. Und der Vater, dies beobachtend, schmunzelt: „*Lieber Herr Gott, wie wohl gefällt Dir doch solcher Kinder Leben und Spielen! Ja, alle ihre Sünden sind nichts denn Vergebung der Sünden.*" Auf dem Tisch in einer Schale stehen von der Mutter selbstgeerntete Pfirsiche und duften so, daß die Kinder Stilaugen bekommen. Der Vater nimmt diese sehnsüchtige Gier wahr und sagt lächelnd: „*Wer da*

sehen will das Bild eines, der sich auf Hoffnung freut, der hat hier ein recht Konterfei. Ach, daß wir den jüngsten Tag so in Hoffnung ansehen!" So bezieht er alltägliches Geschehen mit gestalterischer Begabung in die ewigen Dinge seiner religiösen Vorstellungswelt ein.

Bei der Beobachtung seiner Kinder faßt ihn immer wieder das Heimweh nach dieser unwiederbringlich verlorenen Zeit an. Er spricht es aus, daß die Kinder *„im Glauben viel gelehrter sind als wir alten Narren."* Der Glaube ist ein Teil von ihnen *„ohne alle Disputation und Zweifel wissen sie, daß nach diesem Leben ein ewiges Leben sei."*

Verlassen wir nach diesem Ausflug in die Luthersche Kinderstube das Jahr 1534. Der Kaiser Karl V. kann der in diesem Jahr (1534) besonders starken Ausbreitung der Reformation in Deutschland keinen Einhalt gebieten, braut sich doch in Nordafrika Bedrohliches zusammen. Ob er will oder nicht, er sieht keine andere Möglichkeit, als 1535 mit einem Heer nach Afrika überzusetzen. Sechs Jahre bis 1541 soll dieser Feldzug einen Teil der kaiserlichen Kräfte binden. Unter dem Schutz der Osmanischen Pforte haben sich am nördlichen Rand Afrikas Raubstaaten gebildet, deren Übergreifen auf Europa unmittelbar bevorsteht. Der Kaiser erstürmt Goletta, den Hafen von Tunis, schlägt den Feind in einer großen Feldschlacht und befreit zwanzigtausend Christensklaven. Im Verlauf dieses Feldzugs setzt er auch wieder den vertriebenen Mulei Hassan in Tunis ein. Aber immer, wenn der Kaiser anderweitig gebunden ist, schlägt König Franz von Frankreich mit der Präzision eines Uhrwerks los. Kriege zu führen, um wieder Frieden schließen zu können, ist der wesentliche Zeitvertreib der Großen in der Geschichte, wovon sie sich weder durch Not noch Tod ihrer Untertanen abhalten lassen.

In diesem Jahr (1535) wird auch dem Wiedertäuferreich in Münster das Ende bereitet werden. Die Geschichte dieser so merkwürdigen Zeiterscheinung ist nur aus dem besessenen Eifer zu erklären, dem Evangelium näherzukommen, es besser und richtiger auszulegen als die bestehende Kirche. Luther hat zeit seines Lebens erkannt, daß die von ihm gepredigte Freiheit des Christenmenschen die Sektenbildung geradezu stimuliert. Aber nichts ist seiner Lehre so gefährlich wie dieses Auseinanderfließen in Sekten mit immer neuen Verkündern und Prädikanten. Das veranlaßt ihn im Gegensatz zu seiner sonst geübten Toleranz, jeden Ansatz zu einer eigenständigen Evangeliumsauslegung mit aller Schärfe zu bekämpfen. So auch die Wiedertäufer.

Daß der Gedanke der Erwachsenen- oder auch der Wiedertaufe immer wieder bis zum heutigen Tag vertreten wurde, geht auf das Evangelium zurück, wo Johannes der Täufer alle, die Buße taten, also Erwachsene für das künftige Gottesreich durch die Taufe weihte und sich auch Christus im Jordan taufen ließ. So wurde auch die Taufe in den ersten christlichen Jahrhunderten in der Regel nur Erwachsenen gespendet, was soweit ging, daß zum Beispiel Kaiser Constantin die Taufe bis an sein Lebensende verschob, weil er sie als den spezifischen Akt der innerlichen Reinigung und Sündenvergebung betrachtete. Erst Augustinus gab mit seiner Lehre von der Erbsünde der Taufe die dogmatische Unterlage und bezeichnete sie damit als unumgänglich notwendig, wodurch sich die Kindstaufe (nicht bei Quäkern und Baptisten) durchsetzte.

Kein Wunder, daß im Aufwind der Reformation die Erwachsenen- oder Wiedertaufe erneut aufgegriffen und praktiziert wird. Von den *,Zwickauer Propheten'*, an der Spitze Nikolaus Storch, Markus Stübner und Thomas Müntzer, die im Jahre 1521 die Wiedertaufe einzuführen suchten, war schon die Rede. Sie fanden Nachahmer, welche die Kirche als Ketzer bezeichnet und entsprechend behandelt. So wurde am 5. Januar 1527 der Täuferführer Felix Manz in Zürich ertränkt, am 10. März 1528 Balthasar Hubmaier in Wien verbrannt und am 4. Februar 1529 Ludwig Hetzer in Konstanz hingerichtet.

Je ärger sie verfolgt wurden, desto fanatischer zeigten sich die ,Stäbler', wie sie genannt werden, weil sie unter anderem lehrten, die Christen dürften keine Waffen, sondern nur einen Stab tragen. In Münster schien dann die religiöse Besessenheit, die zu dieser Zeit wie Zündstoff in der Luft lag, zu explodieren. Noch waren starke Kräfte, die sich um den Bischof scharten, entschlossen, sich den Protestanten und erst recht den Täufern zu widersetzen. Aber der Sturmwind der Reformation war zu stark, als daß der Widerstand sich im Dom und den umliegenden Gassen festkrallen konnte. Der Kaplan Bernhard Rottmann setzte sich an die Spitze der Protestanten und der Druck, der von ihnen auf den Rat der Stadt ausgeübt wurde, war zu stark, so daß dieser nachgeben mußte.

Jetzt war es wieder an der Zeit, für den aktivsten und wohl auch einen der elegantesten evangelischen Fürsten seiner Zeit einzugreifen. Der Landgraf Philipp von Hessen versuchte, die streitenden und zur Gewaltanwendung entschlossenen Parteien durch einen grotesken Vertrag vom 14. Februar 1533 auseinanderzuhalten. Danach sollte die Stadt Münster bis zu einem allgemeinen christlichen Konzil evangelisch, der Dom aber bis zu diesem Zeitpunkt katholisch sein.

Doch nun passierte das alles über den Haufen werfende Malheur, daß der reformierte Kaplan Rottmann zu den blindgläubigen, aus Holland vertriebenen Wiedertäufern überlief. Und da gab es kein Halten mehr. Zunächst hatte man nur heimlich in den Häusern und Wohnungen getauft. Nun aber ging man auf die Straße und taufte und taufte vom Morgen bis in den

Abend. Es war eine Psychose, die in der Stadt ausbrach und Männer und Frauen, alt und jung, einbezog.
So angeheizt begann der Aufruhr. Die Täufer stürmten den Dom. Sie verprügelten die noch nicht geflohenen Pfaffen und verjagten sie. Nicht genug damit: Sie hielten sich drei Tage im Dom auf, tanzten, sangen, vertranken die gesamten Vorräte an Meßwein und trieben es miteinander, Männer und Frauen, auch wenn sie bisher nicht zusammengehörten, je nach Lust und Laune. Völlig außer Rand und Band zerschlugen sie nicht nur die Tauf-und Weihwasserbecken, sondern auch sämtliche hölzernen Heiligenfiguren, mit denen sie mitten im Dom ein Feuer entzündeten.
Am Montag, dem 23. Februar 1534, also ein Jahr nach dem absurden Vertragsschluß, setzten sie den gewählten Rat der Stadt ab und vertrieben ihn aus dem Rathaus. Sie wählten aus ihren Reihen einen neuen Rat, der Kniperdolling und Kibbenbroik zu Bürgermeistern erklärte. Damit hatten sie die unumschränkte Macht in den Händen, denn viele, die am alten Glauben festhielten, waren in der Nacht aus Münster geflohen.
Wenige Tage später, nämlich am 27. Februar (1534), morgens gegen sieben Uhr, marschierten die Täufer, bewaffnet mit Büchsen, Spießen und Hellebarden durch die Straßen und Gassen und brüllten: *„Heraus, ihr Gottlosen, Gott will einmal aufwachen und will euch strafen!"* Wo sie eingeschüchtert durch solches und ähnliches Geschrei herauskamen und sich taufen ließen, war es gut. Wo aber nicht, schlugen die Täufer krachend die Türen ein und holten sie heraus, Männer, Frauen und Kinder. Beharrten sie darauf, daß Wiedertaufe Sünde sei, wurden sie aus der Stadt gejagt, ohne daß sie nur das geringste mitnehmen durften und froh sein mußten, wenn sie, ohne Prügel zu beziehen, in den kalten Tag laufen konnten.
Die Maßlosigkeit dieser in religiöser Raserei und Ausschweifung dahintaumelnden Menschen kannte keine Grenzen. Um das Ganze auf die Spitze zu treiben, hatte der Anfang 1534 zusammen mit Jan Matthys nach Münster gelangte Jan von Leiden noch gefehlt. Ursprünglich hieß er Beukels, hatte in Leiden das Bäckerhandwerk erlernt, war aber dann zu den Wiedertäufern gestoßen und machte sich unter ihnen als eine Art Prädikant einen Namen. Er sah, wie allgemein berichtet wurde, gut, ja 'edel' aus und besaß ein hinreißendes, von mystischer Phantasie angereichertes Redetalent. Von seinen Anhängern — sie hatten die Fesseln der Vernunft längst gesprengt — angetrieben, verkündete er das *‚Gottesreich auf Erden'*. Das sollte sich keineswegs auf Münster beschränken, sondern es sollte als Neu-Israel die ganze Welt umfassen und allein er, Jan von Leiden, wurde zum Zionskönig ausgerufen. Allein er stand auch zwischen Gott und dem Volk der Wiedertäufer und übte die absolute geistliche und weltliche Macht aus. Er erwählte sich Kniperdolling zu seinem Scharfrichter, der ihn stets begleitete und

seine Willkürurteile auf der Stelle vollstreckte. Einer seiner Frauen schlug der *Zionskönig* (nach bewährtem Muster) selbst das Haupt ab.

In diesem Gottesreich war für Privateigentum kein Raum. Alles was einer besaß, Gold, Silber, Münzen, Wertgegenstände, Äcker und Häuser, wurde zu Gemeineigentum mit der Bestimmung, daß jeder nur über gleichviel verfügen durfte, der Arme und der Reiche. Auch wurden die bisherigen Bestimmungen über die Ehe außer Kraft gesetzt und die Vielweiberei eingeführt. Es gab genügend Beispiele dafür, daß die Männer nicht nur selbst sich zu ihren alten Ehefrauen junge suchten, sondern daß sie auch die alten Weiber ausschickten, neue anzuschaffen. Der *Zionskönig* machte von diesen Rechten ausgiebig Gebrauch, nicht nur was das Wohlleben anlangte, sondern er nahm auch alle Tage neue Frauen, und zwar wie es einem König zustand, die schönsten und jüngsten. Zuletzt besaß er, was verbürgt ist, nicht weniger als fünfzehn Ehefrauen.

Doch nun im Jahre 1535 ist es soweit, daß dem Spuk ein Ende bereitet wird. Martin Luther ist sich mit den evangelischen Fürsten darüber einig, daß das Geschwür mit Gewalt herausgerissen werden muß, soll es nicht weiter wuchern, denn nichts ist so ansteckend wie das Laster. Schon vorher hatte der Bischof von Münster Landsknechte aufgeboten, um im Februar 1534 mit der Belagerung seiner Stadt zu beginnen. Es dauerte eine Zeitlang, bis sich diese auswirkte. Aber jetzt macht sich der Hunger bereits empfindlich bemerkbar. Der Tag ist abzusehen, an dem sämtliche Vorräte aufgezehrt sind. Die Mehrheit der Bevölkerung ist dafür, die Stadt den inzwischen angerückten Truppen der Fürsten zu übergeben. Aber der König und sein Anhang weigern sich. Sie wollen *„eher verschmachten"* als um Gnade bitten.

In der Nacht fliehen einzelne Bürger aus der Stadt, weil sie es vorziehen, bei Gefangennahme erschlagen zu werden als zu verhungern. Die Not wird von Tag zu Tag unerträglicher. Aber der König und die Seinen — vermutlich haben sie genügend beiseite geschafft — geben nicht nach und exekutieren jeden, der ihren Befehlen nicht gehorcht.

Heinrich Gresbeck heißt der Mann, von dem der ins einzelne gehende Bericht über die Täuferzeit in Münster stammt. Er und sein Freund Hans Eck von der Langenstraten sind es auch, denen in einer Nacht anfangs Juni (1535) die Flucht aus der Stadt gelingt. Sie geben sich als Parlamentäre aus und zeigen den Hauptleuten der Belagerer einen Weg, wie sie unschwer in die Stadt eindringen können. Tatsächlich gelingt in der Nacht vom 24. auf den 25. Juni (1535) vierhundert Landsknechten der Einbruch in die Stadt. Da sie aber versäumen, das Tor zu sichern, verlieren sie die Verbindung zu dem übrigen Heer der Belagerer.

In dieser Nacht wird zwischen den Landsknechten und den Täufern erbittert gekämpft, wobei es den letzteren, die vom Hunger entkräftet sind, schwerfällt, Widerstand zu leisten. Der Morgen graut und nun schlagen die Landsknechte ihre Trommeln und blasen auf ihren Pfeifen, so daß die Täufer mit ihrem König annehmen, das gesamte Belagerungsheer habe inzwischen von der Stadt Besitz genommen. Der König flieht mit seinen Getreuen und, führungslos geworden, suchen sich die Menschen in den Dachböden, den Kellern oder wo immer zu verstecken. Es fällt den Landsknechten, die sich inzwischen wieder mit dem Hauptheer vereinigen konnten, nicht schwer, sie einzeln aufzustöbern, „*bei den Haaren aus den Häusern zu ziehen und auf den Straßen totzuschlagen.*" Münster ist gefallen.
Man macht zu jener Zeit mit den gefangenen Anführern keineswegs ‚kurzen Prozeß'. Sie werden in Ketten gefangen gehalten und unter der Folter dauernden Verhören unterzogen. Erst im nächsten Jahr (1536) macht man ihnen am 22. Januar den Prozeß. Darüber berichtet der erwähnte Heinrich Gresbeck u. a.: „*Die Henker ergriffen den König als ersten, der in Halseisen eingeschlossen und an einen Pfahl gebunden war, mit glühenden und feurigen Zangen und faßten die Muskeln am ganzen Körper an, die bei den einzelnen Berührungen offene Flammen von sich gaben, wovon ein so großer Gestank ausging, daß die Nasen aller auf dem Platz Stehenden schwer Anstoß nahmen. Mit ähnlicher Strafe wurden auch die übrigen bedacht, dennoch schien es, daß jene die Martern unerträglicher und unbeherrschter erduldeten als der König selbst, denn sie bezeugten den Schmerz mit vielen Wehklagen und Rufen. Kniperdolling aber, weil er, erschreckt durch den Anblick der entsetzlichen Marter, erstarrte, ließ sich im Halseisen, durch das er an den Pfahl gefesselt war, niederfallen und strengte sich an, die Gurgel zusammenzudrücken und den Tod zu beschleunigen. Als das die Henker sahen, richteten sie ihn auf und zogen ein Seil durch den offenstehenden Mund zwischen den Zähnen durch, so daß er sich weder niederlassen, noch den Schlund brechen, noch sich durch Unterdrücken des Atems oder Schließens der Luftröhre die Kehle zuschnüren konnte. Nach langdauernder Hinrichtung, weil sie immer noch wie Lebende zuckten, ergriffen sie die Kehlen mit den glühenden Zangen und schnürten sie mit der Hitze des Feuers zusammen.*"
Man sieht, an Erfindungsreichtum für menschliche Grausamkeiten hat es nie einen Mangel gegeben.
Kehren wir wieder in das Jahr 1535 zurück, in dem Martin Luther mit seiner Genesis-Vorlesung beginnt. Er hält sie bis 1545, also volle zehn Jahre und bis kurz vor seinem Tod, unterbrochen nur durch die Pest oder eigene Krankheit. 1544 kommt der erste Band der Genesis-Vorlesung im Druck heraus.

In dieses Jahr (1535) fällt aber auch ein Ereignis, in dem sich die Persönlichkeit Luthers in all seinen mannigfaltigen Eigenschaften, seinem immer paraten Humor, in seiner unverfrorenen Mißachtung jeder Repräsentationsfigur, in seiner ihn nie verlassenden Tapferkeit, aber auch in seiner souveränen Direktheit wie in einem klaren See widerspiegelt. Es geht wieder einmal um die Konzilsfrage. Soll es abgehalten werden und wenn ja, wo. Papst Paul III. möchte unter allen Umständen verhindern, daß es auf deutschem Boden zusammentritt. Um das zu vereiteln, schickt er seinen erfahrenen und den Kurienstil beherrschenden Legaten Peter Paul Vergerius nach Deutschland. Am Samstag, dem 6. November (1535) trifft er in Wittenberg ein. Der zeitgenössische Bericht mokiert sich über den Aufwand, indem er erwähnt, daß er von nicht weniger als einundzwanzig Pferden und einem Esel begleitet wird. Trotz Abwesenheit des Kurfürsten empfängt ihn der Landvogt mit allen Ehren und führt ihn aufs Schloß. Vergerius, da er schon einmal in Wittenberg ist, läßt es sich nicht nehmen, den berühmtesten Mann der Zeit D. Martin Luther zu sprechen. Am folgenden Sonntag, dem 7. November (1535) vormittags wird Luther auf das Schloß gebeten. Luther, so der Bericht, schickt am frühen Morgen zum Balbierer, „*daß der ihn balbieren und schmücken*" soll. Der Balbierer kommt ins '*Schwarze Kloster*' und fragt: „*Herr Doktor, wie kommt's, daß Ihr Euch so früh wollt balbieren lassen?*" Luther antwortet: „*Ich soll zu des heiligsten Vaters des Papsts Botschaft kommen, so muß ich mich lassen schmücken, daß ich jung scheine, so wird der Legat denken: Ei der Teufel! ist der Luther noch so jung und hat so viel Unglücks angerichtet, was wird er denn noch tun?*" Als ihn der Meister Heinrich „*gebalbieret hat*", zieht Luther seine besten Kleider an und hängt sich sein gülden Kleinod um den Hals. Da sagt der Balbierer: „*Herr Doktor, das wird die ärgern.*" Luther antwortet: „*Darum tu ich's auch. Sie haben uns mehr denn genug geärgert, man muß mit den Schlangen und Füchsen also handeln und umgehen.*" Der Balbierer Meister Heinrich gibt seinen Segen: „*Nun, Herr Doktor, so gehet hin in Gottes Friede und der Herr sei mit Euch, daß Ihr sie bekehret.*" *Luther widerspricht:* „*Das will ich nicht tun, aber das kann wohl geschehen, daß ich ihnen ein gut Kapitel lesen werde und lasse sie fahren.*"

Danach steigt er mit Doktor Pomeranus (Bugenhagen) in den Wagen und fährt hinauf aufs Schloß. Nach dem Bericht sagt er lachend im Wagen: „*Sieh, da fahren der deutsche Papst und Kardinal Pomeranus. Das sind Gottes Gezeuge und Werk!*"

Es ist eine denkwürdige Begegnung zwischen Martin Luther und dem Legaten Vergerius. Siebzehn Jahre sind es her, daß sich Luther vor dem päpstlichen Legaten Cajetan in Augsburg auf die Erde geworfen hat. Davon kann heute keine Rede sein. Die beiden Mächte stehen sich ebenbürtig gegenüber. Man kann es Luther nicht verdenken, daß er stolz ist, diese Zeit überstanden zu haben, ohne sich durch Verlockungen, die bis zur Verleihung des Kardinalspurpur gingen und durch keine der Drohungen, die bis zum Bannstrahl reichten, irre hatte machen lassen. Er führt mit nichts anderem als dem Wort Gottes eine neue Zeit herauf.

Jetzt schreitet man zur Mahlzeit und hier „*spielt*" Martin nach seinem eigenen Bekenntnis „*den echten Luther*". Das soll heißen, daß er, die Höflichkeit weitgehend beiseite lassend, frei und ohne Rücksicht auf die Gefühle des anderen das herauspoltert, was er denkt. Nach einem italienischen Bericht sucht der Legat Luther zu überzeugen, daß es für ihn doch viel vorteilhafter sei, sich mit dem Papst auszusöhnen. Davon will Luther nichts wissen. Als darauf Vergerius die Rede auf das bevorstehende Konzil bringt, sagt Luther nach dem italienischen Bericht: „*Es ist nicht Euer Ernst, daß Ihr ein Konzil halten wollt, es ist nur Euer Spott, und wenn Ihr gleich ein Konzil haltet, so würdet Ihr doch nichts handeln denn von Kappen, Platten, Essen, Trinken und dergleichen anderem Narrenwerk und um unnützer und unnötiger Dinge halber, da wir von vornherein wohl wissen und dessen gewiß sind, daß es nichts ist. Aber von dem Glauben und Rechtfertigung, auch anderen nützlichen und wichtigen Sachen, wie die Gläubigen möchten im einträchtigen Geist und Glauben stehen, da gedenkt Ihr nicht eins zu handeln, denn es wäre nicht für Euch.*" In dieser Tonart geht es weiter, was man bedauern muß, denn so wird wieder eine Gelegenheit nicht genützt, die Einheit der Kirche herzustellen. Die Kluft ist zu groß.

Als sich nach diesem fruchtlosen Gegeneinander der Legat aufs Pferd geschwungen hat und im Begriff ist wegzureiten, ruft er Martin Luther noch zu: „*Sieh zu, daß Du zum Konzil bereit bist!*" „*Ich werde kommen, Herr,*" antwortet Luther „*mit diesem meinem Hals!*" womit er darauf anspielt, daß er den Tod nicht fürchtet.

Ein Ausgang unbefriedigend bis zum heutigen Tag. Kein Wunder, daß Vergerius nach diesem Gespräch Luther „*einen Verrückten*" nennt, wie seinerzeit Cajetan ihn als „*Bestie*" bezeichnete. Doch wie das Schicksal will: Ausgerechnet derselbe Vergerius sollte später nicht nur zum Lutherschen Glauben übertreten, sondern auch einer der erbittertsten Gegner der Papstkirche werden, so daß man zur Strafe nach seinem Tod seinen Grabstein aus der Georgenkirche zu Tübingen entfernt hat. Solches kann man als Treppenwitz der Weltgeschichte bezeichnen, es wäre aber auch möglich, daß man es als Anstoß zur Wiedervereinigung der Getrennten auslegt.

In diesem Jahr (1535) wird auch Sir Thomas More (Morus), ein Freund des Erasmus, weltberühmt durch seinen Roman *'Utopia'* (womit das Wort ‚Utopie' geboren wurde), enthauptet. Er, zunächst von Heinrich VIII. begünstigt, dem er auch den Frieden von Cambrai vermittelt hatte, verweigert aus Gewissensgründen den Suprematseid, mit dem die kirchliche Oberhoheit des englischen Königs anerkannt wird und den seit dem letzten Jahr (1534) jeder englische Geistliche und Staatsbeamte leisten muß. Ob es sich um Ehefrauen oder Freunde handelt — für Heinrich VIII. ist das Schafott immer die Ultima ratio.

Im nächsten Jahr (1536) festigt ein Ereignis, das auf Martin Bucer, den ehemaligen Dominikanermönch, zurückgeht, die evangelische Sache. In den oberdeutschen Städten, wo die Einflüsse der Schweizer und der Wittenberger aufeinanderprallen, kommt es immer wieder zu Unzuträglichkeiten und Zänkereien. Bei der Einführung der Reformation in Württemberg (1534) ist der Abendmahlstreit neu aufgeflammt. Das gibt für Bucer den letzten Ausschlag, eine Zusammenkunft mit Luther und den Wittenbergern vorzuschlagen, um zumindest den Versuch zu machen, die Differenzen aus der Welt zu schaffen. Das Treffen der beiden Parteien ist für Eisenach vorgesehen, da aber inzwischen Luther erkrankt ist — sein Nierenstein rührt sich und verursacht heftige Koliken — zieht man nach Wittenberg nach.

Im einzelnen folgen wir dem lebendigen Bericht des Friedrich Myconius, den er dem Veit Dietrich am 11. Juni 1536 gegeben hat.

Danach beginnen am 22. Mai 1536 die Verhandlungen. Und zwar kommen die Kontrahenten nachmittags um 3 Uhr im *'Schwarzen Kloster'* zusammen. Das Aufgebot der Wittenberger ist groß und setzt sich neben Luther aus Bugenhagen, Jonas, Cruciger, Melanchthon, Menius, Weller, Rörer und Myconius (Berichterstatter) zusammen, während die andere Seite nur durch Bucer und Wolfgang Fabricius Capito vertreten ist. Letzterer, der ursprünglich 'Köpfel' hieß, hat ein bewegtes Leben hinter sich, indem er zuerst Medizin, dann Jurisprudenz, schließlich aber Theologie studierte und eine Zeitlang in die Dienste des katholischen Bischofs von Mainz trat, bis er sich schließlich für Martin Luther entschied und jetzt als Professor der Theologie und Prediger in Basel tätig ist.

Bucer hält eine nach Myconius langatmige Einleitung, bei der Martinus seine Ungeduld kaum zu verbergen vermag. Seine Antwort fällt dementsprechend aus: Er begehre nicht mehr, als daß eine wahre, beständige und rechte Einigkeit wiederhergestellt werde, wozu allerdings die mit Wissen und Willen Bucers veröffentlichten Briefe Zwinglis und Oekolampads keinerlei Voraussetzung schafften, im Gegenteil.

Diese Rede bestürzt und erschreckt Bucer auf das heftigste, was ihn veranlaßt, „*weitläufig, aber sehr unordentlich und ungerade*" zu antworten. Er erklärt, daß „*die Briefe Zwinglis und Oekolampads nicht allein ohne sein Wissen, sondern wider sein Verbot gedruckt worden wären und daß sein*

Brief, der vom Drucker vorausgesetzt wurde, nicht eine Vorrede wäre, sondern ein Brief, den er im vorigen Jahr von sich an andere geschrieben und nicht davon geträumt habe, daß er jemals sollte gedruckt werden". Capito bestätigt seinerseits diese Darstellung.

Am nächsten Tag, dem 23. Mai (1536) kommen sie erneut und in gleicher Besetzung im *'Schwarzen Kloster'* zusammen. Luther wiederholt kurz, was er am Vortag dargelegt hat und zugleich fragt er, ob sie widerrufen wollen, ein jeder *„was er wider des Herrn Christus, der Schrift und der Kirchen Lehre und Meinung gelehrt und ausgesprengt habe".*

Bucer bekennt darauf zuerst, *„daß er vor dieser Zeit einige Dinge nicht genügend klar und deutlich verstanden und auch nicht genügend rein und recht gelehrt habe".* Und er fährt fort, was die wahrhaftige Gegenwart des Leibes Christi in dem Brot des Abendmahles betrifft, bekenne er für seine Person und auch im Namen der Schweizer und der Blaurer, *„daß das Brot im Abendmahl wahrhaftig der Leib Christi und der Wein wahrhaftig das Blut Christi sei. Wenn er aber sage, daß die Gottlosen den Leib nicht empfangen, so wolle er nicht mehr als dies verstanden haben, daß wenn ein Türke oder Jude oder eine Maus oder ein Wurm die Hostie zernagt, daß dies allein dem Brot widerfahre und es sei nur Brot und nicht der Leib Christi und es geschehe auch solches nicht am Leibe Christi."*

Nach dieser Lehre fragt Luther *„die anderen Fremden* (offenbar sind inzwischen noch einige Schweizer eingetroffen) *in Gegenwart aller".* Und ein jeder antwortet, *„er bekenne, halte, lehre und verteidige eben das, was und wie es Bucer erklärt hätte, und sie hätten nun ein ganzes Jahr so gelehrt und wollten es auch hinfort so lehren".* Und sie bitten, *„man solle keinen Argwohn auf sie werfen noch einen Betrug befürchten".* Sie bitten weiter *„auch alle sehr demütig und mit Ernst, weil sie erkennten, daß die Augsburgische Confession und Apologie, die dem Kaiser übergeben wurde, recht und wahr sei, wolle man sie doch als Mitglieder in Christus zu solcher Konkordie und Band eines Glaubens und rechte brüderliche Liebe auch an- und aufnehmen".*

Mit diesen Worten ist eine große Feierlichkeit im Verhandlungsraum eingekehrt. Luther erhebt sich und geht mit den Seinen in die anschließende Kammer, um sich noch einmal mit ihnen zu beraten.

Jetzt kommt er wieder heraus, und während sich alle setzen, bleibt Luther stehen und spricht *„mit großem Geist und Mut, der auch an seinen Augen und ganzem Angesicht zu sehen"* ist. *„Da sei nun das, woran die Sache lag, bekennten sie, nämlich daß das Brot sei der Leib Christi aus Macht und Kraft Christi, der es eingesetzt und so aus göttlicher Majestät gesagt und verheißen hat ... ist Friede und Einigkeit zwischen uns, die wir beisammen waren, gemacht."* Nach diesen mit Ergriffenheit und großem Ernst vorgetragenen Worten beginnen Bucer und Capito zu weinen. Sie haben jetzt alle die Hände gefaltet und danken *„mit gottesfürchtiger Gebärde Gott dem Herrn"*.

Nachdem Luther sowohl Bucer wie Capito gebeten hat, sie sollten bei der Belehrung der Ihren in der Schweiz mit aller Vorsicht und Duldsamkeit vorgehen, reichen sich alle die Hände und kein Auge bleibt trocken. Dann begibt man sich zum Mahl, das die tüchtige Käthe mit ihren Mägden bereitet hat. So endet dieser Tag in Friede und Freundschaft.

Doch Bucer hat mehr versprochen, als er zu halten vermag. Die Züricher sind nicht gewillt, von ihrer Lehre abzugehen. Sie berufen sich auf Zwingli, der nur die Gegenwart Christi im Geiste des das Sakrament des Abendmahls Empfangenden lehre, aber die körperliche Gegenwart des Leibes und des Blutes leugne. Trotzdem lassen es sich die Züricher angelegen sein, eine Aussöhnung mit Martin Luther herbeizuführen, den sie als das Vorbild aller Reformatoren auf das höchste achten. Doch Luther ist unnachgiebig. Er erklärt, die Schweizer hätten das Sakrament zerstört, er könne sie nicht mehr für rechte Christen halten. Bucer hat in Straßburg keinen leichten Stand. Aber er hält an der *„Wittenberger Konkordie"*, wie die Einigung mit den Oberdeutschen genannt wird, fest und auch andere schließen sich dieser Konkordie an. Das Motiv, warum Luther einen so unnachgiebigen Kampf führt, was insbesondere in dem 1539 in Druck gegebenen Buch *„Von den Konziliis und Kirchen"* zum Ausdruck kommt, ist schwer zu sagen. Ist es nach wie vor die Furcht vor dem Sektierertum, die sein ganzes Leben durchzieht oder haben Krankheit und Enttäuschungen ihm einen Starrsinn eingegeben, wie man ihn häufig bei alternden Männern findet. Jedenfalls paßt es schlecht in Luthers Menschenbild, daß er den längst toten Zwingli in der gehäßigsten Weise beschimpft.

Die Reaktion auf die Verächtlichmachung ihres Kirchenstifters ist äußerst gemäßigt, wie man einem Bericht des Zwingli-treuen Pfarrers Johann Stumpf entnehmen kann: *„Und obwohl solche offene Schmach und unverschuldete Verleumdung, über den Toten ausgegossen, den Predigern der eidgenössischen Kirchen sehr leid tat, auch viel Gutherzige meinten, es gebühre sich wohl, solche Verleumdungen im öffentlichen Druck zu widerlegen, verzichteten die Diener der oberländischen Kirchen auf den Druck und schrieben Luther einen besonders freundlichen Brief."*

Luther hält diesen Brief keiner Antwort für würdig, ja er wiederholt die Beschimpfung Zwinglis in einem Büchlein *„Vermahnung zum Gebet wider die Türken"*. Dieser Streit verschärft sich noch bis zur völligen Intoleranz, wie wir sehen werden.

Mittlerweile schreibt nach langem Zögern und ewigem Hin und Her Papst Paul III. ein Konzil aus, das, wie nicht anders zu erwarten, auf italieni-

schem Boden, und zwar am 13. Mai 1537 in Mantua abgehalten werden soll. Die Aufgabe dieses Konzils sollte im wesentlichen darin bestehen, *„die pestilenzialische Lutherische Ketzerei" auszurotten.*
Es ist für uns schwer vorstellbar, wie zu dieser Zeit die Ausschreibung eines Konzils die Gemüter bewegt. Und zwar nicht nur die der Geistlichen oder der gehobenen Stände, auch der einfache Mann beteiligt sich an den Diskussionen, die meist in die Wirtshäuser hineingetragen werden. Wie sollen sich die Evangelischen dazu stellen? Sollen sie das Konzil besuchen — Luther, der nie ausweicht, ist für seine Person dazu bereit — soll man fernbleiben und es ignorieren, oder soll man — zu welchem Gedanken der Kurfürst Johann Friedrich tendiert — ein Gegenkonzil der protestantischen Stände und Theologen einberufen?
Um aus diesem Dilemma herauszukommen, beauftragt der Kurfürst seinen Kanzler Brück, Ende August 1536 zunächst einmal von Martin Luther feststellen zu lassen, welche Artikel unter allen Umständen vor dem Konzil verteidigt werden müssen und in welchen man, ohne das Gewissen zu verletzen, nachgeben könne. Wenn diese Luthersche Vorlage erarbeitet worden sei, solle sie von Luther zusammen mit den anderen evangelischen Theologen noch einmal überprüft werden und ihre endgültige Fassung erhalten. Schon im Januar des nächsten Jahres (1537) ist diese Arbeit vollendet. Als die *'Schmalkaldischen Artikel'* — vielfach auch als Luthers Testament bezeichnet — gehen sie in die Geschichte ein.
Es ist wieder ganz der kämpferische, an seine Sache und deren Sieg glaubende Luther, der sich hier vernehmen läßt. Sprachgewaltig, konsequent bis zum Äußersten und keiner Frage ausweichend, stellt er sein Lehrgebäude auf. Voran der Glaube und nur der Glaube, von dem alles abhängt: *„Von diesem Artikel kann man nichts weichen oder nachgeben, es falle Himmel und Erden oder was nicht bleiben will."*
Warum er die Messe mit so harten Worten ablehnt, mag manchen verwundern, weil er ja in dem entscheidenden Punkt, nämlich der leiblichen Gegenwart Christi in Brot und Wein beim Abendmahl, mit der alten Kirche übereinstimmt. Ob zu Recht oder Unrecht, er betrachtet als *„Ungeziefer und Geschmeiß dieses Drachenschwanzes der Messe"* Fegefeuer, Seelenmessen, Wallfahrten, Bruderschaften usw., was er ablehnt, wodurch seine Religion immer mehr zur Abstraktion führt, weg von all den Dingen, die bisher dem Volk als erbauliche Schauspiele geboten wurden.
Eine gewisse Revision seiner früheren Abneigung gegen die allerdings größtenteils verwahrlosten Klöster kommt im dritten Artikel zum Ausdruck, wo er fordert, *„daß die Stifte und Klöster, vorzeiten guter Meinung gestiftet, zu erziehen gelehrte Leute und züchtige Weibsbilder, sollten wiederum in solchem Brauch geordnet werden, damit man Pfarrherrn, Prediger und an-*

dere Kirchendiener haben möge, auch sonst nötige Personen zu weltlichem Regiment in Städten und Ländern, auch wohlerzogene Jungfrauen zu Hausmüttern und Haushälterinnen."

Wo Luther kompromißlos gegen den Papst wettert, ist Melanchthon zu gewisser Konzession bereit: „*Vom Papst aber halte ich, so er das Evangelium wollte zulassen, daß ihm um Friedens und gemeiner Einigkeit willen derjenigen Christen, so auch unter ihm sind und künftig sein möchten, seine Superiorität über die Bischöfe, die er sonst hat, nach menschlichem Rechte auch von uns zugelassen sei.*" Hier, so könnte man sich vorstellen, findet sich vielleicht ein kleines Schlüsselchen, um ein Schlösschen des trennenden Gitters zu öffnen.'

Und Martin Luther endet diese Artikel mit dem stolzen Satz: „*Dies sind die Artikel, darauf ich stehen muß und stehen will bis in meinen Tod, ob Gott will. Und weiß darin nichts zu ändern noch nachzugeben. Will aber jemand etwas nachgeben, das tue er auf sein Gewissen!*"

Am 3. Januar (1537) läßt Luther seine Artikel, die Jonas, Bugenhagen, Cruciger, Amsdorf, Spalatin, Melanchthon und Johann Agricola mitunterschrieben haben, an den Kurfürsten abgehen.

Ob die Zeit, in der Luther lebt, grausamer ist als die unsere, wird man schwerlich beurteilen können. Aber daß die Menschen begeisterungsfähiger, warmherziger, insgesamt an den geistigen Strömungen beteiligter sind als die heutigen, darüber gibt es keinen Zweifel. Dafür ist auch neben vielem anderen der enthusiastische Dankesbrief des Kurfürsten Johann Friedrich an Luther beispielhaft, der folgendermaßen anhebt: „*Wir haben Euer Schreiben samt den Artikeln, so Ihr Euch aus Gottes Gnaden mit den andern Theologen, Euern Amtsbrüdern, verglichen, durch Magister Spalatin empfangen und sagen Gott dem Allmächtigen und unserm Herrn Christo Dank, daß er Euch Gesundheit und Stärke verliehen, solche Artikel so christlich, rein und lauter zu fertigen, auch daß er Euch Gnade gegeben, daß Ihr Euch mit den andern derselbigen einmütiglich, christlich, auch brüderlich und freundlich verglichen habt, nehme auch Euern gehabten Fleiß und Mühe, so Ihr darinnen gemeiner Christenheit zugute vorgewandt, zu gnädigem Gefallen und Dank an, befinden auch daraus, daß Ihr in nichts Euer Gemüt verändert, sondern auf den christlichen Artikeln, die Ihr allewege gelehrt, gepredigt und geschrieben, beständiglich beruht, welche auch auf den Grund, unsern Herrn Christum gebaut, den die Pforten der Hölle umzustoßen nicht vermögen, auch vor dem Papst, Konzil und seinen Anhängern wohl bleiben werden.*"

Die Zusammenkunft der protestantischen Stände ist für den Februar (1537) in Schmalkalden anberaumt. Am 7. Februar (1537) trifft der Kurfürst, begleitet von Luther, Melanchthon, Bugenhagen und Spalatin in

Schmalkalden ein. Man spricht von vierzig evangelischen Geistlichen, die an den Beratungen teilnehmen. In den ersten Tagen werden in kleinen Kreisen die Artikel diskutiert. Diese Zeit nützt Luther, um das zu tun, was seines Geistes immanentes Bedürfnis ist: Die Kanzel zu besteigen und von da die Seelen der Gläubigen zu Christus emporzureißen. Dreimal predigt er in Schmalkalden, aber die tiefste, dankerfüllteste Predigt gelingt ihm am Sonntag Invokavit (19. Februar 1537) über die Versuchungen des Herrn (Matth. 4,1 ff.), die er auf die Versuchungen der gesamten Christenheit überträgt.

Der Kurfürst erörtert anschließend mit ihm die Frage, ob man am Konzil teilnehmen solle oder nicht. Martin erklärt, der Papst fürchte das Konzil. Die ausgestoßenen Drohungen sollten nach seiner Vorstellung die Evangelischen zur Ablehnung des Konzils veranlassen, damit er ihnen die Schuld an dessen Scheitern anlasten könne. Man solle weder ab- noch zusagen, sondern sich Zeit lassen und abwarten.

An den offiziellen Verhandlungen nimmt Martin Luther nicht teil. Er ist so schwer erkrankt, daß seine Umgebung das Schlimmste befürchtet. Von Melanchthon weiß man, daß er tränenüberströmt betet, weil er keinerlei Hoffnung für das Leben des Freundes mehr hat. Auch Luther selbst ist überzeugt, daß es mit ihm zu Ende geht. Er äußert nur noch den einzigen Wunsch, er möchte nicht in der Fremde sterben. So fährt er in einem kurfürstlichen Wagen, betreut von dem Erfurter Arzt Georg Sturz, sowie Bugenhagen, Spalatin und Myconius in Richtung Wittenberg. In Tambach geht, offenbar ausgelöst durch das Rütteln des Wagens, der Stein durch den Ureter ab. Damit hören die Koliken schlagartig auf. Er ist wie neu geboren.

Käthe, die noch keinen der vier Briefe, die Martin aus Schmalkalden an sie schrieb, erhalten hat, aber über seine lebensgefährliche Erkrankung unterrichtet ist, verzehrt sich in Angst. Da erlöst sie eine Nachricht von ihm aus Gotha, wohin Luther mit den Freunden noch am 27. Februar (1537) kommt, von ihren qualvollen Sorgen. Er schreibt: *„Ich bin tot gewest und hab' Dich mit den Kindlein Gott befohlen und meinem guten Herrn, als würde ich euch nimmermehr sehen, hab' mich Eurer sehr erbarmt, aber ich hatte mich dem Grabe beschieden. Nun hat man so hart gebeten für mich zu Gott, daß - - mich dünket, ich sei wieder von neuem geboren. Darum danke Gott und laß die lieben Kindlein mit Muhme Lenen dem rechten Vater danken; denn ihr hättet diesen Vater gewißlich verloren. Der fromme Fürst hat lassen laufen reiten holen und mit allem Vermögen sein höchstes versucht, ob mir möcht' geholfen werden, aber es hat nicht wollen sein. Gott hat Wunder an mir getan diese Nacht und tut's noch durch frommer Leute Fürbitte. Solches schreibe ich Dir darum; denn ich halte, daß mein* *gnädigster Herr habe dem Landvogt befohlen, Dich mir entgegenzuschicken, da ich ja unterwegs stürbe, daß Du zuvor mit mir reden oder mich sehen möchtest, welches nun nicht not ist und magst wohl daheim bleiben, weil mir Gott so reichlich geholfen hat, daß ich mich versehe, fröhlich zu Dir zu kommen."* Welch innige Liebe, welche Freude und Dankbarkeit über die Genesung, insgesamt welcher Gefühlsreichtum!

Aber er hat zu früh über die Genesung frohlockt. Noch in Gotha setzten die Koliken mit der gleichen Heftigkeit wieder ein. Ganz offensichtlich geht noch ein zweiter Stein auf diese schmerzhafte Weise ab.

Interessant für das Befinden der Zeit ist, daß der Anfall in Schmalkalden genügte, daß ganz Deutschland den Atem anhält. Seine Feinde triumphieren, daß nun der verhaßte Mann von dieser Erde scheiden und daß man ihn nicht länger fürchten muß. Scheinheilig begehren einzelne von ihnen, den toten Luther sehen zu dürfen, um sich von ihm zu verabschieden.

Als er, schon längst wiederhergestellt, in Wittenberg lebt, erscheint ein Bote, vermutlich von einem Evangelischen Fürsten, mit der Bitte, Luther möge es handschriftlich bezeugen, daß er nicht gestorben sei. Das mobilisiert seinen sarkastischen Humor und er schreibt: *„Ich, D. Martinus, bekenne mit dieser meiner Handschrift, daß ich mit dem Teufel, Papst und allen meinen Feinden eines Sinnes bin; denn sie wollten gern fröhlich sein, daß ich gestorben wäre, und ich gönne ihnen von Herzen gern solche Freude und wäre wohl gern gestorben zu Schmalkalden, aber Gott hat es nicht haben wollen, daß ich solche Freude bestätigen sollte. Er wird es aber tun, ehe sie meinen, mir zu großem Glücke und werden einmal singen: Ach, daß der Luther noch lebte!"*

Sechzehntes Kapitel
1538 — 1539

Luthers Sieg über die Juristen — Die Bigamie des Landgrafen Philipp von Hessen — Luther holt Melanchthon ins Leben zurück

Man täuscht sich, wollte man annehmen, daß Luther nicht die Zeichen der Zeit erkennt und in überaus moderner Weise deutet. Und dabei nimmt er immer wieder die Juristen auf Korn. Er, der nur während zweier Jahre Juristerei studiert hat, zeigt sich in einer Reihe von Fällen den Juristen überlegen. Und er rühmt sich auch dieser Überlegenheit ohne die geringste Scheu. Da nimmt er auch seinen Freund Hieroniymus Schurff nicht aus. Wie viele Gebildete seiner Zeit war Schurff zunächst als Gegner Luthers aufgetreten. Uns klingt noch das Wort im Ohr, das er, Schurff, geäußert hat, als Luther am Elstertor mit der päpstlichen Bulle auch das kanonische Recht und die Dekretalien verbrannte (10. Dezember 1520):,,*Wessen erfrecht sich der räudige Mönch?*" Der räudige Mönch zwang mit seinen Geistesgaben und seinem Mut den Doktor beider Rechte zunächst zum Einlenken, dann zur Anerkennung und schließlich zur Freundschaft.

Das alte Kirchenrecht verfügt, daß ein Eheversprechen, also ein Verlöbnis, volle Gültigkeit habe, auch ohne öffentliches Aufgebot, ohne Einverständnis der Eltern und ohne kirchlichen Segen. Das trägt unendlich viel Konfliktstoff unter die Menschen. Es kommt fortwährend zu Klagen auf Erfüllung des Eheversprechens. Darüber erbost sich Luther: ,,*Buben und Bübinnen liefen hin und her, nahmen Männer und Weiber, gingen wieder davon, handelten mit der Ehe wie die Tataren und Zigeuner, die immerdar Hochzeit und Taufe halten, wo sie hinkommen.*" Lange Zeit dringt er mit seiner Meinung nicht durch. Aber er läßt nicht locker, besteigt die Kanzel und donnert: ,,*Ich, Martin Luther, Prediger dieser Kirche Christi, nehme Dich, heimlich Gelübd, samt dem Papst und dem Teufel, der dich gestiftet hat, kopple euch zusammen und werfe euch in den Abgrund der Hölle, im Namen des Vaters, des Sohnes und des Heiligen Geistes! Unsere stolzen Juristen lesen unsere Bücher nicht, heißen sie Catönichen (er hat bei den Juristen den Spitznamen ,Cato') und fragen nichts nach unserem Herrgott. Ich will's nicht leiden, daß sie in meiner Kirche die Gewissen verwirren mit ihrem beschissenen Recht, und mit dem Papst wieder hereinschleichen. Ich bin zornig und will's auch sein, denn sie greifen mir Gott ins Regiment!*"

Eine Episode ist überliefert, die auch das Verhältnis, das zwischen Luther und Melanchthon herrscht, liebenswürdig beleuchtet. Philippus kommt sorgenvoll ins *'Schwarze Kloster'* gerannt. Sein Ältester, ein unreifer Student, will heiraten. Mitnichten, schimpft Luther, doch hoffnungslos hebt Melanchthon die Hände zum Himmel: Er hat es dem Mädchen versprochen! Martin setzt sein Barett auf, packt Philipp beim Arm und sucht mit ihm den Heiratslustigen auf und treibt ihn durch die Mangel. Seiner Autorität und seiner Überredungskunst ist niemand gewachsen. Heulend verzichtet jener auf die Braut, Martin entbindet ihn vom Eid und dem überglücklichen Vater bleibt nur übrig, sich bei dem Älteren zu bedanken.

Aber damit ist die Streitfrage nicht aus der Welt geschafft. Der Kurfürst läßt das Konsistorium und das Hofgericht zusammenrufen und gibt Martin Gelegenheit, vor diesem Gremium seine Sache zu vertreten. Und der tut es in einer Weise, daß den Gelehrten Hören und Sehen vergeht. Mit seiner Sprachgewalt und seiner Logik erreicht er, daß derjenige, der an der Klagbarkeit des Eheversprechens festhält, sich blamiert vorkommen muß. Einstimmig beschließt man, das Recht der Eltern zu sichern und daß heimliche Verlöbnisse in Zukunft null und nichtig sind, jedenfalls nicht zur Einklagung der Ehe führen können. Und das bis auf den heutigen Tag.
Ganz im Gegensatz zu Melanchthon, der mit den Humanisten die Einführung des Römischen Rechts preist, wo jeder Fall in einem Paragraphen seine Regelung findet, bleibt Luther skeptisch und spricht den ebenso klugen wie modernen Satz aus: „*Alle Weltweisen bekennen die Erfahrung, daß der Fälle mehr sind und täglich sich mehren, weiter denn man Gesetze machen könnte.*" Er weiß auch, daß für die Rechtsfindung nichts so unzuverlässig ist wie Zeugen, indem er die Persönlichkeit des Richters über das Verfahren setzt: „*Lieber Richter, du sollst sprechen: Wenn gleich zehntausend Zeugen da stünden und ich gewiß weiß, daß der Mann unschuldig ist, so kann und will ich ihn nicht verdammen. Es ist wohl mehr geschehen, daß falsche Zeugen aufgestanden sind.*" Welche Weisheit, die man noch heute jedem Richter wünschen möchte!
Luther will nicht, daß die Gesetzesbrecher mild bestraft werden, nein, in der Androhung der Strafen soll man keinerlei Gefühlduselei zeigen. Seine immerwährende Klage, daß die Welt schlecht ist und immer noch schlechter wird, verlangt ein strenges Regiment. Diebe soll man henken und Mörder köpfen, damit die Abschreckung andere davon abhält, ihm nachzutun. Aber im einzelnen Fall möge der Richter Milde walten lassen und ein Auge zudrücken, wenn die Schuld gering und die Not groß ist, wo etwa ein armer Teufel beim Fischen den Gewässern des Kurfürsten zu nahe kommt, soll man ihm nicht sein letztes Geld abnehmen, sondern ihn ein paar Wochen einsperren, denn „*Diebstahl ist vor Gott die geringste Sünde, weil er*

nur das zeitliche Gut betrifft, denn Ehebruch, der viel ärger ist, läßt die Welt ungestraft geschehen, der Mörder aber, wenn er nur kühn und bös genug ist, wird sogar von ihr geehrt."

Ein besonders gearteter Pilz hat sich um diese Zeit als Folge der Überschätzung des Geldes ausgebreitet: Der Wucher. Die Adeligen des Schwertes gehen am Horizont unter, die Pfeffersäcke steigen herauf. Die Ritter sind demoralisiert, verarmt, was auch das Raubrittertum nicht aufzuhalten vermag. Die Landesherren nützen den ritterlichen Verfall, um mehr Macht an sich zu ziehen. Aber sie können ohne Geld ihre immer teurer werdende Hofhaltung nicht bestreiten und müssen, soweit sie es nicht aus ihren Untertanen herauszupressen vermögen, mit den Handelsherren paktieren. Diese haben ihre Hochburgen in den aufblühenden Städten etabliert und der Geldadel stellt den geborenen Adel in den Schatten. Der Kapitalismus hat seinen Einzug gehalten.

Schon 1519 hat Luther geschrieben: *„Obwohl der Zins ein zugelassener Handel ist, muß jeder zugeben, daß der Zins, er sei Wucher oder nicht, das Werk tut, das der Wucher tut: nämlich alle Länder, Städte, Herren und Volk beschweren, aussaugen und ins Verderben bringen. Dieses neu erfundene Geschäft macht sich zu einem frommen Schutzherrn des verdammten Geizes. Es ist kein Wunder, daß die Zinsjunker so geschwind vor andern Leuten reich werden. Denn dieweil die Andern mit ihrem Geld im Handel bleiben und hunderterlei Gefahr begegnen, hat Geld auf Zinsen immer Grund, der ohne Unterlaß wächst und trägt, ohne Sorge, an der Hauptsumme zu verlieren. Wer wollte nicht lieber hundert Gulden auf Zins ausleihen als damit handeln?"*

Aber auch hier macht er nicht mit den Radikalen gemeinsame Sache, die nach Brechung der Zinsknechtschaft schreiend, jeden Zins verboten wissen wollen, sondern hält nach Abwägung aller Umstände einen Zinssatz von fünf Prozent für angemessen.

Ruft er also die Fürsten auf, in diesem einzigen Fall des Wuchers das herrschende Recht zu brechen, wozu er die Unterstützung der Juristen anfordert, so bleibt sein Verhältnis zur Jurisprudenz immer skeptisch, was er auch jetzt im Jahre 1538 zum Ausdruck bringt. Sie ist, so sagt er, eine feine, aber doch äußerst ungewisse Kunst. Man kann ihrer nicht entraten, doch man kann sich auch nicht auf sie verlassen, eine Konstatierung, die bis zum heutigen Tag ihre Gültigkeit nicht verloren hat.

Der Gedanke an den Tod verläßt ihn auch in diesem Jahr nicht, und er preist die Kinder, die, ohne Sünde getan zu haben, sanft entschlafen. Am 30. Juli (1538) schreibt er: *„Selig sind die Kinder, die jetzt im Frieden entschlafen, solange das Wort leuchtet! Ach, es sind die letzten Zeiten mit ihrem Unwesen und Unheil! Da ist nichts Besseres zu erwarten."*

Hier treten schon deutlich seine mit zunehmendem Alter immer häufiger sich meldenden Anwandlungen von Melancholie in Erscheinung. Der alternde Luther sieht mit erschreckender Klarheit voraus, daß sich die Menschen, wenn er, Martin, nicht mehr unter ihnen ist, nicht nur vom Wort abwenden, sondern sich auch gegen ihn und seine Lehre stellen. Muß er doch jetzt schon täglich erleben, daß die Kirchenbesucher, die er durch das von der Kanzel verkündete Wort an sich zu ziehen vermag, kaum daß sie das Gotteshaus verlassen haben, ihren alten Lastern, dem Neid, dem Geiz und der Habsucht wieder anheimfallen, kurz sich dem Teufel wieder in die Arme werfen. Was wird erst sein, wenn er und seine Freunde gemeinsam mit den evangelischen Fürsten nicht mehr die reine Lehre schützen und verteidigen können! Wird sich die Kirche in diesem Strudel aus Unwissenheit, Verblendung und Verzweiflung halten können? Denn für ihn ist die Kirche, die sich auf die Apostel gründet, das einzige Reservat, das bis zur Wiederkehr Christi den Glauben mit der Gnade durch das Getümmel der Welt hinüberretten kann. Und das sind auch die beiden Reiche, von denen er immer wieder spricht: Auf der einen Seite die Welt mit all ihren Unzulänglichkeiten, Lastern und teuflischen Eingebungen, der auch die Römischen anheimgefallen sind. Auf der anderen Seite die wahre Kirche, die er mit der Reformation wieder aufgerichtet hat.

Aber wird sie sich behaupten können? Ist ihr Anspruch nicht zu groß, über das menschliche Begreifen und insbesondere das menschliche Wollen hinausgehend? Wie das Wasser immer am tiefsten Punkt zusammenströmt, wird nicht auch der menschliche Wille, jeden Stau einreißend, wieder in die weltliche Tiefe hinabsinken? Und man wird, das sieht er mit Sicherheit voraus, einprägsame Begründungen finden, um von seiner, Martins Verkündung und seinem Tun abzurücken. Man wird ihm vorwerfen, er habe die jahrhundertealte, in sich ruhende Ordnung, in der jeder seinen Platz hatte, durchbrochen und dabei nicht nur die Einheit der Kirche, sondern auch die seines Vaterlands auf unvorhersehbare Zeit, ja vielleicht für immer zerstört. Hat man ihm doch schon vorgeworfen, er habe den auf die ewigen Dinge eingeschworenen Nährstand aus seinen gläubigen Grundfesten herausgesprengt und ihn zur Aufruhr gegen geistliche und weltliche Herrschaft getrieben. Und all seine Versicherungen bis zum Verfluchen der Bauern, daß er dies nie und nimmer beabsichtigte, hat man mit Hohn überschüttet. Wäre es jedoch wirklich ungewollt geschehen, so hätte sich seine Torheit in noch helleres Licht gestellt, denn wenn einer schon die Freiheit propagiert und sich dann wundert, daß das Volk diese Freiheit auch verlangt, der erweise sich ungeachtet aller angeblichen Gelehrsamkeit als ein schierer Dummkopf.

Dazu kommt: Wie sollte seine Lehre Bestand haben können, wenn er schon in einem entscheidenden Punkt von seinem treuesten und seinem Herzen am nächsten stehenden Schüler nicht mehr verstanden wird? Ach, er hat unendlich viele Gründe zu zweifeln, aber der Ruf Christi, der aus Tausenden von Stellen der Bibel zu ihm dringt, hindert ihn daran, zu *verzweifeln oder von dem eingeschlagenen Weg abzugehen. Hier hilft ihm immer wieder sein Glaube.*

Er ist nie stolz auf sein Werk, weil er überzeugt ist, daß das, was er erkannt, gelehrt und geschaffen hat, nicht aus ihm, sondern nur durch Gott geschehen ist. Und wenn das so ist und weil es so ist, überwindet er immer von neuem die Zweifel.

Aber was ihn nie und nimmer in den letzten Jahren seines Lebens verläßt, ist die Furcht, daß Deutschland — er denkt immer und in allem in erster Linie an Deutschland — wenn es das Evangelium nicht annimmt, elendiglich zugrunde geht. Und weil er, älter werdend, immer weniger daran glaubt, daß es durch ihn zum Evangelium hingelenkt werden kann, wünscht er den Untergang und den Jüngsten Tag herbei. So heftig ist diese Kurzschlußempfindung, daß es Tage gibt, an denen er glaubt, er, Martin Luther, könne den Jüngsten Tag noch persönlich erleben.

Daß er, wenn die Krankheit seinen Leib attackiert und er in den tiefen Brunnen der Melancholie hinabstürzt, den Wunsch ausspricht, daß nicht nur er und seine geliebte Käthe mitsamt den nicht weniger geliebten Kindern sterben möchten, entspringt einem *'schwarzen Augenblick'* mehr als seinem wirklichen Wesen. Wenn ihn viele in seinen letzten Lebensjahren indolent, misanthrop und grämlich schildern, so achten sie nicht der Zeugnisse, die sich auch in seinen Briefen finden, wo seine Spottsucht, seine Lebensfreude, sein Humor immer wieder am Rande seines Weges aufblühen.

Es ist das Schicksal der alternden Menschen, daß sie der Tod immer häufiger streift, indem er, bevor er sich ihrer selbst annimmt, ihnen die Freunde wegholt. So geschieht es auch in diesem Jahr (1538) mit Nikolaus Hausmann, an dem Martin mit besonderer Liebe hängt. Tragisch, daß diesen während seiner Antrittspredigt im Freiberger Dom, wo er seiner Gedanken und seiner Gläubigkeit Tiefe der Gemeinde darzubringen sucht, der Schlag ereilt. Martins Gefühle sind noch verwundbar genug, daß er einen ganzen Tag in Tränen aufgelöst verbringt. Der Tod nimmt Luther nicht nur seine Freunde. Im folgenden Jahr ruft er seinen ärgsten Widersacher ab. Am 17. April (1539) schließt der Herzog Georg von Sachsen unversöhnt mit Luther für immer die Augen. Georgs Furcht, daß nach seinem Tod die verhaßten Lutheraner auch in seinem Herzogtum triumphieren würden, hat ihn veranlaßt, ein Testament zu errichten, wonach sein Bruder Heinrich nur unter der Bedingung zum Erben des Landes eingesetzt wird, wenn er in *Religionssachen* nichts ändere. Im andern Fall solle sein Land an den römischen König Ferdinand, den Bruder des Kaisers fallen. Bevor aber von diesem eine Antwort eintrifft und damit das Testament Wirksamkeit erlangt, stirbt Georg.

Nun ist Heinrich frei, der Reformation in Sachsen die Pforten zu öffen. Er tut dies in der feierlichsten Weise und Luther steht in Leipzig an Pfingsten (1539) im Mittelpunkt der Festlichkeiten.

Luther ist nach wie vor für die offene Feldschlacht. Er will die Auseinandersetzung, will daher das Konzil. Der Wurm der Krankheit bäumt sich in ihm auf, daß er gehindert ist, in überzeugender Weise seinen Willen bei den Fürsten durchzusetzen. Er verfaßt ein Traktat, das den Fürsten beweisen soll, sie hätten ein Konzil nicht zu scheuen, wenn man dieses Traktat dort verliest. Die in Schmalkalden Versammelten fürchten jedoch die Ränke der anderen Seite und ziehen erklärte Unversöhnlichkeit manipulierten Verhandlungen vor.

Und wieder einmal spitzt sich die religiöse Auseinandersetzung dramatisch zu. Der Gesandte des Papstes, Peter van der Vorst, beabsichtigt ein versiegeltes päpstliches Schreiben zu überreichen, um eine neue, versöhnliche Verhandlungsposition zu gewinnen. In Abwesenheit Luthers weisen die evangelischen Fürsten nach Beratung das Schreiben ungeöffnet zurück. Der Gesandte des Papstes steht unverrichteter Dinge vor ihnen.

Darüber ist begreiflicherweise die Erbitterung im katholischen Lager so groß, daß es schon wieder nach dem Pulver eines Krieges riecht. Aber der Kaiser, in gefährlicher Auseinandersetzung mit den Franzosen und den Türken stehend, kann im Innern keinen Krieg brauchen. So kommt es buchstäblich im letzten Augenblick am 19. April dieses Jahres (1539) zum *'Frankfurter Anstand'*, wonach zwischen den evangelischen Ständen und den Vertretern des Kaisers vereinbart wird, für die nächsten sechs Monate die Feindseligkeiten auszusetzen, wogegen der Kaiser ein Religionsgespräch in Aussicht stellt.

Luther ist mit diesem Ablauf der Dinge alles andere als zufrieden. Trotz der vielen Enttäuschungen möchte er immer noch durch das Wort überzeugen. Und sein für das erwartete Konzil geschriebenes Traktat stärkt seinen Glauben, daß die in der Augsburger Confession verkündete Lehre nicht widerlegt werden kann.

Doch nun zieht eine neue Gefahr für die Wittenberger herauf, man kann ruhig sagen, ein Skandal zeigt seine verzerrte Maske, die die reformierte Bewegung wie kaum etwas anderes erschüttern soll.

Einer der aktivsten, aber auch der elegantesten und leichtlebigsten evangelischen Fürsten ist der Landgraf Philipp von Hessen. Wie bei vielen Menschen dieser Art tritt bei ihm die Hinneigung zu den Frauen immer wieder in den Vordergrund. Es dürfte nicht ungewöhnlich sein, daß ihn die Frau, mit der er sechzehn Jahre verheiratet ist, nicht mehr zufriedenzustellen vermag. Untreue ist die Folge, über die sich zu jener Zeit, gerade bei den Hochgestellten, niemand empört. Aber Philipp ist auf zweierlei Weise in die Zange genommen, indem er einerseits auf Grund eines Abenteuers erkrankt, andererseits sich sterblich in ein Fräulein von Saale verliebt, hinter dem eine energische Mutter steht, die ihre Tochter keineswegs als Freiwild behandelt wissen will.

Der Landgraf pariert deren Einwände, indem er den Plan einer Eheschließung aus dem Sack zieht. Aber damit vermag er die Gerechte nicht umzustimmen: Eine Doppelehe, das ist ja schlimmer als alles andere und schlägt der Sitte und dem herrschenden Gesetz mitten ins Gesicht!

Nun soll es in einem der früheren Bücher Luthers eine Stelle geben, wonach die Doppelehe grundsätzlich nicht verboten ist. Auf jeden Fall kann man sie häufig im Alten Testament finden. Der Schwadroneur Philipp vermag seine zukünftige Schwiegermutter — schließlich ist er ja keine schlechte Partie — unter der Bedingung zu überzeugen, daß die Ehe zunächst geheim geschlossen, aber doch unter der Billigung einiger Fürsten und dem Segen von geistlichen Gelehrten. Welcher geistlicher Gelehrten? Nun zunächst am besten mit dem Segen des Papstes der Evangelischen, Martin Luther. Aber wie kommt er zu dem? Das kann nur Martin Bucer, der Straßburger Freund — derselbe, den Martin einmal ‚einen Schlingel' nennt — besorgen. Landgraf Philipp kennt die Unbestechlichkeit Martins, weiß, daß er auch dem besten Freund nicht nachgibt, wenn es seiner Überzeugung zuwiderläuft. So versäumt er nicht, Bucer einzuschärfen, daß er bei Luther auf seine, Philipps, qualvolle Gewissensnot hinweisen und sie in den lebhaftesten Farben schildern soll. Denn Luther läßt sich nicht treiben, aber er kommt *„von selbst in Lauf, wo ihm Gefahr göttlicher Wahrheit oder Gewissensnot angezeigt wird."* Und Bucer entrollt ein anschauliches Bild des völlig gebrochenen Landgrafen, desselben, der seiner Sache sicher, inzwischen schon den Hochzeitswein bestellt hat.

Der Landgraf behält recht. Luther und die übrigen Reformatoren erstellen ein Gutachten, worin er ermahnt wird, Hurerei und Ehebruch zu meiden, *„weil Gott nicht mit solchen Sünden scherzen will, wie vielleicht Etliche solche heidnischen Phantasien haben. Wir haben auch gerne vernommen, daß Eure Gnaden so ernstlich darüber klagen und solche Sünden bereuen."* Nachdem das Gutachten ihm noch einmal heftig durch das Gewissen gefahren ist, schließt es: *„Wenn Sie nun darauf endgültig beschließen, noch ein Eheweib zu haben, so bedenken wir, daß solches heimlich zu halten ist, ebenso wie unser Rat, nämlich daß nur einige Personen um die Sache wissen, beichtweise."*

Das ist selbstverständlich das verkehrteste, was man in einem solchen Fall raten kann und man muß sich wundern, daß Martin Luther in diesem Alter und bei seiner großen Lebenserfahrung auf solchen Leim kriecht, den Landgraf Philipp und Martin Bucer angerührt haben. Denn das Geheimhaltungsgebot wird einerseits mehr als alles andere für rasche Vorbreitung sorgen, auf der anderen Seite dient es aber als Beweis für das schlechte Gewissen der Ratgeber. Genauso läuft die Affäre ab. Und obschon selbst an den fürstbischöflichen Höfen offizielle Hetären unterhalten werden, entrüstet sich die katholische Welt bis nach Rom über diesen lasterhaften Mönch, der sogar die Bigamie, eines der schändlichsten Verbrechen, nicht nur duldet sondern auch noch fördert.
Luther selbst ist entrüstet über die Hinterlist, mit der man ihn hereingelegt hat. Aber er verliert nicht die Nerven. Als ihm der Landgraf mit einem Faß Rheinwein einen überschwenglichen Dankesbrief schreibt, trinkt er den Wein und übergibt den Brief den Flammen. Und einem, der ihn über das Gerücht der Doppelehe befragt, antwortet er eiskalt: *„Mir ist kein öffentliches Zeugnis gezeigt worden. Über Fürstenhändel darf man nicht leichtsinnig reden, ohne etwas Genaues zu wissen. Laß also bellen, wer bellt!"*
Doch die Sache nimmt immer bedrohlichere Formen an und erreicht ihren Gipfelpunkt, als Melanchthon unter einem Vorwand zur Hochzeitsfeier gelockt wird. Wie die meisten Verliebten kennt Landgraf Philipp keine Grenzen, und obschon er auf der einen Seite den Kaiser fürchtet, drängt es ihn auf der anderen, mit seiner Liebsten großzutun.
Der Onkel von Philipps erster Frau, der Herzog Heinrich von Sachsen, (wäre ihr Vater Georg inzwischen nicht gestorben, hätte sich Philipp vermutlich nicht so weit vorgewagt!) fragt beim Kurfürsten Johann Friedrich von Sachsen nach dem Sachverhalt. Der Kurfürst, der in das Beichtgeheimnis eingeweiht ist, verweigert die Antwort, was den Onkel veranlaßt, kurzerhand die neue Schwiegermutter zu verhaften, um bei ihr alle Unterlagen für die Doppelehe vorzufinden, die er in Abschrift an den Kurfürsten schickt. Dieser gibt sie ungeöffnet nach Wittenberg weiter, indem er wie in allen brenzligen Angelegen Luthers Rat anfordert. Luther sieht keinen anderen Ausweg, als das einmal begonnene Vertuschen fortzusetzen, *„wie es sich in Beichtsachen gebührt"*.
Und hier erweist sich wieder einmal die Verschiedenheit der Charakterveranlagung von Luther und Melanchthon. Während Luther leicht angeschlagen, aber doch innerlich ungebrochen den Kopf hinhält, bricht Melanchthon, von seinem Gewissen gepeinigt, zusammen, weil er sich auf so schamlose Weise hat täuschen lassen. Alles was er im Lauf seines Lebens Edles und Gottesfürchtiges getan und gepredigt hat, scheint ihm jetzt in den Schmutz gezogen zu sein. Mitten auf der Fahrt zu einem Religionsge-

spräch bleibt er in Weimar liegen. Lebensmut und Lebenskraft haben ihn verlassen, er möchte sterben.
Luther, der von der Krankheit des Freundes erfährt, sagt: „*Ich wollt', daß ich bei ihm wär'. Ich bin ein harter Sachse und Bauer. Er kann mit seinen Sorgen in dieser Sache gar nichts helfen. Gäbe Gott, daß Philipp meinen Sinn auch haben könnte!*"
Schließlich fährt er nach Weimar. Als er den Freund sieht, dessen Gesicht nur noch Haut und Knochen zu sein scheinen, der kaum noch bei Bewußtsein ist, der weder sprechen noch ihn hören kann, erschrickt er bis ins tiefste Innere. So auf der Grenze zwischen Leben und Tod hat er den Freund nicht vermutet. Jetzt, indem er sich dem Fenster zuwendet, nimmt er alle Kraft, die in ihm ist, zusammen und seine Theorie, Gott lasse sich nicht zwingen, beiseite schiebend, beschwört er diesen erpresserisch, indem er ruft, jetzt müsse Er ihn hören, „*wenn künftig er seinen Verheißungen noch trauen soll*". Aber mit der Anrufung des Allmächtigen gibt er sich nicht zufrieden, sondern er greift selbst in das Schicksal ein, nimmt Philippus bei den Händen, zieht ihn empor und redet auf ihn ein, bis dieser die Augen öffnet und zum ersten Mal wieder Atem holt. Aber Philippus will von all dem nichts wissen und murmelt geitesabwesend: „*Halt mich nicht auf, laß mich hinunterziehen, ich habe gute Fahrt, mir kann nichts Besseres mehr werden.*" Doch da kommt er bei Martin an den Unrechten, der ihn anfährt: „*Nein, nein, du mußt unserm Herrgott noch weiter dienen!*" Und nun holt er zu essen und zu trinken. Philipp wendet sich ab, er will das alles nicht. Luther lacht aus voller Seele und droht: „*Hörst du, Philipp, wenn du mir nicht ißt, dann tu ich dich in den Bann!*" Und er gibt keine Ruhe, bis jener schluckt und langsam von Martins Überzeugungskraft emporgezogen wird. Das Leben hat ihn wieder.
In Martins Brief an Käthe ist er wieder obenauf und von seinen Depressionen merkt man nichts mehr: „*Gnad und Friede. Liebe Jungfrau Käthe, gnädige Frau von Zülsdorf und wie Euer Gnaden mehr heißt, ich füge Euch und Euer Gnaden untertäniglich zu wissen, daß mir's hier wohlgeht, ich fresse wie ein Böhme und saufe wie ein Deutscher, das sei Gott gedankt, Amen. Das kommt daher, da M. Philipp ist wahrlich tot gewest und recht wie Lazarus vom Tod auferstanden. Gott der liebe Vater hörte unser Gebet, das sehen und greifen wir, ohne daß wir's dennoch glauben, da sage niemand Amen zu unserm schändlichen Unglauben.*"

Siebzehntes Kapitel
1541 — 1545

Die Türken im Vormarsch — Luther bekämpft den Koran — Erschütternder Tod der Tochter Magdalena — Seine unduldsame Haltung gegenüber den Juden — Depressionen

Die Türken sind unter ihrem Sultan Soliman im Vormarsch. Das ist nicht wie irgendeiner der Kriege zwischen den christlichen Nationen, an die man gewohnt ist. Das bedeutet die elementare Bedrohung der christlichen Welt in ihren Grundfesten. Am 26. August 1541 haben sie Ofen erobert. Damit wurde Ungarn türkische Provinz. Stellt das nicht einen drohenden Dammbruch wie den durch Dschingis Khan vor drei Jahrhunderten entfesselten dar? Was wiegt dagegen der unselige Streit zwischen Papst und Luther, den man auf den Reichstagen zu Regensburg (1541) und zu Speyer (1542) auszusparen sucht? Jetzt geht es um den Bestand des Abendlandes.

Im Februar 1542 ist Luther eine Schrift eines alten Dominikanermönches in die Hände gefallen, der um das Jahr 1300 eine Widerlegung des Korans verfaßt hat. Es ist das erste Mal, daß Luther die Religion Mohammeds in ihrem ganzen Ausmaß erfaßt. Bei seiner Glaubensüberzeugung darf man sich nicht wundern, daß es ihm buchstäblich vor Entsetzen über diesen „*schändlichen, lügenhaften und greulichen Glauben Muhamets*" schüttelt. Die Elemente von jüdischer und christlicher Religion scheinen ihm „*teuflisch*" vermischt zu sein. Daß der Islam die Dreieinigkeit Gottes leugnet und Christus nicht als Gottessohn sondern nur als einen Propheten gelten läßt, der in der willkürlich aufgestellten Sechserreihe — Adam, Noah, Abraham, Moses, Christus und als wichtigster Mohammed — paradiert, dünkt ihm unbegreiflich. Doch neben der Vielweiberei stößt ihn, den erbitterten Gegner jeglicher Gewaltanwendung, das Gebot Mohammeds, den Unglauben durch das Schwert auszurotten, bis in seine tiefste Seele ab. Jetzt, bei der heraufziehenden türkischen Herrschaft, wo allenthalben die Fahnen mit dem Halbmond aufgezogen werden, ist es dringendes Gebot, die Deutschen wissen zu lassen, was ihnen bevorsteht. Mit dem Schwert wird man sie aus ihren Kirchen treiben.

Ihnen vor dem Unheil die Augen zu öffnen, ist wichtiger als jedes Religionsgespräch. Im Februar ist Luther die mönchische Verdammung dieser

Lehre aufgestoßen, schon im April erscheint sie als Buch. Luther hat noch nichts von seiner kämpferischen Entschlossenheit verloren.
Aber nicht nur draußen im Reich zieht eine drohende Gewitterwand auf. Auch im Innern des *'Schwarzen Klosters'* schlägt das Schicksal zu und bringt über die Familie Luther schweres Leid. Im August dieses Jahres (1542) schickt man den ältesten und jetzt sechzehn Jahre alten Sohn Hans seiner weiteren Ausbildung wegen zum Schulmeister Krodel nach Torgau. Hans und seine jetzt dreizehn Jahre alte Schwester Magdalene sind bisher ein Herz und eine Seele gewesen. So sittsam Magdalene auch ist, so war sie doch bei allen Jugendstreichen keine Spielverderberin. Die vom Vater verfügte Trennung trifft insbesondere Magdalene äußerst hart. Fast scheint es, daß dadurch ihre Ende August einsetzende Erkrankung ausgelöst wird.
Der Vater ahnt das offenbar, denn er schreibt an den Schulmeister Krodel einen Brief, aus dem man seine Sorge und seinen Kummer, ja seine tiefe Menschlichkeit ersehen kann: *„Ich bitte Dich, sag meinem Sohn Hans nicht, was ich Dir schreibe! Meine Tochter Magdalene ist dem Ende nahe und wird bald heimgehen zu ihrem wahren Vater im Himmel, wenn's Gott nicht anders gefällig ist. Aber sie sehnt sich so sehr darnach, den Bruder zu sehen, daß ich den Wagen schicken muß. Sie haben einander so lieb — vielleicht daß sein Kommen ihr neue Kraft geben möchte."*
Es sind harte Tage zwischen Furcht und Hoffnung, aber auch Hans kann das Schicksal der liebenswürdigen und wie man aus ihrem Bildnis von Cranach ersehen kann, ihrer Mutter sehr ähnlichen Magdalene nicht mehr wenden. Uns sind die ergreifenden Worte, die Luther am Bett seines geliebten Mädchens spricht, überliefert. Zunächst fügt er sich in Gottes Hand: *„Lieb habe ich sie sehr. Aber wenn es dein Wille ist, du lieber Gott, daß du sie wegnehmen willst, ich will sie gerne bei dir wissen."* Aber nun wendet er sich an das Kind auf dem Totenbett: *„Magdalenchen, mein Töchterlein, du bliebest gern hier bei mir, deinem Vater, und du gehst auch gern zu jenem Vater."*
Das Mädchen antwortet: *„Ja, herzer Vater, wie Gott will."*
Und während er selbst den Schmerz kaum zu ertragen vermag, sucht er seine Frau zu trösten: *„Liebe Käthe, bedenke doch, wo sie hinkommt! Sie kommt ja wohl!"*
In der Nacht vor Magdalenes Tod träumt Käthe *„daß zwei schöne junge, wohlgeschmückte Gesellen gekommen wären und hätten ihre Tochter zur Hochzeit führen wollen."* Philipp Melanchthon deutet den Traum so: *„Die jungen Gesellen sind die lieben Engel, die werden kommen und diese Jungfrau in das Himmelreich in die rechte Hochzeit führen."*
So geschieht es. Am 20. September (1542) nach neun Uhr wird Magdalene Luther aus dieser Welt genommen. Martins Gläubigkeit zieht ihn aus dem

großen Schmerz empor, so daß er ausruft, als er auf das hübsche, im Sarg liegende Mädchen hinunterblickt: *„Du liebes Lenchen, du wirst wieder aufstehen und leuchten wie ein Stern, ja wie die Sonne!"* Und er drückt seine Verwunderung aus, daß man so traurig ist, obschon man doch weiß, *„daß sie gewiß im Frieden und ihr wohl ist."*

Etwas seltsam Ergreifendes ist, daß Martin Luthers Leben auch in seinen letzten Jahren wie ein offenes Buch vor uns liegt. Wir wissen, an welchem Tag und an wen er Briefe schreibt, sehr viele an den Kurfürsten Johann Friedrich, aber auch sonst an hochgestellte Persönlichkeiten, wie Fürsten und Fürstinnen, an den Rat oder die Bürgermeister von Städten, unendlich viele an Freunde und Freundinnen, aber auch an unbekannt Ratsuchende. Er ist, das wird einem immer wieder von neuem vor Augen geführt, ein Mittelpunkt, wenn nicht d e r Mittelpunkt seiner Zeit. Auch ist uns bekannt, wann er eine neue Schrift beginnt, wie lange er an ihr arbeitet und zu welchem Zeitpunkt sie als Buch erscheint. Wir können auf diese Weise auch an seinen Kollegs teilnehmen oder an den Doktorpromotionen, wo wir das Thema und die Namen der Promovierten erfahren. Auch die Kirchen in Wittenberg oder anderswo können wir aufsuchen, denn wir wissen genau, an welchem Tag und zu welcher Stunde er die Kanzel betritt und auch die meisten der von ihm gehaltenen Predigten sind uns bekannt. Wir können auf die Nacht oder den Tag nachempfinden, wann ihn Schmerzen quälen, etwa der Stein schwere Koliken auslöst, so daß er — was aber nur ganz selten geschieht — eine Predigt oder ein Kolleg absagen muß.

Wir wissen auch, wenn sich Freunde — vielfach mit ihren Familien — zu Besuch im *'Schwarzen Kloster'* einfinden. Es sind sogar die Tage vermerkt, an denen ein Gönner, meist ist es der Kurfürst, dem Haushalt unter die Arme greift, so etwa am 20. Oktober 1542 mit Wildbret oder am 20. Dezember desselben Jahres mit Wein. Ein gleicher Vermerk findet sich für den 27. Oktober 1543, während für einen anderen Tag Sendungen von „Torgisch Bier" oder „Malvasier" notiert sind. Auch den *„Großen Umtrunk"* läßt Luther nicht aus, er wird als *„Königreich"* bezeichnet und ein solches Königreich wird z. B. am 24. Februar 1544 gefeiert, an welchem u. a. Bugenhagen, Melanchthon, Rörer, Major (ein Schüler, den er zum Doktor promoviert), Krodel und der Gärtner Heinrich teilnehmen.

So gibt es, jedenfalls für die Zeit, in der er als Reformator auftritt, keine Periode, ja keinen Tag, der sich der Betrachtung entzieht. Und diese Offenkundigkeit, diese Transparenz seines Lebens und damit seiner ganzen Persönlichkeit, ist deswegen so fesselnd und anziehend, weil auf diese Weise seine guten Eigenschaften aber auch seine Fehler, eben das Menschliche insgesamt zu Tage tritt.

Die schöpferischen Freuden und die sich nach ihm kaum mehr wiederholenden Bucherfolge, das außerordentliche Ansehen, das er selbst in katholischen Ländern genießt, aber auch der Haß, den seine Gegner über ihn ausschütten, all das teilt sich uns mit, wie auch die Feste, die er zu feiern versteht, die unzähligen kleinen Freuden, die ihm durch die Kinder, seine Frau, die Freunde oder durch die ihn umgebende Natur, die Vögel, die sprießenden Blüten, die zu Früchten reifen, die heraufziehenden Jahreszeiten, die Flüsse und Bäche, die Wälder und Fluren usw. zuteil werden. Wir nehmen Anteil an den körperlichen und seelischen Leiden, verursacht durch Krankheiten, Depressionen oder den Tod von Freunden, Eltern und Kindern.

Bei aller Geistigkeit, die ihn umgibt, ist es ein bürgerliches Leben, das er führt. Und auch den Glauben an Christus will er, von jedem Mystizismus befreit, mitten in den Alltag stellen. Er verlangt, daß die Ausübung der Religion nicht länger durch Prunk, Geheimnis, Symbolik verschleiert wird, ein Verlangen, das so weit geht, daß zeitweise die Pfarrer in ihrer Alltagskleidung an den Altar treten. Als Reaktion auf das Zuviel, was seiner Meinung nach an Reliquienverehrung, Heiligenkult, Überladenheit der Gotteshäuser, latinisierten Mammutgottesdiensten, Prozessionen usw. geschieht, bekennt er sich zu karger Nüchternheit. Er braucht nichts anderes als die Schrift. Deren Figuren sind bunt und plastisch genug, und der Gläubige soll durch nichts von ihnen abgelenkt werden. Für ihn brauchen die Ereignisse der Bibel nicht durch das Spektrum des Gleichnisses gesehen zu werden. Sie haben sich, angefangen von der Schöpfung, dem Sündenfall und der Vertreibung aus dem Paradies, haargenau so zugetragen, wie sie geschildert sind. Seine Absicht, alles auszuschalten, was sich zwischen Mensch und Gotteswort stellen könnte, ist der Hebel seiner ganzen Lehre. Das gilt für ihn. Je schwieriger es aber für die Menschen wird, aufgrund dessen, was sie wissenschaftliche Erkenntnisse nennen, die Ereignisse der Bibel wörtlich zu nehmen, desto mehr sind sie darauf angewiesen, sich mystischen Impressionen hinzugeben, um an eine Transzendenz glauben zu können. Von der Schöpfung der Welt angefangen, wird alles zum Gleichnis.

Und erst wenn man sich das vor Augen hält, begreift man, welch weiter Weg von Luther bis zu uns im Religiösen zurückgelegt werden muß. Um so verblüffender ist es, wie nahe er uns in allem Menschlichen steht.

Auch in den vierziger Jahren hat Luther nichts von seiner dreinschlagenden Grobheit verloren. Herzog Heinrich von Braunschweig-Wolfenbüttel ist ein erklärter Feind der Reformation, und Streitschriften zwischen ihm und den protestantischen Fürsten sind an der Tagesordnung. Aber alles bisher Gebotene in den Schatten stellend, steigert Herzog Heinrich 1540 in einer

gegen den Kurfürsten von Sachsen gerichteten Schrift seine Schimpfkanonade ins Gigantische. Da ist von Affen, Kirchenräubern und Aufrührern die Rede und auch erstmals wird öffentlich von „*Hans Worst*" gesprochen. Das führt Martin Luther auf den Plan, der im Jahre 1541 eine seiner gewalttätigsten Schriften unter dem Titel „*Wider Hans Worst*" in Druck gibt. Halten wir uns nicht mit diesen gegenseitigen Beschimpfungen auf, sondern lassen wir demgegenüber Luthers mitfühlendes Herz sprechen, wie es sich in unzähligen Briefen, so auch in dem an Justus Jonas gerichteten vom 26. Dezember 1542 zum Tode von dessen Frau Katharina äußert. Dort heißt es: „*Ich hatte gehofft, sie würde auch den Meinen nach meinem Tode die vornehmste und erste Trösterin unter allen Frauen sein. Tiefer Schmerz erschüttert mich, wenn ich an ihren so lieblichen Geist, an ihre so sanfte Art, an ihr so treues Herz denke. Der Gedanke, eine solche Frau vermissen zu sollen, die durch Frömmigkeit und Ehrbarkeit, Sittsamkeit und Anstand sich auszeichnete, läßt schon mich in solcher Weise weinen. Was das erst für Dich bedeutet, kann ich an dem, wie es mir geht, leicht ermessen.*"
In der Tat, die Skala seiner Empfindungen, die vom zarten Einfühlen bis zum kämpferischen Poltern reicht, überrascht immer von neuem. Natürlich hat er auch Fehler, sonst wäre er ja nicht der allumfassende Mensch. Aber während man im allgemeinen beinahe regelmäßig eine Entschuldigung findet, sei es aus der Zeit, über die er nicht hinausblicken kann oder aus der Reue, die meist dem Aufbrausen auf dem Fuß folgt, stehen wir plötzlich einer Einstellung gegenüber, die es einem schwer, ja eigentlich unmöglich macht, sich ihm zu nähern. Das ist seine Einstellung zu den Juden. Und so viel Rechtfertigungsversuche im Lauf der Zeit auch unternommen wurden: Hier scheint nun Martin wirklich von Christus in Stich gelassen zu werden. Anfangs in seiner Sturm- und Drangzeit ist es bei ihm eine rein vom Religiösen herkommende Haltung: Die Juden sind es, die den Erlöser ans Kreuz geschlagen haben, der Gottesmord ist ein Verbrechen, das auch in tausend Jahren nicht gesühnt werden kann. Doch mit diesen primitiven, alle Judenverfolgungen rechtfertigenden Gedankengängen kann sich Martin auf die Dauer nicht zufriedengeben. In seiner Kreuzeslehre tiefer schürfend wird ihm klar, daß Christus durch seinen Opfertod nicht nur Christen sondern alle Menschen, also auch die Juden erlösen will. Auch Paulus bekennt sich im 11. Kap. des Römerbriefes zu den Juden, indem er sagt: „*Hat denn Gott sein Volk verlassen? Das sei ferne. Denn ich bin auch ein Israeliter von dem Samen Abrahams aus dem Geschlecht Benjamin.*"
Ja, es gibt eine Zeit, in der er sich verteidigungsbereit vor die Juden stellt. Er wird namentlich von Ferdinand, dem Kaiserbruder angegriffen, weil er die Abstammung Christi von Abraham, einem Juden herleite. Er macht

keine Ausflüchte, sondern spricht es dürr und kompromißlos aus, daß Christus *„ein geborener Jude"* ist.
Scharf wendet er sich auch gegen die *„Narrenmärchen"*, die Juden bräuchten Christenblut und schlachteten christliche Kinder, wo sie deren habhaft werden können. Wir sollen, fordert er, *„brüderlich mit den Juden handeln, ob wir etliche bekehren möchten"*. Insgesamt ist er um diese Zeit den Juden gegenüber von echt christlicher Toleranz. Nun fragt man sich, was ihn veranlaßt, gerade in seinen letzten Lebensjahren diese Haltung extrem aufzugeben und sich genau so antisemitisch zu äußern wie etliche Jahrhunderte später die Nazis, die ja nicht versäumten, sich ausdrücklich auf Luther zu berufen.
Es gibt eine Reihe Anekdoten, die herangezogen werden, um diese persönliche Indolenz zu begründen. Vor allem ist es das Gerücht, die Päpstlichen hätten einen polnischen Arzt, der Jude ist, gedungen, um ihn, Luther, zu ermorden. Luther glaubt dieses Märchen. Und man verhaftet auch in Wittenberg bald einen Mann, auf den die Beschreibung zu passen scheint. Nur hat der Verhaftete schwarzes Haar, während der polnische Arzt blond sein soll. Vielleicht hat er sich die Haare gefärbt. Aber so sehr man sein Haupthaar mit scharfen Laugen bearbeitet, es bleibt schwarz. Kurz darauf wird ein zweiter dingfest gemacht. Beide leugnen. Und schon ist man dabei, die Folter anzuwenden. Aber trotzdem Martin überzeugt ist, daß die beiden auf ihn angesetzt sind, verhindert er aus Großmut die Tortur. So läßt man sie laufen.
Später will er einen Juden taufen, nachdem er ihm seiner Armut wegen einige Groschen geschenkt hat. Doch der Jude verschwindet mit dem Geld, ohne getauft zu sein, was Martin zu der Bemerkung veranlaßt: *„Es sind arme und verstockte Leute, sie gehen mit Büberei um, vor der Taufe und nachher."*
Ob es zutrifft, oder ob es sich nur um eines der vielen Gerüchte handelt, die um diese Zeit durchs Land gehen, jedenfalls wird behauptet, in Mähren würden die Juden dazu übergehen, Proselyten zu machen, indem sie Christen veranlaßten, sich beschneiden zu lassen und statt des Sonntags den Sabbat zu feiern. So verlange es das Gesetz des Moses. Über diese Nachricht, an der er nicht zweifelt, ist Luther bestürzt und er versteigt sich zu dem Satz: *„Ich kann die Juden nicht bekehren, wie denn auch Herr Christus solches nicht hat tun können. Aber das Maul kann ich ihnen stopfen, daß sie darniederliegen müssen!"*
Anstatt daß er allmählich zur Besinnung kommt und sich auf christliche Toleranz besinnt, steigert er sich in einen immer größeren Altershaß hinein, der, wie es bei ihm in vielen Dingen geschieht, an Maßlosigkeit alles Bisherige haushoch übertrifft.

Es schaudert einen , wenn man die Ratschläge liest, die er für die Behandlung der Juden bereithält.Danach soll man,,,*ihre Synagogen oder Schulen mit Feuer anstecken und was nicht verbrennen will, mit Erde überhäufen und zuschütten*". Aber nicht genug damit, man soll ,,*auch ihre Häuser desgleichen zerbrechen und zerstören*". Damit gibt er sich noch nicht zufrieden und verlangt, daß man ihnen ,,*alle ihre Betbüchlein*" nehmen soll, ,,*in denen solche Abgötterei, Lügen, Fluch und Lästerung gelehrt wird*". Auch soll man ,,*ihren Rabbinen bei Leib und Leben verbieten, hinfort zu lehren*". Keineswegs wünscht er, daß man ihnen erlaubt, frei auf den Straßen zu gehen. ,,*Denn sie haben nichts auf dem Lande zu schaffen, weil sie weder Herren noch Amtleute noch Händler oder dergleichen sind. Sie sollen daheim bleiben*".

Er setzt sich dafür ein, ,,*ihnen alle Barschaft und Kleinodien an Silber und Gold*" zu nehmen. Begründung: Sie haben uns alles ,,*gestohlen und geraubt durch ihren Wucher*". Schließlich schlägt er vor, ,,*den jungen, starken Juden und Jüdinnen Flegel, Axt, Karst, Spaten, Rocken in die Hand geben und sie ihr Brot verdienen lassen im Schweiß der Nase*". Aber eigentlich sind alle diese Ratschläge überflüssig, denn am Ende ist er dafür, daß sie ,,*auf jeden Fall*" aus dem Land getrieben werden. Denn ,,*Gottes Zorn ist so groß über sie, daß sie durch sanfte Barmherzigkeit nur ärger und ärger, durch Schärfe aber (ein) wenig besser werden. Darum nur fort mit ihnen!*"

Seinen Judenhaß hat er in den im Jahre 1543 erschienenen Schriften ,,*Vom Schem Hamphoras und vom Geschlecht Christi*", und ,,,*Von den letzten Worten Davids" der Nachwelt überliefert.*

Es ist schwer, das Motiv für diese so gar nicht in sein allgemeines Weltbild passende Einstellung zu finden. Er ist trostlos, weil er sich unverstanden fühlt, weil er überzeugt ist, daß sein titanischer Kampf gegen den Unglauben vergebens war, weil er die Unzulänglichkeit der menschlichen Natur bis zur Verzweiflung erfahren hat und er all sein Mühen und Kämpfen und Streben in dem sich immer wieder auftuenden Sündenpfuhl versinken sieht.

Diese auf dem Nullpunkt angelangte Stimmung kann man seinen um diese Zeit geschriebenen Briefen entnehmen, wie etwa dem vom 20. Juni 1543 an seinen Freund Wenzeslaus Link gerichteten: ,,*Ich begehre, es möge mir ein gutes Stündlein verliehen werden, hinüberzugehen zu Gott. Ich bin satt, ich bin müde, ich bin nichts mehr. Bete doch ernstlich für mich, daß der Herr meine Seele in Frieden wegnehme.*" Luther hat nur noch die einzige Hoffnung, daß die Welt untergehe, denn sie ist nicht mehr zu retten. Möge dann das Licht der Erlösung aufgehen.

Vielleicht, daß dieser Judenhaß ihm als Halteseil dient in seiner Verzweiflung, die durch den kranken Körper und die Schlaflosigkeit neue Nahrung erhält.
Das Irrewerden an der Menschheit, die Verzweiflung, daß er unverstanden bleibt und die drohende Gefahr des Scheiterns seines ganzen Lebenswerkes potenziert sich derart, daß er im Juli 1545 Wittenberg verläßt. Er wolle nicht mehr zurückkehren, schreibt er an seine Käthe, *„lieber unstet umherschweifen und Bettelbrot essen."* Das sind Anwandlungen, die sich schwer in das Bild seiner Persönlichkeit einfügen, so wie wir es kennengelernt haben. Aber daraus den Schluß zu ziehen, daß er im Alter ein völlig anderer Mensch, insgesamt ein *‚Griesgram'* geworden sei, wäre verfehlt. Er kehrt aus solchem Stimmungstief immer wieder zu seiner Urwüchsigkeit, seiner Lebenslust und auch seiner Grobheit zurück. Wir haben erlebt, daß er gerade in dem Jahr, in dem er den Judenhaß auf die Spitze treibt, große Gelage hält wie am 24. Februar 1544 *‚Das Königreich'* mit allen Freunden. Und wir stoßen auch immer wieder auf Briefe aus seinen letzten Lebensjahren, in denen er sich bilderreich dem dieseitigen Leben zuwendet. Auch widerspricht seine ungebändigte Schaffenskraft und sein beinahe übermenschlicher Fleiß der Annahme, er verkröche sich, fern von der Welt, in seine Depressionen. Nein, Martin Luther ist noch ungebrochen vorhanden, er geht unermüdlich den Papst an, besteigt häufig die Kanzel, gibt — wenn auch widerwillig (*„denn ich möchte nicht dazu beitragen, von der Schrift abzulenken"*) — seine gesammelten Werke heraus, hält mit Leidenschaft, Humor und Anschaulichkeit seine große Genesisvorlesung, die er am 1. Juni 1535 begonnen hat und am 17. November 1545 beendet, er schlichtet große und kleine Streitigkeiten, gibt zu einer Reihe von kirchlichen aber auch weltlichen Fragen Gutachten ab und schreibt fast täglich Briefe an alle Welt.
Martin Luther ist zu besessen von der Erneuerung der Kirche, als daß er aufgeben kann. Auch blicken zu viele Menschen auf ihn, als daß er sie zu enttäuschen vermag. So bleibt er in den Sielen, bis sich seine Augen für immer schließen.

Achtzehntes Kapitel
1545 — 1546

Luthers letzte Geburtstagsfeier — Die Reise nach Eisleben — Seine letzten Briefe an Katharina — Es gelingt ihm, die zerstrittenen Mansfelder Grafen zu versöhnen — Luthers dramatischer Tod in Eisleben — Übergroße Trauer in Deutschland und darüber hinaus — Die Heimkehr nach Wittenberg

Wenn es aufs Ende zugeht, tritt einem die Frage erschreckend gegenüber: War das Wirken des ehemaligen Augustinermönches heilsam für die Menschen, segnete es ihr Tun, erleichterte es ihren Weg von der Geburt bis zum Tod? Die Beantwortung dieser Frage hat nichts mit der Absicht zu tun, die den Reformator Luther geleitet hat. Es gibt keinen geschichtlich bedeutenden Menschen, dessen Herz so fromm, so uneigennützig, so lauter schlug wie das Martin Luthers. Auch zeigt sich uns kein Zeitgenosse, der mutiger, sprachgewaltiger und humoriger durchs Leben geschritten ist als er. Und wenn man beides addiert: Frömmigkeit und Lebenskraft, dann müßte, so denkt man, etwas in gleicher Weise die Menschen Mitreißendes, Erhebendes und die Zeit Überdauerndes entstehen.
Daß dies letzten Endes nicht geschehen ist, hat Luther geahnt und wir müssen es eingestehen, aber es sollte uns anregen, die Verschmelzung der Kirchen zu einer Einheit anzustreben. Zwar ist es nicht nur auf Luther zurückzuführen, daß die Menschen zu jener Zeit aus dem Mittelalter, dessen Dunkel von mythischen Farben, in denen es an Gold und Edelsteinen nicht mangelte, durchsetzt war, in das grelle Scheinwerferlicht der forschenden Wissenschaften hinaustreten mußten. Dafür hatten schon die Humanisten den Weg bereitet. Aber er, Martin Luther, trägt diese Gedanken unerbittlich in das gesellschaftliche Leben seiner Zeit hinein. Er verändert länderweise die Gesellschaft von einem Tag zum andern. Und wenn er auch, wie wir gesehen haben, das Mittelalter in einzelnen Bereichen seiner Person noch nicht überwunden hat, so zerfetzt er doch den mystischen Schleier, den das Mittelalter über das ganze Leben gelegt hat, gewaltsam und unwiederbringlich: Keine Prozession mehr, keine Wallfahrten, keine Reliquienverehrung, keine Klöster, kein Karneval, keine glanzvollen Zeremonien, keine prunkvolle Priesterkleidung vor dem Altar, kein alles einhüllender Weihrauch!

Freilich kann der Verstand diese „überflüssigen" Dinge leicht entbehren, kann sie, wenn ihm der Sinn danach steht, sogar verketzern. Aber lebt das Volk mit dem Verstand, vermag es sein armseliges Leben, in dem Krankheit und Tod die Kontrapunkte sind, mit dem Verstand zu begreifen?

Am 10. November 1545 feiert Martin Luther zum letzten Mal seinen Geburtstag im Kreise der Familie und seiner Freunde. Es ist wieder einmal ein „*Königreich*", zu dem der Kurfürst den Weinkeller im *'Schwarzen Kloster'* gefüllt und „*ein Schock Karpfen und einen Zentner Hechte, schöne Fische*" in Käthes Küche gesandt hat. Der Arzt Ratzeberger berichtet, Martin sei „*über der Mahlzeit guter Dinge und fröhlich*" gewesen. Und nicht nur das, er hält auch eine Rede, in die er noch einmal seinen unerschütterten Kampfgeist einbringt, wenn auch schon die Todesahnung vernehmbar wird. Wie abständig, derb und ohne Sentimentalität er in dieser Zeit zu den Tischgenossen von seinem Tod spricht, berichtet uns gleichfalls Ratzeberger. Danach sagt Martin: „*Wenn ich wieder von Eisleben komme, so will ich mich in meinen Sarg legen und den Würmern einen feisten Doktor zu verzehren geben und zu ihnen sagen, sie sollen nur getrost wieder mein Fleisch essen, dieweil sie mir feind. So bin ich der Welt müde. So scheiden wir uns desto lieber wie ein reifer Gast aus einer gemeinen Herberge.*"

Am 17. November (1545) schließt er seine Genesisvorlesung mit den Worten: „*Das ist nun die liebe Genesis, unser Herr gebe, daß es ein anderer nach mir besser mache.*"

Und jetzt rüstet er zu seiner letzten irdischen Reise. Die beiden Mansfelder Grafen, die Herren seines Geburtsortes Eisleben, sind zerstritten. Es geht um eine Reihe von Gerechtsamen, die einer dem andern mißgönnt. Nachdem alle Versuche einer Einigung fehlgeschlagen sind, wird Martin Luther wie so oft in seinem Leben als Schiedsrichter angerufen. Am Sonnabend, dem 23. Januar 1546 nimmt er Abschied von seiner Käthe, seinem Töchterchen Margarete, von den Freunden und von Wittenberg. Sie sollen ihn lebend nicht wiedersehen.

Auf die Fahrt nach Eisleben nimmt er nur seine drei Söhne Hans, Martin und Paul sowie den Famulus Rudtfeld mit, während Justus Jonas in Halle zusteigen soll.

Aber so leicht soll diese letzte Fahrt des Vielgereisten nicht vonstatten gehen. Es ist tiefer Winter und die Saale führt riesige Eisschollen, die ein Überschreiten unmöglich machen. Martin läßt sich durch dieses Hindernis nicht um seine gute Laune bringen. Im Gegenteil, er genießt, wie viele phantasievolle Menschen, Ausbrüche der Natur und beobachtet jetzt mit seinen Söhnen dieses Schauspiel der tanzenden und sich ineinander schiebenden Eisplatten.

Auch seine Spaßlust hat ihn nicht verlassen, was aus seinen Briefen an seine Käthe hervorgeht. So schreibt er am 25. Januar 1546, zwei Tage nach der Abfahrt von Wittenberg: „*Meiner freundlichen, lieben Käthe Lutherin, Brauerin und Richterin auf dem Saumarkt in Wittenberg zu Handen.*"
Und nun beschreibt er drastisch den Eisgang, fügt aber beruhigend hinzu, daß ihn das viele Wasser nicht dazu verführe, es zu trinken, sondern „*wir nehmen dazu gut Torgauer Bier und guten rheinischen Wein. Damit laben und trösten wir uns einstweilen.*"
Der nächste Tag, der 26. Januar (1546) sieht ihn schon wieder auf der Kanzel der Frauenkirche zu Halle, wo er gegen den „*Reliquienkram*" des Erzbischofs Albrecht donnert und sich zu folgenden Worten steigert, welche die Gemeinde mit Genuß in sich aufnimmt: „*Nimm die Heilige Schrift für dich oder Paulus, höre und lies den, setze die Brille auf die Nase und siehe drauf, so wirst du finden herrliche und heilige Gedanken und eine gewisse Lehre, die dich nicht trügt, noch täuscht, da du lernst, wie du von Natur ein Sünder seist, wo du deiner Sünden ledig und loswerden sollst und das ewige Leben bekommen, nämlich durch den Glauben in Christum.*"
Am 28. Januar (1546) hat sich die Saale beruhigt, die Reise kann fortgesetzt werden. Als sie an die Mansfeldische Grenze kommen, erwartet sie eine eindrucksvolle Überraschung. Man hat ihnen nicht weniger als 113 Gewappnete zu Pferd entgegengeschickt. Dieser stolze Haufe in seiner bunten Ausrüstung mit den prächtig gezäumten Pferden, deren Atem in der Kälte dampft, erregt besonders bei den Buben helle Begeisterung.
Aber bald soll die freudige Überraschung einem bösen Schrecken weichen. Luther, um sich etwas Bewegung zu machen, ist aus dem Wagen gestiegen und ein Stück zu Fuß marschiert. Aber offenbar hat er seine Kräfte überschätzt und ist in Schweiß geraten. Als ihn nun, nachdem er in den Wagen zurückgekehrt ist, ein kalter Windstoß trifft, löst dies bei ihm eine Art Fieber mit Schwindel aus, was bei seinen Getreuen höchste Besorgnis auslöst. Sie fürchten für sein Leben.
Er erholt sich jedoch alsbald wieder wie meist nach solchen Attacken. In Eisleben angekommen, nachdem sie Quartier gemacht und mit Graf Albrecht einen Begrüßungstrunk getauscht haben, stürzt er sich in die Schlichtung der anstehenden Streitigkeiten. Das Ganze sei, wie er am 2. Februar (1546) an Melanchthon schreibt, „*schlimmer als das Abschlachten eines echten Stachelschweins.*"
Doch ist es mit dem Zuhauen nicht getan, es bedarf auch höchster Geduld, wie er am 6. Februar (1546), kaum zwei Wochen vor seinem Tod, an seine Käthe „*Der tiefgelehrten Frau Katharina Lutherin, meiner gnädigen Hausfrau zu Wittenberg*" schreibt. Nachdem er sich wegen der Schwierigkeiten der Sühneversuche genügend ausgeschleimt hat, will er die Sorgen seiner

Teuren lindern, indem er endet: „*Sonst haben wir zu fressen und zu saufen genug und hätten gute Tage, wenn der verdrießliche Handel es erlaubte.*"

Am gleichen Tag geht ein Brief an Melanchthon ab, indem er sich wiederum über die festgefahrenen Verhandlungen beklagt: „*Hier sitzen wir und liegen herum, müßig und geschäftig, lieber Philippus: müßig, indem wir nichts fertigbringen, geschäftig, indem wir Unendliches erdulden, da uns die Nichtswürdigkeit Satans übt.*" Er schlägt vor, man solle den Kurfürsten veranlassen, ihn aus Eisleben abzuberufen, „*vielleicht kann ich auf diese Weise durch Druck erreichen, daß sie die Einigung beschleunigen.*"

Am 7. Februar (1546) schreibt er wieder einen Brief: „*Meiner lieben Hausfrau Katharina Lutherin, Doktorin, Saumärkterin zu Wittenberg, meiner gnädigen Frau zu Händen und Füßen*", in dem er bitter aber voll Witz auf die starrköpfigen Grafen und ihre Juristen schimpft. „*Ich hatte,*" schreibt er „*heute im Sinn, den Wagen zu schmieren in meinem Zorn.*" Aber dann öffnet sich eine rührende Liebeserklärung: „*Du kannst Dich damit trösten, daß ich Dich gerne lieb hätte, wenn ich könnte, Du weißt es ja...*" Doch vergißt er auch den Wein nicht zu erwähnen, der diesmal aus Istrien stammt: „*Wir leben hier gut, und der Rat schenkt mir zu jeder Mahlzeit ein halbes Stübchen Rheinfaler Wein, der ist gut...*" Ein halbes Stübchen ist immerhin ein ganzer Liter Wein, so verbringt er also die letzten Tage seines Lebens nicht als Kind von Traurigkeit.

Am 10. Februar (1646) erzählt er „*Der heiligen sorgfältigen Frau, Frau Katharine Lutherin, Doktorin, Zülsdorferin zu Wittenberg*" eine vertrackte Geschichte, bei der er hätte leicht zu Tod kommen können. In seinem Gemach rieselt seit zwei Tagen über seinem Kopf Kalk und Lehm herab, bis sie Handwerker beauftragen, nach dem Rechten zu sehen. „*Die rührten den Stein an mit zwei Fingern, da fiel er herab, so groß wie ein langes Kissen und eine große Hand breit.*" Kein Zweifel, der hätte ihn erschlagen, aber sie solle sich keine Sorgen machen — ihre Briefe sind voll davon — denn „*die lieben Engel*" würden über ihn wachen. Er gibt den Rat aus dem Psalm (45, 23): „*Wirf Deine Sorgen auf den Herrn, der sorget für Dich.*" Und zuletzt gibt er noch einmal seiner Sehnsucht und Verehrung Ausdruck: „*Wir wollten nun gerne sofort los sein und heimfahren, wenn's Gott wollte! Amen. Eurer Heiligkeit williger Diener.M.L.*"

Am 14. Februar 1546: Der Streit ist geschlichtet, vier Tage vor Martins Tod. Und er tut dies kund: „*Am Tag der Scholastica 1546. Meiner freundlichen lieben Hausfrau, Frau Katharine Lutherin von Bora, zu Wittenberg. Gnade und Friede im Herrn! Liebe Käthe, wir hoffen, diese Woche wieder heimzukommen, so Gott will. Gott hat große Gnade hier erzeigt.*"

Das ist der letzte Brief, den Martin Luther schreibt. Er ist bester Dinge: Der Stein läßt ihn in Ruhe, so daß er mit seiner Gesundheit zufrieden sein kann. Und der immer Gebende sorgt auch jetzt noch für das leibliche Wohl der Seinen: „*Ich schicke Dir Forellen, welche mir die Gräfin Albrecht geschenkt hat; die ist von Herzen froh über die Einigung.*" Und diese Freude über die Vollendung des schwierigen Werkes, das kein anderer gemeistert hätte, durchstrahlt diesen ganzen Brief und vereinigt sich mit der Freude über die baldige Heimkehr. „*So Gott will.*"

Aber dieser hat es anders gewollt.

Es ist Mittwoch, der 17. Februar 1546. Uns liegen bis ins kleinste gehende Berichte von Martin Luthers Tod vor, festgehalten von Justus Jonas und Michael Cölius, so daß wir ihm in seinen letzten Stunden ganz nah sein können. Den Vormittag verbringt er, so haben es ihm die Freunde aber auch Graf Albrecht geraten, in seinem „*Stüblein*" im oberen Stock. Er soll sich schonen und nicht zu den Verhandlungen gehen, wo die Mansfeldischen Vereinbarungen protokolliert werden.

Wie Jonas dem Kurfürsten Johann Friedrich berichtet, ist er in seinem Stüblein, „*ausgezogen seiner Beinkleider*", lebhaft umhergegangen, ist „*immer fröhlich gewesen, hat je zu Zeiten ein Wort hören lassen: ‚Doktor Jonas und Herr Michael, ich bin hier zu Eisleben geboren und getauft, wie wenn ich hier bleiben sollte?' Gedachten Mittwoch hat er dennoch nicht in seinem Stüblein, sondern darnieden in der großen Stube Mahlzeit gehalten, viel und von den schönen Sprüchen in der Schrift geredet,* und schließlich gesagt, daß, nachdem sich seine „*lieben Landesherren*" vertragen, *'will ich heimziehen und mich in den Sarg legen und den Würmern den Leib zu verzehren geben!*" Er denkt an den Tod, nicht wehleidig, eher sarkastisch; auch haben sich noch keine ernsthaften Beschwerden eingestellt und sein dringender Wunsch ist, so bald wie möglich heimzukehren.

Um 8 Uhr des Abends geht er hinauf in sein Stüblein, um „*seiner Gewohnheit nach ins Fenster gelegt, sein Gebet zu tun*". Seine beiden Söhne Martinus (14) und Paulus (13), sowie auch Magister Cölius sind ihm gefolgt. Doch während Cölius ihn so beten sieht, geht er wieder zu den anderen in die große Stube hinunter, was Johannes Aurifaber aus Weimar veranlaßt, ihn abzulösen. Er ist nicht lange oben, da ruft Martin: „*Mir wird aber weh und bange wie zuvor um die Brust!*" Da erinnert sich Johannes Aurifaber, daß, als er noch Erzieher bei den jungen Grafen war, die Gräfin, wenn es einem „*um die Brust oder sonst übel ward*", ihm „*Einhorn*" gegeben hat. (Vermutlich handelt es sich um den Zahn des Narwals, dem im Mittelalter heilerische Kraft zugeschrieben wurde.) Martin ist damit einverstanden, daß sich Aurifaber dieserhalb umtut. Der ist „*eilends hinunterge-*

laufen und ruft D. Jonas und Magister Cölius, die nicht über zwei Vaterunser lang unten gewesen und schnell hinaufgelaufen sind."
Luther klagt jetzt wieder „*hart um die Brust*". Die beiden reiben ihn mit warmen Tüchern ab „*nach dem Gebrauch, wie er daheim pflegte*", was ihm, wie er sagt, wohltut. Und als Johannes Aurifaber mit dem Grafen Albrecht in eigener Person zurückkehrt und dieser Martinum fragt: „*Wie geht's, o lieber Herr Doktor!*" antwortet dieser: „*Es hat keine Not, gnädiger Herr, es beginnt sich zu bessern.*" Graf Albrecht selbst schabt ihm „*das Einhorn*", Martin nimmt es ein und der „*Doktor fühlt Besserung*".
Als der Graf dies sieht, verläßt er Martin mit allen guten Wünschen für die Nacht, läßt aber einen seiner Räte, Conrad von Wolframsdorf, bei Luther zurück, so daß jetzt neben diesem Doktor Jonas, Magister Cölius, Johannes Aurifaber, der Famulus Ambrosius Rudtfeld und seine beiden Söhne bei ihm wachen.
Etwa um 9 Uhr legt sich Martin aufs „*Ruhebettlein*" und sagt: „*Wenn ich ein halbes Stündlein schlummern könnte, hoffte ich, es sollte alles besser werden.*" Da hat er anderthalb Stunden „*sanft und natürlich*" geschlafen.
Als er aufwacht, sagt er: „*Siehe, sitzt ihr noch, möcht ihr euch nicht zu Bett legen?*"
„*Nein, Herr Doktor,*" antworten sie „*jetzt sollen wir wachen und auf Euch warten.*"
Das behagt ihm nicht, er steht auch vom Ruhebettlein auf und geht „*in die Kammer dicht neben der Stube, die mit Fenstern vor aller Luft verwahrt ist*". „*Und obgleich er da nichts klagt,*" spricht er, als er über die Schwelle geht: „*Walt's Gott, ich gehe zu Bett. In manus tuas commendo spiritum meum, redimisti me, Domine Deus veritatis. — In Deine Hände befehle ich meinen Geist, Du hast mich erlöst, Herr Gott der Wahrheit.*"
So geht er zu Bett, reicht allen die Hand zur guten Nacht und sagt: „*Doktor Jonas und Magister Cölius und ihr andern, betet für unsern Herrgott und sein Evangelium, daß es ihm wohlgeht...*" Da begeben sich alle zu Bett bis auf Jonas, seine beiden Söhne und der Famulus Ambrosius.
Luther selbst „*hat gut geschlafen, mit natürlichem Schnauben, bis die Uhr eins geschlagen hat, da ist er erwacht und hat nach seinem Diener Ambrosius gerufen, ihm die Stube einzuheizen.*" Ihn friert, obschon man die ganze Nacht das Feuer unterhalten hat.
So ist also der 18. Februar (1546) angebrochen, der Tag, den Martin nicht überleben soll. Als ihn Jonas nach seinem Befinden fragt, antwortet er: „*Ach, Herre Gott, wie ist mir so wehe! Ah, lieber Doktor Jonas, ich achte, ich werde hier zu Eisleben, wo ich geboren und getauft bin, bleiben.*" Jonas und Ambrosius suchen ihn zu trösten. Doch er winkt ab. „*Da ist er ohne Hilfe oder Handleiten durch die Kammer in das Stüblein gegangen. Er*

hat auch beim Schritt über die Schwelle, gleichermaßen wie er zu Bett gegangen ist, diese Worte gesprochen: „In manus tuas commendo spiritum meum, redimisti me, Domine Deus veritatis" Er ist auch ein- oder zweimal im Stüblein hin und her gegangen. Danach legte er sich auf das Ruhebettlein und klagte, es drücke ihn die Brust sehr hart.

Jetzt ist es soweit, der Atem des Todes geht durchs Haus. Die Anwesenden fühlen es. Sie suchen mit warmen Tüchern und indem sie das Unterbett wärmen, die eisige Todeskälte, die sich seiner annimmt, zu vertreiben. Doktor Jonas hat die Wirtsleute wecken lassen, auch Magister Cölius ist herbeigeeilt. Die zwei Ärzte Eislebens, Magister Simon Wild und Doktor Ludwig werden geholt. Es währt nicht lange, da finden sich auch Graf Albrecht und seine Gemahlin ein. *„Diese Gräfin brachte allerlei Kräuter mit und befleißigte sich ohne Unterlaß mit allerlei Stärkungen, ihn zu erquicken. Aber in dem allen sagte der Herr Doktor 'Lieber Gott, mir ist weh und angst, ich fahre dahin, ich werde nun wohl zu Eisleben bleiben.'"* Schmerzlich muß er begreifen, daß sein Heimweh nach seiner Käthe und seinem Wittenberg nicht mehr gestillt werden wird.

Jonas und Cölius suchen ihn aufzumuntern: *„Ihr habt einen großen, guten Schweiß gelassen. Gott wird Gnade verleihen, daß es besser werden wird."* Da antwortet er: *„Ja, es ist ein kalter Todesschweiß, ich werde meinen Geist aufgeben, denn die Krankheit mehret sich."*

Aber nun, da es keinen Zweifel mehr gibt, daß seine letzte Stunde angebrochen ist, kommt das Sendungsbewußtsein wieder über ihn und er rafft die unbändige Kraft und Energie, die ihn immer beseelten, zusammen und spricht, ohne zu stocken, mit klarer Stimme die folgenden Worte: *„O mein himmlischer Vater, ein Gott und Vater unseres Herrn Jesus Christus, du Gott allen Trostes, ich danke dir, daß du mir deinen lieben Sohn Jesus Christus offenbart hast, an den ich glaube, den ich gepredigt und bekannt habe, den ich geliebt und gelobt habe, den der leidige Papst und alle Gottlosen schänden, verfolgen und lästern. Ich bitte dich, mein Herr Jesus Christus, laß dir mein Seelchen befohlen sein. O himmlischer Vater, ob ich schon diesen Leib lassen und aus diesem Leben hinweggerissen werden muß, so weiß ich es doch gewiß, daß ich bei dir ewig bleiben und aus deinen Händen mich niemand reißen kann."*

Und später, schon eingeholt von den ersten Todesschauern, spricht er dreimal gehetzt aber beschwörend: *„Pater, in manus tuas commendo spiritum meum, redimiste me, Deus veritatis. — Vater, in Deine Hände befehle ich meinen Geist, Du hast mich erlöst, Gott der Wahrheit."* Diese seine letzten Worte hören noch Graf Hans Heinrich von Schwarzenburg und seine Gemahlin, die man gleichfalls herbeigeholt hat.

Damit wendet er sich auf die rechte Seite, die Todesblässe überzieht sein Antlitz. *„Er tat einen tiefen, aber sanften Atem holen, mit dem er seinen Geist aufgab."*

Damit hat Martin Luther in der dritten Morgenstunde an diesem Donnerstag, dem 18. Februar 1546 zu Eisleben diese Welt verlassen.

Als es Tag geworden ist und die Spannung ein wenig nachgelassen hat, findet man auf seinem Tisch einen Zettel von seiner Hand, wo er in einigen eilig hingeworfenen lateinischen Notizen die Unfähigkeit beklagt, in der Zeit eines menschlichen Lebens die Heilige Schrift zu begreifen, geschweige denn auszuschöpfen. Und dem fügt er in deutscher Sprache das erschütternde Bekenntnis hinzu: *„Wir sind Bettler. Das ist wahr."*

Nichts bestätigt das Außergewöhnliche der Erscheinung Martin Luthers und die hohe Wertschätzung, die er in seiner Zeit genoß, so eindringlich und überzeugend wie die Trauer bei seinem Tod. Gewiß, die Menschen dieser Epoche sind viel freigebiger in ihren Gefühlsäußerungen; trotzdem kann man kein Zeugnis dafür finden, daß sich bei einem Menschen vor oder nach ihm die Trauer so hemmungslos geäußert hätte wie nach diesem 18. Februar 1546. Das beginnt schon damit, daß die Grafen von Mansfeld *„die Leiche des Doktors, dieweil er zu Eisleben geboren und getauft und von dem Allmächtigen aus diesem Jammertal in das ewige Leben auch allhier mit großer Bekümmernis aller christgläubigen Menschen erfordert ist worden,"* in Eisleben behalten wollen. Doch der Kurfürst besitzt das größere Anrecht auf den Toten und hat verfügt, daß Luther in der Schloßkirche zu Wittenberg beigesetzt wird. So geht also Martins Befürchtung, er müsse in Eisleben bleiben, jedenfalls im Tod, nicht in Erfüllung.

Nach Augenzeugenberichten sind sich die Menschen, wo auch immer, in die Arme gefallen und haben ihrem Schluchzen und ihren Tränen freien Lauf gelassen. Es ist, als habe sie ihr Vater, dem sie vertrauten und an dem sie mit allen Fasern ihres Herzens hingen, für immer verlassen, ohne daß sich jemand fände, der an seine Stelle treten könnte.

Nach dem Trauergottesdienst, den Michael Cölius am Sonnabend in der Andreas-Kirche zu Eisleben hält, setzt sich der gewaltige Zug um die Mittagszeit in Bewegung. Alle Glocken der Stadt sind in Bewegung und singen ihr ergreifendes Trauerlied. Zunächst sind es die Wagen der Adeligen wie Fürst Wolfgang von Anhalt und die beiden Mansfelder Grafen mit ihren Familien, die dem Sarg folgen, und das geschieht *„mit viel Tränen und Weinen"*. Der Zug scheint endlos, in einem der Wagen ziemlich am Schluß sitzen Jonas, Cölius und Aurifaber. In allen Dörfern, die der Kon-

dukt berührt, läuten die Glocken und alles Volk ist *„zugelaufen, Mann, Weib und Kinder"* und haben Zeichen der Trauer und der Verzweiflung gegeben.
Gegen fünf Uhr des Nachmittags ist die Spitze des Zuges vor Halle eingetroffen. Da sind die Pfarrer von St. Ulrich und St. Moritz sowie *„alle Diener des Evangeliums, auch ein ehrbarer Rat zu Halle, die ganze Schule, Schulmeister mit seinen Knaben mit Leidenszeremonien und Gesängen entgegengekommen, auch ein groß mächtig Volk, darunter viel ehrliche Bürger, viel Matronen, Jungfrauen, Kinder"*. Das Gedränge in der Stadt Halle ist so groß, daß der Zug immer wieder anhalten muß und volle zwei Stunden braucht, bis er gegen sieben Uhr die Kirche *'Unserer lieben Frauen'* erreicht. Das Gotteshaus ist voll, daß sich niemand rühren kann, *„da sie den Psalm ‚Aus tiefer Not' mit kläglichen, gebrochenen Stimmen mehr herausgeweint denn gesungen haben und, wo es nicht so gar spät gewesen, hätte man eine Predigt getan und man hat also eilend die Leiche in die Sakristei tragen lassen und die Nacht mit etlichen Bürgern bewachen."*
Am folgenden Morgen, es ist Sonntag, der 21. Februar (1546), um sechs Uhr, bricht der Trauerzug wieder auf, begleitet von allen Honoratioren und dem trauernden Volk. Am Mittag hat man in Bitterfeld die Grenze zu Kursachsen überschritten, wo der gesamte Adel des Kurfürsten dem Toten die Ehre gibt und man bis Kemberg weiterzieht, um am Montag, dem 22. Februar (1546) in Wittenberg einzutreffen.
Das Trauergeleit wird von 65 Reitern angeführt. Hinter dem Leichenwagen finden wir jetzt *„die Frau Doktorin Katharina Lutherin samt etlichen Matronen auf einem Wäglein"*. Auf einem andern folgen die drei Söhne und schließlich alle Verwandten. Es schließen sich an *„der Rektor Magnificus der löblichen Universität mit etlichen jungen Fürsten, Grafen, Freiherren"*, die den Toten am Elstertor, wo Luther vor sechsundzwanzig Jahren die Bannbulle verbrannte, empfangen hatten. Wir sehen im Trauerzug auch die Freunde Luthers wieder, unter anderem *Gregorius Brück, Philipp Melanchthon, Caspar Cruciger, Hieronymus Schurff* und natürlich die drei, die ihn von Eisleben überführt haben: *Jonas, Cölius und Aurifaber.* Es folgen *„ein ehrbarer Rat samt den Ratspersonen, darnach der ganze große Haufe und herrliche Menge der Studenten und darnach die Bürgerschaft, dergleichen viele Bürgerinnen, Matronen, Frauen, Jungfrauen, viel ehrliche Kinder, jung und alt, alles mit lautem Weinen und Wehklagen."*
In der Schloßkirche angekommen, stellt man den Sarg so, daß er der Kanzel zugewandt ist, auf der Bugenhagen *„oft von Tränen erstickter Stimme"* über 1 Thes. 4,14 predigt: *„Denn so wir glauben, daß Jesus gestorben und auferstanden ist, also wird Gott auch, die da entschlafen sind, durch Jesum mit ihm führen"*. Ihm folgt Melanchthon auf den Predigtstuhl, der in ei-

ner wohlgesetzten lateinischen Rede das reformatorische Werk Luthers beschwört.

Nach Melanchthons Predigt heben einige Magister den Sarg auf und lassen ihn neben der Kanzel, „*da er am Leben manche gewaltige christliche Predigten vor den Kurfürsten und Fürsten zu Sachsen und der ganzen Kirche getan*", ins Grab hinab. Eine schlichte Erzplatte bezeichnet noch heute die Stelle, wo der große Reformator ruht.

Auch wenn wir Heutigen uns nach Menschen umsehen, die aus der Masse herausragen, finden wir keinen, von dem wir annehmen könnten, bei seinem Tod würde auch nur annähernd eine solche Trauer durchs Land gehen wie jetzt beim Ableben Martin Luthers. Das äußert sich, wie wir Augenzeugenberichten entnehmen, nicht nur als ein psychischer, sondern als ein körperlich empfundener Schmerz, als ob eine epidemische Krankheit die Menschen überfallen hätte. Das mag einerseits davon herrühren, daß bei Ungezählten die Hoffnung, die sie auf diesen Mann setzten, jedes normale Maß übersteigt. Vornehmlich aber deutet es darauf hin, daß zu dieser Zeit die Empfindungsmembrane noch nicht so verhärtet ist wie bei uns. Die Nachrichten über Katastrophen, Kapitalverbrechen, Folterungen usw. usw., die ständig auf uns niedertrommeln, müssen unsere Empfindungsfähigkeit abstumpfen, wenn anders wir unsere Gemütslage im Gleichgewicht halten wollen.

Aber der große Schmerz, das Heimweh nach Martin, kann verständlicherweise von niemandem so tief empfunden werden wie von seiner Gemahlin Katharina Luther geborene von Bora. Das tritt uns aus einem Brief an ihre Schwägerin ergreifend entgegen. Sie schreibt: *Daß Ihr ein herzlich Mitleiden mit mir und meinen Kindern tragt, glaub' ich leichtlich. Denn wer wollte nicht billig betrübt und bekümmert sein um einen solchen teuren Mann, als mein lieber Herr gewesen ist, der nicht allein einer Stadt oder einem einzigen Land, sondern der ganzen Welt gedient hat. Derhalben ich wahrlich so sehr betrübt bin, daß ich mein großes Herzeleid keinem Menschen sagen kann, und weiß nicht, wie mir zu Sinn und zu Mut ist. Ich kann weder essen noch trinken, auch nicht schlafen. Und hätt' ich ein Fürstentum und Kaisertum gehabt, sollt mir so leid nicht sein, hätt' ich's verloren, wie daß unser lieber Herrgott mir, und nicht allein mir, sondern der ganzen Welt, diesen lieben und teuren Mann genommen hat. Wenn ich daran denk', so kann ich vor Leid und Weinen — wie Gott wohl weiß — weder reden noch schreiben.*"

Er bewegte mehr als jeder andere in dieser Welt; die einen verfluchen ihn, er habe die christliche Kirche gespalten und damit viel Unheil bis zum heutigen Tag heraufbeschworen; die anderen preisen ihn, weil er die Kirche, auch die katholische, aufgerüttelt, von Schlacken befreit und Christus wieder nähergebracht habe. Was aber niemand leugnen kann: Martin Luther ist aufgegangen wie ein Meteor am dunklen Himmel der Zeitenwende. Und den Beweggründen seiner Rebellion nachgehend, wird man leichter zu dem Konsens finden, der die Voraussetzung bildet für die Einigung der Christen auf dieser Erde.

Nachklang
1546 — 1759

Katharinas Zwist mit dem Kanzler — Flucht vor dem Feind — Unfall auf der Flucht vor der Pest — Was aus den Kindern geworden ist — Der Stamm Luthers erlischt

Wir haben Martin Luther erlebt. Erlebt, wie er übermütig in die Welt hinausschritt, bis diese sich verdunkelte und ein Blitzstrahl ihm, wie er glaubte, den Befehl Gottes signalisierte, diese Welt zu verlassen und ins Kloster zu gehen. Es vergingen Jahre, bevor er erkannte, daß sich die Botschaft Christi nicht in Hungern und Selbstkasteien erschöpfte. Nein, die Erlösung war nicht durch den einzelnen Menschen, war nicht durch eine gegen sich selbst gerichtete Gewalt zu erzwingen, sie war durch Jesus Christus geschehen und damit aus dem eigenen Bemühen herausgehoben. In die von Jesus erwirkte Erlösung mußte man nur hineintreten, um ein Christ zu sein. Aus diesem Erlebnis (man nennt es nicht sehr überzeugend ‚Das Turmerlebnis') ging der Reformator Martin Luther hervor, ohne daß er bis zu seinem Tod ein anderer geworden wäre. Der Mensch, ganz allein und ohne Mittler, ohne Ablaß, ohne Weihwasser, ohne Weihrauch, ohne Prozessionen, ohne Reliquien und dergleichen muß Gott in der Person Christi gegenübertreten. Da steht er in einer eisigkalten, klaren Atmosphäre, in der es kein Versteck und keine Hintertüre gibt. Und so von Angesicht zu Angesicht muß er versuchen, alle Zeichen, die Christus auf dieser Welt hinterlassen hat, zu verstehen, indem er immer tiefer in die Schrift eindringt.

Aus solcher Konfrontation kam für Martin Luther immer von neuem der Imperativ, zu handeln. Ob es sich um die Bekämpfung der Ablaßverkäufer oder der Scholastiker handelte, ob er, der kleine abgezehrte Mönch dem weltgewandten Gesandten des Papstes Cajetan in Augsburg gegenübertrat, ob er sich in Leipzig auf eine Disputation mit dem gewalttätigen Johannes Eck einließ, oder ob er am Elstertor zu Wittenberg die päpstlichen Gesetzbücher und die Bannbulle in einem höhnischen Autodafé vernichtete. Und diese von Paulus bezogene, immer wieder geübte Konfrontation gab ihm auch den Mut ein, in Worms vor den Kaiser und die Großen der Welt zu treten. „Mönchlein, Mönchlein, du gehst einen schweren Gang!" Er ging ihn bis zum Ende und er hat nicht widerrufen, auch im Tode nicht.

Aber jetzt ist er aus dieser Welt geschieden und seine Anhänger, seine Freunde, aber auch seine Angehörigen müssen ohne ihn auskommen. Und bei letzteren drängt sich unsere Wißbegier mit der Frage auf, was denn aus ihnen geworden ist.
Da haben wir zunächst die blutvolle und tapfere Käthe. Ihr Pech: Sie kann sich mit dem Kanzler des Kurfürsten nicht arrangieren. Es mag sein, daß dieser — bei Männern nichts Ungewöhnliches — einen Pik auf allzu kluge Weiber hat. Und Käthe ist nun einmal ein besonders kluges Weib, das zudem weder Demut kennt, noch den Mund zu halten vermag. Besonders ärgert den Kanzler, daß sein Kurfürst ‚der Rippe', wie er Käthe tituliert, versprochen hat, für die Arrondierung des Gutes Zülsdorf zu sorgen. Er redet dem Kurfürsten ein, Käthe könne den Hals nicht voll genug kriegen und überlegt sich, wie er ihr eins auswischen kann. Er schlägt vor, der Kurfürst solle Käthe das Gut Zülsdorf abkaufen, damit man aus dessen Rendite die Lutherschen Kinder unterhalten könne. Dabei ist er überzeugt, Käthe werde dieses Ansinnen empört ausschlagen, wodurch ihre Eigensucht bewiesen wäre. Doch zu seiner Verblüffung akzeptiert sie diesen Vorschlag mit Begeisterung.
Jetzt muß der blamierte Kanzler umstecken. Plötzlich findet er, das Gut sei gar nicht so viel wert, davon könnten die Kinder nicht ernährt werden. Man solle also den Ältesten in die Hofkanzlei stecken, die beiden jüngeren zu tüchtigen Gelehrten geben, dann bestehe kein Grund mehr, warum die Witwe ihren Haushalt nicht verkleinere.
Käthe, die ihn durchschaut hat, setzt den Kanzler außer Gefecht und ihren Willen durch. Sie hat erreicht, daß für die Kinder ein Vormund bestellt wird und gebeten, daß diesem als zweiter Vormund Melanchthon beigeordnet wird, was man bei dessen Ansehen nicht abschlagen kann. Es gelingt ihr, die beiden Vormünder davon zu überzeugen, daß die Kinder noch zu zart seien, als daß sie die Nestwärme entbehren könnten.
Weil sie fürchtet, daß der ein wenig naive Hans — er ist ein Spätentwickler — in der Kanzlei den Schikanen des Kanzlers ausgesetzt würde, tritt sie dafür ein, daß er noch ein Jahr Jurisprudenz studiert. Die beiden Herren lassen sich von diesen Argumenten überzeugen, konstatieren überdies, daß das Gut, das ganz im Gegensatz zur Ansicht des Kanzlers einen ausgezeichneten Ertrag abwirft, ständig im Wert steigt, so daß ein baldiger Ankauf im Interesse des Kurfürsten gelegen ist. Und siehe da: Der Kurfürst genehmigt diesen Vorschlag über den düpierten Kopf des Kanzlers hinweg. Käthe hat auf der ganzen Linie gesiegt.
Sie wird Mut und Entschlußkraft in der Zukunft noch bitter nötig haben. Es gibt Krieg. Kurfürst Johann Friedrich, bisher Käthes Schutz und Schirm, verliert trotz höchster persönlicher Tapferkeit nicht nur am 24.

April 1547 die Schlacht bei Mühlberg gegen den Kaiser, sondern er gerät auch an diesem Tag in Gefangenschaft. Vor dem heranrückenden Feind flieht Käthe mit ihren Kindern nach Magdeburg, wo sie ein halbes Jahr in Not und Sorgen verbringt. Schon im nächsten Jahr (1548) kehrt sie nach Wittenberg zurück, aber ihr Feld ist verwüstet und ihr Vieh geraubt. Beim neuen Herrn Moritz von Sachsen findet sie kein Gehör. Aber kaum kommt sie dazu, ihre Wirtschaft wieder in Ordnung zu bringen, da fällt die Pest in Wittenberg ein. Ungebrochen tapfer geht Käthe mit ihrem Gespann und den Angehörigen auf die Straße. Unterwegs scheuen die Pferde und reißen den Wagen in den Graben. Käthe springt ab und sucht den Wagen zu halten, aber dabei verletzt sie sich schwer. Wohl an den Folgen dieser Verletzung stirbt sie am 20. Dezember 1552 in Torgau im Alter von dreiundfünfzig Jahren.

Von den Kindern ist nicht allzuviel zu berichten. Nachdem Hans sein juristisches Studium beendet hat, wird er fürstlicher Kanzleirat in Weimar, wobei die bösen Zeitgenossen behaupten, das habe er nicht eigener Tüchtigkeit sondern seinem berühmten Vater zu verdanken, ein Vorwurf, dem sich Epigonen vielfach ausgesetzt finden. Martin, der Theologie studiert, stirbt, bevor er ein Amt angetreten hat, schon im Alter von dreiunddreißig Jahren. Der einzige, der von den Söhnen Karriere macht, ist Paul, der als hochangesehener Arzt an verschiedene Höfe berufen wird und als „kurfürstlicher Leibmedikus" am 8. März 1593 in Leipzig stirbt und feierlich in der Paulskirche beigesetzt wird. Margarete, mit dem preußischen Landrat Georg von Künheim verheiratet, stirbt schon im Jahre 1570. Mit Martin Gottlob Luther, dem Urenkel Pauls, erlischt am 3. November 1759 der Mannesstamm, und so teilt das Geschlecht Doktor Martin Luthers das Schicksal vieler berühmter Männer.

Doch darüber nachdenkend, wie wenig von unseren Vorfahren auf uns überkommen ist — im üblichen Stammbaum sind im allgemeinen nur Name, Beruf, Geburts- und Todestag festgehalten — so erkennen wir, gerade wo sein fünfhundertster Geburtstag bevorsteht, dankbar und freudig, wie unendlich viel wir von diesem großen Deutschen — deutsch im besten Sinn — wissen und bewahren. Nicht nur sein umfassendes, kaum zu bändigendes Schriftwerk mit seinen Predigten und zahlreichen Briefen, sondern auch sein im Lauf der Jahre sich veränderndes Aussehen, die Krankheiten, unter denen er häufig und schmerzlich litt, sein gewaltiger Humor mit all seiner derben Direktheit und nicht zuletzt auch seine grenzenlose Liebeskraft, all das von ihm ist uns überliefert. So kennen wir seine ganze Persönlichkeit und sie ist uns greifbar und nahe, als sei er einer der Unseren und habe unter uns gelebt.

Zeittafel

1483 10. November: Martin Luther in Eisleben geboren
1484 Sommer: Umzug der Familie Luther nach Mansfeld
1497 April: Luther besucht die Schule in Magdeburg,
1498 dann in Eisenach
1501 Mai: Luther bezieht die Universität Erfurt
1502 29. September: Baccalaureus Artium
1505 7. Januar: Magister Artium
2. Juli: Blitzschlag bei Stotternheim; Kloster-Gelübde
17. Juli: Luthers Eintritt ins Augustinerkloster Erfurt
1507 2. Mai: Erste Messe
1510 November: Aufbruch nach Rom
1511 April: Rückkunft nach Erfurt
1512 19. Oktober: Doktor der Theologie; Karlstadt Doktorvater
1517 31. Oktober: Anschlag der 95 Thesen an der Schloßkirche zu Wittenberg
1518 26. April: Heidelberger Disputation
Juli: Prierias gegen Luther
25. August: Melanchton Lehrer für Griechisch und Hebräisch in Wittenberg
12.—14. Oktober: Verhör Luthers durch Kardinal Cajetan in Augsburg
18. Dezember: Friedrich der Weise weigert sich, Luther auszuliefern
1519 4.—6. Januar: Miltitz sucht zwischen Papst Leo X. und Luther zu vermitteln
12. Januar: Kaiser Maximilian I. stirbt
28. Juni: König Karl I. von Spanien als Karl V. zum Kaiser gewählt
15. Juni — 14. Juli: Leipziger Disputation, Eck, Karlstadt und Luther
1520 Januar: Hutten, Sickingen und andere Ritter bieten Luther Hilfe an
8. Juni: „*Sermon von den guten Werken*"
15. Juni: Leo X. Bannandrohung Bulle „*Exsurge Domine*"
August: „*An den christlichen Adel Deutscher Nation ...*"
6. Oktober: „*Von der Babylonischen Gefangenschaft der Kirche*"
November: „*Von der Freiheit eines Christenmenschen*"
10. Dezember: Verbrennung der Bulle und der päpstlichen Dekretalien
1521 27. Januar: Eröffnung des Reichstages zu Worms
14. Februar: Glapion sucht zu vermitteln
26. März: Verbot von Luthers Büchern
16. April: Luther in Worms
17. April: Luther zum ersten Mal vor dem Reichstag
18. April: zum zweiten Mal
16. April: Abreise Luthers von Worms
4. Mai: Überfall bei Altenberg; Luther auf der Wartburg
26. Mai: Wormser Edikt „*Reichsacht über Luther*"
29. August: Die Türken erobern Belgrad
22. September: Melanchthon feiert Abendmahl in beiderlei Gestalt
30. November: 15 Mönche verlassen Wittenberger Augustinerkloster
1. Dezember: Tod Leo X.
3.—4. Dezember: Luther besucht als Junker Jörg Wittenberg
27. Dezember: Die Zwickauer Propheten in Wittenberg
1522 6. Januar: Das Augustinerkloster Wittenberg wird aufgelöst
9. Januar: Hadrian VI. zum Papst gewählt

26. Februar: Justus Jonas, Pfarrer an der Wittenberger Schloßkirche, heiratet
6. März: Luthers Rückkehr von der Wartburg nach Wittenberg
9.—16. März: Die acht Invokavitpredigten
26. März: Erster Reichstag zu Nürnberg
September: Sickingen befehdet Trier. Das Deutsche Neue Testament im Druck

1523 7. Mai: Tod Franz' von Sickingen
März: „*Von weltlicher Obrigkeit*"
1. Juli: Verbrennung der ersten Märtyrer der Reformation in Brüssel
23. August: Tod Ulrichs von Hutten
14. September: Papst Hadrian VI. stirbt
19. November: Clemens VII. besteigt den Papstthron

1524 Juni: Beginn des Bauernkriegs
6. Juli: Regensburger Bündnis zum Schutz des alten Glaubens
September: Erasmus „*Vom freien Willen*", Kampfschrift gegen Luther

1525 24. Feburar: Sieg Karls V. bei Pavia
März: Die 12 Artikel der Bauern
16. April: Bluttat von Weinsberg
19. April: „*Ermahnung zum Frieden auf die 12 Artikel der Bauernschaft in Schwaben*"
5. Mai: Tod Friedrichs des Weisen
Mai: „*Wider die räuberischen und mörderischen Rotten der anderen Bauern*"
15. Mai: Schlag bei Frankenhausen; Gefangennahme Müntzers
26. Mai: Hinrichtung Thomas Müntzers
13. Juni: Luthers Hochzeit mit Katharina von Bora
Dezember: Luthers Antwort „*Über den geknechteten Willen*"; endgültiger Bruch mit Erasmus

1526 März: „*Der Prophet Jona ausgelegt*"
7. Juni: Käthe gebiert einen „*Hansen Luther*"
25. Juni — 27. August: Reichstag zu Speyer „*Die Durchführung des Wormser Edikts wird aufgeschoben*"

1527 Januar: „*Ob Kriegsleute auch in seligem Stande sein können*"
6. Mai: Plünderung Roms
6. und 7. Juli: Schwere Erkrankung mit Depressionen
10. Dezember: Töchterchen Elisabeth wird geboren

1528 6. April: Albrecht Dürers Tod
22. Mai: Intrigenspiel des Geheimen Rats Otto von Pack
3. August: Töchterchen Elisabeth stirbt

1529 Januar — April: Großer und Kleiner Katechismus
26. Feburar bis 12. April: Reichstag zu Speyer, Reichsabschied der katholischen Mehrheit
19. April: Dagegen Protestation der evangelischen Stände „*Die Protestanten*"
4. Mai: Geburt des Töchterchens Magdalene
1.—4. Oktober: Religionsgespräch zu Marburg
Dezember: In Lübeck erzwingt das Volk die Reformation

1530 24. Februar: Clemens VII. krönt Karl V. in Bologna zum Kaiser
16. April — 13. Oktober: Luther auf der Coburg während des Augsburger Reichstags
20. Juni — 19. November: Reichstag zu Augsburg
25. Juni: Übergabe der Augsburger Konfession
3. August: Verlesung der Confutatio der Katholischen Stände

1531 27. Feburar: Konstituierung des Schmalkaldischen Bundes
11. Oktober: Schlacht bei Kappel; Zwinglis Tod
3. November: Der zweite Sohn Martin wird geboren

1532 23. Juli: Nürnberg Anstand; Strafverfolgung der Protestanten ausgesetzt
16. August: Tod von Kurfürst Johann dem Beständigen; sein Sohn Johann Friedrich der Großmütige wird sein Nachfolger
1533 29. Januar: als dritter Sohn wird Paul geboren
1534 Luther beendet Bibelübersetzung; erste Gesamtausgabe
25. September: Tod von Papst Clemens VII.
13. Oktober: Paul der II. besteigt den Papstthron
17. Dezember: Töchterchen Margarete geboren
1535 25. Juni: Ende des Täuferreiches in Münster
1536 Streit zwischen Agricola mit Luther und Melanchthon
26. Mai: Wittenberger Konkordie mit den Oberdeutschen
12. Juli: Tod des Erasmus
1540 Bigamie des Landgrafen Philipp von Hessen
1542 20. September: Tod der Tochter Magdalene
1543 4. Januar: „*Von den Juden und ihren Lügen*"
1545 25. März: „*Wider das Papsttum zu Rom, vom Teufel gestiftet*"
10. November: Letzter Geburtstag in Wittenberg
17. November: Beendigung der Genesis-Vorlesung
1546 23. Januar: Abreise nach Eisleben
14. Februar: Luther schlichtet den Streit zwischen den Mansfelder Grafen
18. Februar: Martin Luthers Tod

Quellennachweis

Von der einschlägigen Literatur sollen nur die wesentlichen Schriften nachstehend erwähnt werden:

Althaus, Paul:	Luther in der Gegenwart Gütersloh, 1940 (Bertelsmann)
Althaus, Paul:	Luthers Haltung im Bauernkrieg Basel, 1952 (Schwabe & Co.)
Althaus, Paul:	Die Theologie Martin Luthers 1962, 1963 — Die Ethik Martin Luthers 1965
Althaus, Paul:	Die Theologie Martin Luthers 2. Aufl., Gütersloh, 1963
Bainton, Roland H.:	Martin Luther Göttingen, 1967 (Vandenhoeck und Ruprecht)
Bainton, Roland H.:	Erasmus Göttingen, 1968 (Vandenhoeck und Ruprecht)
Barge, Hermann:	Andreas Bodenstein von Karlstadt 2. Bde., Leipzig, 1905
Baumann, A.:	Luther, die Juden und wir Hannover, 1979 (Zeitschrift für Kirche und Judentum)
Boehmer, Heinrich:	Der junge Luther 1925, 1962 (reicht bis 1521)
Boehmer, Heinrich:	Der junge Luther, Hrsg v. Heinrich Bornkamm, 5. Aufl., Stuttgart, 1962
Boendermaker, J.P.:	Das Jugendtum und Martin Luther Hannover, 2/1979 (Zeitschrift für Kirche und Judentum)
Borcherdt/Merz, LW:	Martin Luther — Ausgewählte Werke Bd. 1 ff. 2. Aufl., München 1938 ff.
Bornkamm, Heinrich:	Luther und das Alte Testament. 1948
Bornkamm, Heinrich:	Luther im Spiegel der deutschen Geistesgeschichte. Mit ausgewählten Texten von Lessing bis zur Gegenwart. 1955
Bornkamm, Heinrich:	Luther in der Mitte seines Lebens Göttingen, 1979 (Vandenhoeck und Ruprecht)
Buchwald, Georg:	Doktor Martin Luther Leipzig, 1902 (Teubner)
Dr. Buchwald, Gg. u. Wolf, E.:	Staupitz Tübinger Predigten Leipzig, 1927
D. Buchwald, Georg:	Luther-Kalendarium, Verzeichnis von Luthers Schriften Leipzig, 1929 (Heinzius Nachfolger)
Burckhardt, Jacob:	Geschichte der Renaissance in Italien Stuttgart, 1904 (Paul Neff)

Burckhardt, Jacob u. Lübke, Wilhelm
Geschichte der neueren Baukunst
Stuttgart, 1904 (Paul Neff)

Burckhardt, Jacob:
Gesammelte Werke,
Bd. II: Die Baukunst der Renaissance in Italien
Bd. III: Die Kultur der Renaissance in Italien
Darmstadt, 1955 (Wissenschaftliche Buchgesellschaft e.V.)

Diem, Harald:
Luthers Predigt in den zwei Reichen
München, 1947 (Kaiser)

Elias, Norbert:
Über den Prozeß der Zivilisation, soziogenetische und psychogenetische Untersuchungen, 2. Bde.,
1977 (Suhrkamp Taschenbuch Wissenschaft)

Elliger, Walter:
Thomas Müntzer, Leben und Werk
Göttingen, 1975 (Vandenhoeck und Ruprecht)

Enders, Ernst Ludwig:
Dr. Martin Luthers Briefwechsel
Bd. 4, Stuttgart, 1981

Fausel, Heinrich:
D. Martin Luther, Leben und Werk
Stuttgart, 1977 (2 Bde.)

Febvre, Lucien:
Martin Luther, Religion als Schicksal
Paris, 20. Januar 51 (Ullstein)

Friedell, Egon:
Kulturgeschichte der Neuzeit
München, 1927

Friedenthal, Richard:
Luther, sein Leben und seine Zeit
München, 1967

Fries, Lorenz:
Die Geschichte des Bauernkrieges in Ostfranken. Hrsg. v. August Schaeffler und Theodor Henner. (2 Bde.)
Würzburg, 1876 — 1883

Grimm, Jacob u. Grimm, Wilhelm:
Deutsches Wörterbuch
Bd. 1 ff., Leipzig 1854 ff.

Höß, Irmgard:
Georg Spalatin 1484 - 1545. Ein Leben in der Zeit des Humanismus und der Reformation.
1956

Huizinga, Johan:
Erasmus
1951 (unter dem Titel „Europäischer Humanismus: Erasmus" auch in Rowohlts Deutscher Enzyklopädie 78, 1958)

Jauernig, Reinhold:
Luther in Thüringen
herausgeg. v. Landeskirchenrat der Evangelischen Lutherischen Kirche in Thüringen, Berlin (Evangelische Verlagsanstalt) veröffentlicht unter der Lizenz Nr. 420 des Amtes für Literatur- und Verlagswesen der Deutschen Demokratischen Republik

Joachimsen, Paul:
Die Reformation als Epoche der deutschen Geschichte. Hrsg. von Otto Schottenloher
1951

Junghans, Helmar:
Die Reformation in Augenzeugenberichten
München, 1973 (dtv)

Kantzenbach, F.W.:
Martin Luther und die Anfänge der Reformation
Gütersloh, 1965 (Gütersloher Verlagshaus Gert Mohn)

Kirn, Paul: Friedrich der Weise und die Kirche
Berlin, 1926

D. Knolle, Th.: Luther — Vierteljahresschrift der Luther-Gesellschaft
Gütersloh, 1940

Koehler, Walther: Huldrych Zwingli
1954

Küpper, Wolfgang: Anerkennung der Confessio Augustana?
Zu einer Tagung über den Streit zwischen den Reformatoren und ihren Gegnern
Bayer. Rundfunk, Sendung 9. Sept. 1979

Lilje, Hanns: Luther, Anbruch und Krise der Neuzeit
Nürnberg, 1946 (Letare)

Lilje, Hanns: Martin Luther in Selbstzeugnissen und Bilddokumenten
rororo-Bildmonographien, 1965

Loewenich, Walter von: Luther und das Johanneische Christentum
München, 1935 (Kaiser)

Loewenich, Walter von: Luthers evangelische Botschaft I
München, 1946

Dr. Luther, Martin: Weimarer Ausgabe von Luthers Werken
1883 ff.

Dr. Luther, Martin: Von der Freiheit eines Christenmenschen
Leipzig, ca. 1883

Dr. Luther, Martin: Die Bibel oder die ganze Heilige Schrift
Stuttgart, 1896 (Taschenausgabe, 7. Auflage)

Luther, Martin: Des Glaubens Trost und Trutz, Briefe von der Veste Coburg, Sommer 1530
München, 1930 (Kaiser)

Luther, Martin: Jona
München, 1938

Luther, Martin: Von der Menschwerdung des Menschen
Göttingen, 1940

Luther, Martin: Das schöne Confitemini — Der 118. Psalm —
Heft 18 der Schriftenreihe „Biblische Studien", 1957

Luther, Martin: Das Magnificat, verdeutscht und ausgelegt durch Martin Luther
Freiburg/Br., 1964

Luther-Ausgabe Bd. 3: Sermon von den guten Werken
Calwer Luther Ausgabe, Bd. 3

Machoveĉ, Milan: Jesus für Atheisten
Stuttgart, 1972

Meinhold, Peter: Genesisvorlesung Luthers
Stuttgart, 1936 (W. Kohlhammer)

Olivier, Daniel: Der Fall Luther, Geschichte einer Verurteilung 1517 — 1521
Stuttgart, 1972 (Deutsche Verlagsanstalt)

Ranke, Leopold von: Deutsche Geschichte im Zeitalter der Reformation, 6 Bde.,
1839 bis 1847

Ritter, Gerhard:	Luther, Gestalt und Symbol München, 1925 (Bruckmann)
Schmidt, Ph.:	Illustrationen der Luther-Bibel 1522 — 1700 1962
D.Lic. Simon, Matthias:	Der Augsburger Religionsfriede, Ereignis und Aufgabe Augsburg, 1955
Stange, Carl:	Luthers Gedanken über die Todesfurcht 1932
Stupperich, Robert:	Melanchthon. (Sammlung Göschen 1190) 1960
Thiel, Rudolf:	Luther (2 Bde.) 1. Band: 1483 — 1522 2. Band: 1522 — 1546 Berlin, 1935/1936 (Paul Neff)
Walter, Johannes V.:	Mystik und Rechtfertigung beim jungen Luther Gütersloh, 1937 (Bertelsmann)
Dr. Wessel, Klaus:	Luther auf der Wartburg Eisenach, 1955 (Röth-Verlag)
Wolf, Ernst:	Staupitz und Luther Leipzig, 1927 (M. Heinsius Nachf. Eger & Sievers)

Bildteil

1533

Magdalene Luther

Martin Luther (nach Cranach, 1521)

Augustinerkloster in Wittenberg

Die Mutter Martin Luthers (gest. 1531) Gemälde von Lucas Cranach d. Ä., 1527

Hans Luther, Martin Luthers Vater
gem. v. Lucas Cranach d. Ä., 1527

Martin Bucer, Theologe,
1491–1551

Papst Leo X. mit den Kardinälen
Ludovico d'Rossi und Giulio de Medici

Johannes Tetzel,
geb. um 1465, gest. 1519

Kardinal Cajetan (Thomas de Vio),
1469 – 1534, suchte in Augsburg Luther
zum Widerruf zu bringen

Philipp Melanchton
Gemälde von
Lucas Cranach

Disputation Luthers mit Eck in Leipzig
von Prof. J. Hübner (Gemälde-Galerie Dresden)

Johannes Eck, Theologe (katholisch)

Luther auf dem Wege zum
Reichstag nach Worms

Reichsritter
Franz von Sickingen

Ulrich von Hutten
Faksimile eines anonymen
Holzschnittes

Luther auf dem Reichstag zu Worms vor Karl V. im Jahre 1521

Luther in Worms
Georg von Frundsberg zu Luther auf dem Wormser Reichstag: Mönchlein, Mönchlein, du gehst einen schweren Gang

Luther verbrennt die Bannbulle, nach F. Lessing

Luthers Gefangennahme auf dem Weg nach Eisenach

Die Wartburg
– frühe Darstellung –
erbaut unter Hermann I.,
Landgraf von Thüringen

Martin Luther:
Luther übersetzt auf der
Wartburg die Bibel
Zeichnung v. A. Noack

Thomas Münzer (Müntzer), 1490 – 1525,
Theologe, kirchl. und polit.-sozialer
Revolutionär, Bauernführer

Erasmus von Rotterdam
Ölgemälde von Hans Holbein, 1523,
Paris, Louvre

Ulrich Zwingli
Gemälde von Hans Asper

Katharina von Bora,
1499 – 1552

Martin Luther und Frau Katharina

Philipp v. Hessen – d. Großmütige, 1504 – 1567

Friedrich III. – d. Weise, Herzog und Kurfürst zu Sachsen, 1463 – 1525

Das Religionsgespräch von Marburg
(Luther und Zwingli im Streitgespräch über die Abendmahlslehre)

Luther musiziert mit seiner Familie

Martin Luther
Gemälde von
Lucas Cranach d. Ä., 1546

Martin Luther: Sein Tod

Personen- und Ortsverzeichnis

A

B

C

D

E

F

G

H

I

J

K

L

M

N

O

P

R

S

Sch

St

T

U

V

W

Z